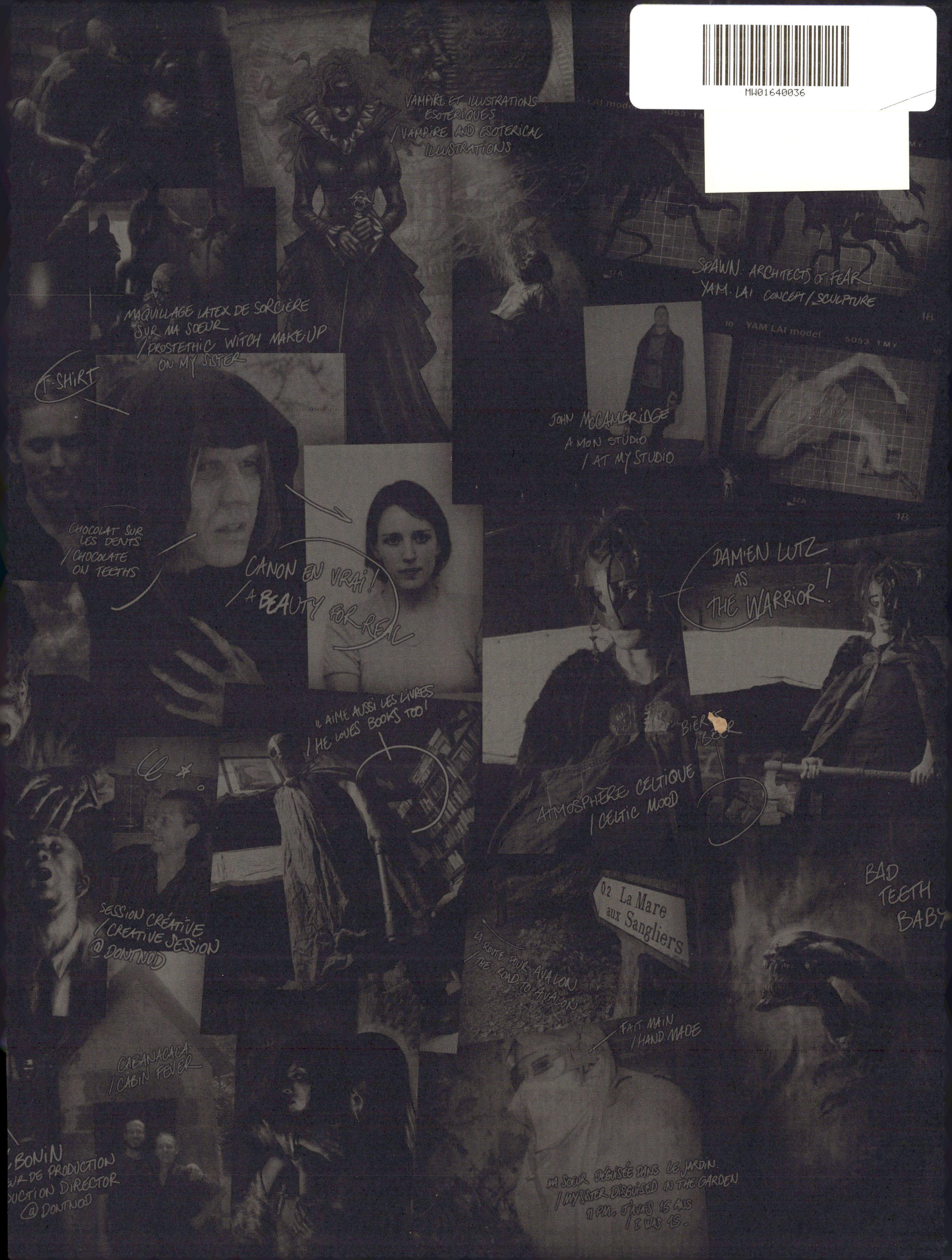

VAMPIRE ET ILLUSTRATIONS ÉSOTÉRIQUES
/ VAMPIRE AND ESOTERICAL ILLUSTRATIONS

SPAWN : ARCHITECTS OF FEAR
YAM LAI CONCEPT / SCULPTURE

18 YAM LAI model 5053 TMY 18

MAQUILLAGE LATEX DE SORCIÈRE SUR MA SOEUR
/ PROSTETHIC WITCH MAKE-UP ON MY SISTER

T-SHIRT

JOHN McCAMBRIDGE
À MON STUDIO
/ AT MY STUDIO

CHOCOLAT SUR LES DENTS
/ CHOCOLATE ON TEETHS

CANON EN VRAI !
/ A BEAUTY FOR REAL

DAMIEN LUTZ AS THE WARRIOR !

IL AIME AUSSI LES LIVRES
/ HE LOVES BOOKS TOO !

BIÈRE / BEER

ATMOSPHÈRE CELTIQUE
/ CELTIC MOOD

BAD TEETH BABY

SESSION CRÉATIVE
/ CREATIVE SESSION
@ DONTNOD

02 La Mare aux Sangliers

LA ROUTE POUR AVALON
/ THE ROAD TO AVALON

FAIT MAIN
/ HAND MADE

CABANACACA
/ CABIN FEVER

BONIN
…UR DE PRODUCTION
…UCTION DIRECTOR
@ DONTNOD

MA SOEUR DÉGUISÉE DANS LE JARDIN.
/ MY SISTER DISGUISED IN THE GARDEN
11 P.M. J'AVAIS 15 ANS
/ I WAS 15.

ALEKSI BRICLOT
WORLDS & WONDERS

Préface / *Foreword* MARKO DJURDJEVIC

CFSL INK

Sommaire | Summary

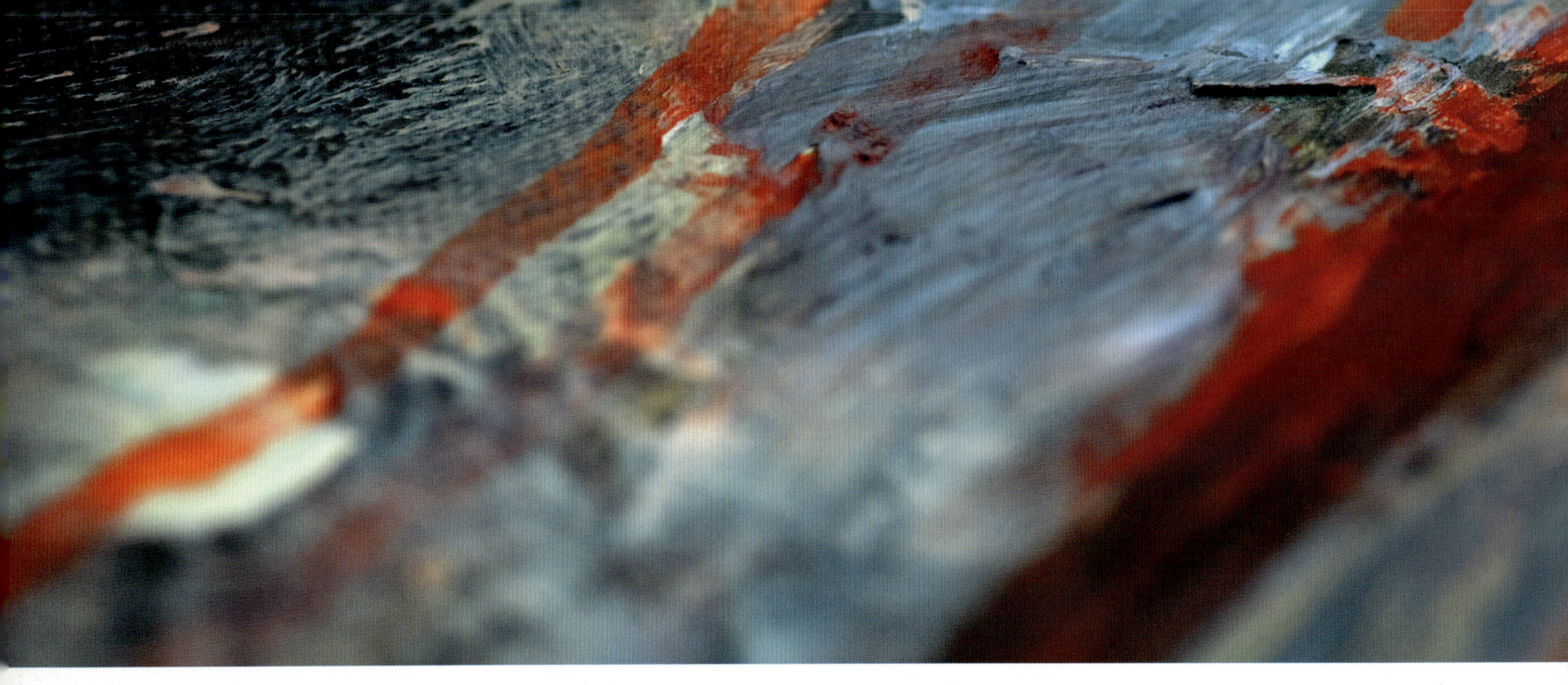

Préface

On sait depuis des décennies qu'il sort des cuisines françaises du graphisme des artistes et des production designers de grand talent. C'est à croire qu'il existe quelque part une usine produisant des séries entières d'hommes et de femmes étonnants aux noms évocateurs comme Noxizmad, HardcorePixxX, Emmanuel Malin, J.S. Rossbach, La Grenouille Noire, Véronique Meignaud, et j'en passe beaucoup d'autres. Le fait qu'un pays comme la France puisse, avec ses 65 millions d'habitants, donner naissance à une telle proportion d'illustrateurs et de raconteurs de génie est un signe indéniable de vitalité de la culture ; une culture qui sans doute va encore nourrir beaucoup de générations d'artistes à venir. Ce livre porte un regard pénétrant sur l'un des maîtres modernes de l'illustration et du concept design, Aleksi Briclot.

J'ai rencontré Aleksi à Amsterdam il y a de ça des années : un jeune homme aux yeux limpides portant de longues dreadlocks et qui embellissait ses simples dessins à l'encre avec un feutre or. C'était une technique si simple pour donner plus d'intérêt à un dessin en Noir et Blanc ; j'ai immédiatement ressenti une connexion. Nous avions un problème de langue ; il était nul en anglais et moi encore plus nul en français, mais nous étions tous les deux des artistes et notre pratique du dessin nous a permis d'accrocher instantanément.

À partir ce ce jour, j'ai passé des mois à essayer de comprendre son travail, à percer le langage des formes et le maniérisme français si présent dans ses images. Il avait une grande carrière devant lui, j'en étais déjà convaincu à l'époque, mais au-delà de ça, l'acharnement et la stratégie qu'il mettait en œuvre pour s'améliorer m'ont énormément surpris. À chaque nouvelle série d'images que je voyais (toutes les six ou huit semaines), ses compétences s'étaient affûtées, ses compositions devenaient plus expertes, ses volumes plus réalistes, son traitement de la lumière plus convaincant. Pour tout dire, Aleksi n'a jamais cessé de dépasser les espérances et de donner plus que ce qu'on attend de lui, quel que soit le projet.

Il y a environ trois ans, nous avons eu la chance de bosser ensemble sur un projet Marvel Comics. J'avais établi quelques règles visuelles basiques pour le character design des personnages d'une série, et Aleksi était chargé de prendre mes designs et de les transformer en illustrations de couvertures qui feraient vendre le tout comme des petits pains. À chaque couverture de lui que Marvel sortait, il se dépassait, et je me grattais la tête en me demandant, incrédule, jusqu'où son talent pouvait bien aller. Disons qu'il a pris toutes mes idées et une par une, il leur a donné un look d'enfer en y ajoutant son sens de la théâtralisation, du récit, sa sensibilité au niveau design – et en déchirant tout à chaque fois.

Les mois et les années ont passé, et nous sommes aujourd'hui dans le présent. L'anglais d'Aleksi est devenu bien meilleur tandis que mon français pue toujours autant, mais bon, nous sommes enfin capables de communiquer autrement qu'en gigotant les mains et les pieds. J'ai le sentiment que même si cela fait des années que j'apprécie son talent et ses œuvres, je ne fais que commencer, maintenant, à comprendre qui il est vraiment. Un jeune homme silencieux, qui réfléchit en profondeur ; un type qui ne cessera jamais de se battre pour sa carrière. Quelqu'un qui donne toujours plus pour trouver la solution à un problème d'ordre artistique de la manière la plus délicate possible. Et j'ai beaucoup de sympathie pour ça. Les moments où il surgit dans ma vie me font très plaisir, et cette amitié qui est née d'une admiration mutuelle de nos travaux continue aujourd'hui à se développer.

Aleksi mérite cet ouvrage pour son dévouement à son art, les années difficiles où il s'est battu pour exister en tant qu'artiste, et pour les œuvres encore à venir. Les moteurs français sont très, très loin d'avoir fini de gronder. Je souhaiterais seulement que leur langue soit moins difficile à apprendre, mais bon : "je suis une pomme de terre".

Marko Djurdjevic
Illustrateur / Illustrator

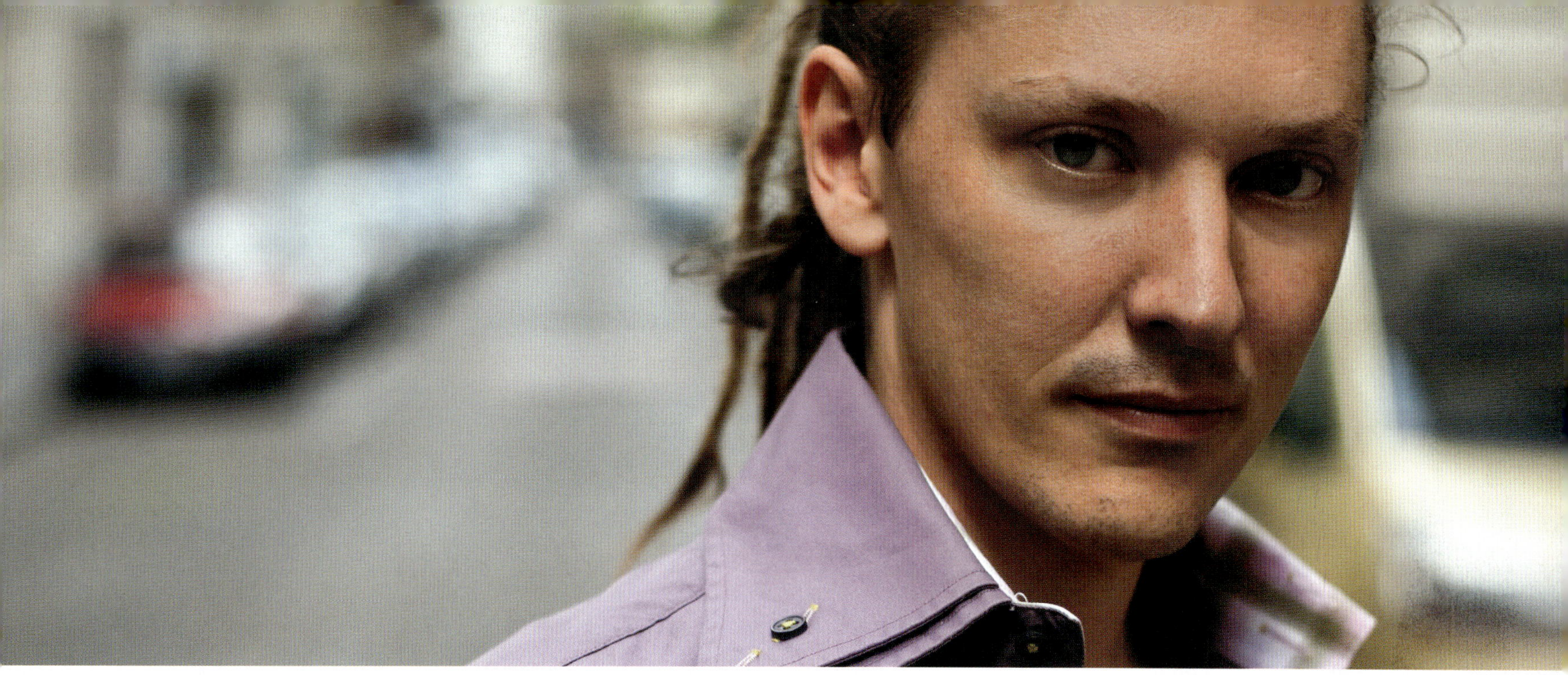

Foreword

The French art kitchen has been known for cooking up amazing artists and production designers for decades now. It seems like there is a factory dedicated to spewing out batteries of talented men and women, who go by such powerful names such as Noxizmad, HardcorePixxX, Emmanuel Malin, J.S. Rossbach, The Black Frog, Veronique Meignaud and many others. It's a sign of culture that a single country like France with 65 million inhabitants can generate such a high ratio of kickass illustrators and storytellers, and with that culture nurture future generations of artists to come. This book is a very close look at one of these modern masters of illustration and concept design: Aleksi Briclot.

I met Aleksi what seems to me like ages ago in Amsterdam, a young man with long dreadlocks and watery eyes, who embellished simple ink drawings with a golden marker. It was such a simple solution to enhance the value of a Black and White drawing, that I immediately felt connected to him. Language was a barrier, his English sucked and my French is even worse, but the fact that we were both practicing artists instantly made us click.

From that day on, I spent months trying to figure out his work, understand his shape language and the French mannerism which was so apparent in his images. He had a bright career in front of him, that was already clear to me back then, but even more so, the eloquence with which he pursued his own development strategically was one of the things that really caught me off guard. Every time I would see a new batch of work from him (something like every 6-8 weeks) his skill set would have sharpened: the compositions became more challenging, the volumes of the forms more believable, and the light more convincing. In a nutshell, Aleksi never ceased to grow beyond what people were expecting from him and over delivered on any job he took on.

About three years ago, we were fortunate to work on a Project for Marvel Comics together. I had established some general visual guidelines for Characters appearing in a comic series released back then. Aleksi was in charge of taking my designs and making them into hot selling covers. With each of his title images that Marvel put out, he'd outdo himself even more, causing me to scratch my head in disbelief about how good this guy really was. He basically took each of my ideas and made it look like a bomb, adding his sense of drama, storytelling and design sensibility and blowing the job out of the park.

Months and years pass by and we end up in the present. Aleksi's English became much better, while my French still sucks rat ass, but finally we're able to communicate beyond using just hands and feet. I feel like, no matter how much I appreciated his art over the years, I am finally coming to the point of realizing who this person really is. A silent young man, a deep thinker, someone who won't give up fighting for his career. Someone who will go the extra mile to come up with a solution to solve an artistic problem in the most delicate fashion. And I sympathize with that. I enjoy the occasions when he pops up in my life, and we continue building our friendship which has initially grown out of deep admiration for each other's work.

Aleksi deserves this book for all his dedication, the years of constant struggle, and for the art that is still to come. The French engines won't stop roaring for a long long time. I just wish their language was easier to learn, but then again, "je suis une pomme de terre".

Marko Djurdjevic
Illustrateur / Illustrator

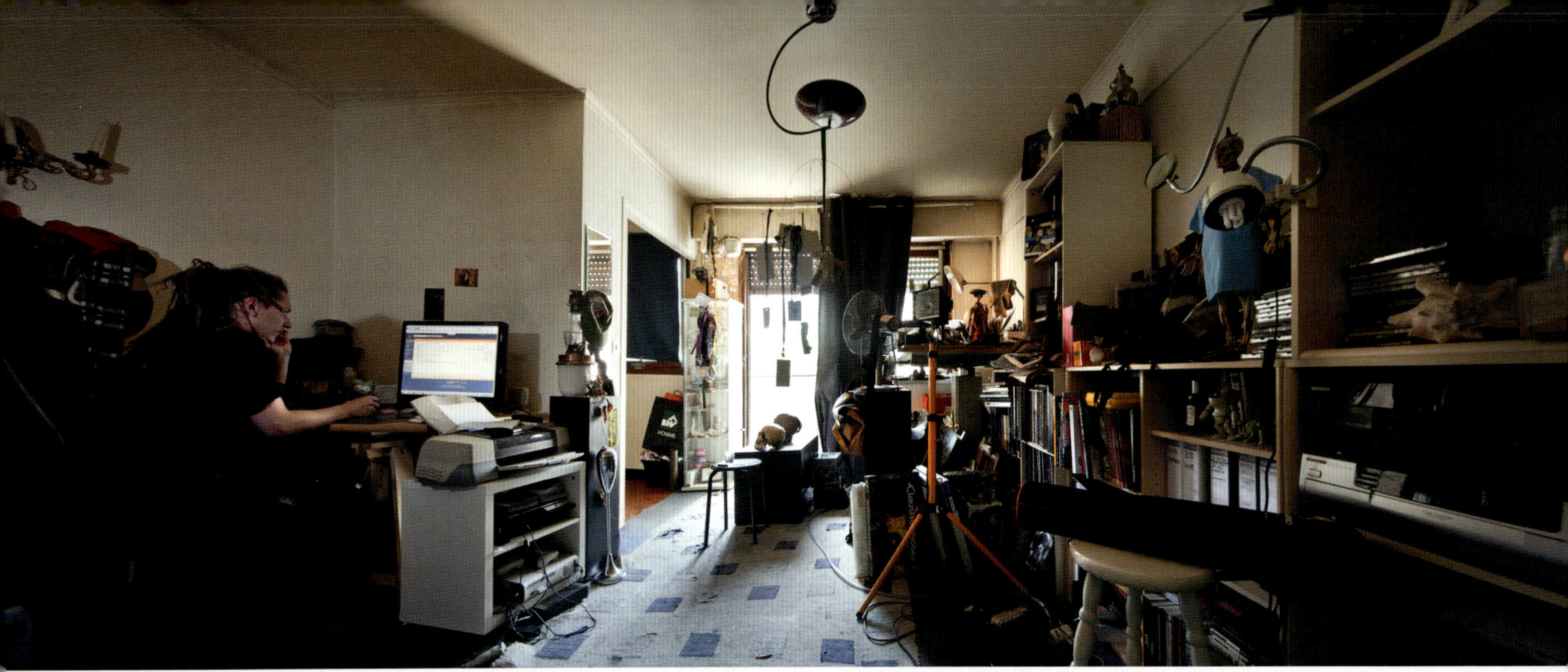

Introduction

"Je suis tombé dedans quand j'étais petit."

J'adore les livres. L'objet autant que ce que l'on trouve dedans. La tranche dans ma bibliothèque autant que l'odeur du papier. J'aime aussi beaucoup les images, je gagne ma vie en en réalisant et j'ai la chance que ma passion soit mon métier.

Je collectionne les artbooks, entre autres et ce, de façon compulsive. Beaucoup d'entre eux ont influencé ma façon de grandir avec mon art, ont nourri mes envies, mes rêves et également mon approche et ma technique. Présenter mes travaux dans un ouvrage représente beaucoup pour moi.

Pour accoucher du plus beau bébé, comme dans un couple, il s'agit d'abord de trouver la bonne personne et ensuite d'avancer dans la même direction. J'avais déjà eu l'occasion de collaborer avec Made, je connais Kness depuis les débuts du forum et de la communauté CFSL et j'ai rencontré Nicolab un peu après. Une visite inopportune pour prendre le café (salé*) chez CFSL ink, leur jeune structure d'édition et la suite s'est imposée d'elle-même, naturellement. J'ai évoqué l'envie d'un beau-livre personnel et, sans tergiversations, je ne me souviens que de leur retour immédiat : « Ok, on y va, on le fait ! ».

Deux discussions, une mise à plat du contenu, un collage de post-it au mur et une bonne soirée de travail auront suffit pour définir l'approche éditoriale et le chemin de fer du livre (dans le jargon, le déroulé page par page). Ce qui est en soi bien plus ardu qu'il ne semble. Nous avons opté assez vite pour une approche non chronologique (n'en déplaise aux complétistes) mais plutôt thématique. Des propositions de maquette très classes et aérées pour mettre en valeur mes visuels assez chargés ont consolidé tout ça. La proximité a aussi beaucoup aidé : que ce soit côté envie, culture graphique commune et également géographique. De l'énergie, un suivi, une écoute et une attention poussées ont parachevé le tout et le résultat dépasse mes attentes.

En plus d'une superbe vitrine, cette anthologie est aussi pour moi l'occasion de faire le point sur mon travail et tous les choix que j'ai opérés jusqu'à maintenant. Trier, compiler et intégrer tous mes travaux a nécessité un sérieux travail de spéléologie. Parfois douloureux. Et après la remontée, est arrivée naturellement l'auto-analyse, avec sa petite part d'introspection :

Ce retour en arrière m'a fait réfléchir sur le choix de mes thématiques, pour la plupart des visions fantastiques et éloignées du réel, sur l'aspect dramatique et sombre récurrent, sur mon penchant pour des images épiques. Egalement sur mon approche figurative et réaliste qui prend le pas sur la spontanéité des premiers jets. Je repense aussi aux techniques que j'utilise et à ce qui émane de mes visuels, ce que je raconte à travers ceux-ci. La quasi-totalité de mes travaux a également été réalisée pour des clients, avec des contraintes. J'aime le défi qui consiste à jongler avec un postulat de départ imposé et ensuite le magnifier. J'assume et je me retrouve dans tous ces choix mais j'ai changé et grandi depuis mes débuts.

Alors maintenant, qu'en est il de mes envies personnelles ? Je vais revenir un peu à la peinture traditionnelle, à la sculpture en vrai ou digitale, continuer la création de jeux vidéo, taquiner l'image en mouvement, développer un peu plus de design graphique, raconter à nouveau des histoires en BD, faire un livre pour enfants...

La suite arrive. Et il y aura d'autres livres pour ça... Promis.

Et surtout, avec toutes ces images, j'espère réussir à vous faire rêver... C'est le cœur de ce livre et de mon travail.

*CFSL = Café Salé

Aleksi Briclot

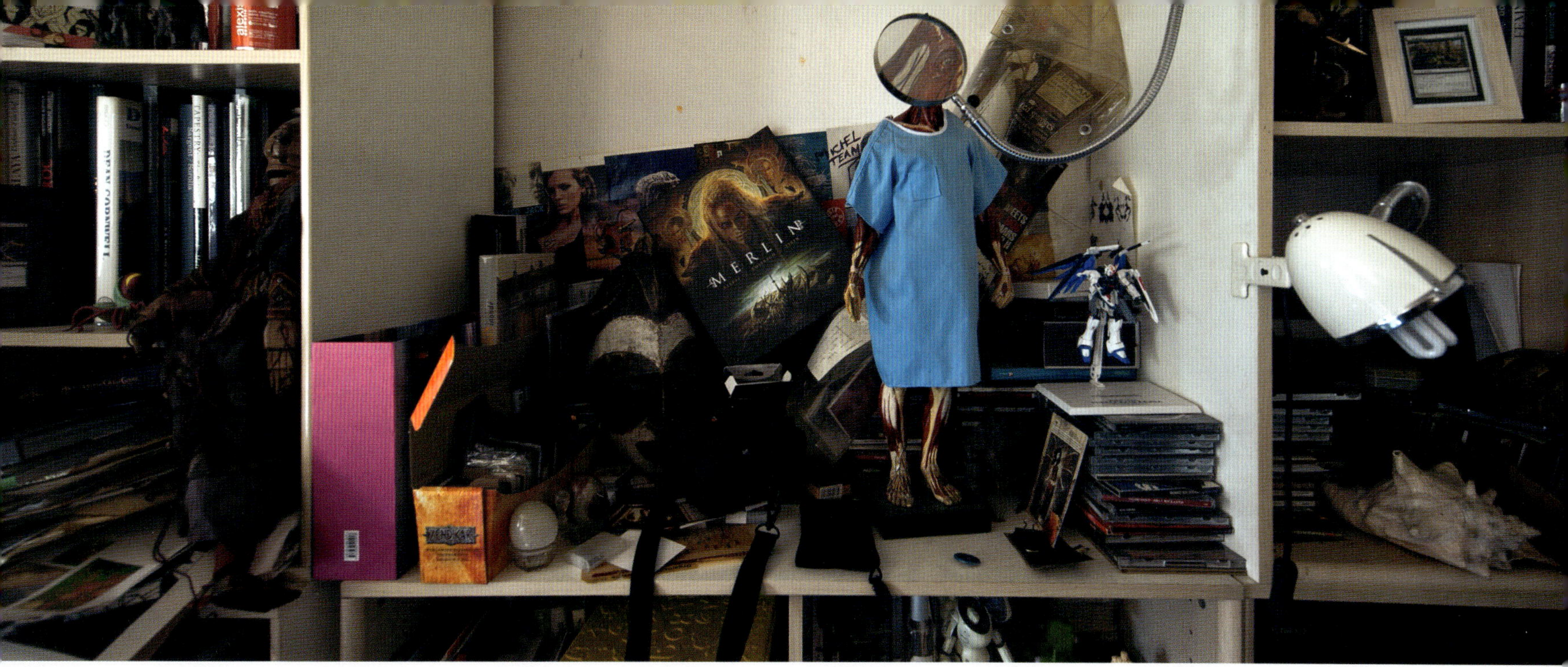

Introduction

"I was born into it"

I love books. I love them as objects as much as I love their contents; I love seeing their spines on my shelf as much as I enjoy smelling their paper. I also adore pictures. I make my living as an artist, and I am well aware that I am incredibly lucky to have my passion be my job.

I collect art books (among other things) -- compulsively so. Many an art book has influenced my development as an artist, my techniques, my approaches; many have fed my dreams and shaped my inclinations. Gathering my work to showcase it in this type of book means a lot to me.

To give birth to the most beautiful book, as in real life, essentially means finding the right people and agreeing to go on the same journey together. I collaborated with Made in the past and I've known Kness since the early days of the CFSL community and forums; I met Nicolab shortly after that. An impromptu visit for a coffee (salted) in the offices of their young publishing venture CFSL Ink was all it took for this project to be born: it immediately felt right. I mentioned my desire for an art book of my own and without any equivocation they immediately said, "Okay, let's go, let's do it!"*

It only took two rounds of preliminary discussion, then another one to decide on the exact contents, a few post-it notes on the wall, and a late evening session of work to define what our editorial approach was going to be and to nail down the «flatplan» for the book (the industry word for the complete map of the book's contents). Which is a lot harder than it might seem. We very quickly chose a thematic organization rather than a chronological one (against the wishes of some completists). Then came various proposals for classy, airy layouts – all the better to show off my work, which tends towards the busy end of the spectrum. What greatly helped us along is how close we all feel; our aspirations, graphic design culture, and backgrounds match up, and then there's our geographical proximity. Throw in lots of energy, lots of careful attention and good listening skills, and what you get exceeds all my expectations. More than a gorgeous showcase, this anthology is, for me, also an opportunity to look back and reflect on all the choices I made that led me to the present. It took real spelunking to find, sort, compile, and assemble all of my work, and it proved a somewhat painful task at times. When I came back up for air, what happened was that I naturally started analyzing all of it and I spent some time on introspection.

This retrospective made me reflect on my thematic choices – often visions of fantasy completely detached from reality – on the dramatic and somber quality of my work overall, and on my penchant for epic imagery. I also noticed that my figurative, realistic approach overlays the spontaneity of my first drafts. I was reminded of the techniques I use, of the emotions these images exude, and the stories I tell through them. The huge majority of my visuals are commissions for clients, executed within a set of constraints. I enjoy the challenge of playing with a postulated directive: obeying it, then somehow magnifying it. I do not renounce any of the choices I made then, but I can say now that I have grown and changed since the beginning of my career.

So what now; what about my aspirations? I would love to spend some time doing traditional painting again, to sculpt either traditionally or digitally, to continue creating video games, to play with moving images, to develop graphic design, to tell more stories through comics, to make a children's book… The sequels are in the making, and there will be more books. I promise.

Most importantly, I hope all these pictures will entice you... That desire is at the heart of this book and at the heart of all my work.

**CFSL = Café Salé = salted coffee*

Aleksi Briclot

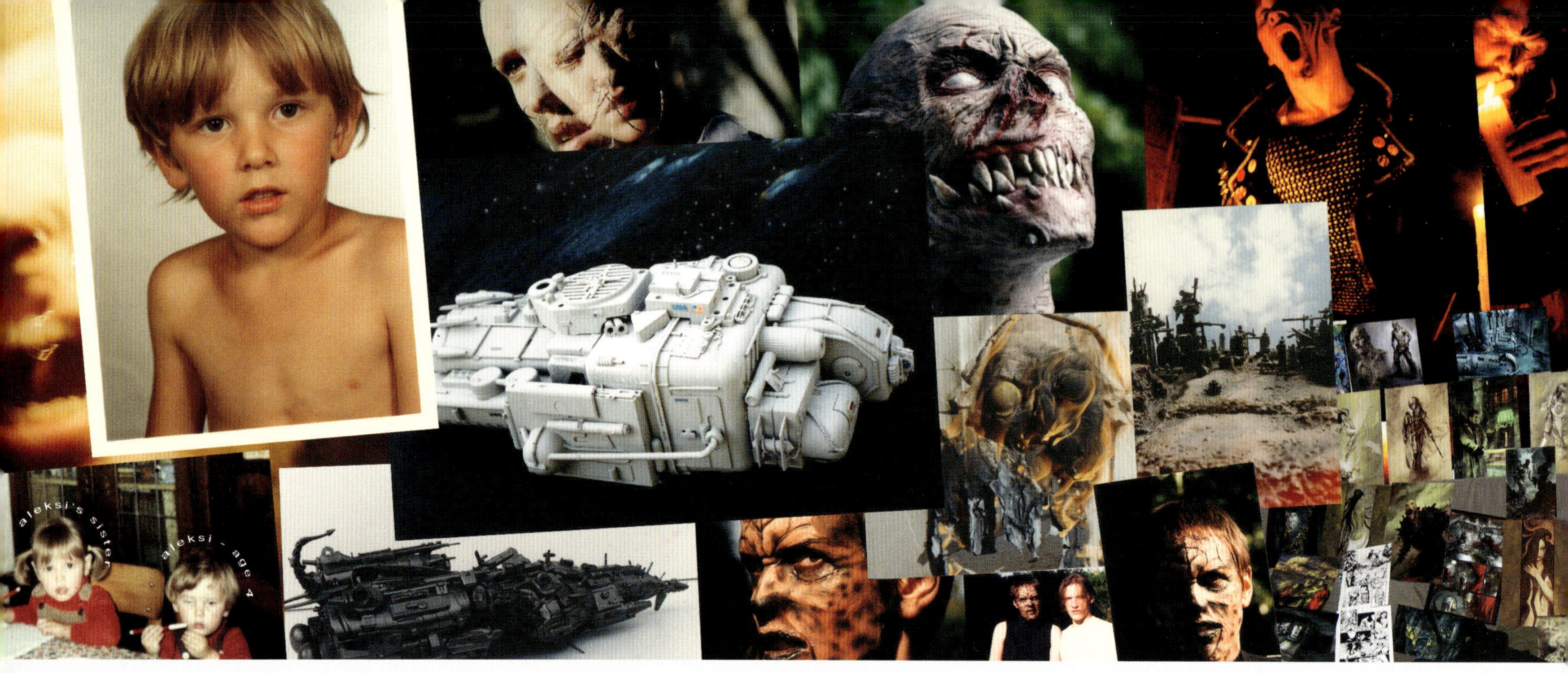

Biographie

Né en 78 dans le nord-est de la France, je me suis passionné très tôt pour le dessin, griffonnant des voitures transformables, des vikings ou des histoires se déroulant dans l'espace. Un peu plus tard, ça a été la gravure sur pierre, les maquettes de vaisseaux en plastique et les prothèses en latex. Réservé et timide, j'avais des facilités à l'école. Le soir, je mémorisais mes leçons en faisant le poirier, histoire sans doute de stimuler l'irrigation de mon cerveau et, sans ouvrir mon sac, je retournais dans la foulée bricoler mes machins.

Mon premier bulletin de notes de 6e arborait une note très courte : « Très bien. Doit faire des progrès en dessin ». Le trimestre suivant, la note toujours aussi concise était devenue : « Très bien. A fait des progrès en dessin ». (Un rapport avec l'insatisfaction que je nourris souvent rapport à ma production ?).

Je me souviens être allé voir un film en salle avec ma mère dans lequel on trouvait un robot doré, des vaisseaux spatiaux, des chevaliers aux épées néons et un crapaud énorme. Bizarrement, dans le hall du cinéma, une affiche d'un long métrage à venir m'a énormément marqué : un bodybuilder habillé de cuir, cadré en buste et l'œil rougeoyant arborait un pistolet effrayant. Des années plus tard, après avoir vu la suite de ce chef d'œuvre, j'ai passé la nuit entière à dessiner la main mécanique d'un endosquelette sur du papier millimétré. Je voulais construire le robot complet mais face à la difficulté de l'ouvrage, j'ai abandonné après cette main. Je me souviens aussi de rejouer les guerres de l'étoile à la ferme de mes grands-parents, transformant par le pouvoir de l'esprit les vaches en Tauntaun, les moissonneuses en At-At et le voisin en Amiral Ackbar (celui avec la tête de homard compressée). De vivre les aventures de Spiderman ou Daredevil, que je ne connaissais même pas à l'époque, dans le champ de maïs à côté de la maison, le tout raconté par un copain plus vieux. Je ne comprenais pas tout mais ça avait l'air génial !

Mon père m'a offert des magazines Strange (qui compilaient les comics Marvel en français) pendant les vacances d'été et à ce moment, je me suis découvert un penchant énorme pour les pyjamas colorés et les gens aux pouvoirs étranges, différents.

Pendant mes années collège, j'ai rencontré un illustrateur, Gérard Ollivier, habitant à quelques kilomètres de chez moi, qui m'a pris sous son aile avec gentillesse et bienveillance. J'allais dessiner chez lui tous les mercredis et samedis et je faisais mes trucs à moi dans son atelier, écoutant ses histoires et conseils, me perdant dans sa gigantesque bibliothèque qui débordait de maquettes et de peintures.

J'avance le film encore un peu et j'arrive à mon cursus Arts Appliqués au lycée de Nevers. Ces années m'ont apporté des connaissances énormes et variées qui m'ont toutes servi plus tard. C'était orienté graphisme pur, communication, histoire de l'art, logo et mise en page, je développais le dessin, l'illustration et la bande dessinée dans d'obscurs fanzines. La carotte de voir mes dessins paraître dans des publications à 50 exemplaires me galvanisait. Les années d'internat de cette période ont également été très riches (si on se connaît, j'ai déjà dû vous parler de mon ami trompettiste). Un BAC puis un BTS « image de communication » en poche, j'ai cherché du travail avec un portfolio scolaire et un autre axé dessin. Lors d'un salon, j'ai découvert que dans l'industrie du jeu vidéo, il fallait d'abord tout concevoir en dessin avant de passer à la modélisation. Une révélation qui m'a permis d'obtenir mon premier job sur un projet ludo-historique. J'ai ensuite intégré un studio plus gros où j'ai appris énormément pendant trois ans. Las de l'énergie dépensée sur des projets annulés, j'ai choisi de voler de mes propres ailes en free-lance.

Le reste, vous l'avez entre les mains.

Aleksi Briclot

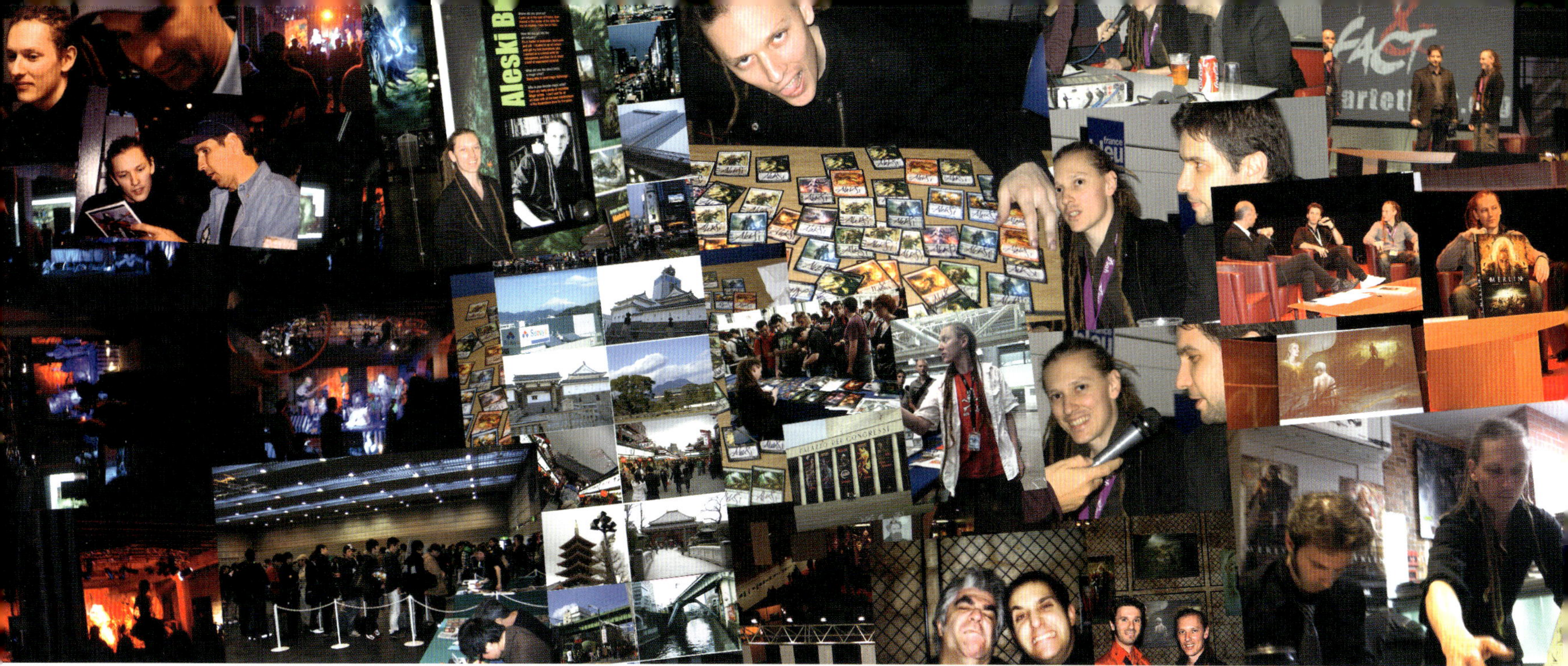

Biography

I was born in '78, in the northeast of France. Very early on, I became passionate about drawing, endlessly doodling transformer cars, Vikings, or space tales. A little later I dabbled in stone engraving, plastic spaceship models, and latex prosthetics. I was introverted and shy, and found school really easy. In the evening, I would stand on my head while memorizing my lessons, probably to increase blood flow to my brain, and after that, without even opening my school bag, I would go back to fiddling with my creations.

My first junior high school report card has a very short note on it: "Very good. Needs to get better at drawing." The next one was just as laconic: "Very good. Got better at drawing." (Is there any connection with the chronic dissatisfaction regarding my art)

I remember going to the movies with my mother and seeing a film with a golden robot, spaceships, knights with neon swords, and an enormous toad in it. Oddly, I was very impressed with a movie poster in the lobby of the theater: a medium shot of a leather-clad bodybuilder with a glowing eye, wielding a frightening gun. Years later, after seeing the sequel of this masterpiece, I would spend the entire night drawing the mechanical hand of the endoskeleton on graph paper. I really wanted to build the whole robot, but faced with the difficulty of the task, I gave up after doing the hand. I also remember reenacting "the star wars" at my grandparents' farm. The power of juvenile mind was all it took to transform cows into Tauntauns, combine harvesters into AT-ATs and the neighbour into Admiral Ackbar (the one with the head of a squeezed lobster). I remember experiencing the adventures of Spider-man and Daredevil, whom I'd never heard of before, as narrated by a slightly older friend while we streaked through the corn field by the house. I didn't really get everything – but it seemed fantastic! Once, my dad gave me a few issues of Strange magazine (they compiled Marvel comics in French) during the holidays. That's when I discovered my strong inclination toward colourful pyjamas and people with strange and different powers.

While in high school, I met an illustrator, Gérard Ollivier, who lived just a few miles away, and who gently, benevolently, took me under his wing. I would go to his place every Wednesday and Saturday to work on my own projects in his studio; I'd listen to his stories and advice; I'd get lost in his huge library full of models and paintings.

Fast forward a little bit and it's my Applied Arts curriculum at the Nevers high school. These years taught me an incredible amount, so many things... and everything proved useful later. The curriculum really focused on pure drawing, art history, communication, layout, and logotype work. I did some drawing, comic work and illustrations for a few obscure fanzines. The mere idea that my drawings would appear in a publication with a print run of fifty was electrifying. It was also a rich period, because it was a boarding school (if we have met, I probably already told you about my friend the trumpet player). After graduation, I went on to do a two-year degree in corporate communication design (BTS « image de communication »), then set out to look for work with two different portfolios, one that matched my degree and another more focused on drawing. At a trade show, I found out that in the video game industry it all starts with drawn concept art before modeling can happen – this was a revelation, and led to my first job (on a historical game). After this, I got into a bigger studio, where I spent three years learning and learning and learning. Then, tired of spending so much energy on projects later cancelled or abandoned, I chose to spread my wings and become a freelance artist.

What comes after that is what you're holding in your hands.

Aleksi Briclot

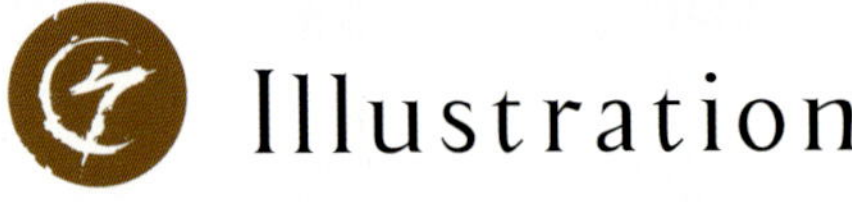

Illustration

Un de mes centres d'intérêt premiers, l'illustration, représente une très grosse partie de ma production. Plus que de réaliser « la belle image », le défi consiste à obtenir un visuel attractif et marquant, tout en jonglant avec des contraintes spécifiques (celles imposées par le client) : en gros, on ne dessine pas pour soi mais pour les autres.

Puissance narrative ou évocation plus subtile, toute la difficulté de l'exercice réside dans l'esprit de synthèse et le pouvoir de séduction. Fenêtre sur un autre monde, promesse d'une intrigue vaste et prenante, suggestion d'atmosphère, polaroïd d'une scène excitante ou encore portrait iconique d'un ou plusieurs personnages forts, les pistes de développement sont légion. Mais au final, l'objectif reste de capturer le spectateur avec une seule image, de l'intriguer et de lui donner envie de plonger plus avant dans une expérience plus large (un livre, un jeu...).

« On n'a toujours qu'une seule occasion de faire une bonne première impression ! »

Une illustration doit être conçue au sein d'un cahier des charges précis et défini. Format imposé, espace pour un titre, un logo ou une phrase d'accroche, code-barres, références de personnages ou décors à respecter, les qualités picturales et évocatrices de l'image doivent aller de pair avec ces autres points.

Une illustration est rarement une simple image, flottante et autonome : elle sert un propos et, d'un point de vue professionnel, sert un tout. Il est à mon sens essentiel de l'envisager ainsi. Et au sommet des contraintes avec lesquelles jongler dans ce « tout » : l'inévitable couperet de la date de rendu ! L'épée de Damoclès qui vient rappeler qu'au-delà de la passion, il s'agit d'un travail.

Illustration work, one of my original areas of interest, makes up a very important part of my overall production. Rather than trying to achieve a beautiful picture, the challenge in illustration is to create an attractive, striking visual, all while working within a set of specific constraints (the client's). That is to say, you're not drawing for yourself but for others.

Narrative power or subtle evocation, the whole difficulty is to have an analytical mind and a certain power of seduction. There are a myriad possibilities: a window open to another world, the promise of a vast and enthralling story, the bare suggestion of an atmosphere, the Polaroid capture of an exciting action scene, or the iconic portrait of one (or several) key character(s)... In the end, the goal is always to captivate the audience with a unique image, to arouse their curiosity and make them want to dive deeper into a bigger adventure (the book, the game, etc.).

As they say, you only get one chance at a first impression!

An illustration should be envisioned within the framework of precise, well-defined specifications. Its exact format, the space for a title, a logo, a tagline, barcode, references for the characters or sets that need to be adhered to – the pictorial qualities of the image need to be in harmony with all these things.

An illustration is rarely a simple, single image, floating, detached, and independent. Its purpose is to serve a certain discourse; professionally, it defers to and serves a whole. It is essential, in my opinion, to think of it in this way. Not to mention that at the very top of the mountain of constraints you're busy juggling swings another element to keep track of: the inevitable date, the Damocles sword of the deadline.

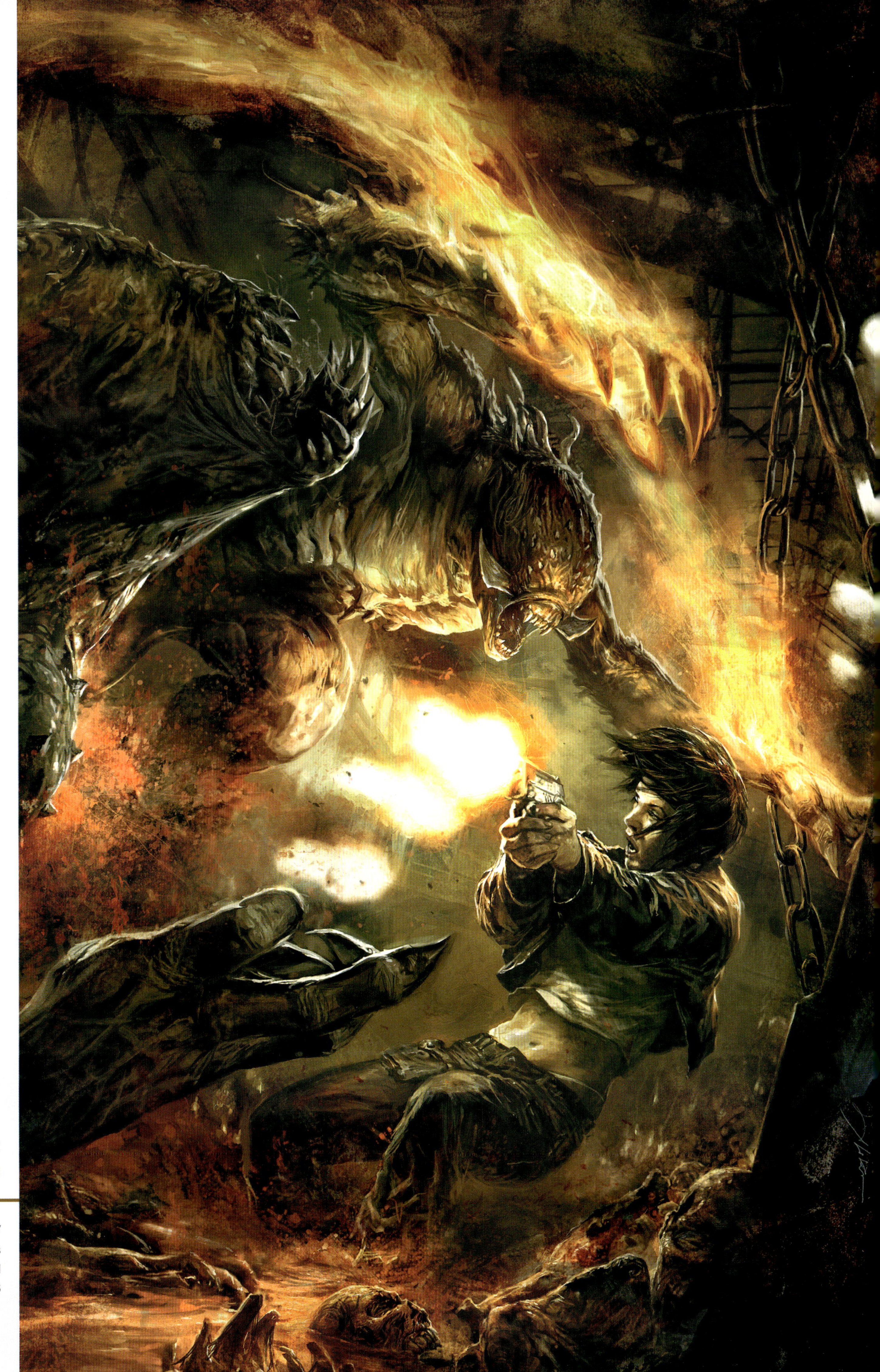

Hellgate:
London 0

Client: Flagship Studios / Dark Horse Comics
Art director: David Land
2006

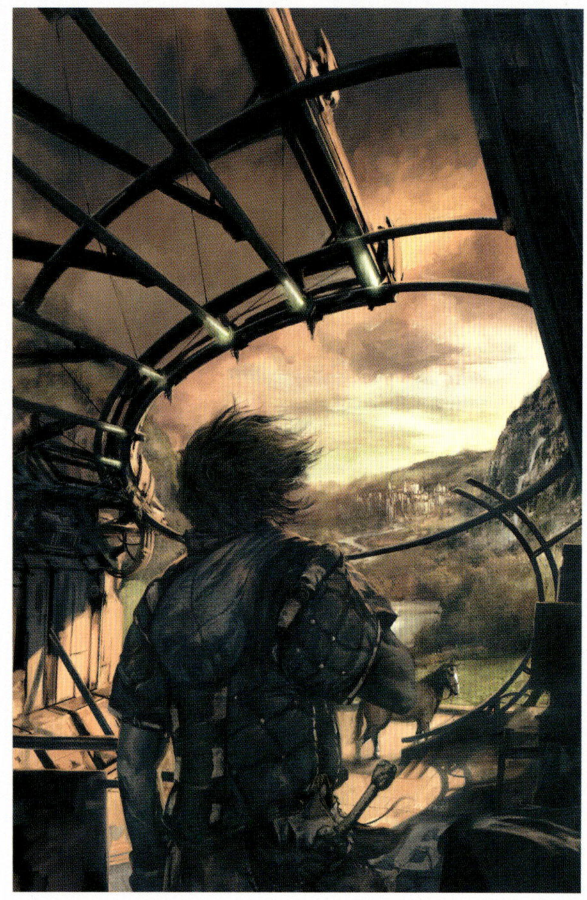

“C'est toujours particulier d'écrire ce qu'on ressent pour le travail d'un ami. Si les illustrations d'Aleksi me touchent autant, je crois que c'est parce qu'il utilise son pinceau comme un écrivain sa plume. Ses images ne sont pas de simples moments figés dans le temps. Elles racontent des histoires…

Pour moi, Aleksi est plus qu'un illustrateur.

C'est un conteur.

It is always peculiar to write down one's feelings about a friend's work.
I think that the reason that Aleksi's illustrations move me so much is that he wields his brush like a writer wields his pen. His images aren't simply moments sliced out of the flow of time. They tell tales.

In my opinion Aleksi is more than an illustrator.

He's a storyteller.”

Jean-Luc Cano
Scénariste / Writer

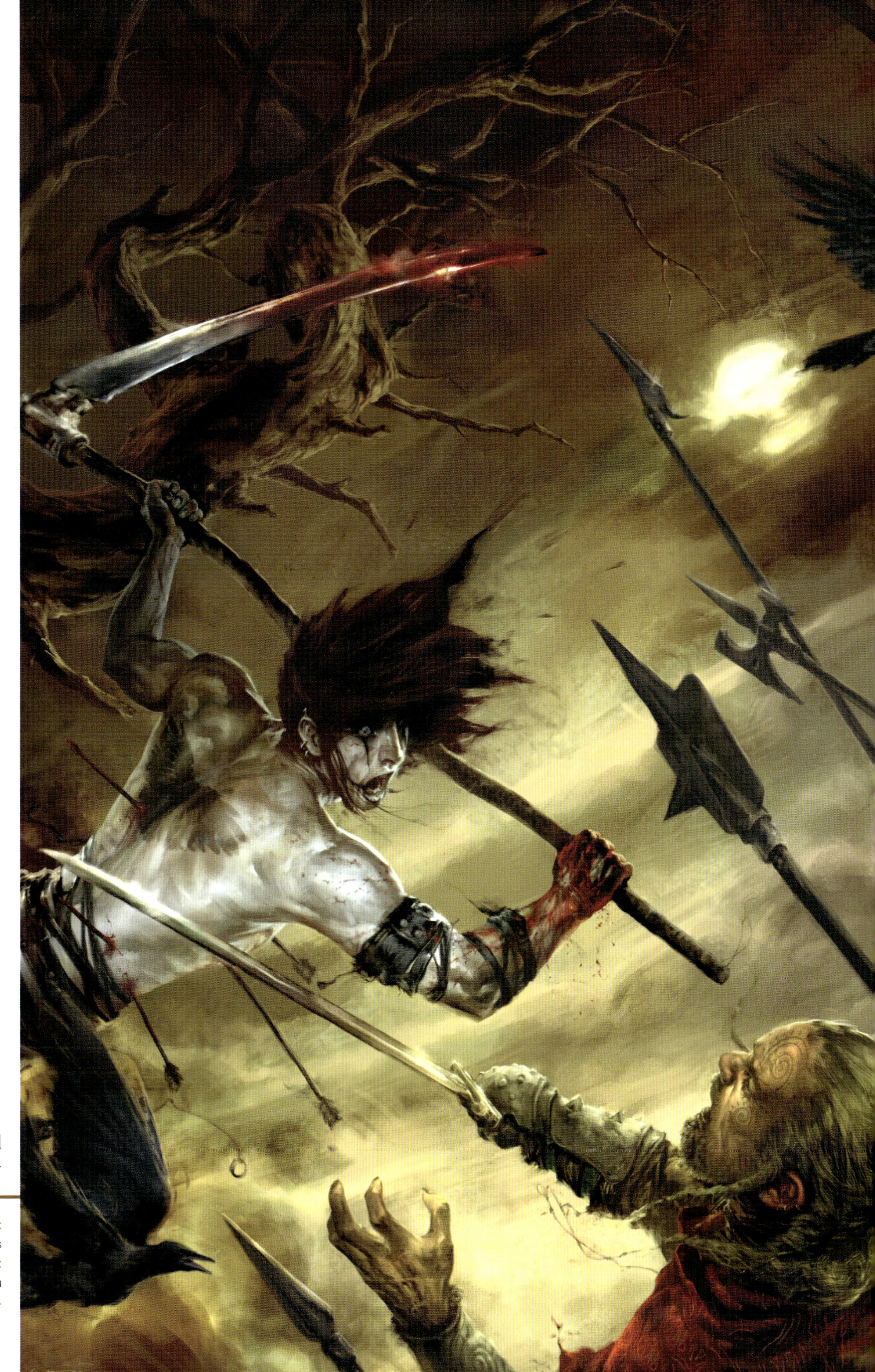

Medievil
Crow

Client :
Réflexions Éditions
Directeur artistique :
Yoann Boisseau
2004

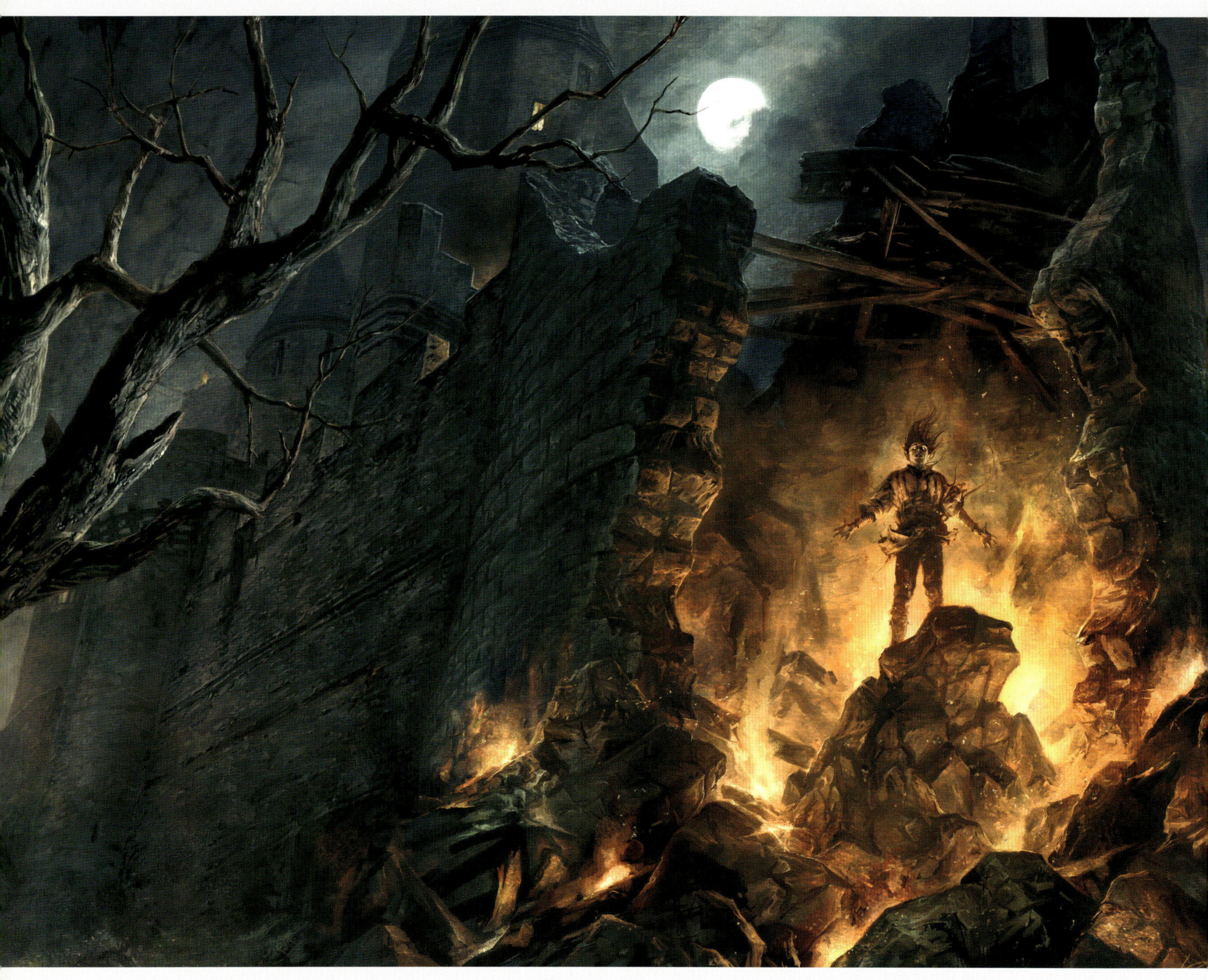

Le Livre des Mots T.II

Client :
Calmann Lévy
Directeur artistique :
Sébastien Guillot
2005

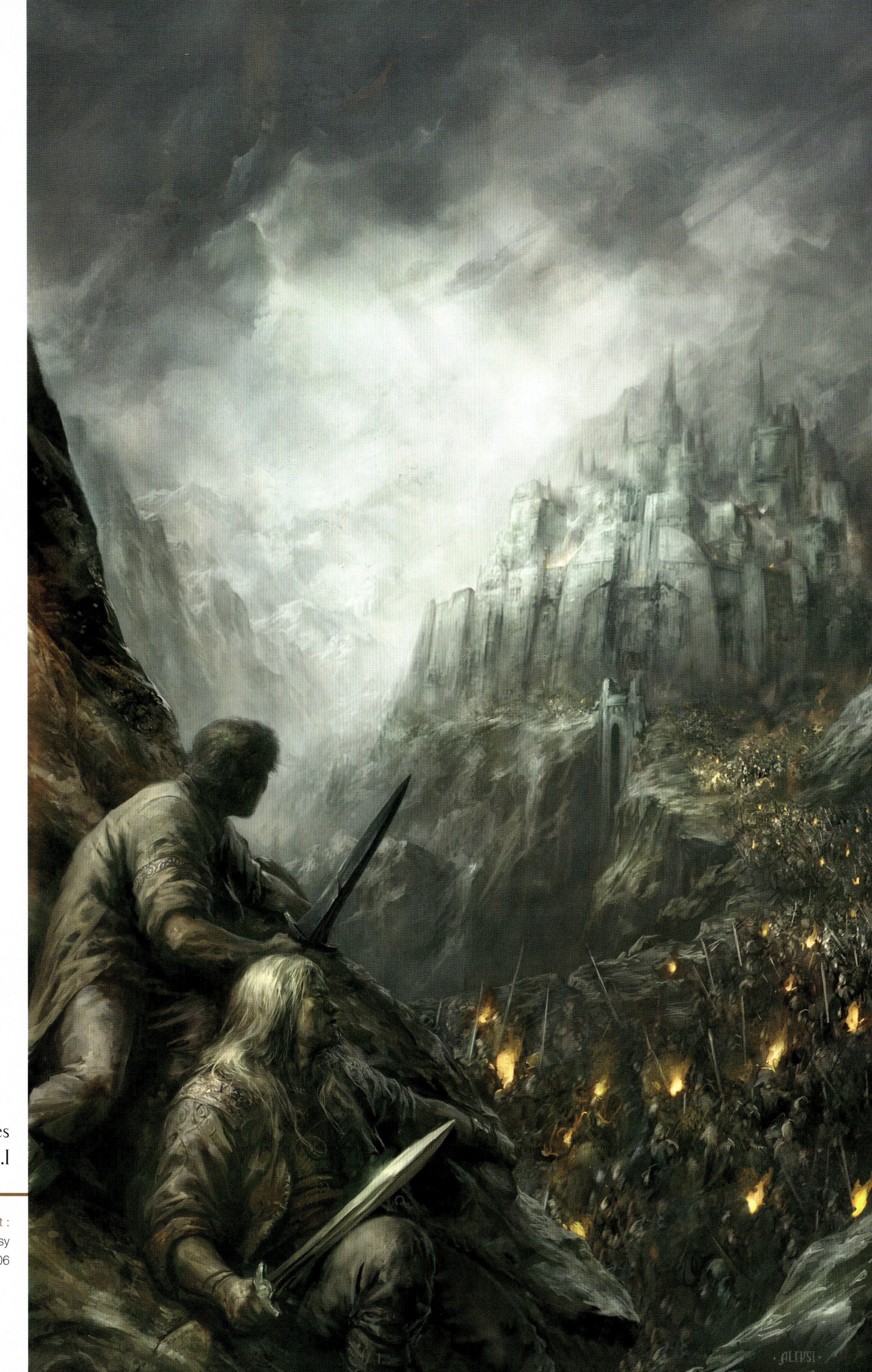

Le Livre des
Contes Perdus T.I

Client :
Pocket Fantasy
2006

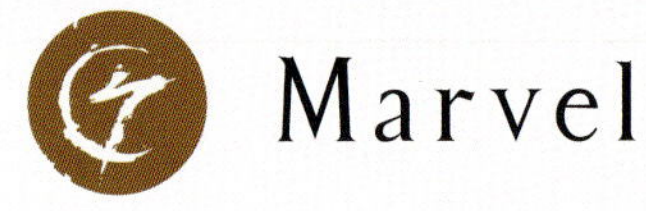

Marvel

Un des gros déclencheurs de ma passion pour le dessin (et dans une moindre mesure pour la narration et le fantastique) fut ma rencontre avec les comics et personnages Marvel, à un âge où toutes ces figures fantasmatiques impactent énormément un jeune esprit en construction, impressionnable et rêveur (l'âge difficile de l'adolescence !). Plus que les costumes bariolés et hauts en couleurs, ce sont les mutants aux pouvoirs étranges et l'incompréhension du monde qui les entoure face à leur différence qui m'ont séduit étant jeune.

Correspondant à l'époque à mes envies et mes questionnements, ces métaphores et réflexions - affirmation de soi, sensation de différence, incompréhension de l'autre - me semblent aujourd'hui, en extrapolant et avec une approche adulte, toujours très riches et séduisantes. Tout cela s'apparente entièrement aux histoires antiques, aux contes et mythes à résonance universelle qui traversent le temps. Spiderman, Thor, Merlin, Hercule ou encore Ulysse, le panthéon et le décorum changent mais les problématiques très peu.

Travailler quinze ans plus tard sur ces personnages me galvanise, avec un petit bémol concernant les costumes de certains, que j'ai parfois à peindre et qui mériteraient vraiment un lifting. S'ajoute à cela l'occasion d'un petit regard rétrospectif sur mon parcours, dans lequel je revois toutes les étapes successives qui m'ont amené sur ces couvertures officielles.

Sur toutes les couvertures de la mini-série Annihilation : Conquest, j'ai utilisé l'intégration d'un motif graphique de fond, une diagonale dynamique fusionnée avec une auréole centrale, afin de pousser la dimension iconique, dynamiser mes compositions et surtout toutes les lier visuellement.

Statut d'icônes assumé, dimension cinématographique et impression de scope, ces points-clés étaient pour moi des composantes nécessaires de la réalisation de ces couvertures.

Sur la plupart de mes projets d'illustrations, j'essaie de prendre en compte autant que possible le design graphique et le travail de logo si celui-ci existe au préalable. Plus que l'image seule, c'est la couverture maquettée qui va être donnée à voir au public. Ça dépasse le dessin pur ou la peinture, c'est un ensemble plus complexe. (J'ai rarement l'occasion d'aller chez l'imprimeur mais même cette phase est importante).

One of the major events that triggered my passion for drawing (and, in a smaller way, for storytelling and for fantasy) was my encounter with Marvel comics and characters at a tender, difficult time of adolescence, a moment when phantasmagorical figures like these can have the strongest impact on a malleable mind still under construction (especially a dreamer's mind). At that young age, more than the loud, multicoloured costumes, what attracted me were the mutants with their strange powers, and the incomprehension and bafflement with which their differences are met by the world around them.

These metaphors and ponderings (the self-assertion, the feeling of being different, the lack of understanding from others) matched my own desires and questions at the time; today, approaching them as an adult, extending them further, I still find them rich and interesting. They're cousins of the ancient tales, the timeless myths and legends with universal appeal. Spider-man, Thor, Merlin, Hercules, or Ulysses – the pantheon and the decor might change, but the issues are the same.

It fires me up to be working on these characters now, fifteen years later - except for a few of the costumes of some characters that I sometimes have to paint, and which I have to say really need to be updated. Now add to it this opportunity I have now to look back over the path I travelled and see every successive step that brought me to these official covers.

On every cover of the Annihilation: Conquest mini-series, I have chosen to integrate a graphical motif in the background, an energetic diagonal line fused with a central halo, to boost the iconic aspect, give energy to the compositions, and, above all, to tie them together visually.

A flaunted iconic status, a certain cinematographic dimension with a nod towards cinemascope… these were, for me, the key points and necessary elements of the execution of these covers.

With most of my illustration projects, I try as much as possible to take into account the graphic design of the cover's layout and the logo, if they already exist. The public won't get to see the image on its own, they'll see the whole cover layout. This type of work is more than just drawing or painting – it belongs to a more complex whole. (I rarely have the opportunity to make it to the printers, but that phase, too, is rather crucial.)

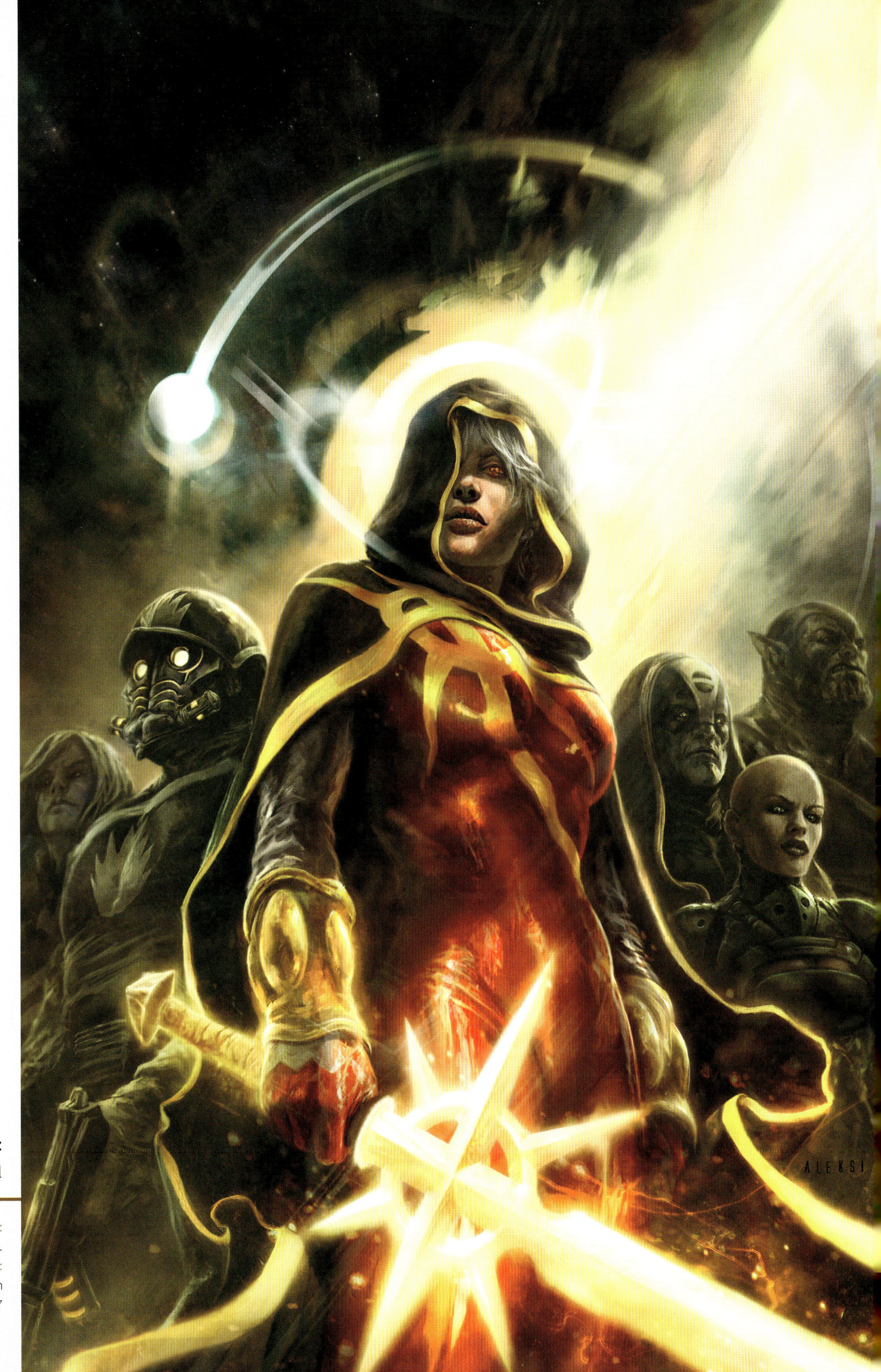

Annihilation:
Conquest 1

Client:
Marvel Characters, Inc.
Art director:
Bill Rosemann
2007

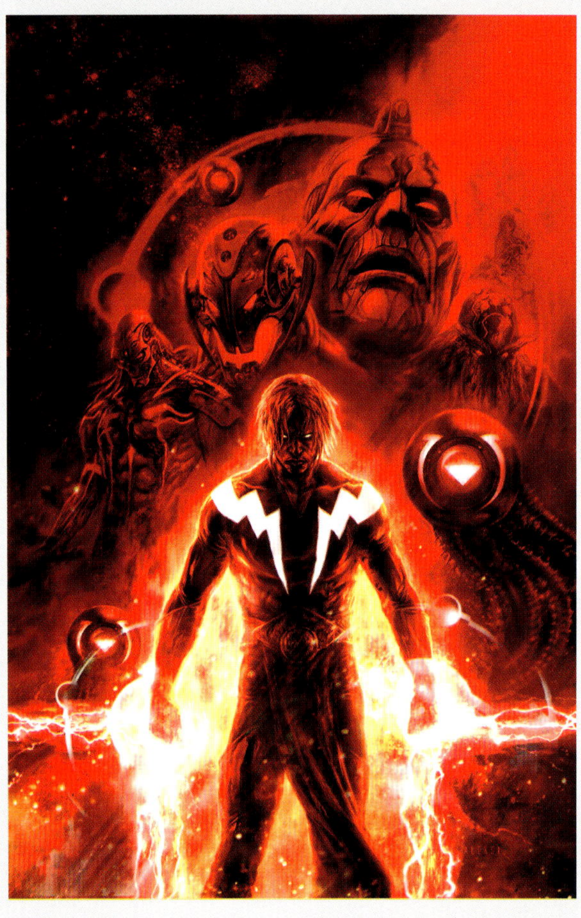

“ Dès l'instant où j'ai eu la chance de voir le travail d'Aleksi pour les jeux vidéo et les jeux de rôles, j'ai su que son énorme talent allait avoir un gros impact sur Marvel Comics.

De son génie pour le character design à ses innovations de lumière et de cadrage, Aleksi apporte à tout ce qu'il illustre une touche épique et pourtant précise, réaliste ; la noblesse de ses héros émerveille et ses terribles méchants font trembler de peur. Ajoutez à ça son incroyable talent pour transporter le spectateur au cœur de paysages sauvages, et voilà : une nouvelle super star du monde des comics.

From the moment I was lucky enough to see Aleksi's video game and role-playing art, I knew a major talent was about to impact Marvel Comics.

From his genius character designs to his innovative lighting and framing, Aleksi brings a gritty yet epic touch to all he illustrates, making us gape in awe at the noblest of heroes or quake in fear at the most horrific villains. Add in his tremendous skill for transporting the viewer to wild landscapes, and you have a new (at least to the comic book world) super star. ”

Bill Rosemann
Éditeur / Editor
Marvel Comics

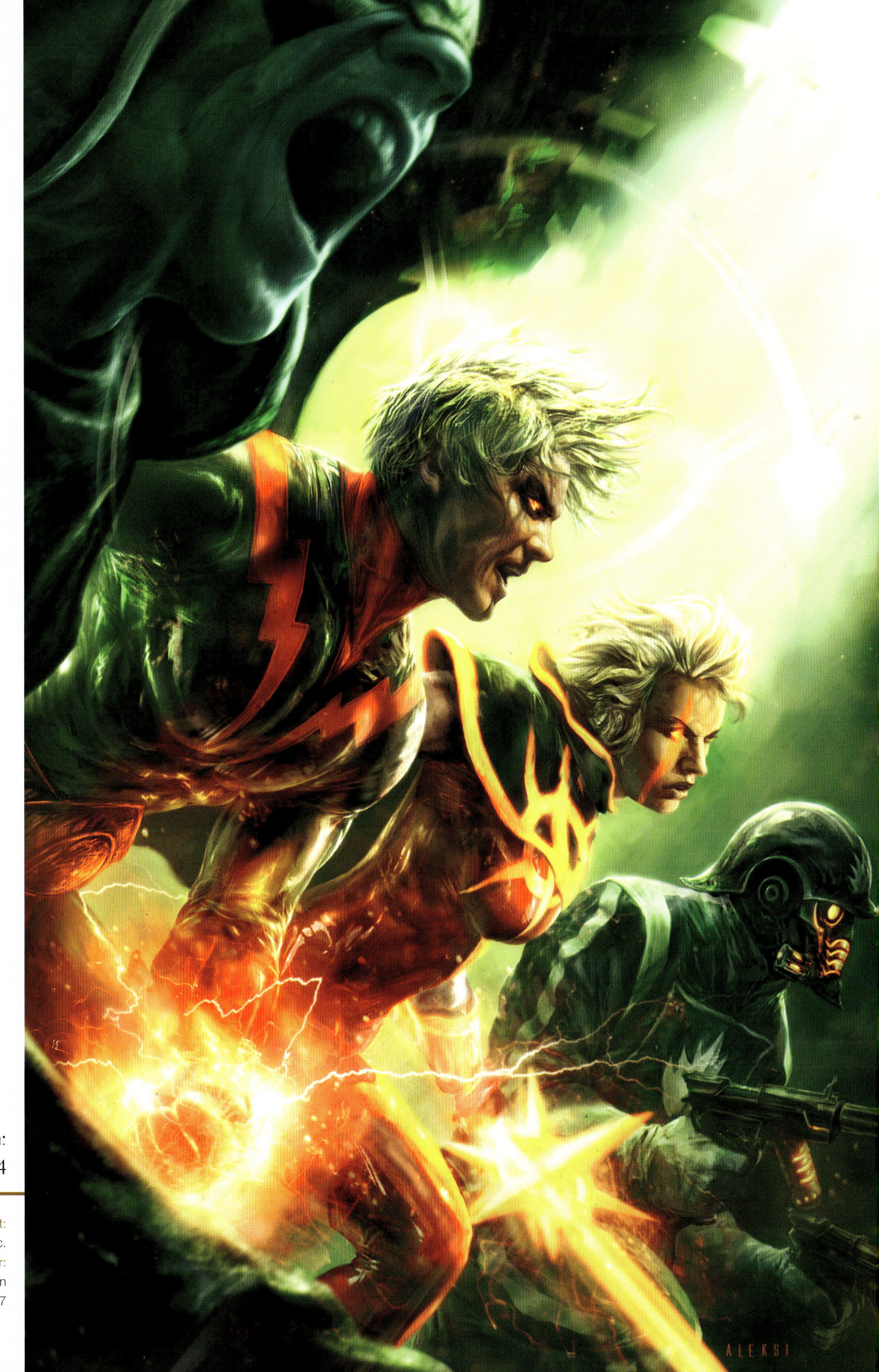

Annihilation:
Conquest 4

Client:
Marvel Characters, Inc.
Art director:
Bill Rosemann
2007

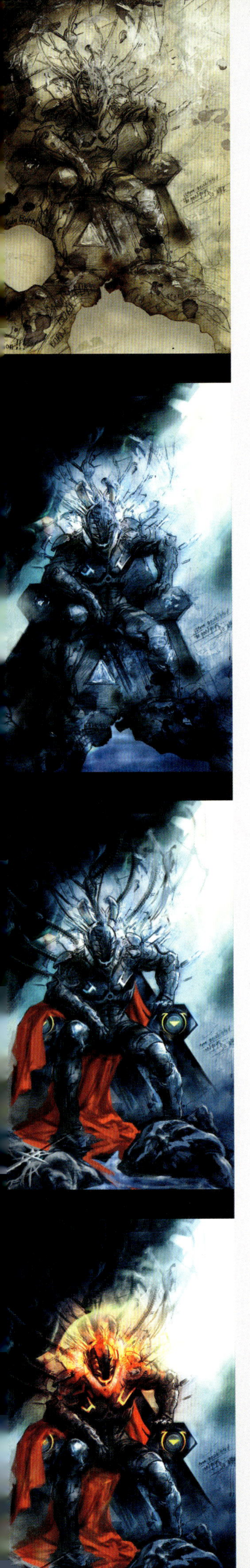

Total Annihilation

L'une de mes rares couvertures commencée par un croquis traditionnel est celle avec Ultron siégeant sur son trône. Pendant la phase de croquis, je n'étais pas chez moi et n'avais aucune référence concernant l'apparence de ce personnage, ce qui paradoxalement m'a permis d'envisager cette image avec plus de liberté et de distance.

Au final, il s'agit d'un des visuels les plus marquants de la série (Silver award comic-books dans l'anthologie d'art fantastique Spectrum 16).

Ultron on his throne is one of the rare cover illustrations where I started work with a traditional sketch. I was not at home when I began sketching, and I had no reference for this character's appearance with me, which paradoxically allowed me a greater freedom to imagine the picture, and gave me more distance.

In the end, this is one of the most striking visuals in the series (Silver award comic books in Spectrum 16, an anthology of contemporary fantastic art).

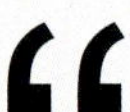

Dan : J'aime toutes les couvertures Conquest qu'Aleksi a faites pour nous, mais c'est celle-ci que je préfère.

Andy : C'est vrai, celle-ci est notre préférée à l'unanimité. Mais elles sont toutes superbes.

Dan : Sa composition a une telle force. La majesté et la puissance d'Ultron, assis sur ce trône, sont parfaitement indéniables.

Andy : Oui, elle a vraiment la saveur d'un classique de l'illustration fantasy. Je me souviens que quand on a fait des suggestions pour la couverture, on a cité Frazetta comme source possible d'inspiration ; et là, bien campé sur son trône, c'est comme un Conan ou un Kull, version cyborg.

Dan : Un de nos thèmes pour les couvertures Conquest était cette idée d'illustrations SF toutes rendues dans un style high fantasy, pour leur donner quelque chose d'unique. Aleksi a été très fort là-dessus.

Dan: I loved all the Conquest covers Aleksi did for us, but this was my favourite.

Andy: Yes, this got our vote as our unanimous favourite, though they were all excellent.

Dan: The composition is so strong. There's no doubting the majesty and power of Ultron on that throne.

Andy: Yes, it has the real flavour of a classic fantasy illustration. I remember when we suggested cover ideas, we cited Frazetta as a great source of inspiration, and this is a cyborg Conan or Kull astride his throne.

Dan: One theme throughout all the Conquest covers was to create sci-fi covers that were rendered in the style of high fantasy which gave them a unique feel and was something Aleksi excelled at. ”

Andy Lanning
Scénariste-Artiste / Scenarist-Artist
Dan Abnett
Scénariste / Scenarist

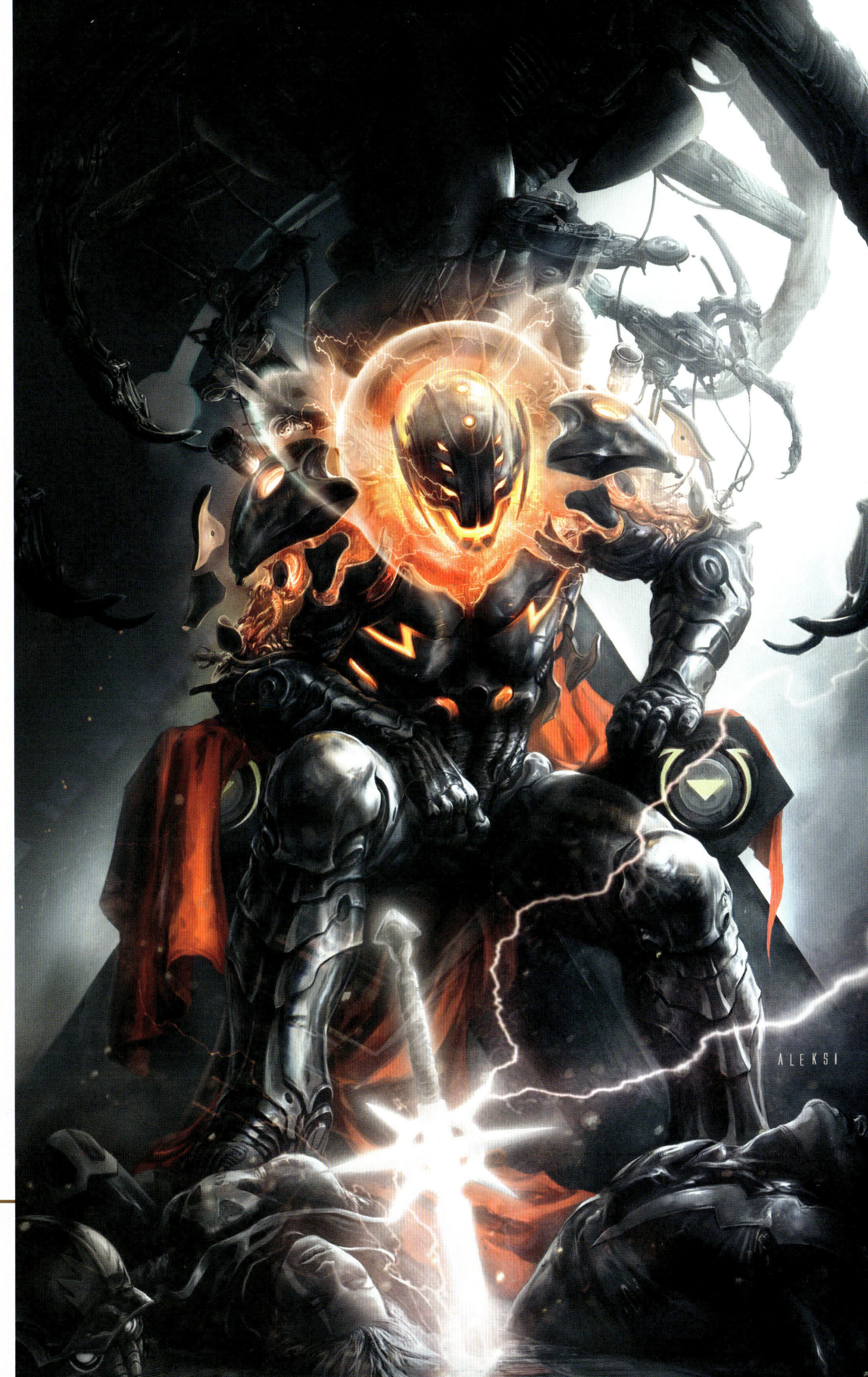

Annihilation:
Conquest 5

Client:
Marvel Characters, Inc.
Art director:
Bill Rosemann
2008

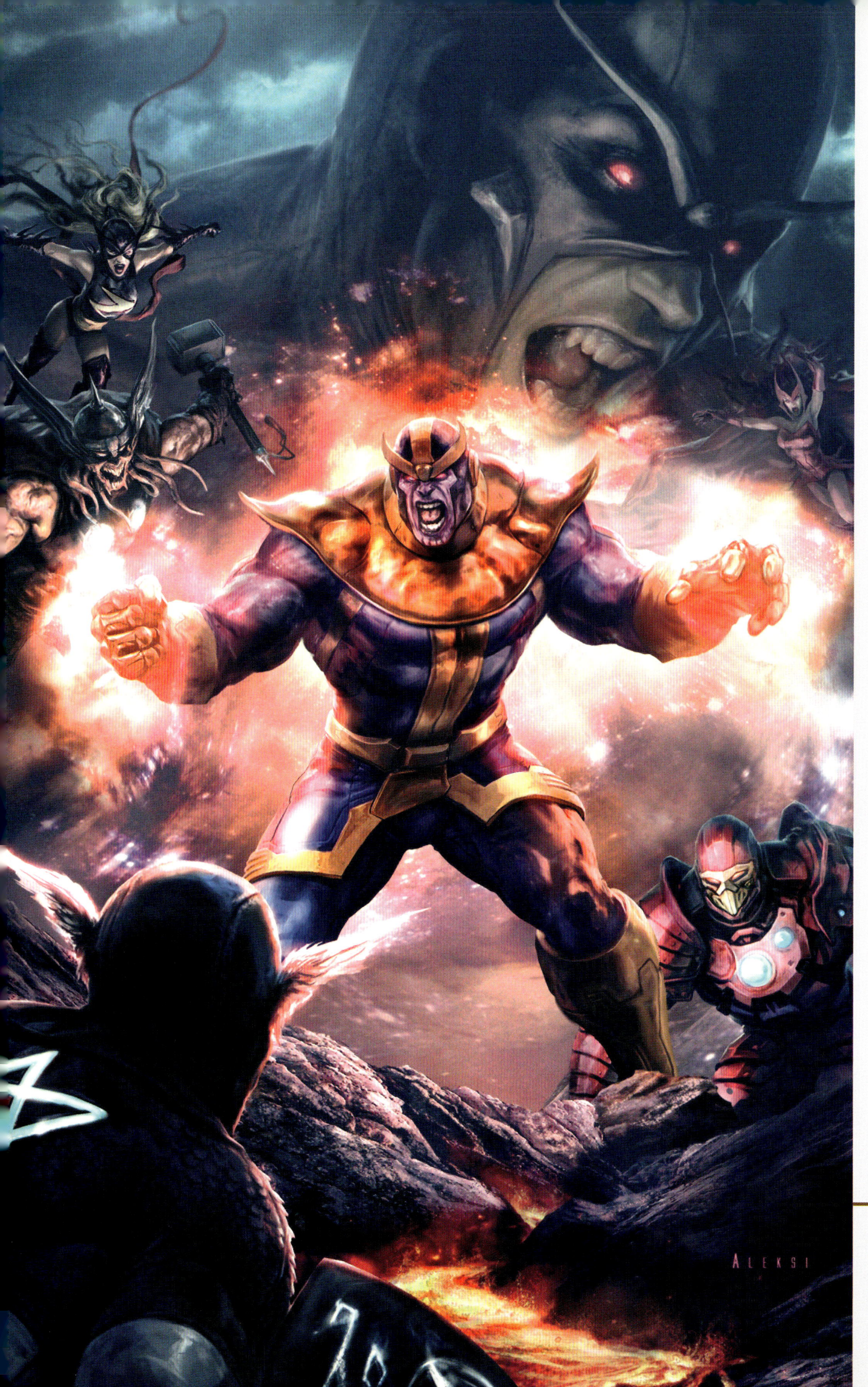

The Thanos Imperative 3

Client:
Marvel Characters, Inc.
Art director:
Bill Rosemann
2010

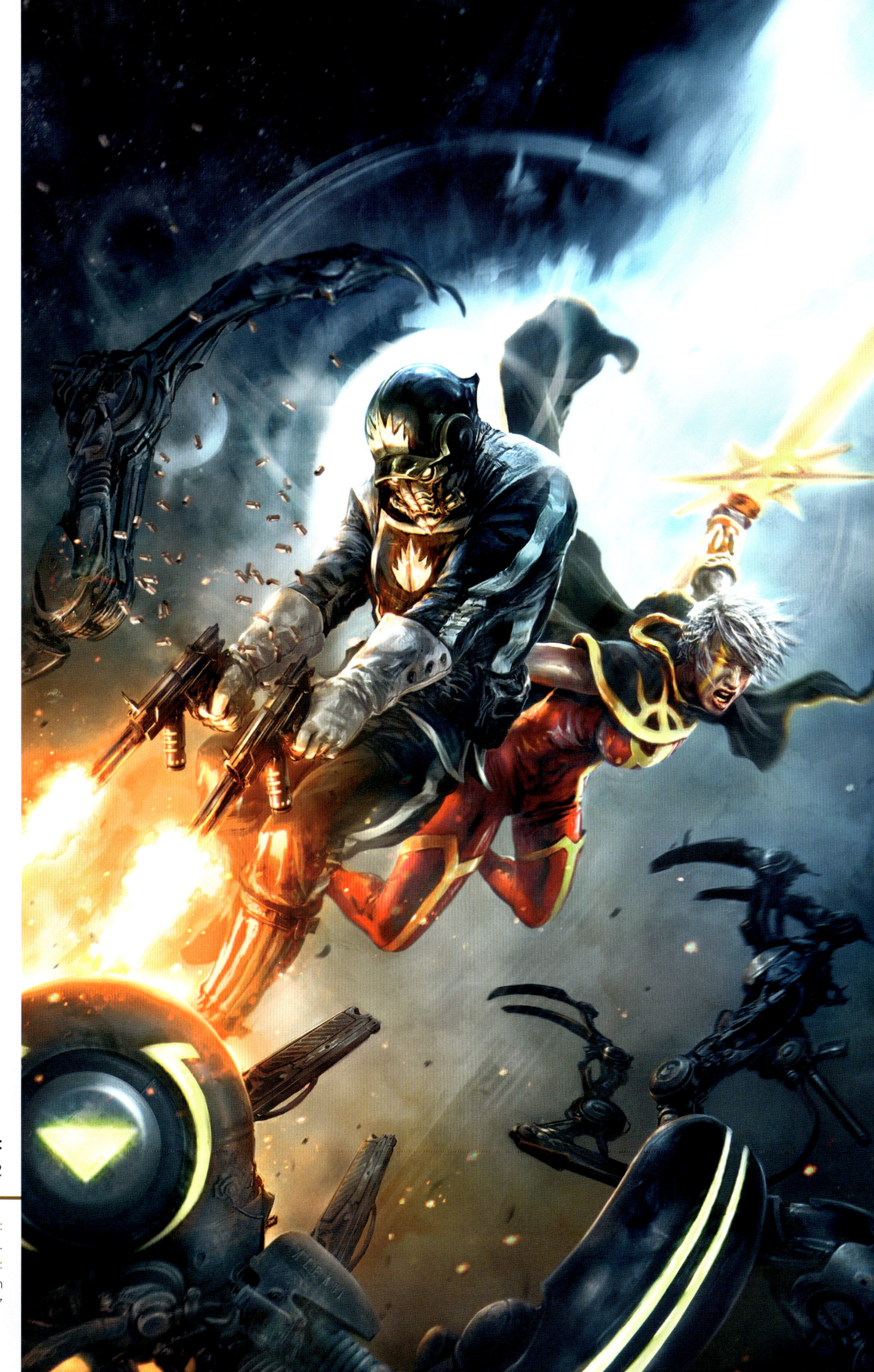

Annihilation:
Conquest 2

Client:
Marvel Characters, Inc.
Art director:
Bill Rosemann
2007

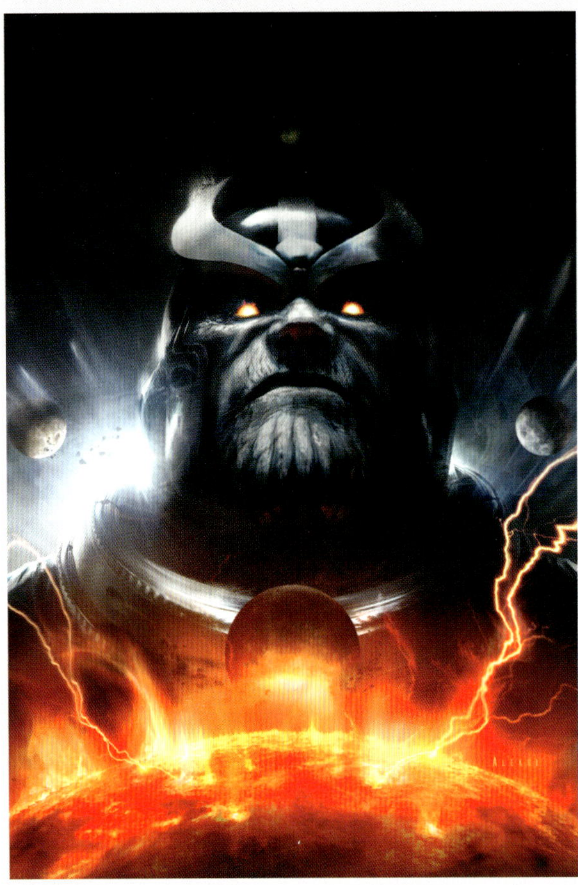

“ Andy : Ignition est le nom de la première partie d'une mini-série qui tourne autour du retour de Thanos, l'un des plus célèbres méchants de l'univers cosmique de Marvel. On voulait vraiment que la couverture ait un effet de menace cosmique et donne un sentiment de colère rentrée.

Dan : Les premiers croquis d'Aleksi avaient un super style de SF européenne qui nous plaisait beaucoup (on est fans de Philippe Druillet tous les deux, et le premier croquis nous a vraiment rappelé son travail), mais finalement quand Aleksi a choisi de se concentrer sur un gros plan, ça nous a donné exactement la simplicité et l'intensité qu'on recherchait.

Andy : La façon dont Thanos surplombe les planètes donne à l'image son échelle cosmique et une impression parfaite de menace.

Dan : L'image évoque le fait que Thanos maîtrise l'espace, en tant que conquérant mais aussi dans son rôle de faiseur de destins. Aleksi l'a brillamment capturé ; on dirait qu'il est sculpté directement dans la matière de l'univers, son visage ressemble même à la surface grêlée et désolée d'une planète.

Andy : J'aime tout spécialement la lumière : les rouges et jaunes enflammés du premier plan, et ce contraste très fort avec le gris-bleu froid du visage de Thanos ; c'est typique d'Aleksi, qui a une très grande maîtrise de la lumière comme élément dramatique de la composition. Mon seul regret pour cette couverture c'est que la version finale n'a pas le rictus moqueur d'Elvis que j'aimais tant !

Andy: Ignition was the first part of a mini-series that featured the return of one of Marvel's classic cosmic villains: Thanos. We wanted this cover to give a real sense of cosmic threat and brooding menace.

Dan: Aleksi's early sketches had a great European sci-fi feel to them that was very appealing (we are both fans of Philippe Druillet, and the first sketch was very resonant of his stuff for us) but when Aleksi shifted focus to the face shot, the simple intensity was exactly what we were after.

Andy: The fact that Thanos is looming over the planets gives this shot an awesome sense of cosmic scale and menace.

Dan: The image suggests Thanos'command over space: both as a conqueror and a manipulator of fate. Aleksi has captured Thanos brilliantly; he looks like he's carved from the very fabric of the universe, his features resembling the craggy surface of a blasted planet.

Andy: I particularly love the lighting: the crackling reds and yellows in the foreground contrast starkly with the cold blue-grey of Thanos' face; this is typical Aleksi, who has such a mastery of lighting as a dramatic element of the composition. The only thing I regret is that the final piece doesn't have the Elvis sneer which I loved! ”

Andy Lanning
Scénariste-Artiste / Scenarist-Artist
Dan Abnett
Scénariste / Scenarist

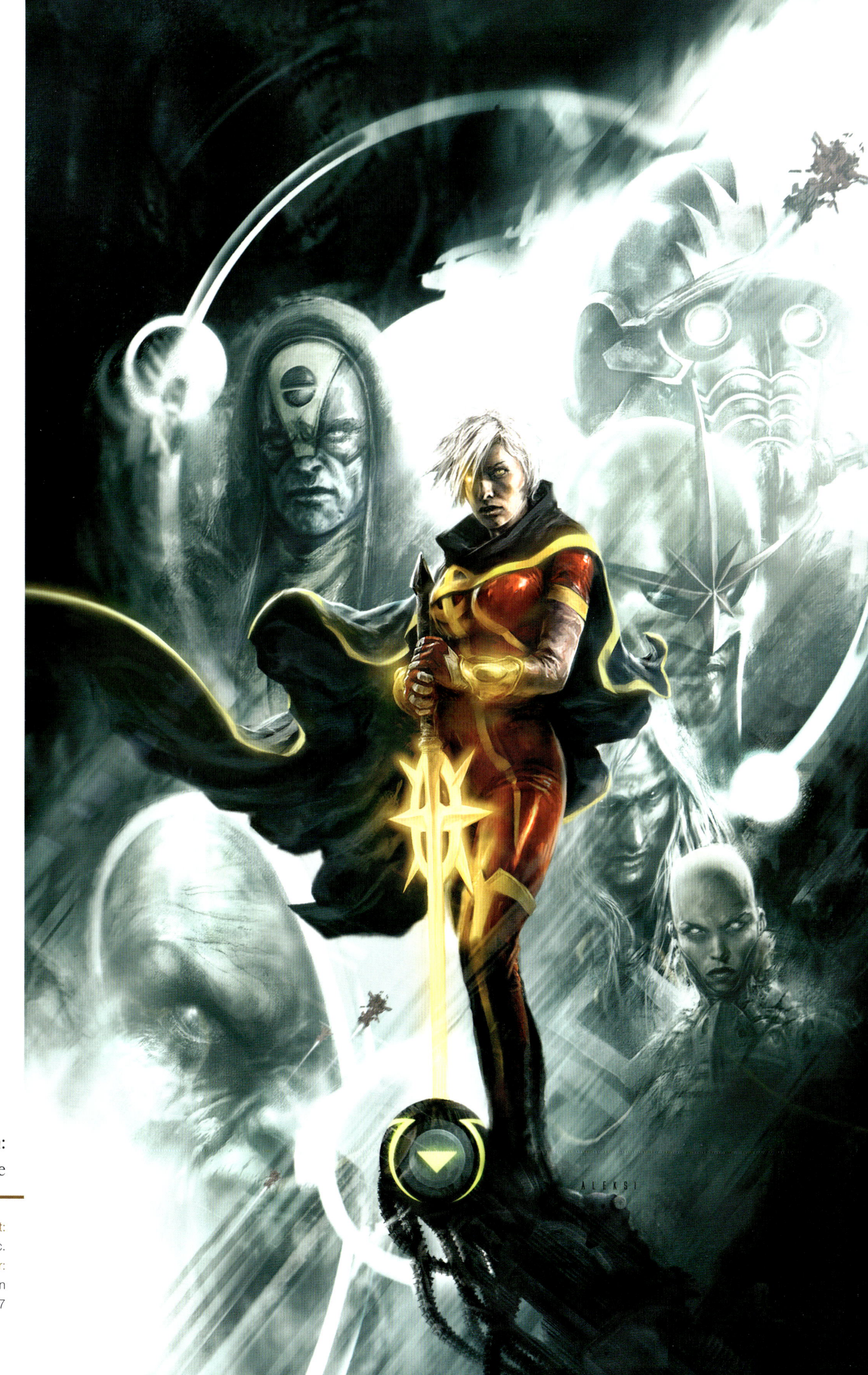

Annihilation:
Conquest Prologue

Client:
Marvel Characters, Inc.
Art director:
Bill Rosemann
2007

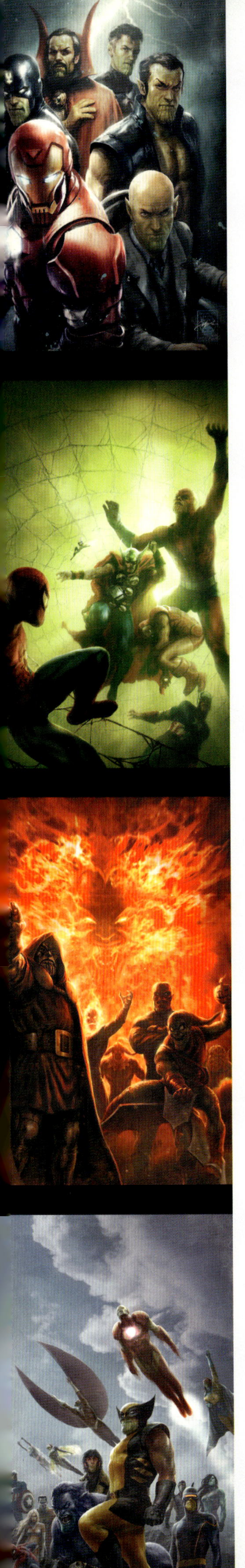

Marvel Secret Avengers

Sur tout l'arc New Avengers : Secret Invasion, j'avais à cuisiner d'anciennes couvertures-clés Marvel à ma propre sauce tout en les épiçant de Skrulls, ces extra-terrestres verts aux mentons proéminents.

Pour en faire ma propre recette, je n'ai pas manqué de les assaisonner de références photos de mes proches, ce qui concourt toujours en séances de shooting improvisées et rigolotes.

Une couverture collector signée par tous mes modèles trône d'ailleurs dans ma bibliothèque.

For the whole arc of New Avengers: Secret Invasion, I needed to cook up older, key Marvel covers, adding my own sauce and peppering the whole thing with a few green jutting-jawed aliens called Skrulls.

While making up my own recipe, I did not forget to spice things up using reference pictures of my friends and family. This always ends up in hilarious improvised photo shoots.

I have a collector copy of this cover in a place of honour on my bookshelves signed by all the real life models I used.

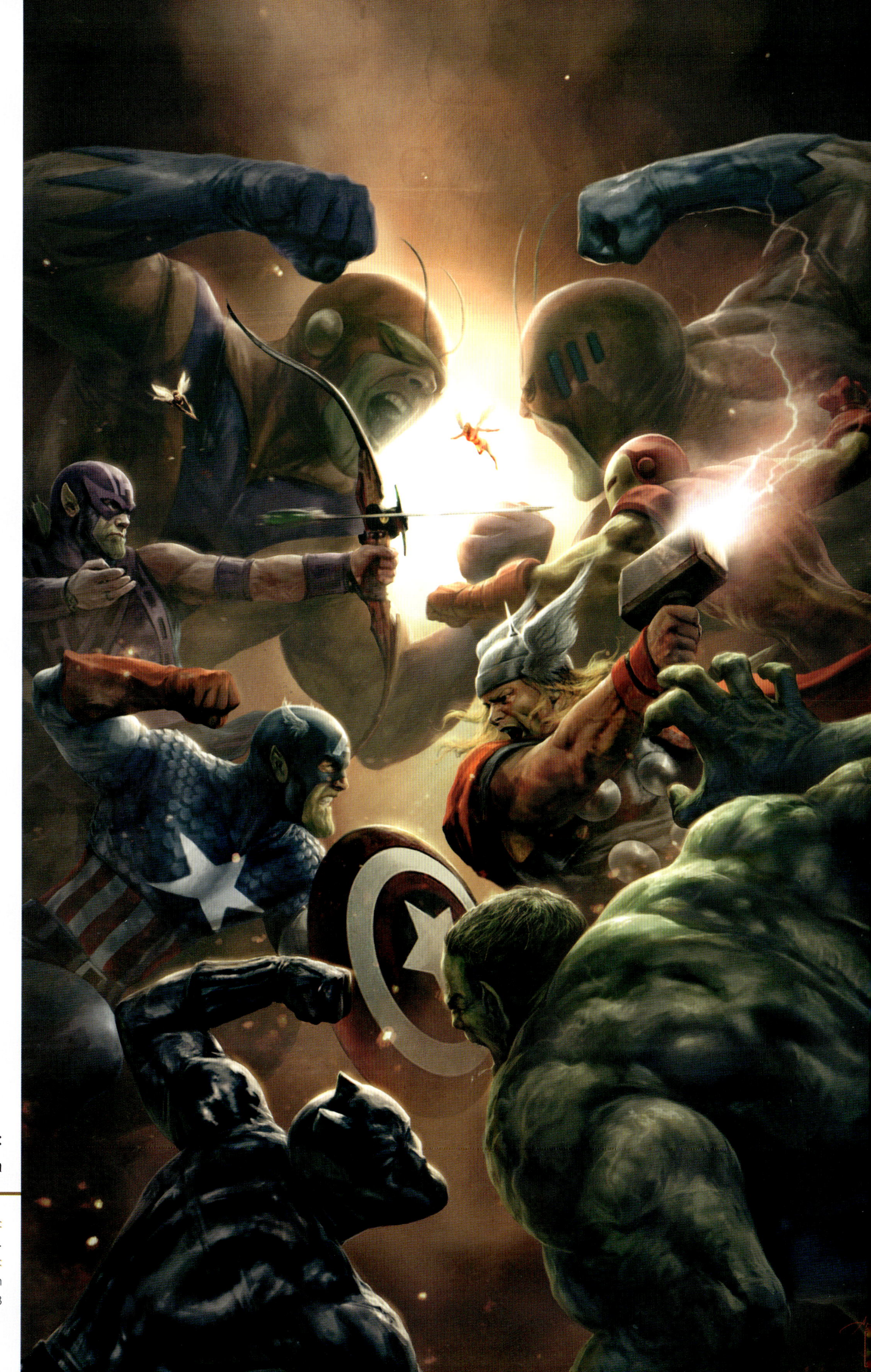

New Avengers 43:
Secret Invasion

Client:
Marvel Characters, Inc.
Art director:
Bill Rosemann
2008

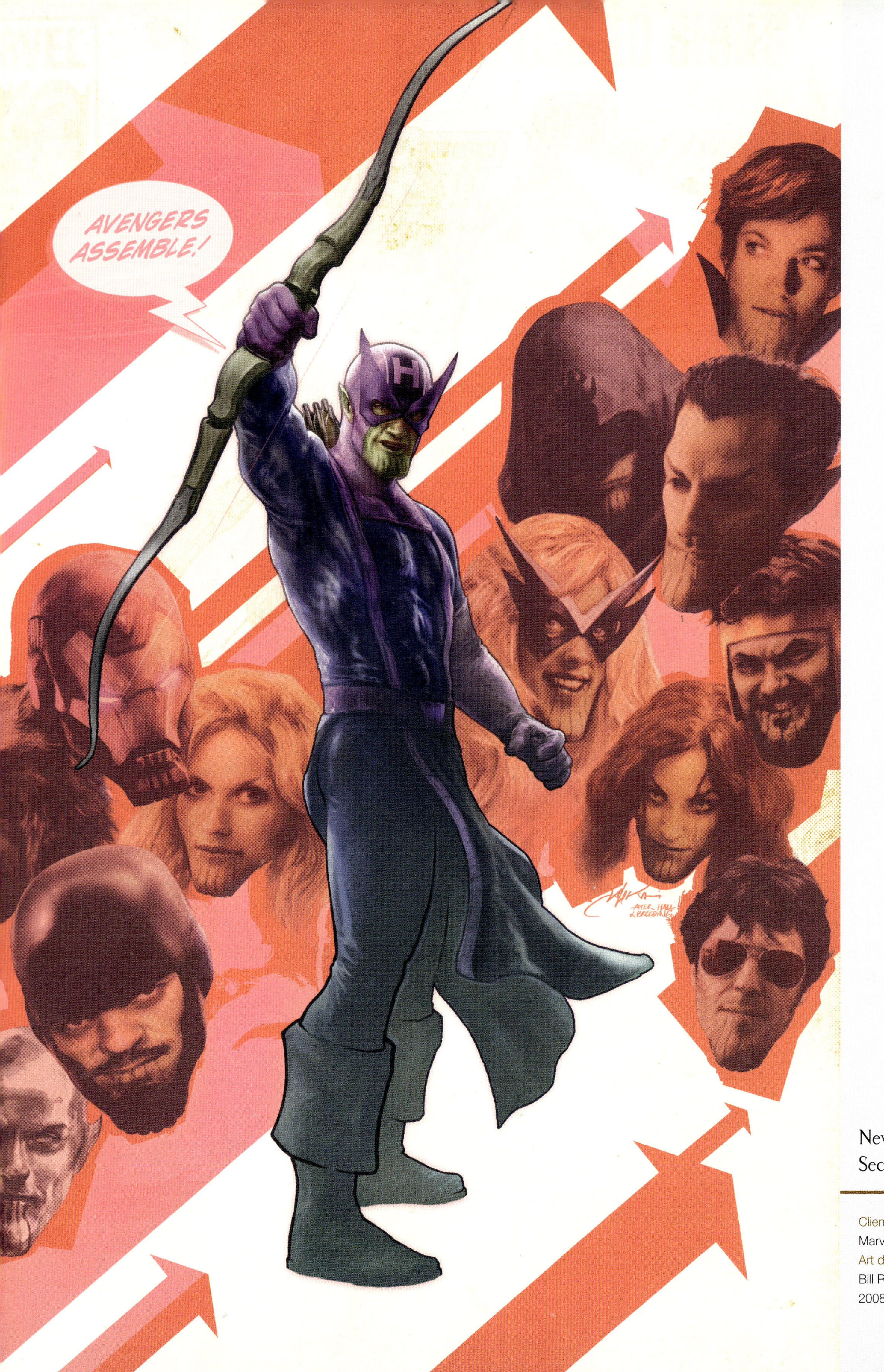

New Avengers 47:
Secret Invasion

Client:
Marvel Characters, Inc.
Art director:
Bill Rosemann
2008

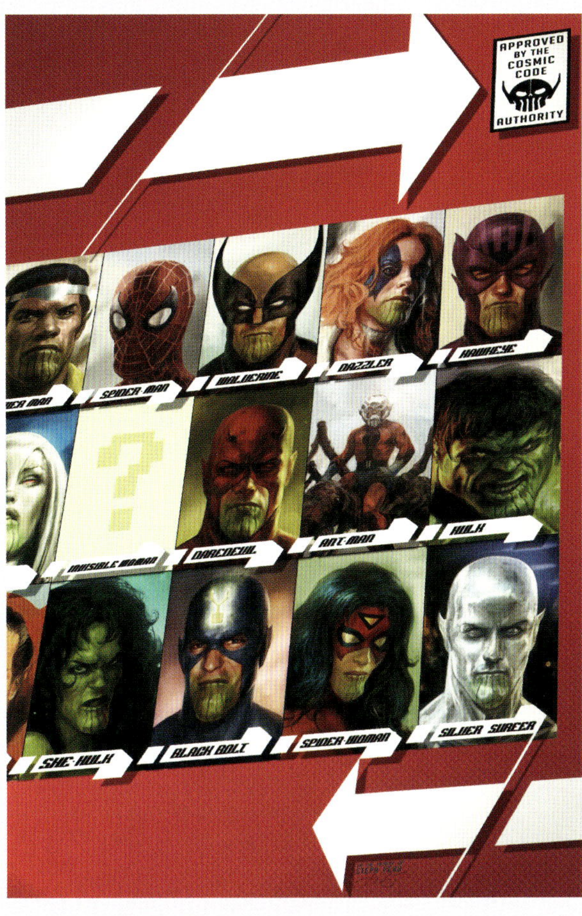

“J'ai rencontré Aleksi il y a quelques années quand nous partagions le même studio. C'était au moment où on préparait les animations des Lapins Crétins.

J'ai découvert quelqu'un de si gentil, si simple, et dont le travail est toujours une surprise et une inspiration, que c'était tous les jours un plaisir de venir s'asseoir à côté de lui pour bosser sur mes propres projets. Il est devenu partie intégrante de ma vie quotidienne, un ami proche.

Même quand il est surbooké, il prend toujours le temps de dire quelque chose, de commenter les travaux des autres. Je me suis fié à lui et à ses conseils précieux sur un projet de super héros qui est en développement depuis un an.

Le jour où il m'a demandé si je voulais bien apparaître en clin d'œil sur une couverture, j'étais si fier que j'ai acheté trois exemplaires du comic… Je crois bien que je ne l'ai jamais lu.

I met Aleksi a few years ago when he came to work in the same «atelier» as I did... At that time we were producing the Raving Rabbids animations...

I discovered such a nice, interesting and very simple person, whose work is so amazing and inspiring… that it was a pleasure for the eye and the mind to come and seat next to him every day to work on our own projects. He became part of my everyday life, and a good friend.

Even when he's overbooked, he always takes the time to talk and comment on the artwork of others...
I relied on him and on his very precious advice for a super hero project we have been developing for the last year.

The day he asked me to appear on a cover as a private, I was so proud that I bought 3 copies of the comics... I think I never read them.”

John Banana
Réalisateur / Director

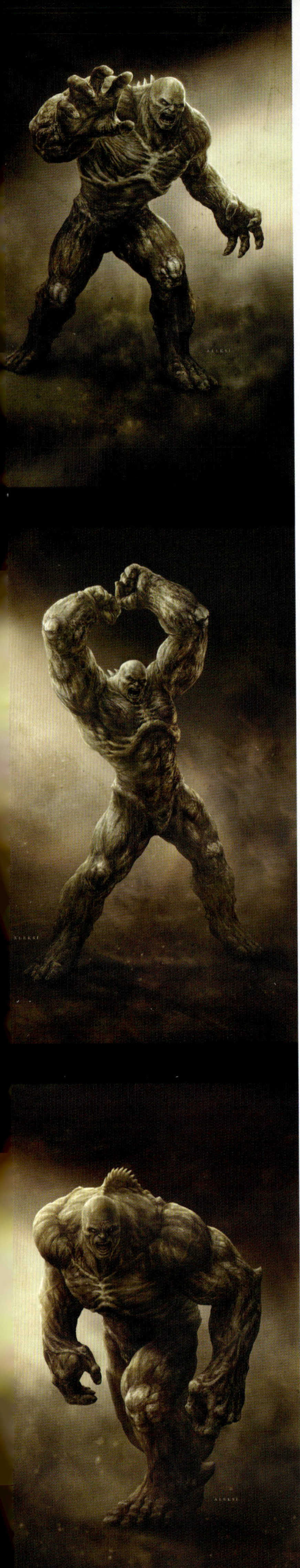

“Lors de mes nombreux voyages, je rencontre beaucoup d'artistes, mais personne ne m'a autant impressionné qu'Aleksi Briclot !

La profondeur du détail et la texture qu'il insuffle à chacune de ses illustrations ne font aucun doute ; Aleksi est le grand maître contemporain de la peinture numérique.

I encounter plenty of artists in my travels, but none impress me more than Aleksi Briclot!

With the depth of detail, color and texture he brings to each and every piece I have ever seen him illustrate, Aleksi is the modern master of digital painting.”

C.B. Cebulski
Découvreur de Talents / International Talent Scout Marvel Comics

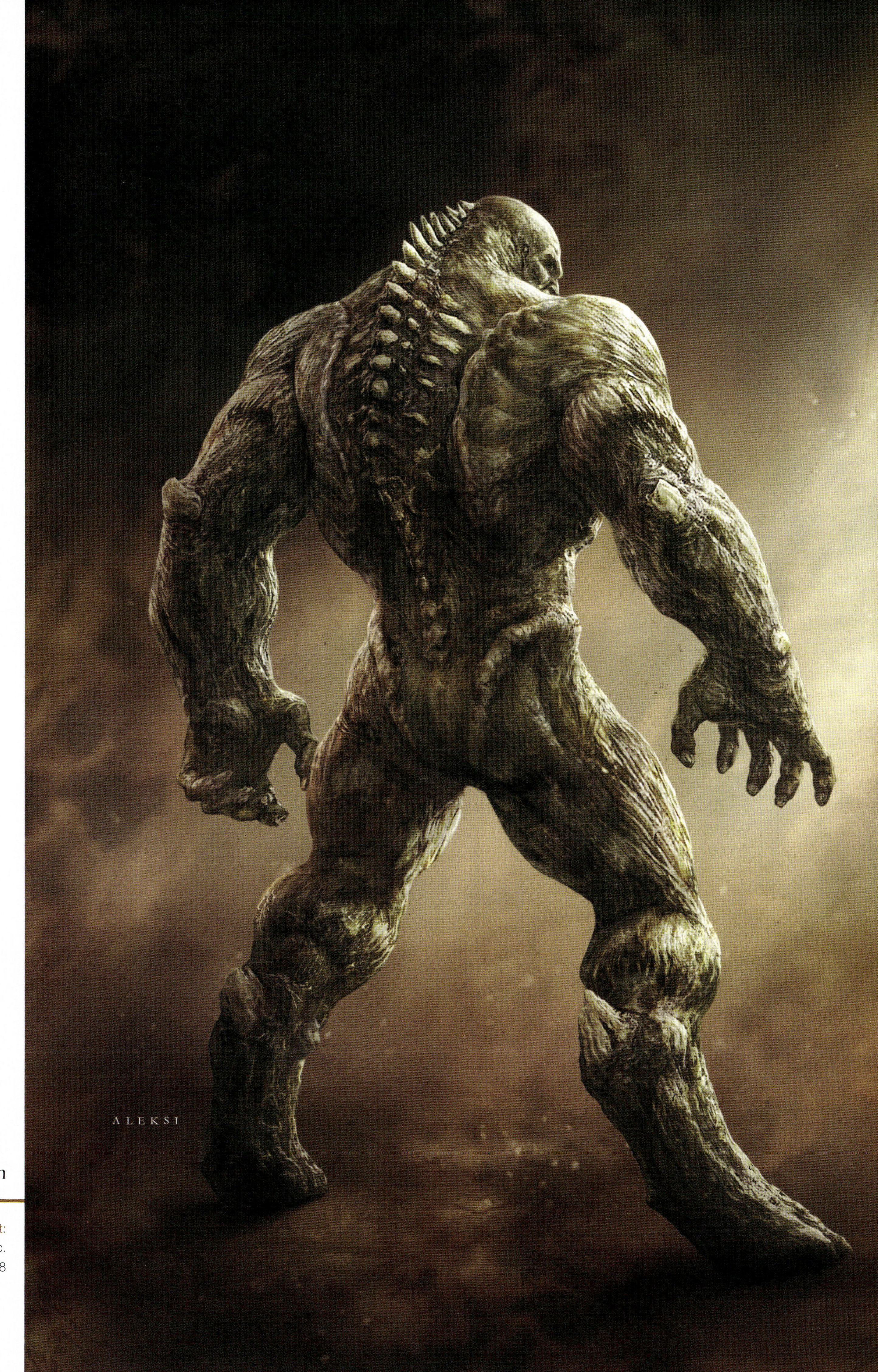

The Abomination

Client:
Marvel Characters, Inc.
2008

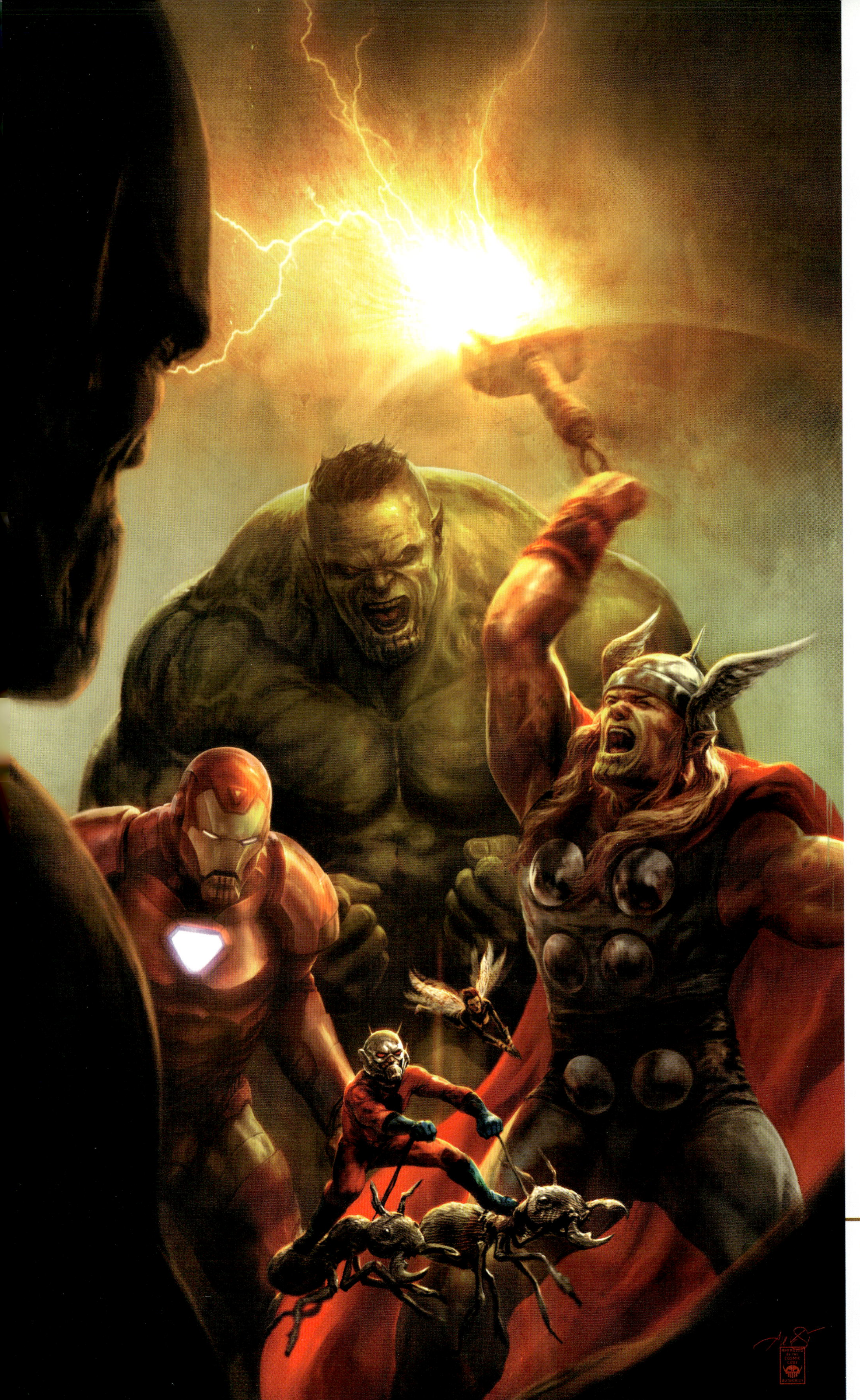

New Avengers 40:
Secret Invasion

Client:
Marvel Characters, Inc.
Art director:
Bill Rosemann
2008

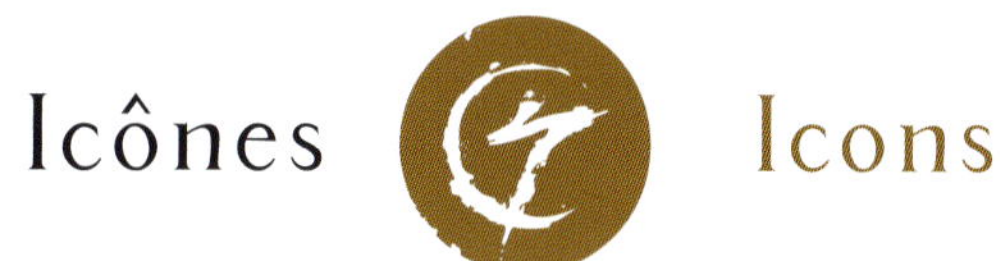
Icônes
Icons

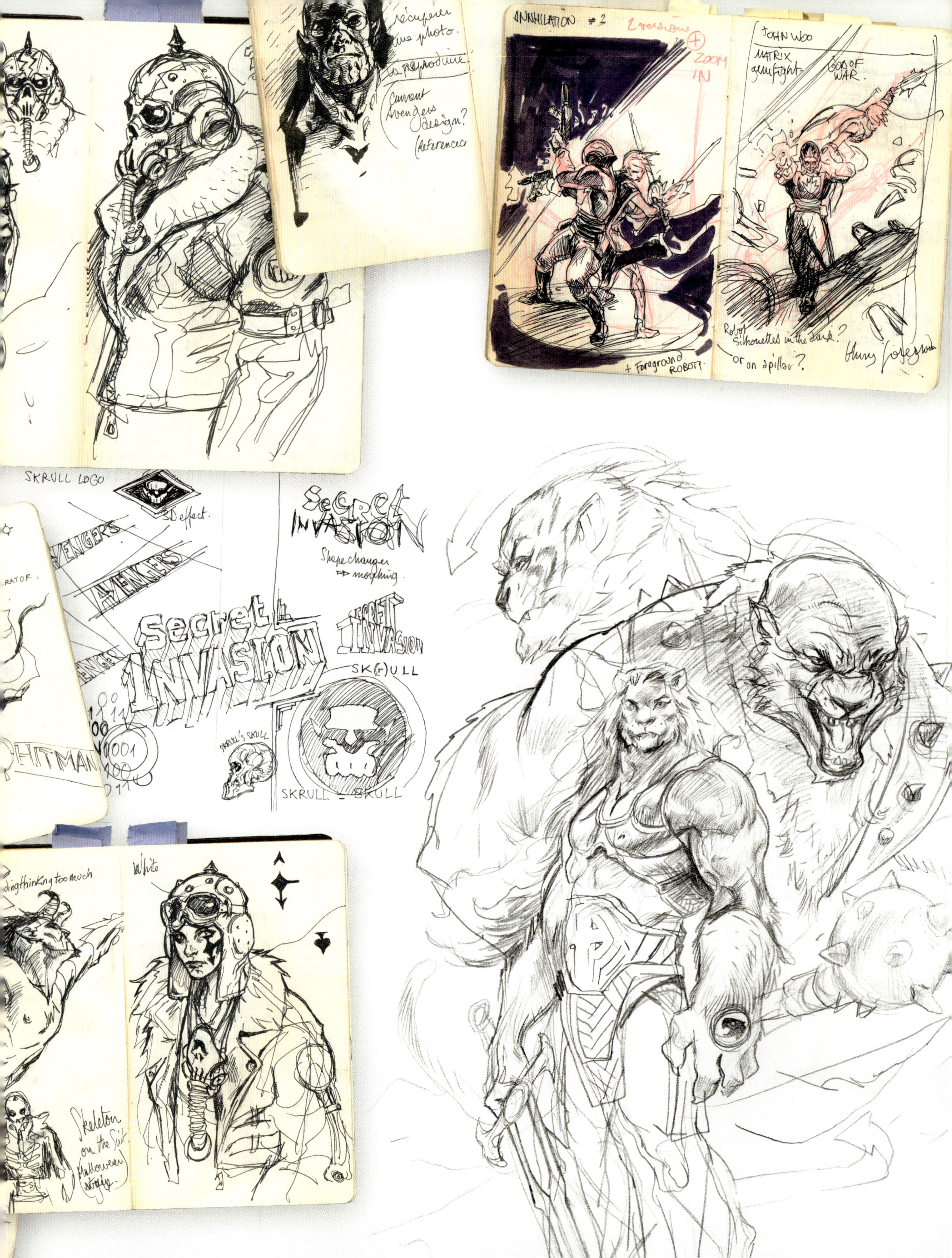

récupérer une photo.
la reproduire
Current Avengers design?
(references
ANNIHILATION #3
2 versions
+ ZOOM IN
JOHN WOO
MATRIX gunfight
GOD OF WAR
+ Foreground ROBOT?
Robot silhouettes in the dark?
or on a pillar?
SKRULL LOGO
3D effect.
AVENGERS
AVENGERS
Secret INVASION
Shape changer ⇒ morphing
Secret INVASION
SECRET INVASION
SK(R)ULL
SKRULL'S SKULL
SKRULL = SKULL
HITMAN
White
Skeleton on the Suit Halloween style

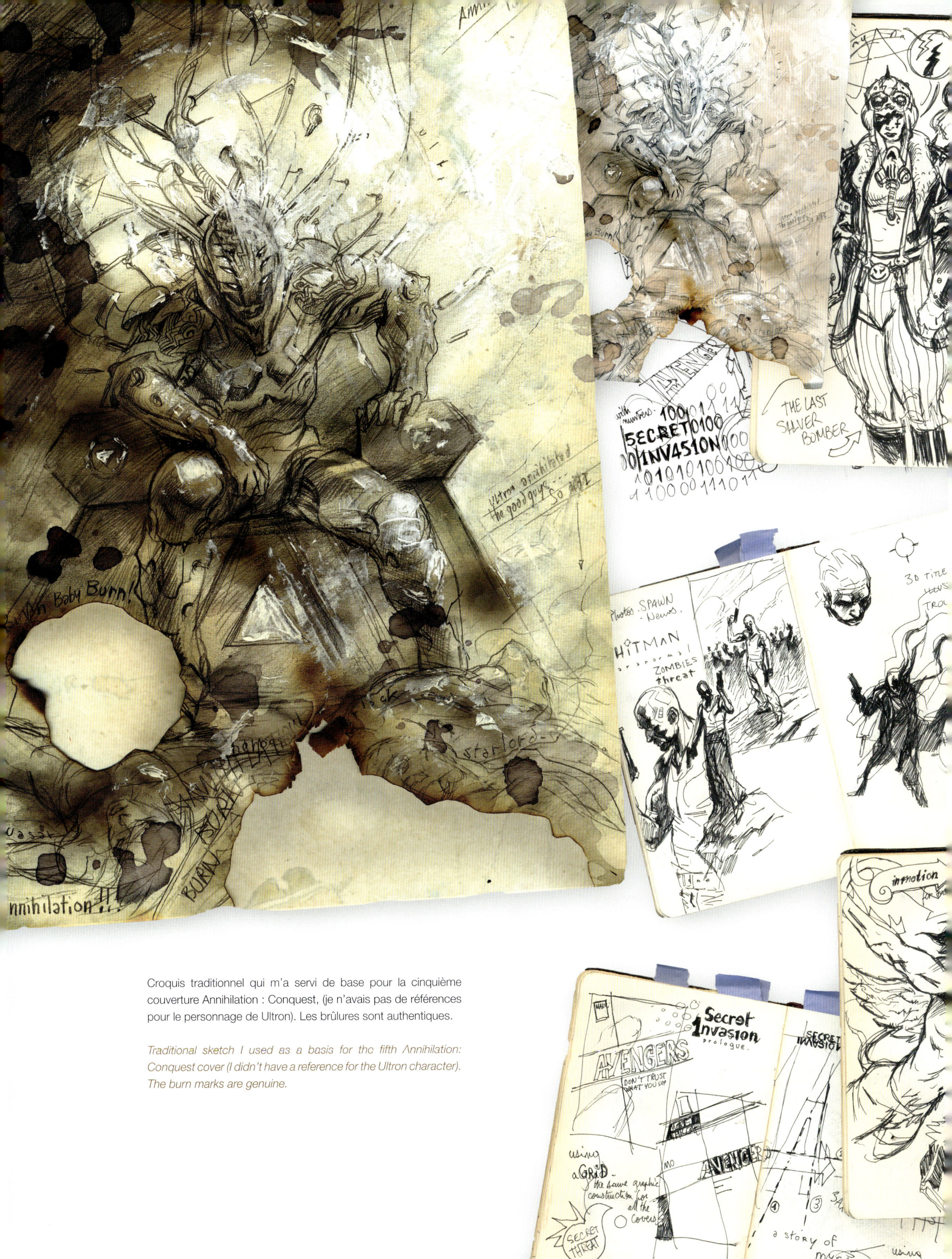

Croquis traditionnel qui m'a servi de base pour la cinquième couverture Annihilation : Conquest, (je n'avais pas de références pour le personnage de Ultron). Les brûlures sont authentiques.

Traditional sketch I used as a basis for the fifth Annihilation: Conquest cover (I didn't have a reference for the Ultron character). The burn marks are genuine.

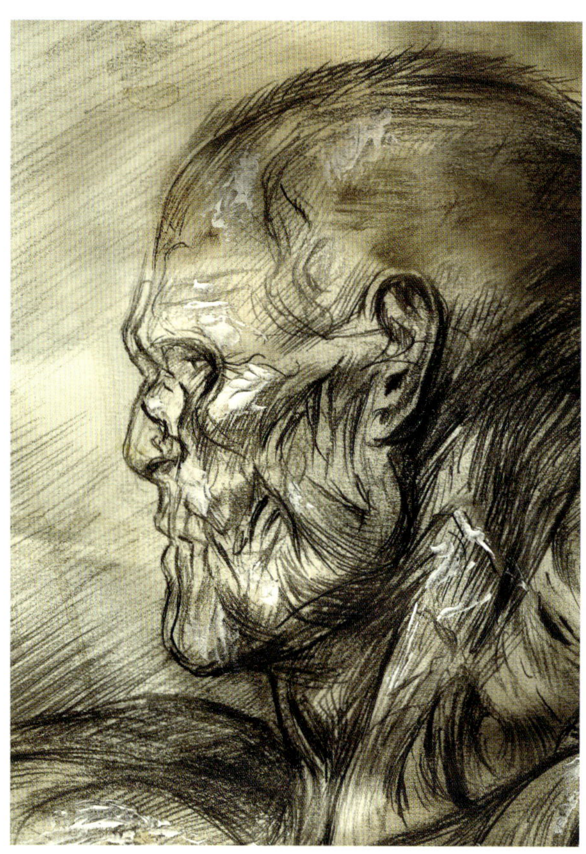

Expérimenter et essayer de nouvelles approches, pour le plaisir d'abord, devrait rester une constante pour tout artiste. Malheureusement, pour ma part et en raison d'une tonne de projets toujours sur le feu, j'ai parfois du mal à ménager des zones de calme où je peux m'abandonner à des essais gratuits. Me poser à une terrasse de café avec un carnet s'avère cependant des plus plaisants et c'est souvent le moment où les meilleures idées arrivent.

I think that every artist should constantly try new directions and keep experimenting; first of all because it's fun! Yet, sadly, having so many projects on every burner at once, I sometimes find it hard to keep some time to myself for this sort of free exploration. Nevertheless, I find sitting down on a café terrace with a sketchbook very pleasant, and often that's when the best ideas come to me.

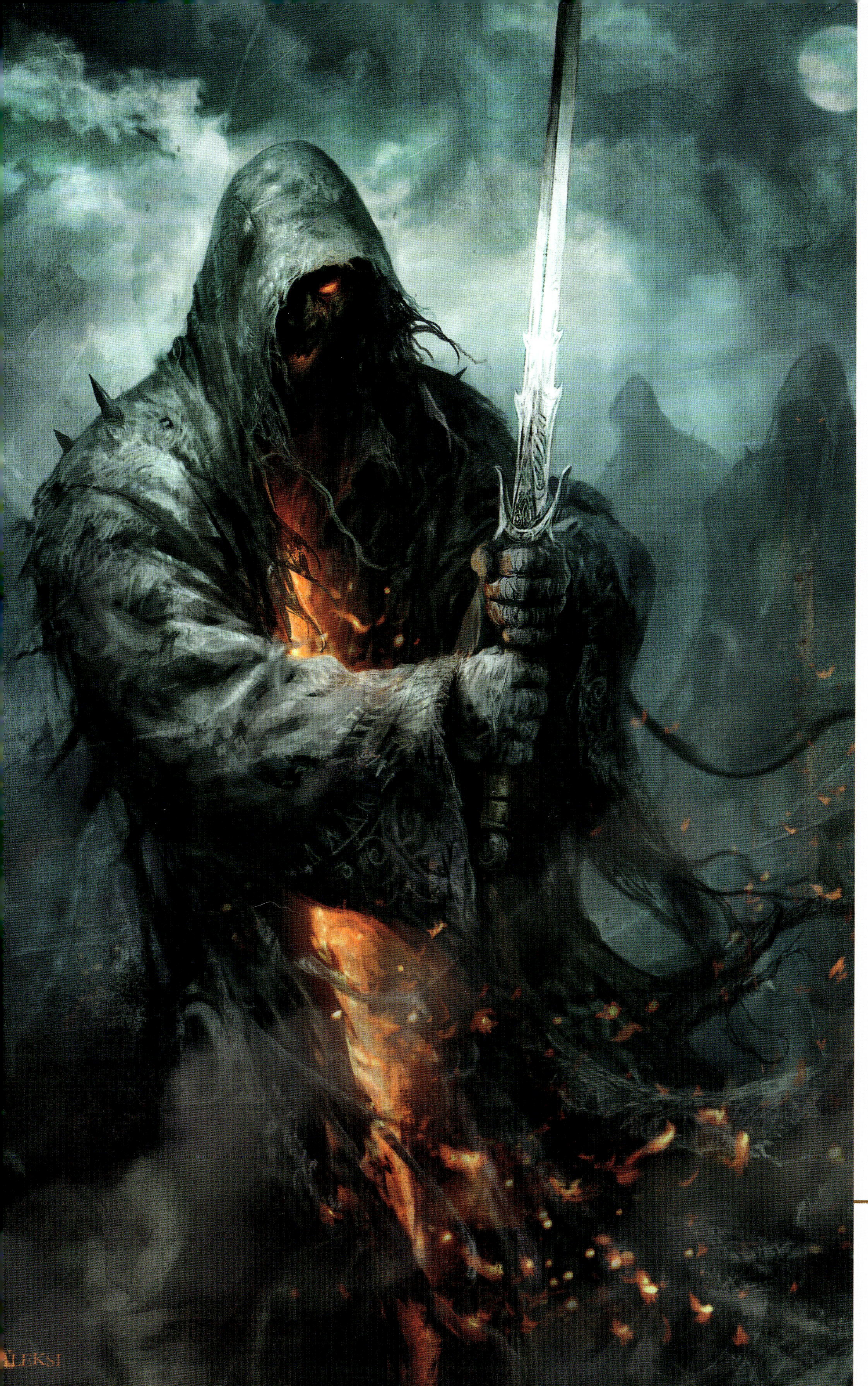

Naz'Ghouls

Travail Personnel
2010

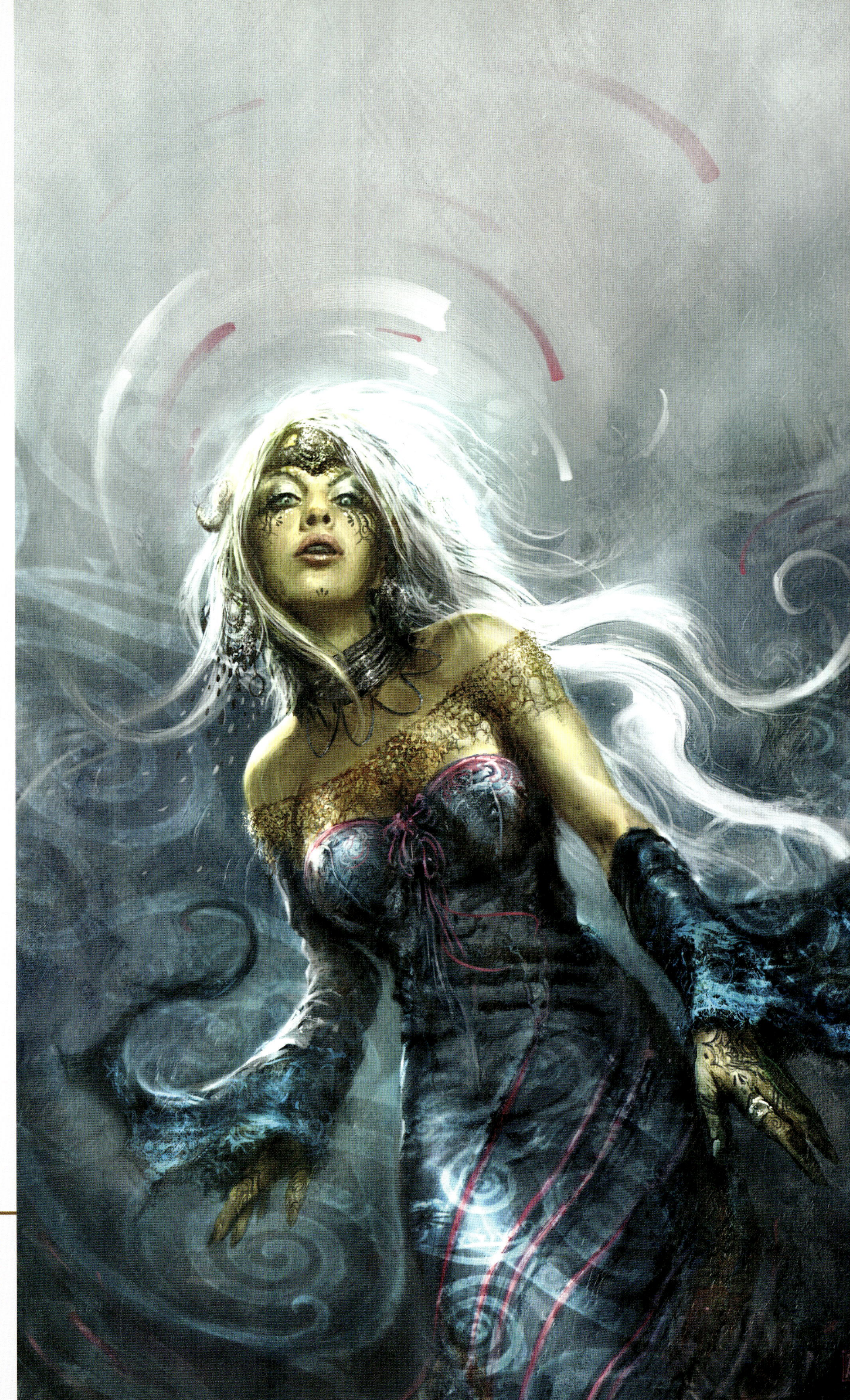

La Faille entre les Mondes

Client :
Pocket Fantasy
Directeur artistique :
Bénédicte Lombardo
2007

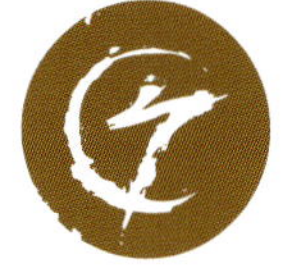

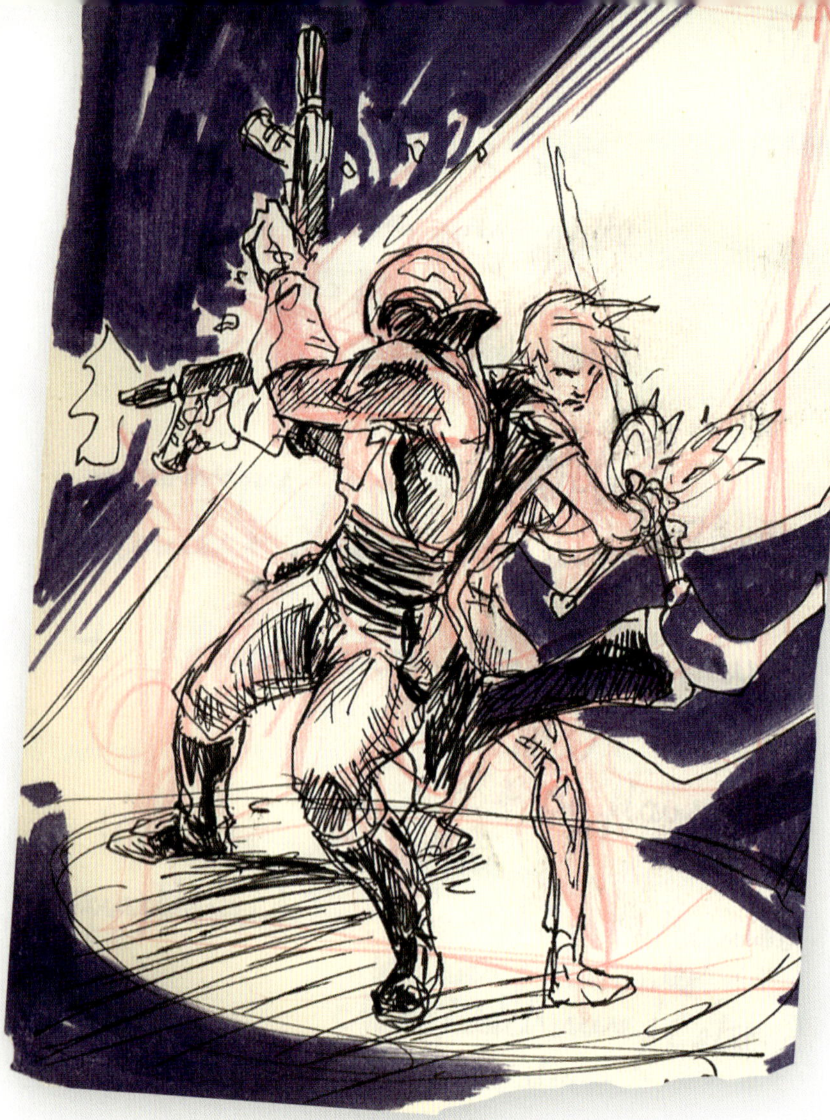

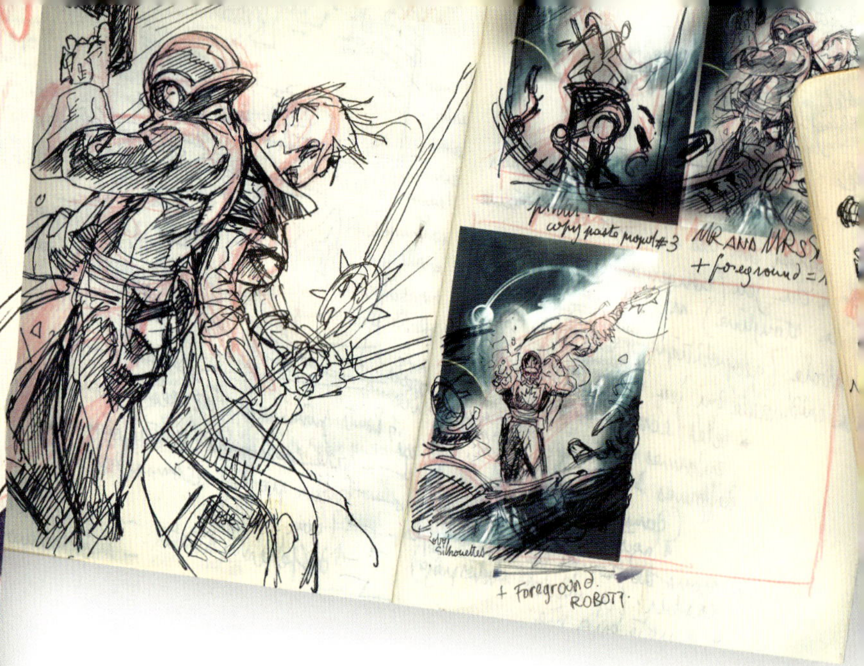

Croquis préparatoires pour diverses propositions de couvertures Marvel. J'ai également planché pour le plaisir sur des idées de logo en adéquation.

Preliminary sketches for various Marvel cover proposals. I also worked, for fun, on a few ideas for matching logos.

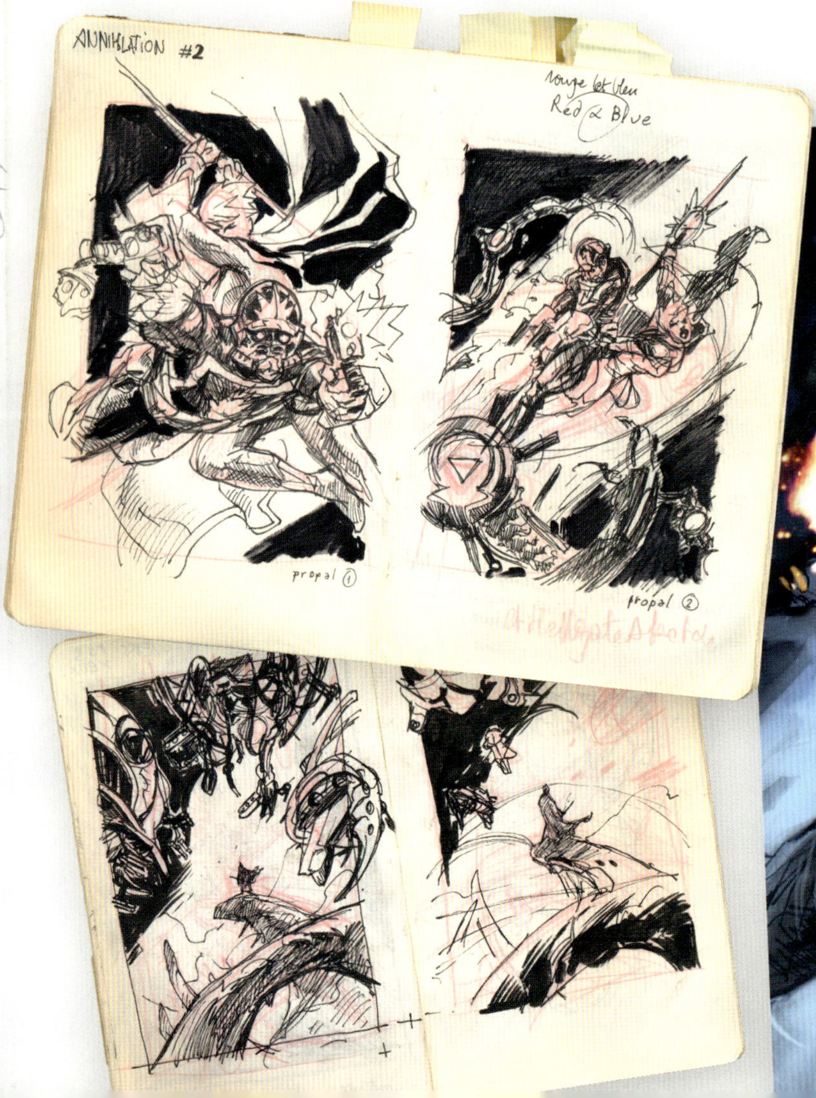

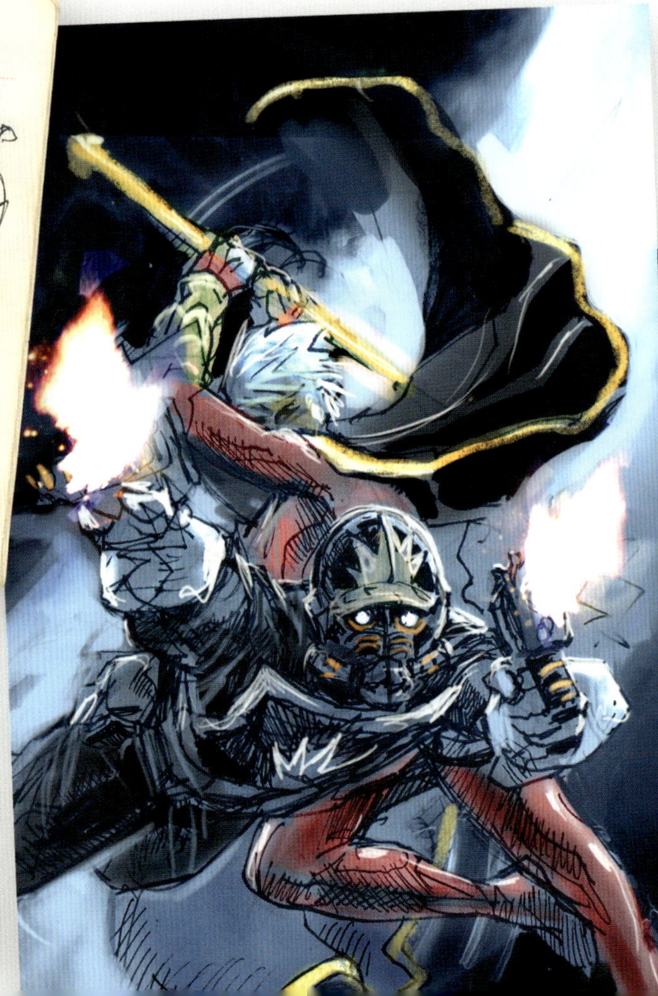

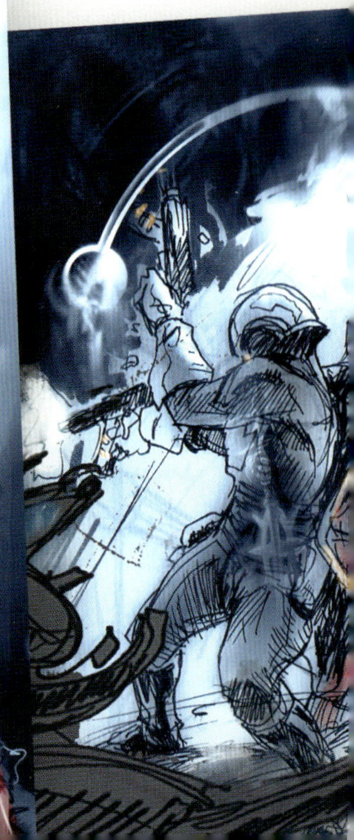

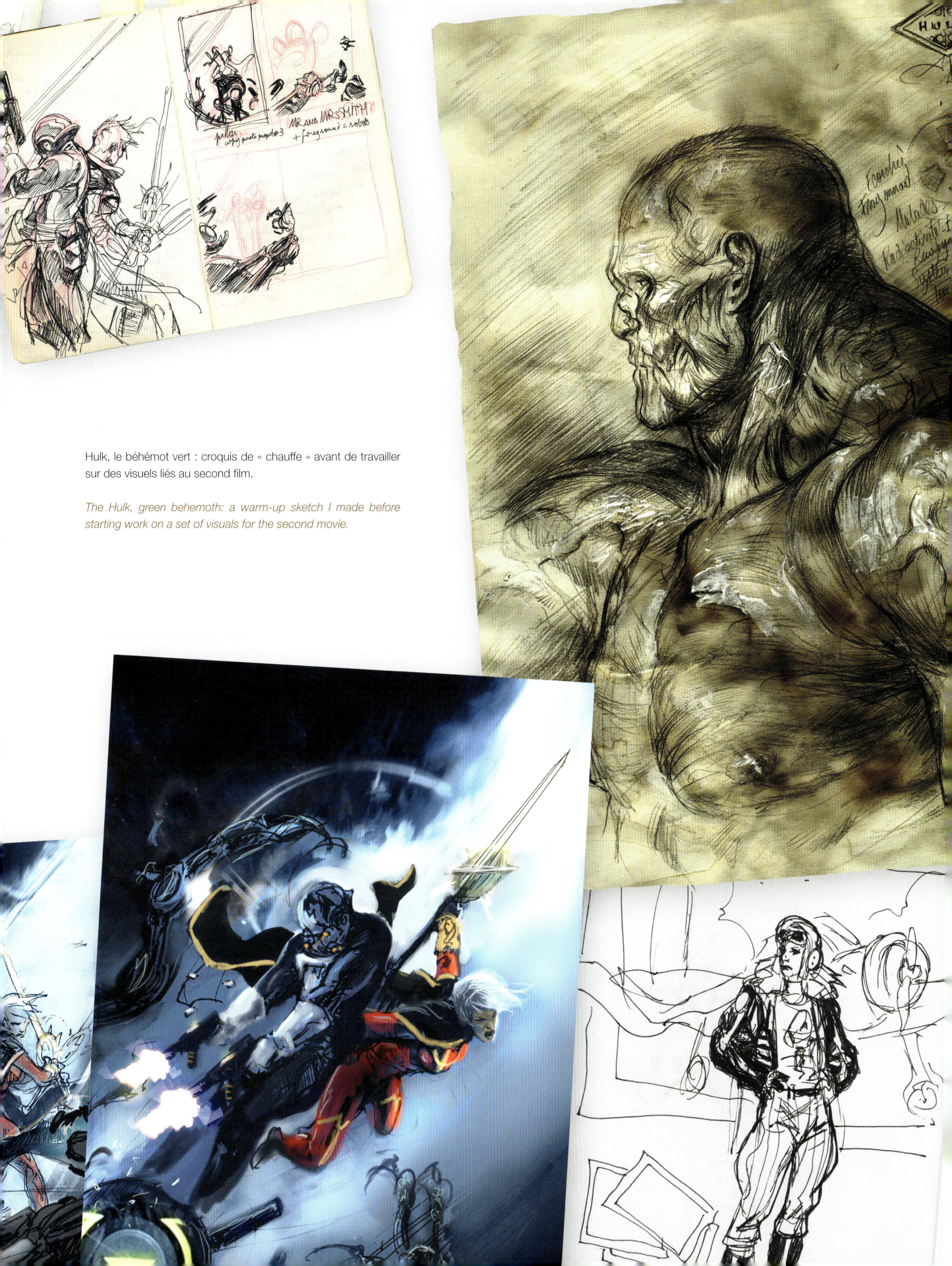

Hulk, le béhémot vert : croquis de « chauffe » avant de travailler sur des visuels liés au second film.

The Hulk, green behemoth: a warm-up sketch I made before starting work on a set of visuals for the second movie.

"Oui, je l'avoue, depuis le premier jour où j'ai découvert ses travaux, j'ai placé Aleksi (en tant qu'artiste) dans une case bien à part de mon esprit, celle peuplée par les peintres figuratifs de génie, œuvrant dans les genres que j'affectionne le plus : Fantastique-Surréaliste-Symbolique.

Pour ce qui me concerne, cette case est minuscule, car ils sont peu nombreux à savoir danser sur le fil de soie dont elle est tissée. Elle accueille tout de même d'illustres anciens comme Gustav Klimt, Jacek Malczewski, Salvador Dali ou Frank Frazetta et aussi quelques nouveaux prodiges que Mathieu Lauffray, Justin Sweet ou Ryan Church... Mais parfois, au détour d'une de ses visions qu'il a rendue presque tangible, Aleksi semble franchir un pallier supplémentaire, élevant encore l'édifice de ses prédécesseurs d'une marche nouvelle, qui, comme un fait certain, servira de repère à ceux qui lui succéderont un jour.

Ses œuvres me semblent remplies d'une charge émotionnelle et graphique si intensément puissante, que je me dis souvent lorsque j'en découvre une nouvelle : Bon sang, il est forcément connecté à un autre niveau de réalité que nous pour peindre de telle façon ! En ses moments de création, son esprit deviendrait-il le réceptacle d'énergies telluriques fabuleuses et impalpables ?! Un jour, il faudra vraiment qu'on en discute ensemble...

I admit it, from the very first time when I discovered his work, I've slotted Aleksi, as an artist, in a very special box in my mind: the one where I keep genius figurative painters in my very favorite genres, Fantasy-Surrealism-Symbolism.

As far as I'm concerned this is a minuscule box, as very few painters excel at dancing on the silk thread it is woven from. In it you will find illustrious older artists like Gustav Klimt, Jacek Malczewski, Salvador Dali or Frank Frazetta, and some of the new prodigies like Mathieu Lauffray, Justin Sweet or Ryan Church... And then sometimes, turning the corner of one of the magnificent visions he breathes life into, Aleksi seems to step one level up from there, adding a new story to the collective building erected by his previous peers, a new story which will obviously, in turn, become a landmark for those who one day will follow.

His pieces, to me, are suffused with emotional and graphic power of such intensity that I often think, when discovering a new one: Damn, he simply must have a connection to some other level of reality than us mere mortals to paint like this! Does his mind, in the throes of creation, become the receptacle for some legendary, mysterious magnetic forces? One of these days, I'll really have to ask him that question..."

Nicolas Mitric
Auteur / Writer

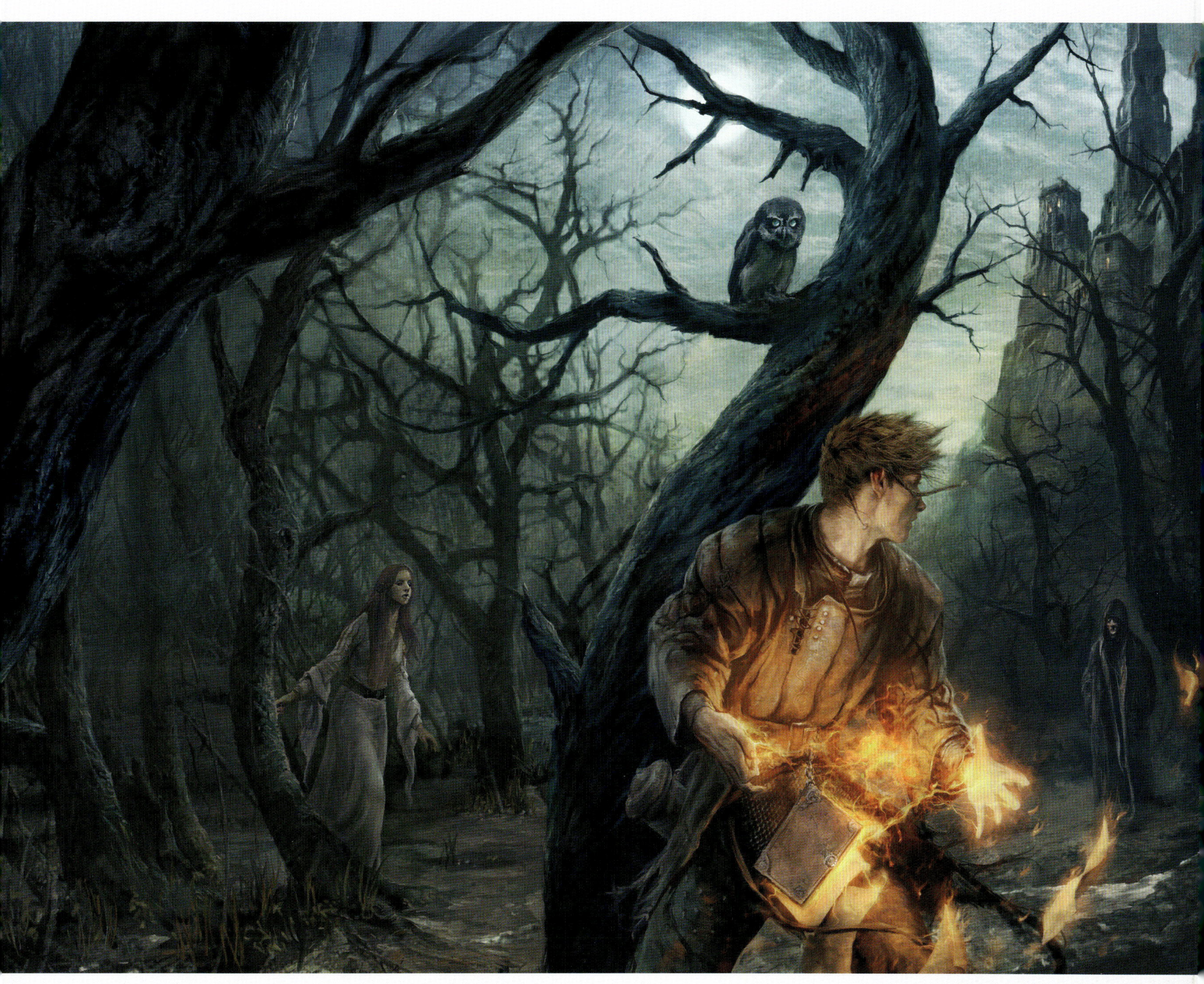

Le Livre des Mots T.I

Client : Calmann Lévy
Directeur artistique :
Sébastien Guillot
2005

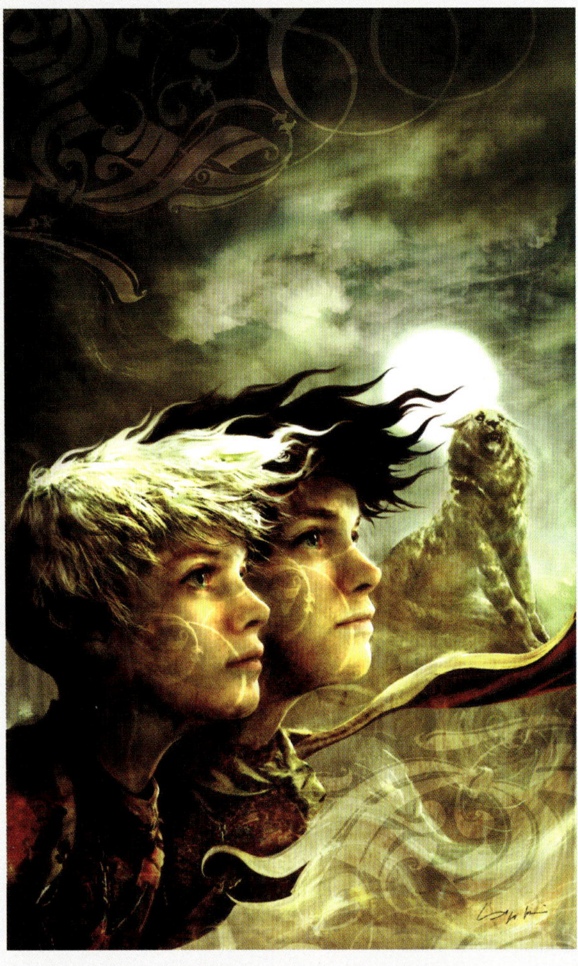

“ Le flux du travail rejoint rapidement le flot de nos pensées, semblant couler en continu, sans interruption... C'est un des avantages du numérique, qui par sa simplicité de mise en œuvre et sa grande maniabilité ouvre l'esprit, libère l'instinct et laisse vraiment la place à notre imaginaire enfin débridé.

Aleksi a bien saisi cela et son travail est empreint d'une grande liberté et d'une force étonnante. Ses créations prouvent que le numérique n'est pas seulement un outil comme un autre mais qu'il permet vraiment d'ouvrir son horizon, d'enrichir ses perspectives et de repousser ses limites. Il désacralise la peinture telle qu'on la pratique en général et c'est une bonne chose car cela évite la peur parfois paralysante de l'échec.

Aleksi n'est qu'au début de son histoire et pourtant il figure d'ores et déjà parmi les grands de l'illustration.

Our workflow is rapidly approaching the speed of thoughts; work flows uninterrupted now, continuously. This is one of the advantages of digital work: it is so easy to set up, to start, the new tools are so much easier to maneuver, that finally our minds can open up to more inspiration, our artistic instincts are freed, our imaginations truly unleashed.

Aleksi understands this intimately, and his work is accordingly marked with astounding power and complete freedom. His creations demonstrate that digital work, beyond simply using a different set of tools, enables us to broaden our horizons, to push the envelope and to discover new perspectives. Aleksi takes the practice of traditional painting down a peg or two, which is good: it lessens this fear we have sometimes, the paralyzing fear of failure.

Aleksi already stands up there among the greatest illustrators, but it is only the beginning of his story. ”

Jean-Baptiste Monge
Illustrateur / Illustrator

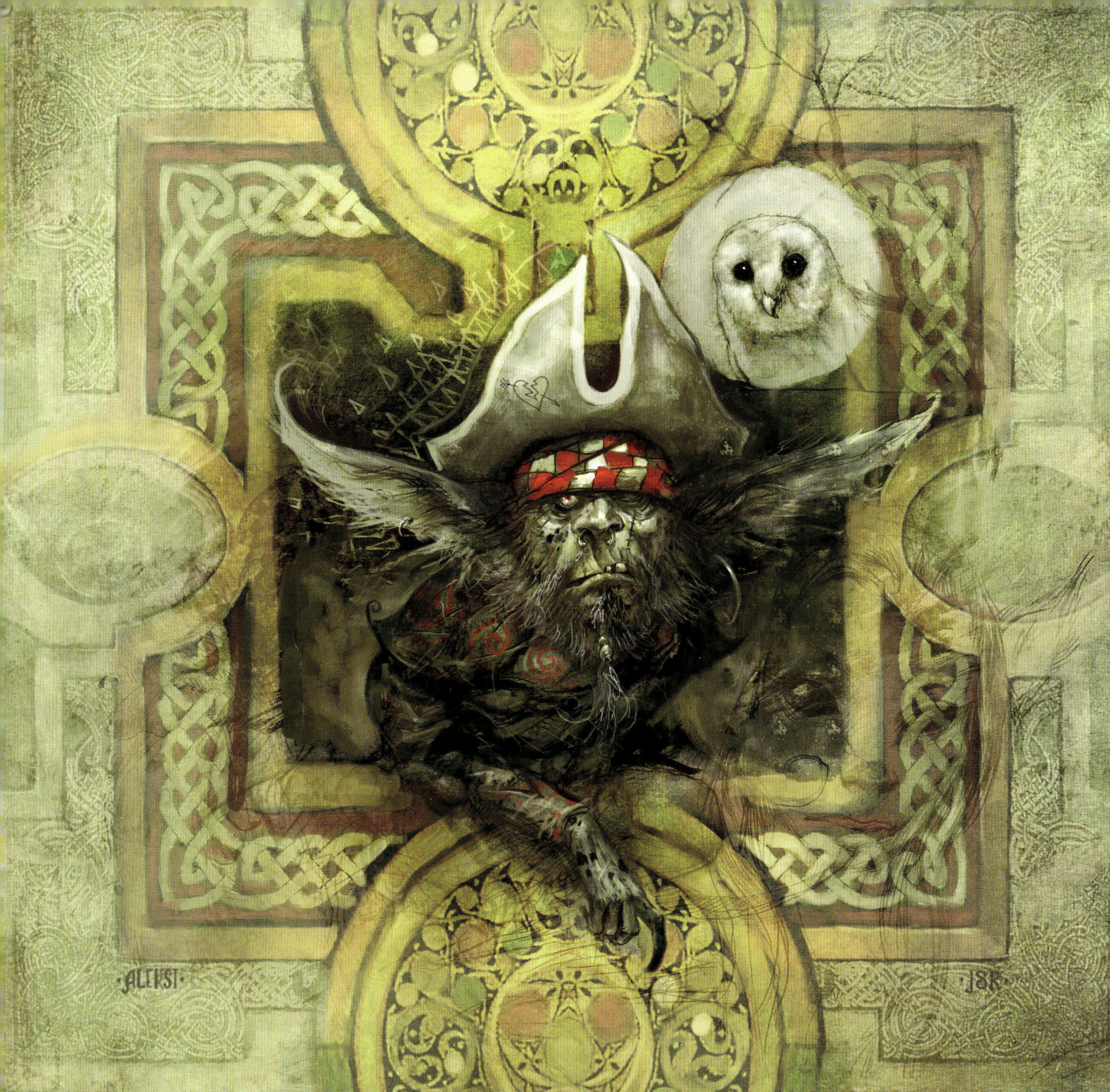

Korrigans

Client :
Soleil Celtic
2007

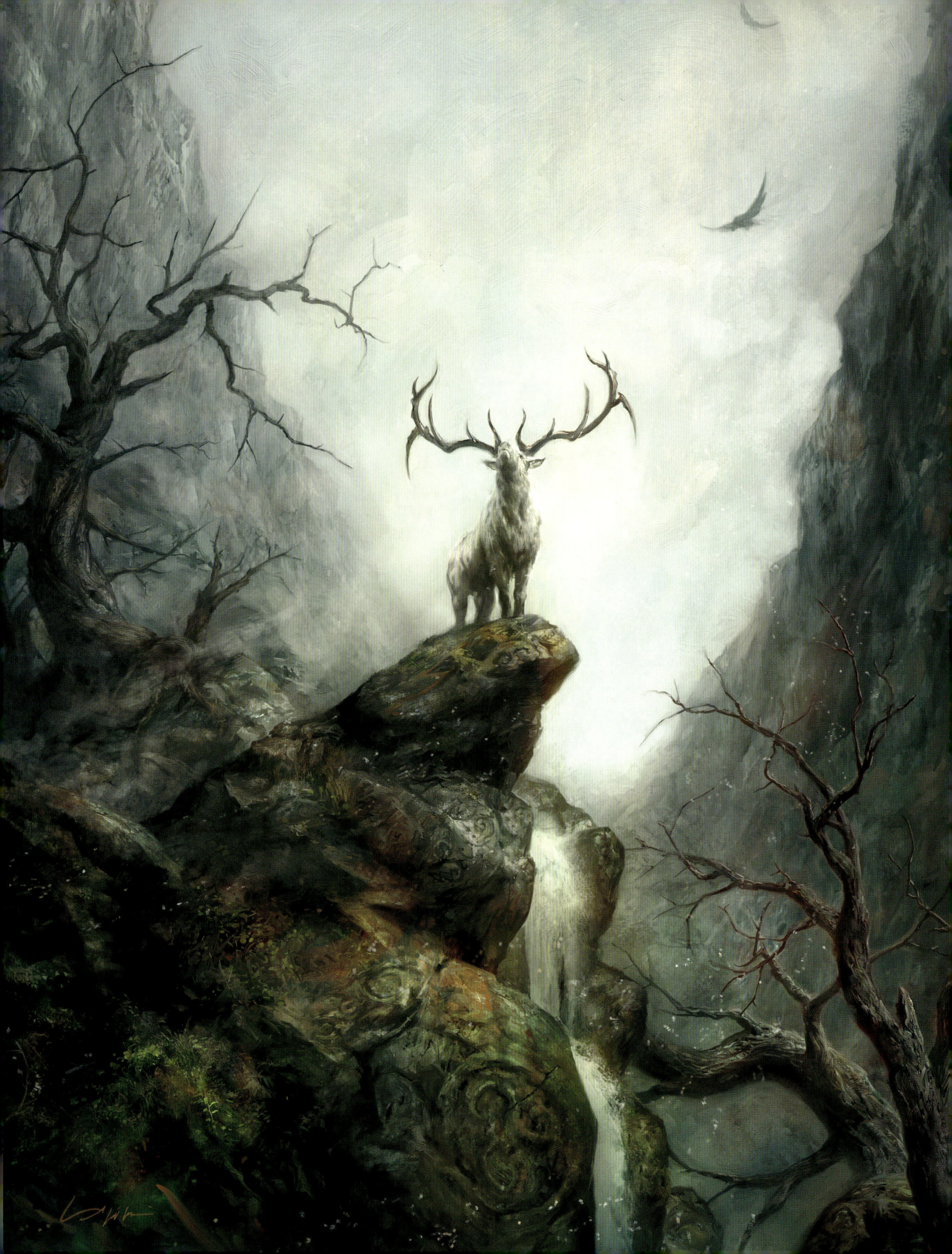

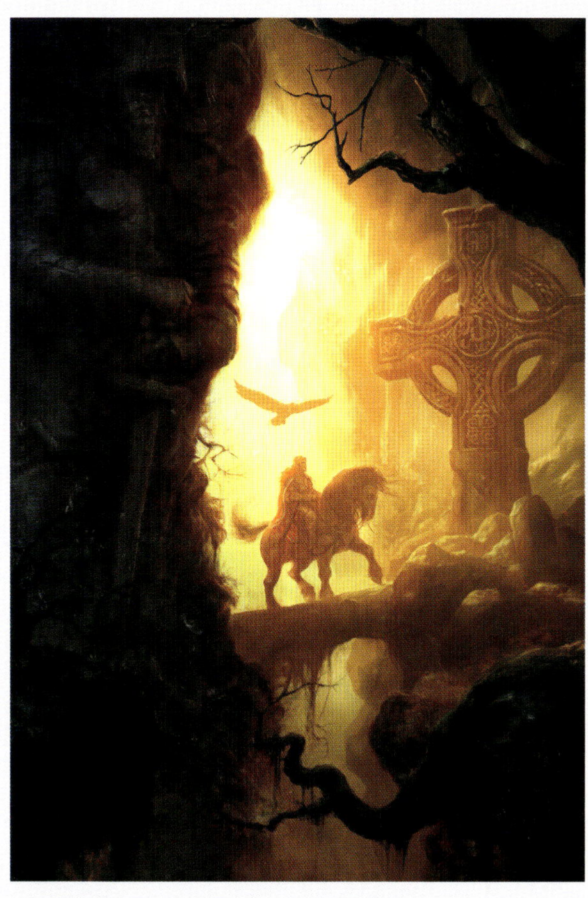

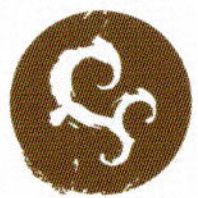

Bande Dessinée / Comic Books

À contrario de l'illustration, le travail séquentiel en bande dessinée est entièrement axé sur l'idée de développer une histoire : la succession de vignettes et de textes est entièrement au service de la narration. Art de l'ellipse, choix et alternance des plans, taille et format des cases autant que le design graphique des pages, tout doit servir l'histoire.

J'ai envisagé mes premières expériences en bande dessinée comme un moyen d'affiner cette problématique de narration et d'expérimenter plusieurs types de rendus graphiques, afin de trouver un processus qui allie expressivité, impact visuel et également une relative célérité. Les segments courts des Légendes de la Table Ronde m'ont permis de creuser ces questions, en m'offrant le luxe de ne pas m'engager sur d'interminables cycles d'albums. J'ai pu essayer et affiner à chaque nouvelle histoire un style différent.

Contrary to illustration, the whole work you're doing in graphic novels is focused on the idea of developing a story – the succession of text and panels is entirely at the service of your narration. Close or wide, shot/reverse shot, ellipsis or not, and the shape and size of the panels all count as much as the graphic design itself, and all are there to serve the story.

I looked at my first experiences in the medium of bande dessinée as a way to sharpen my focus on narration, and to experiment with several types of graphical effects in order to find a process which marries expression, visual impact, and a relative speed of execution. The short segments of the Légendes de la Table Ronde helped me with these issues, and afforded me the luxury of not having to commit to endless cycles of books. I could try to refine a different style with every story. In my opinion, carrying out a whole graphic novel or comic book is one of the hardest things there is.

Légendes de la Table Ronde : Le Cerf Blanc

Client :
Soleil Celtic
2006

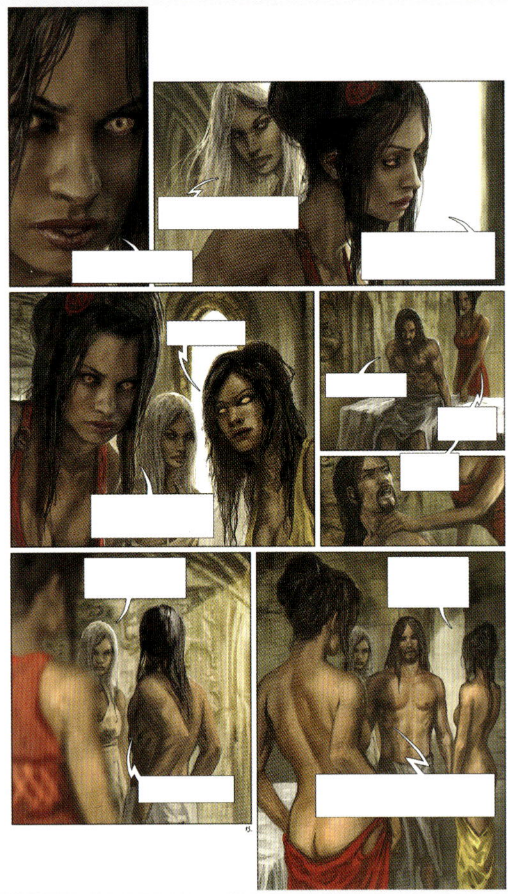

De mon point de vue, produire une bande dessinée reste un des exercices les plus durs qui soient. Cela nécessite de l'abnégation face à la répétition (plans, personnages, pages après pages, vignettes après vignettes…) et énormément de rigueur et de travail de fond face à la diversité des problématiques rencontrées.

On bouge la caméra au sein des plans, on compose une page comme un graphiste en jonglant avec les pavés de texte et le design. On se focalise sur le dessin pur, l'expressivité, on creuse le look d'un personnage pour ensuite le reproduire et le faire vivre au sein de l'album…

C'est une discipline extrêmement complète. Au delà des points formels à résoudre, c'est avant tout partager une histoire, dans l'espoir de divertir, transporter les gens et mieux, d'émouvoir. J'espère un jour pouvoir faire pleurer et rire le lecteur, et qu'il referme une de mes histoires en y repensant encore ensuite. De l'émotion !

It takes a lot of self-sacrifice to face the repetition (of shots, of characters, page after page and panel after panel…) and an enormous amount of rigor and tough groundwork to face the diversity of problems you'll encounter.

You'll make the camera move within the shot, you'll compose the page as a graphic designer would, and juggle blocks of text and frame designs. You'll need to focus purely on drawing, on expression, to dig deep for the look of one character so that you can reproduce them a lot and imbue them with life within the pages…

It's a whole, complete subject. And beyond all the specific problems to solve, above all, it's about sharing a story and hoping to entertain and to transport the audience – to move them, if you're lucky. I hope someday to be able to make my reader cry and laugh, and to have them keep thinking about it after they closed the book on one of my stories. Any emotion would be great!

Légendes de la Table Ronde : Le Chevalier Noir

Client :
Soleil Celtic
2006

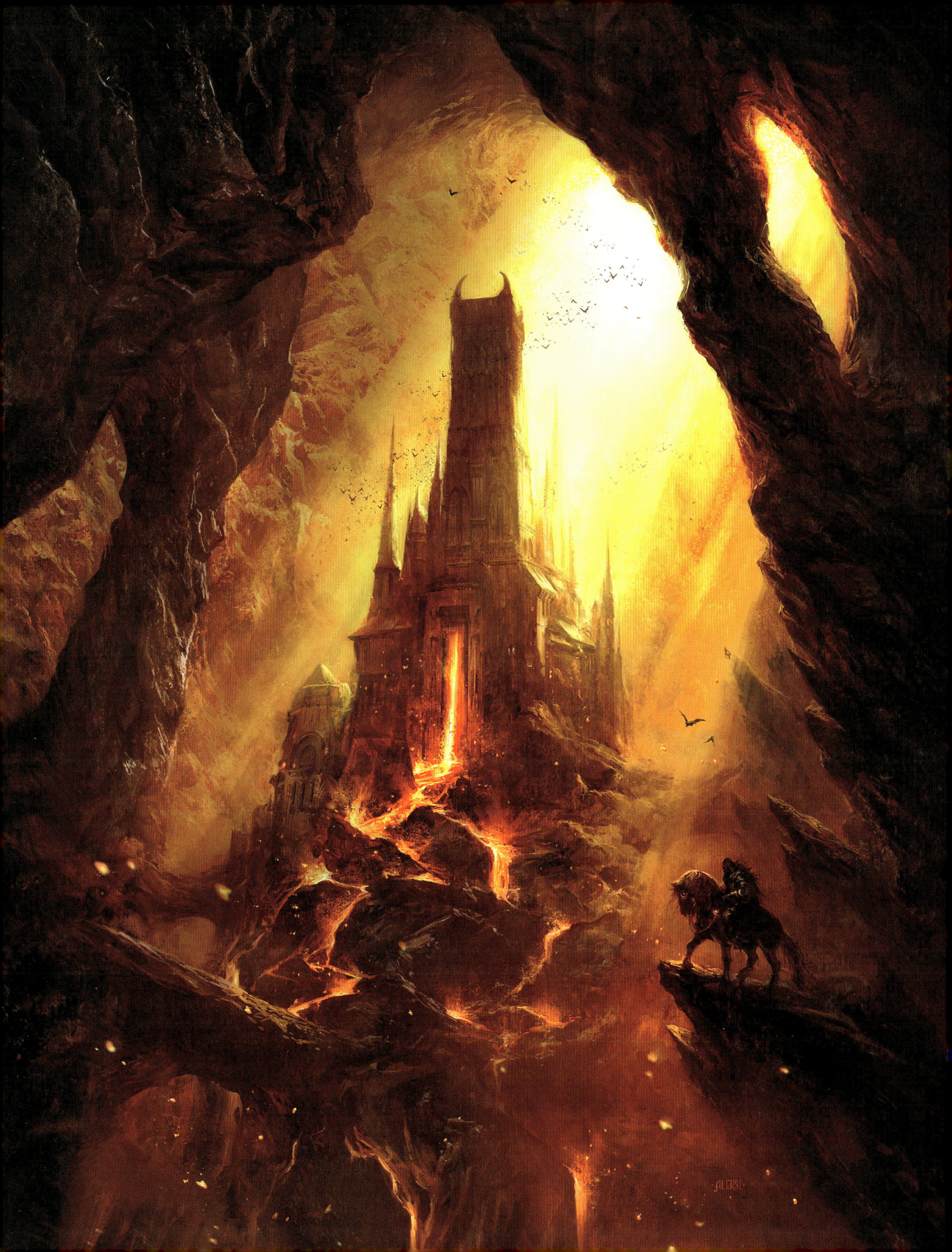

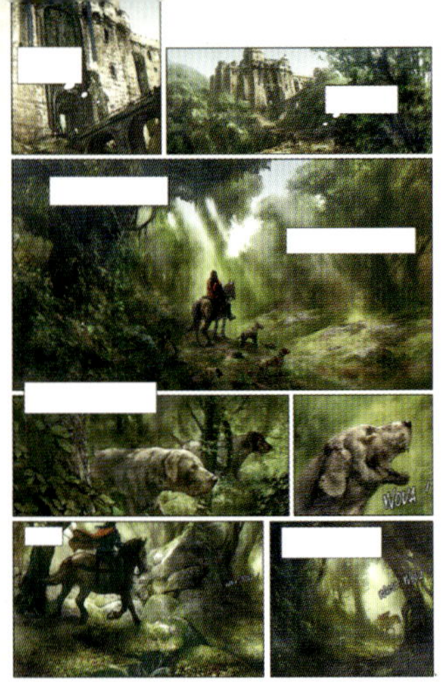

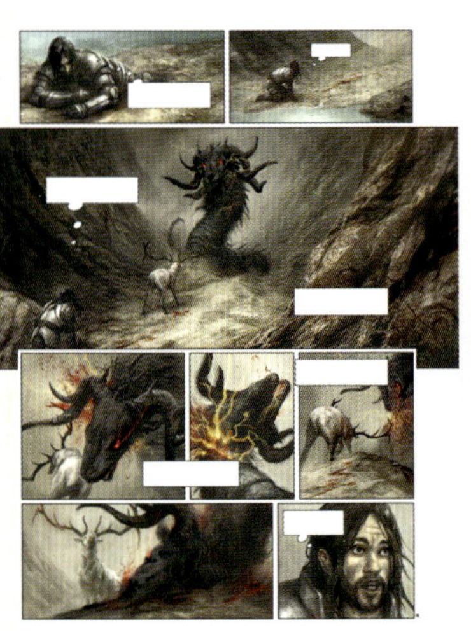

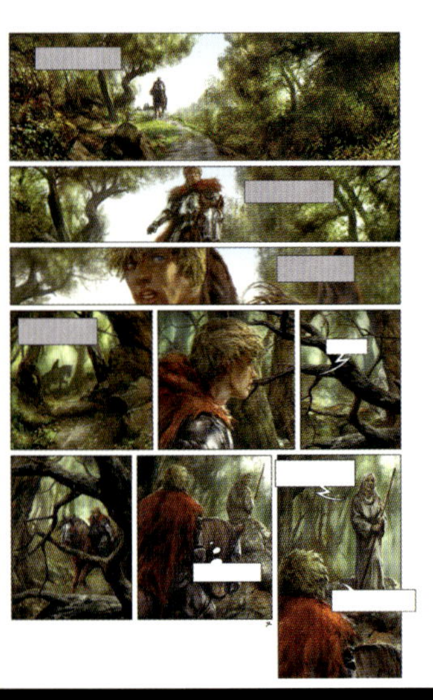

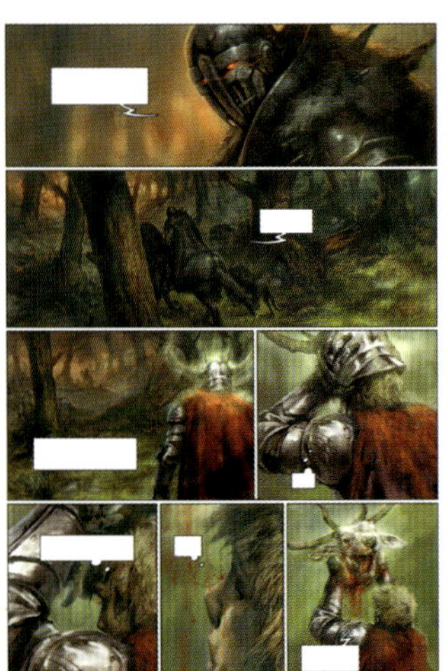

“ Lorsqu'Aleksi est venu me voir pour la première fois, j'étais tout jeune illustrateur. Il me semble que j'avais sorti une BD à l'époque et je devais travailler pour Dark Horse Comics sur des couvertures Star Wars. Pas une grande avance donc, mais quelques années de plus tout de même et à ces âges-là, cela comptait.

La première chose qui m'a frappé fut la volonté qu'il avait d'apprendre, zéro « fanboy attitude », les yeux et les oreilles grandes ouvertes, ce gars-là venait apprendre et travailler.

Cette première impression s'est largement vérifiée. Je suis son travail depuis lors, assez fasciné par ses capacités d'une part, mais aussi par son professionnalisme et sa force de travail.

Grâce à tout cela, il a su se dégager de l'univers franco-français, créer des passerelles avec le monde entier et devenir l'un des illustrateurs Fantasy les plus aimés et plus influents de notre temps.

I was only a young illustrator when Aleksi came to me for the first time. I think I had already released a bande dessinée then, and I was probably working for Dark Horse Comics on Star Wars covers. I wasn't that much further along than him, just a few years, but at that age it was rather significant.

The first thing I noticed was his strong will to learn and the absolute absence of any "fanboy attitude" in him. His ears and his eyes were wide open: this one was truly there to work, and to learn.

My first impression was confirmed over and over. I've been following his career ever since, because I'm kind of fascinated by his talent, but also his professionalism and his endless capacity for hard work.

These three qualities have allowed him to spring free of a certain closed up French world, to form connections and build bridges all over the world, and finally to become one of the most influential, most appreciated Fantasy illustrators of our time. ”

Mathieu Lauffray
Auteur-Illustrateur / Writer-Illustrator

Légendes de la Table Ronde : Premières Prouesses

Client :
Soleil Celtic
2004

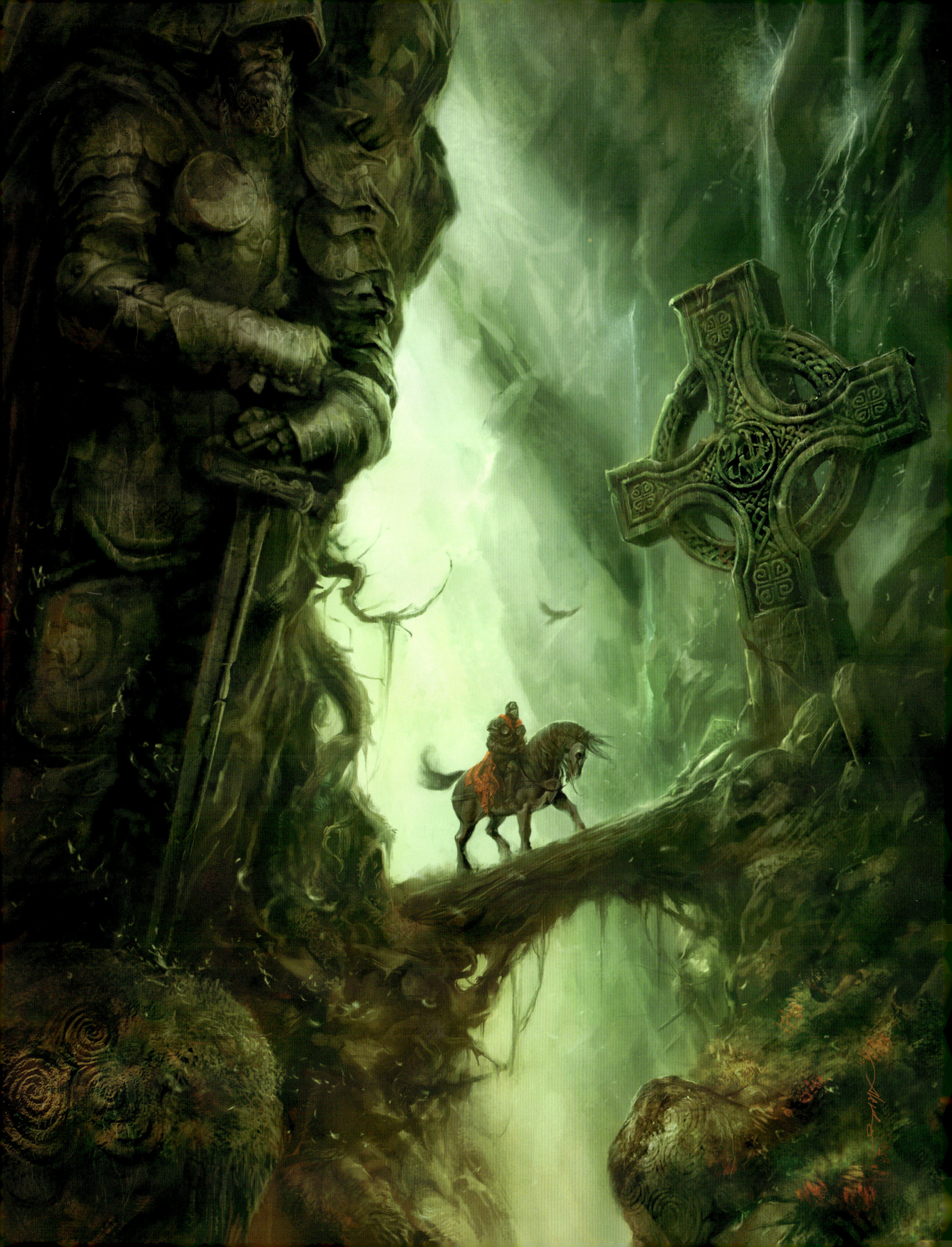

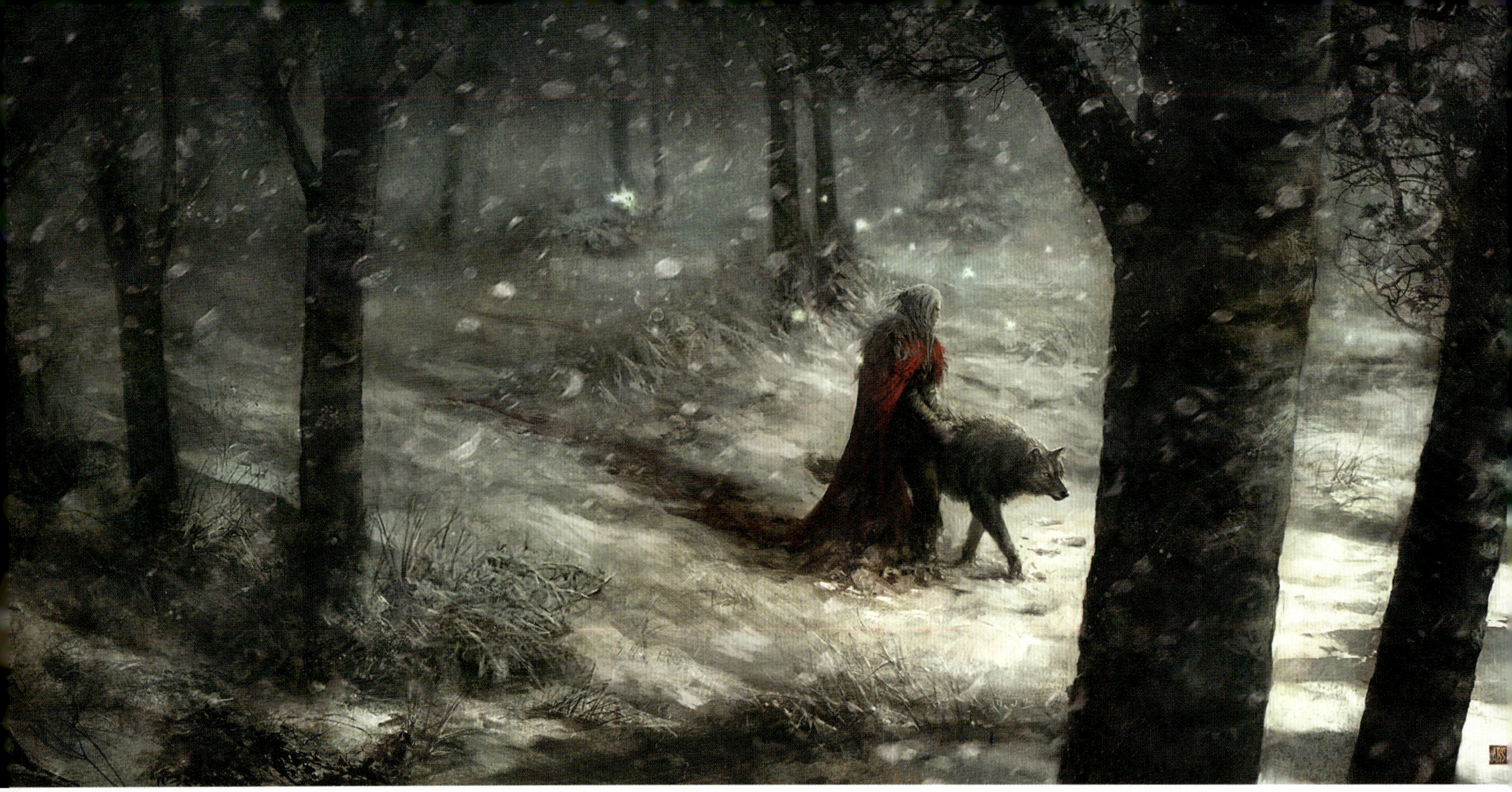

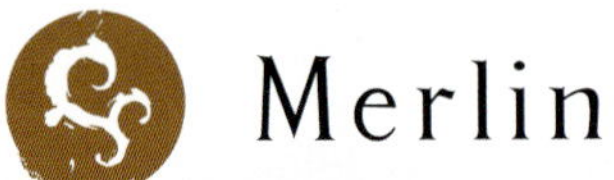

Merlin

Aventure fabuleuse mais Ô combien ambitieuse que ce beau livre Merlin ! Co-réalisé avec Jean-Sébastien Rossbach pour la partie graphique et écrit par Jean-Luc Istin, le chantier s'est étalé sur plus de trois ans. L'objectif était d'offrir une vision de l'histoire du shaman-guerrier mise à jour et répondant aux standards actuels, qu'il s'agisse d'illustration, de cinéma ou de design graphique.

S'attaquer à l'imagerie celte en allant puiser aux racines (sens et symboles, livre de Kells...), en y intégrant des références classiques adéquates (préraphaélites, symbolistes...) tout en y adjoignant une grosse touche de modernité s'est avéré un défi énorme, passionnant et tellement enrichissant. Développer son propre bébé est également extrêmement enivrant. Et le minima des contraintes - il ne s'agissait ni d'un sujet ni d'un format imposé - m'a permis d'envisager des approches et des rendus que je n'osais pas développer avant.

Mélanger des rendus figuratifs et réalistes avec des éléments graphiques plus décoratifs et fonctionnant en 2D reste visuellement pour moi des plus attirants et des plus séduisants. Des réminiscences de Klimt et des touches d'Amano par ici, du Waterhouse ou Alam Tadema par là, ce fut un plaisir de glisser des clins d'œil à des maîtres, classiques ou pas, tout au long des 116 pages de l'ouvrage.

J'ai même parfois artificiellement laissé la peinture - digitale - couler le long des toiles. Au final, la liberté et l'audace ont payé : plusieurs clients sont ensuite venus vers moi pour ce genre d'images.

The Merlin art book was an extraordinary adventure, and really ambitious! I collaborated with Jean-Sébastien Rossbach on the graphics, and the texts were written by Jean-Luc Istin; it took us three years. Our goal was to propose a certain updated vision of the story of this warrior-shaman, in a way that would live up to contemporary standards in illustration, cinematography, and graphic design.

We chose to approach Celtic imagery by going back to the roots (symbols and their meanings, The Book of Kells, etc.) and then integrated a few relevant classical references (pre-Raphaelite and Symbolism artists...) and added a big dollop of modernity on top – which turned out to be a huge challenge, completely engrossing, and enriched us in so many ways. To carry out your own book project like that, your baby, is a real trip. Also, the minimal constraints (neither the topic nor the format were pre-determined) allowed me to imagine different approaches and effects that I had not dared develop earlier.

Mixing figurative, realistic renderings with more decorative graphical elements ordinarily found in 2D work remains very attractive, very sexy in my opinion. A few echoes of Klimt over there, a touch of Amano here, some Waterhouse or Alam Tadema in this corner... I took great pleasure in sliding in a few playful winks in the direction of several masters, from the Classical era and otherwise, throughout the 116 pages of the book.

I sometimes even let the (digital) paint slide down the canvas. In the end, our freedom and our daring paid off: several new clients came to me afterward, asking for images of this sort.

La Vision

Client :
Soleil Celtic
Directeur artistique :
Aleksi Briclot
& Jean-Sébastien Rossbach
2007

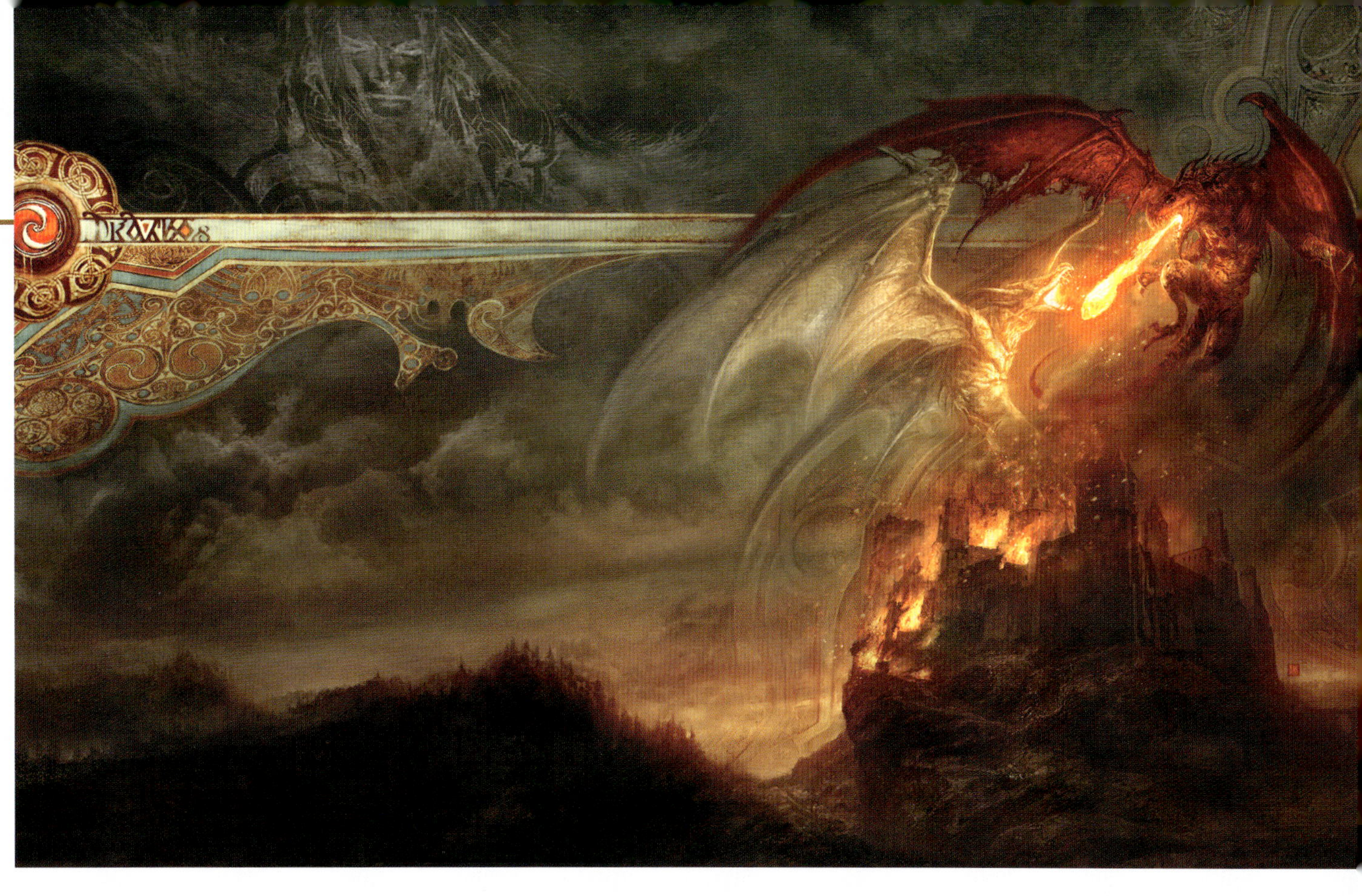

Le Deuil

Client :
Soleil Celtic
Directeur artistique :
Aleksi Briclot
& Jean-Sébastien Rossbach
2008

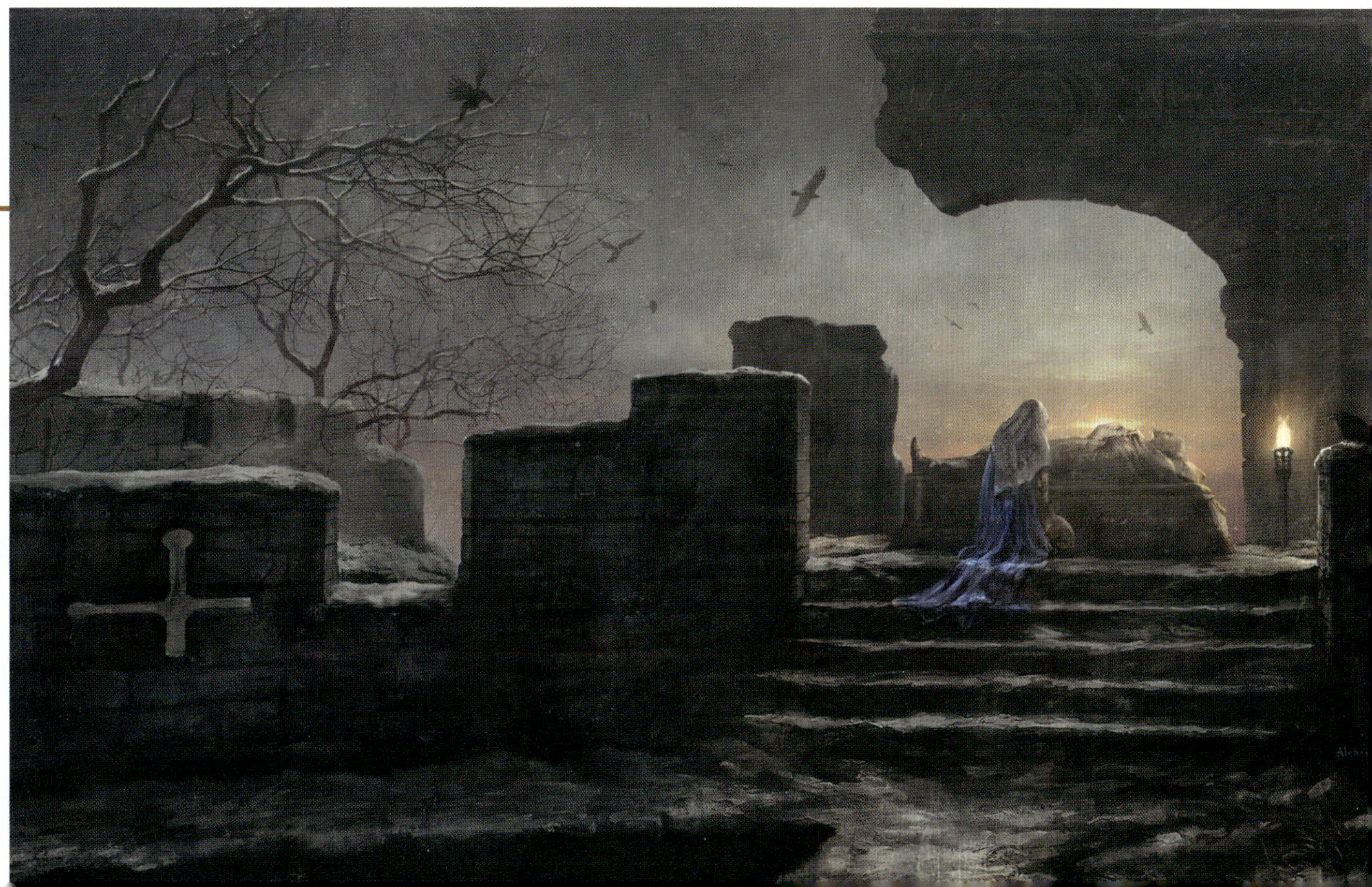

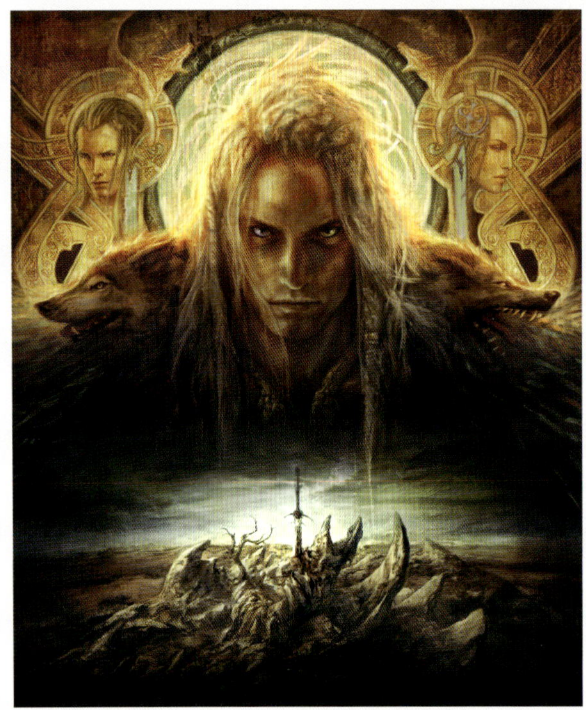

“Aleksi Briclot est un ambassadeur de première classe pour le nouvel âge glorieux de la peinture numérique !

Il sait tout faire, et à son niveau d'ailleurs il s'agit bien de tout : c'est beau, renversant, intimidant, époustouflant, épique et original à la fois, ce qui place la barre très haut pour les collègues !

De ses chefs d'œuvre uniques à ses contributions à des jeux de renommée mondiale, en passant par des projets de livres extraordinaires comme Merlin, la publication d'un ouvrage comme celui-ci qui recouvre tout son travail devenait une évidence : il faut bien satisfaire la masse croissante de ses fans, dont je suis !

Aleksi Briclot represents the new age of digital painters with first class style and glory!

He can do it all – and on such a grand scale that it is all at once beautiful, stunning, intimidating, breathtaking, epic, and innovative – all while setting the bar very high for his peers!

From his individual masterpieces to his contributions to world class games and mind-blowing book projects like Merlin, it is easy to see why this collection of his work must be published: mainly to satisfy his growing army fans such as ME!”

Kevin Eastman
Président et éditeur / President and Editor
Heavy Metal Magazine

Le Roi-Dragon

Client :
Soleil Celtic
Directeur artistique :
Aleksi Briclot
& Jean-Sébastien Rossbach
2007

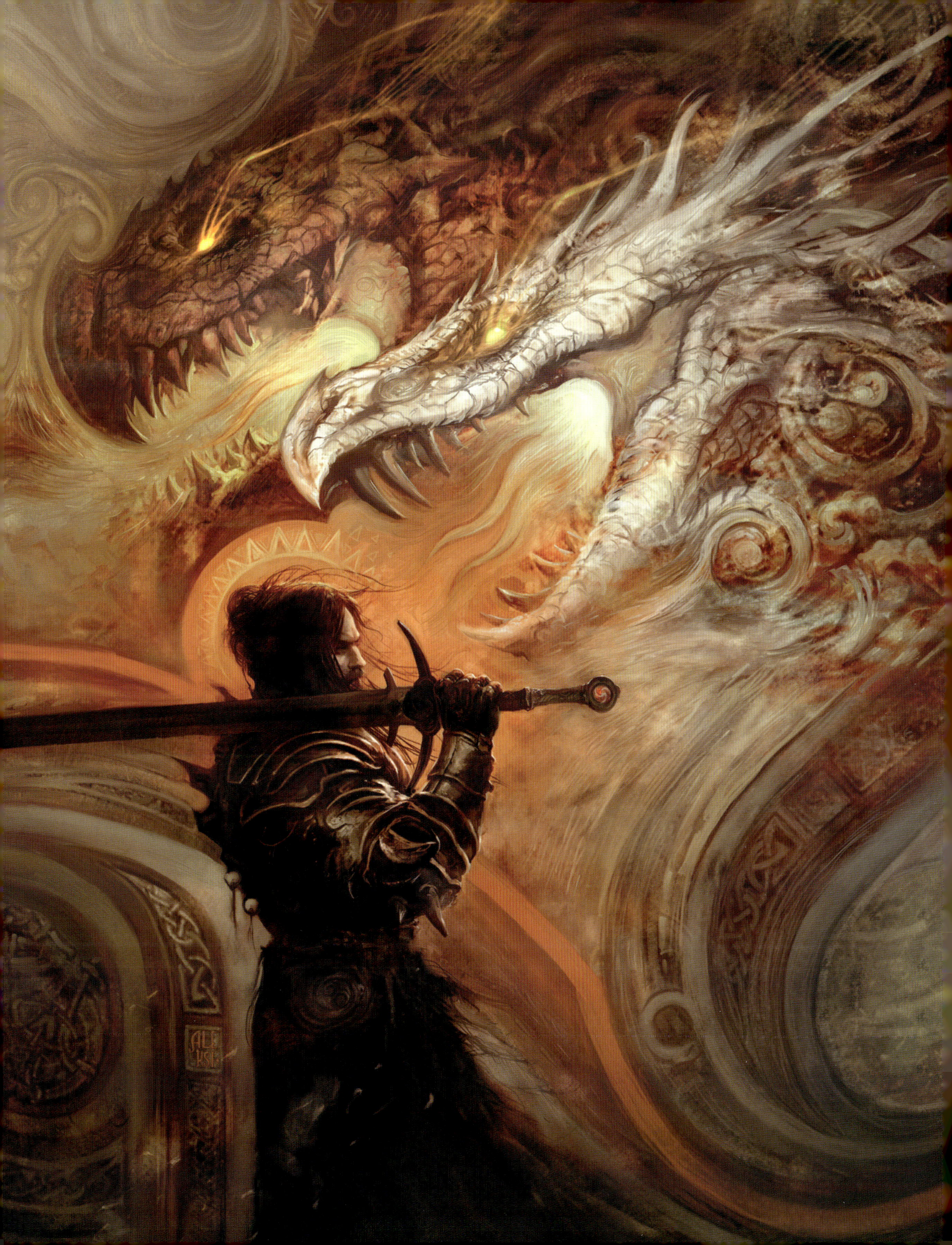

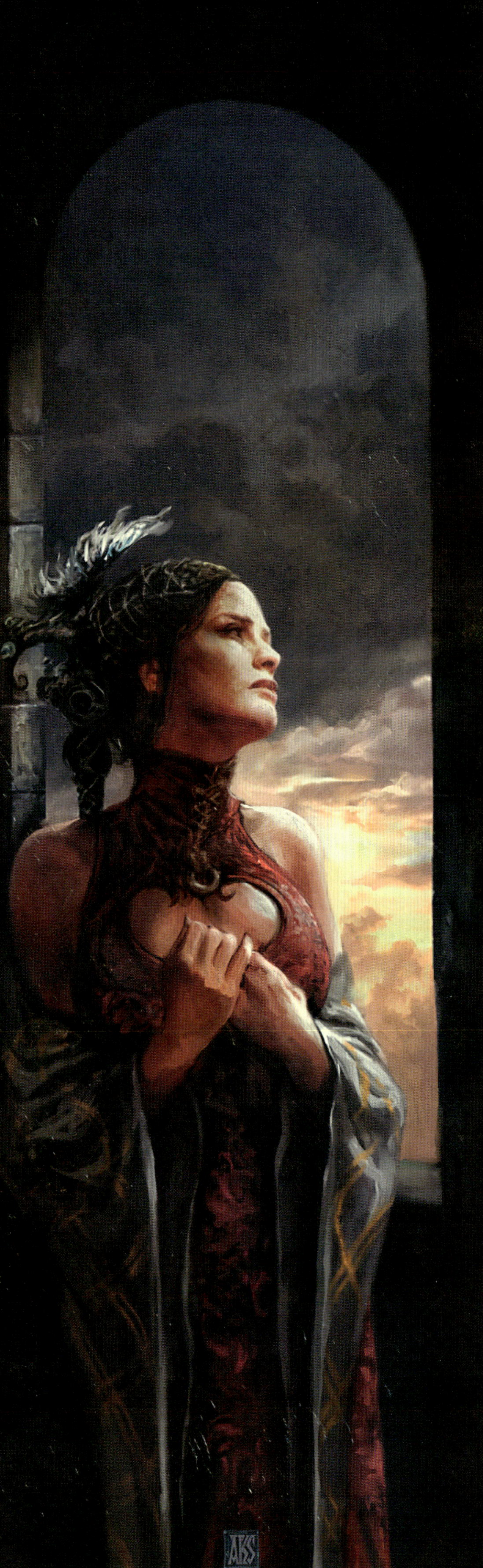

“ Au début de la création du livre Merlin, Aleksi était très impliqué, et sur la fin c'était plutôt moi. Je me souviens qu'à environ une semaine du rendu final, j'avais déjà terminé toutes mes illustrations, et j'étais dans l'ultime phase de mise en page du livre. Il restait par contre à Aleksi encore une dizaine d'illustrations à rendre. Pour n'importe qui, moi y compris, rendre 10 illustrations en une semaine serait mission quasi impossible, surtout au vu du standard de qualité du livre.

J'avoue que ça me mettait un peu mal à l'aise, mais en fait pas plus que ça. C'est à dire que ça fait un moment que je le pratique le phénomène, et je connais sa propension à rendre ses travaux à la toute dernière minute !

Et c'est effectivement ce qu'il a fait. Il a dû se taper une bonne semaine de nuits blanches pour rendre ses images, dont certaines sont même parmi les plus belles du livre !

Early on in the creation of the book Merlin, Aleksi was deeply involved, and then in the later stages, I was more involved. I remember that about a week before the final delivery deadline, I had already finished all my images and I was deep into the ultimate layout phase for the book, while Aleksi still needed to deliver about ten pieces. For anybody else, including me, sending out ten illustrations in one little week would be mission: impossible – especially for a book with such high quality standards.

I have to say, I felt a little unnerved... But not that much. You've got to understand that I've known this character for a while now, and I am aware of his propensity to work right up to the very last minute! Which is exactly what he did.

He must have pulled about a week of all-nighters to make the deadline, and some of his illustrations are among the best of the book! ”

Jean-Sébastien Rossbach
Illustrateur / Illustrator

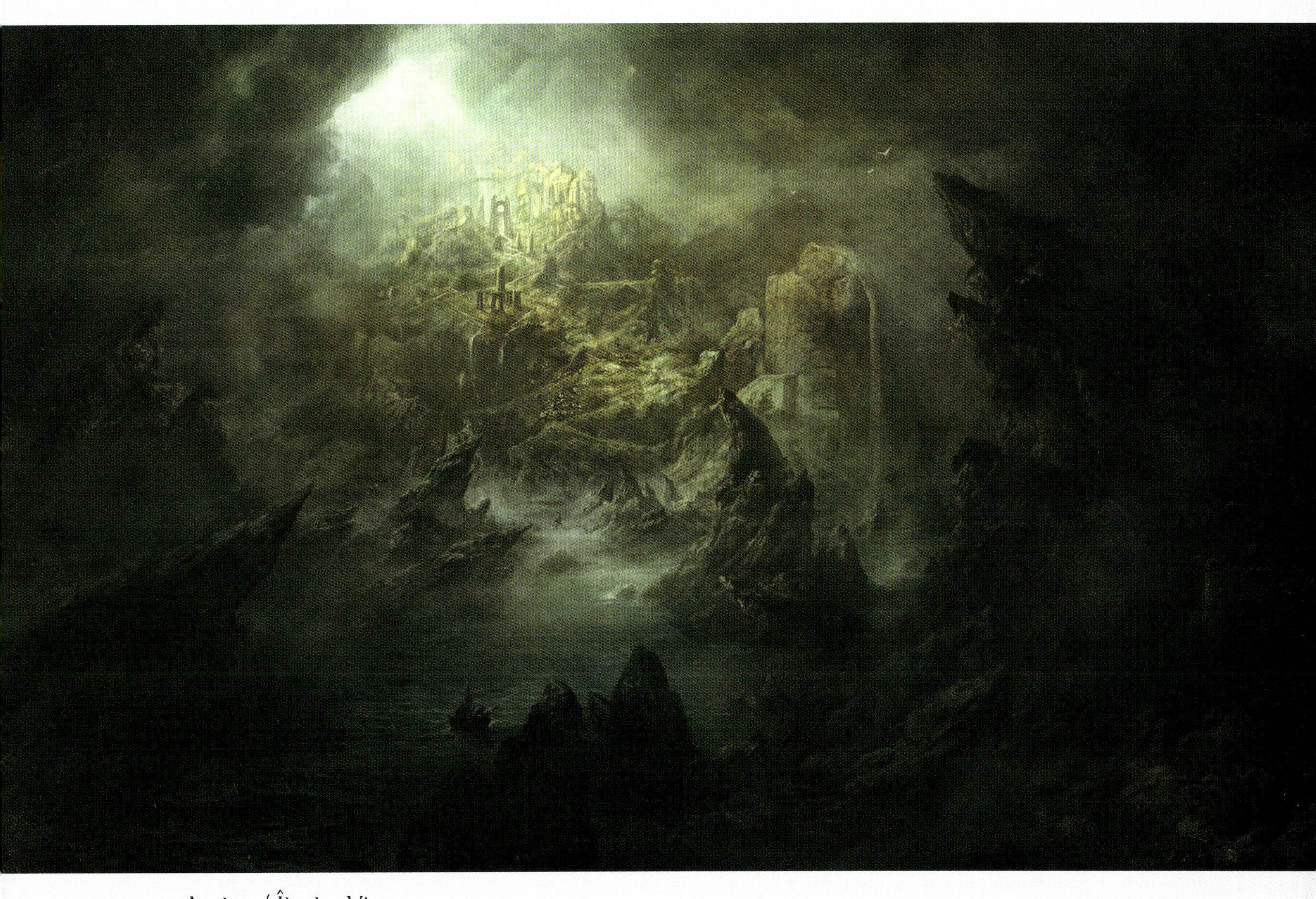

Avalon / Île des Vivants

Client :
Soleil Celtic
Directeur artistique : Aleksi Briclot
& Jean-Sébastien Rossbach
2006 / 2009

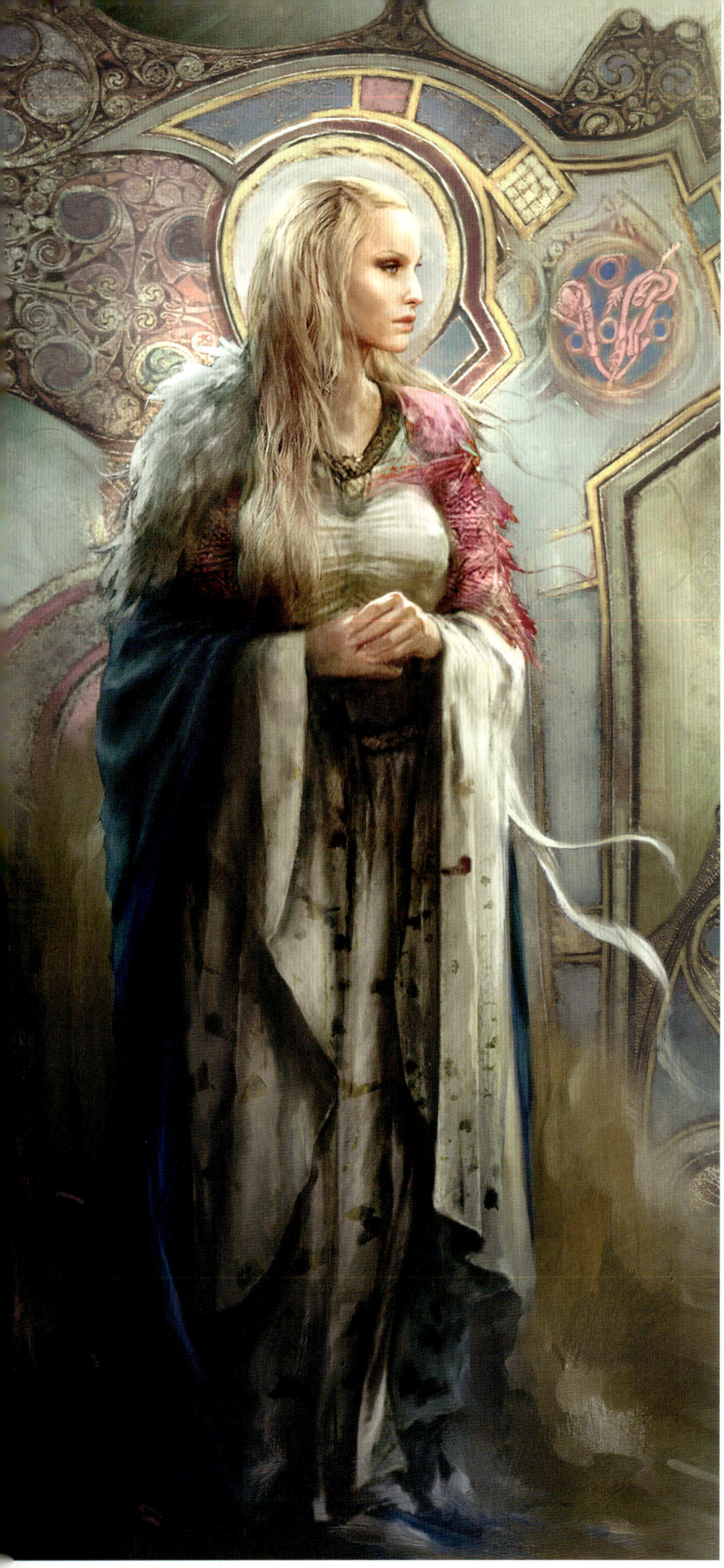

Viviane

Client : Soleil Celtic
Directeur artistique : Aleksi Briclot
& Jean-Sébastien Rossbach
2009

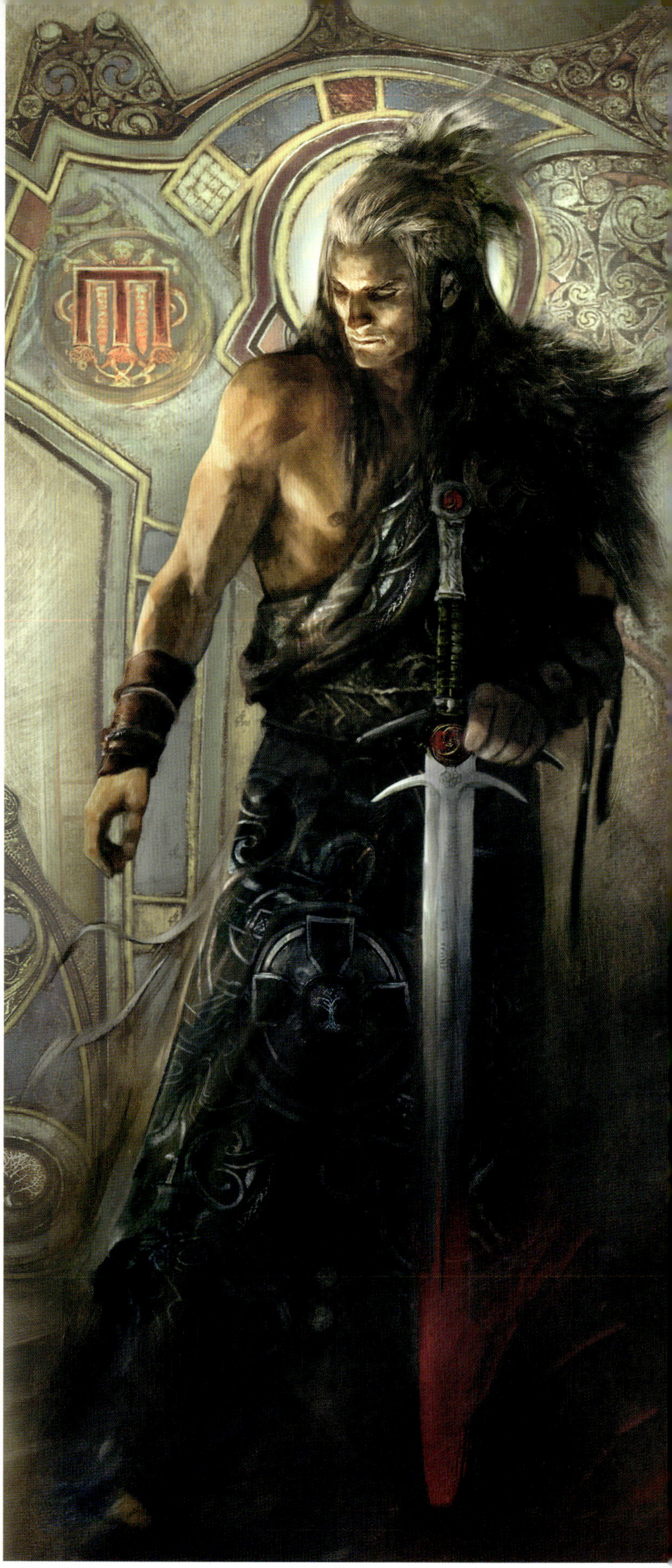

Merlin

Client : Soleil Celtic
Directeur artistique : Aleksi Briclot
& Jean-Sébastien Rossbach
2009

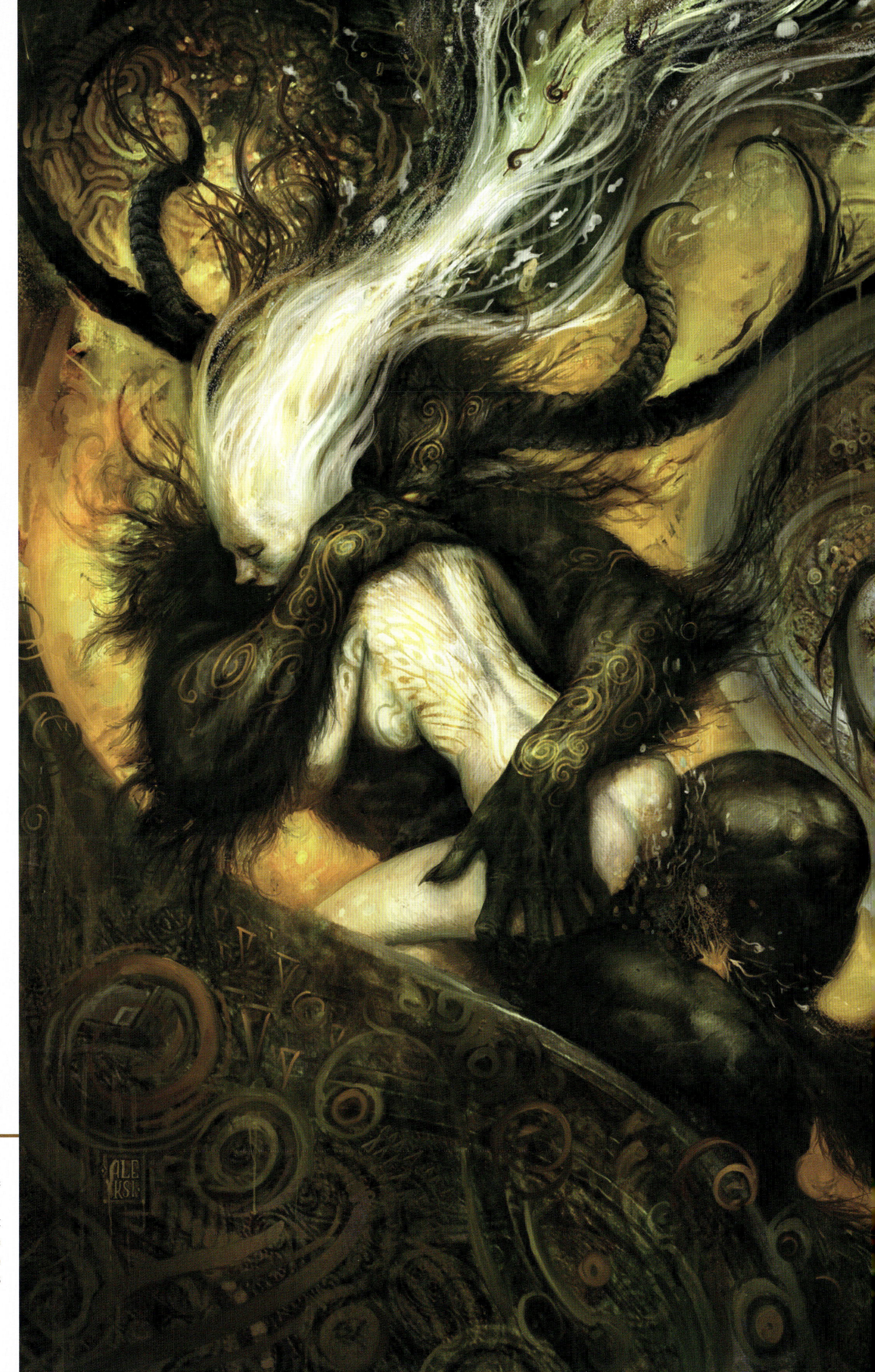

La Genèse

Client :
Soleil Celtic
Directeur artistique :
Aleksi Briclot
& Jean-Sébastien
Rossbach
2006

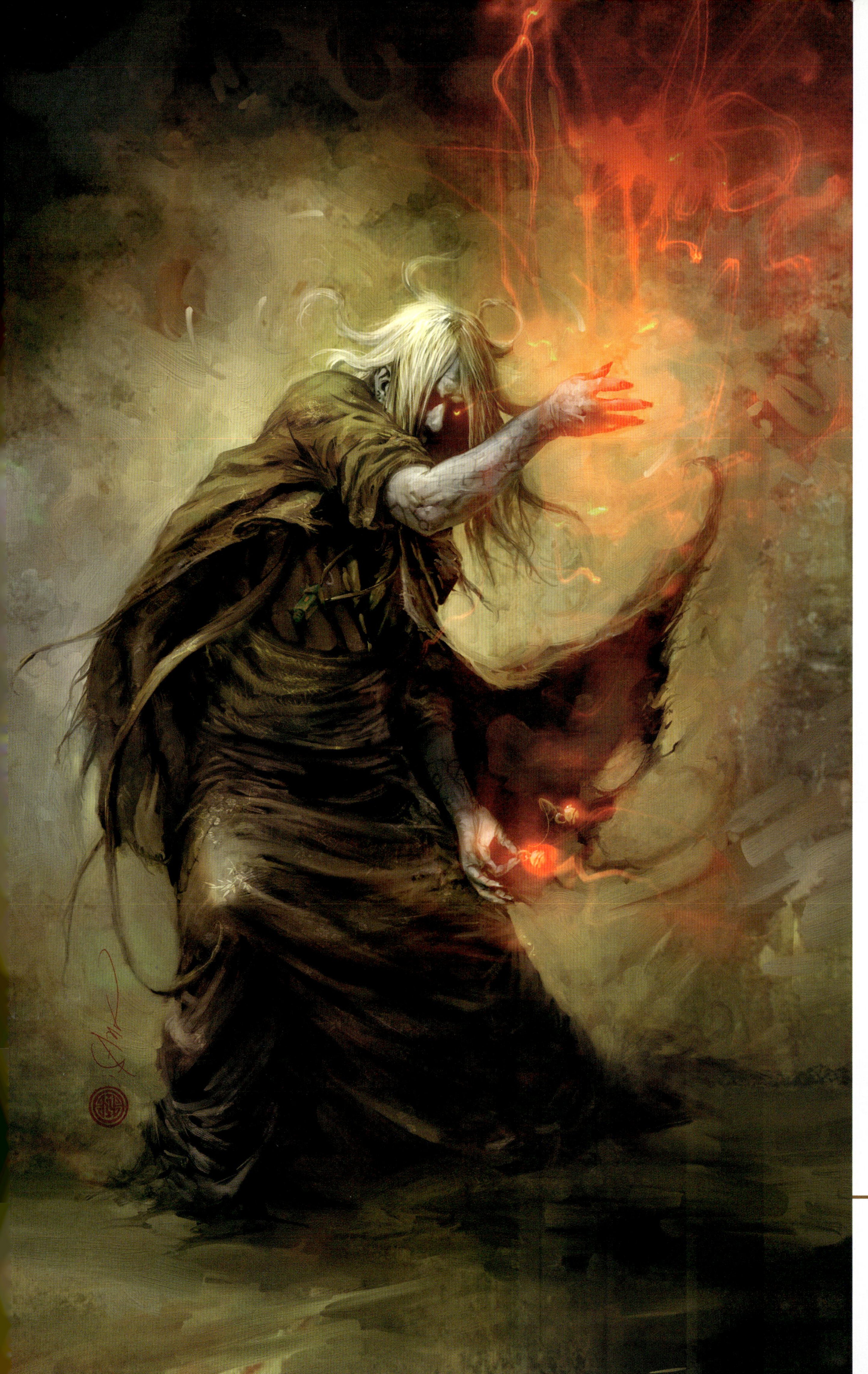

Qin I

Client :
7ème Cercle
2005

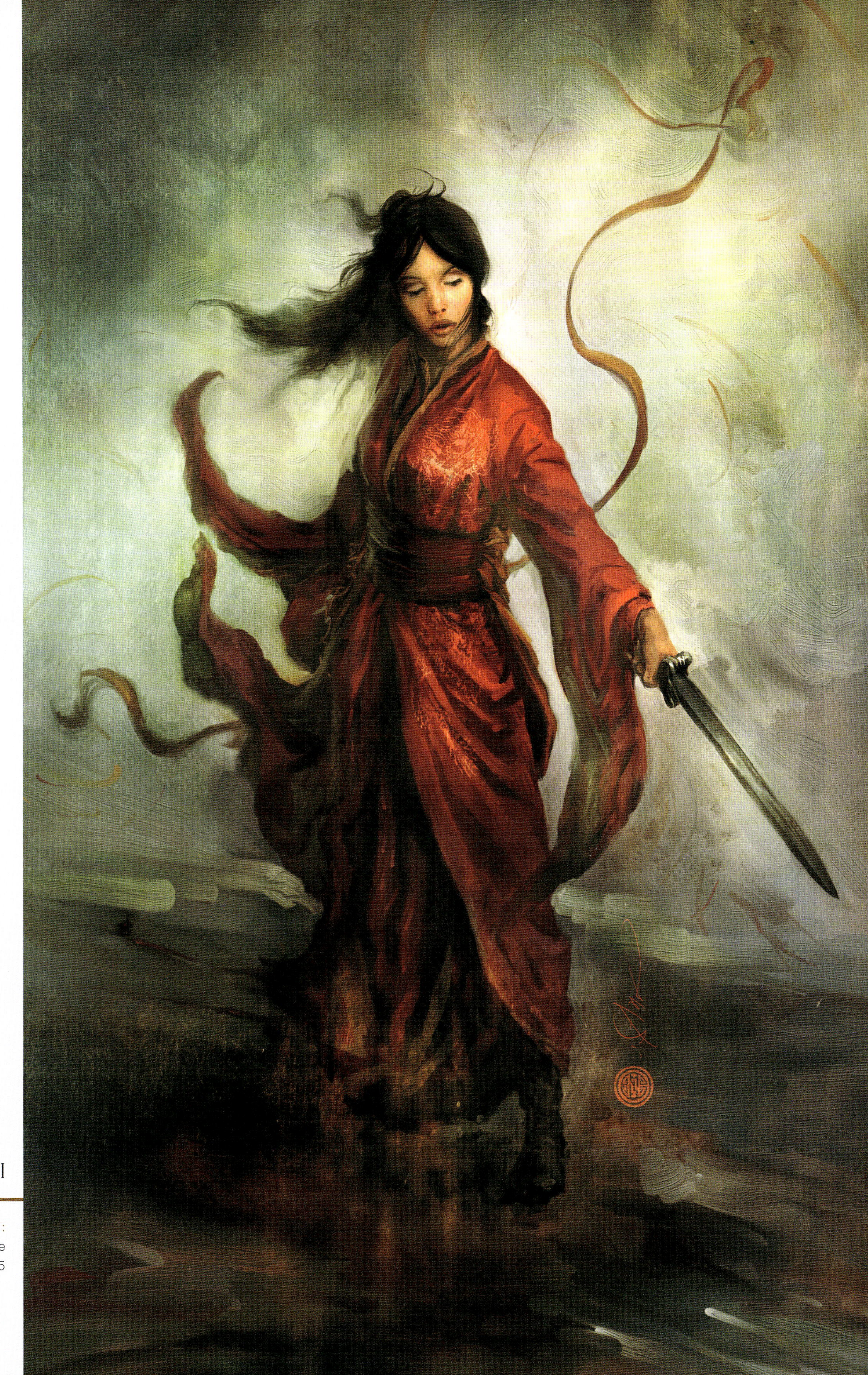

Qin II

Client :
7ème Cercle
2005

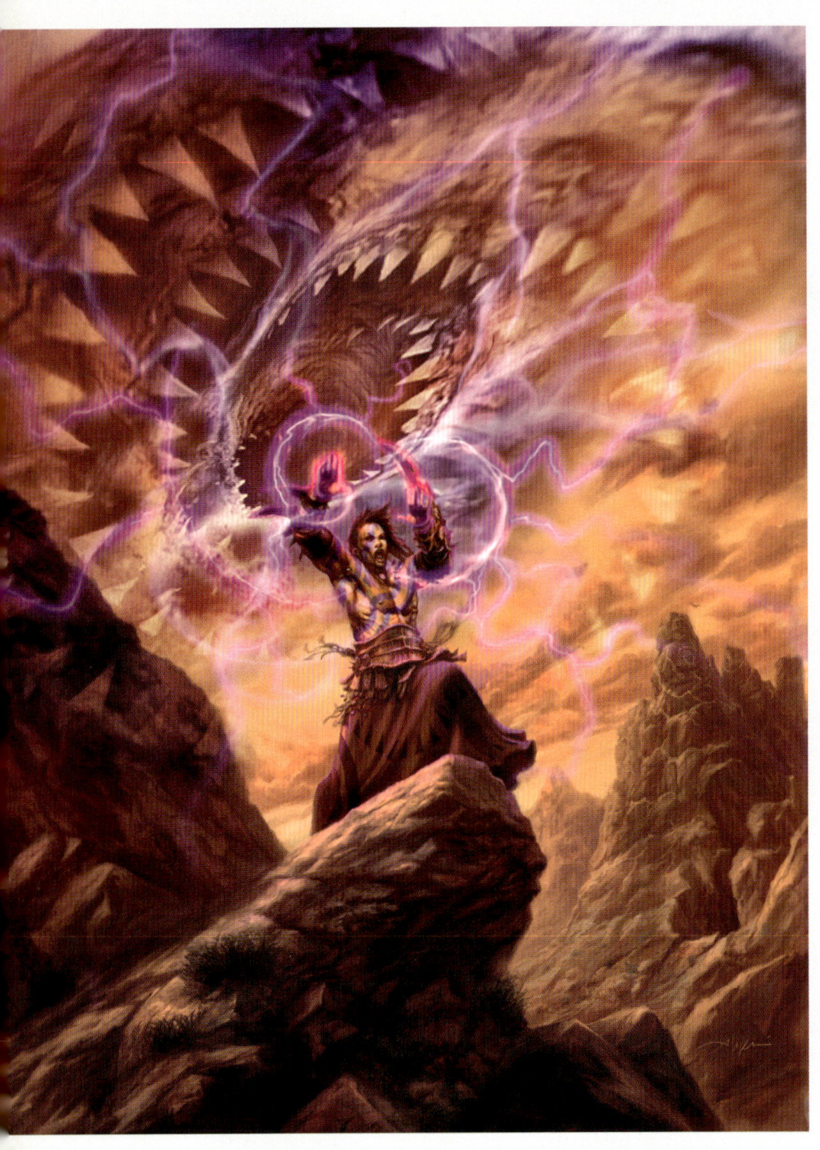

La Colère des Dragons

Client :
Asmodée Éditions
2003

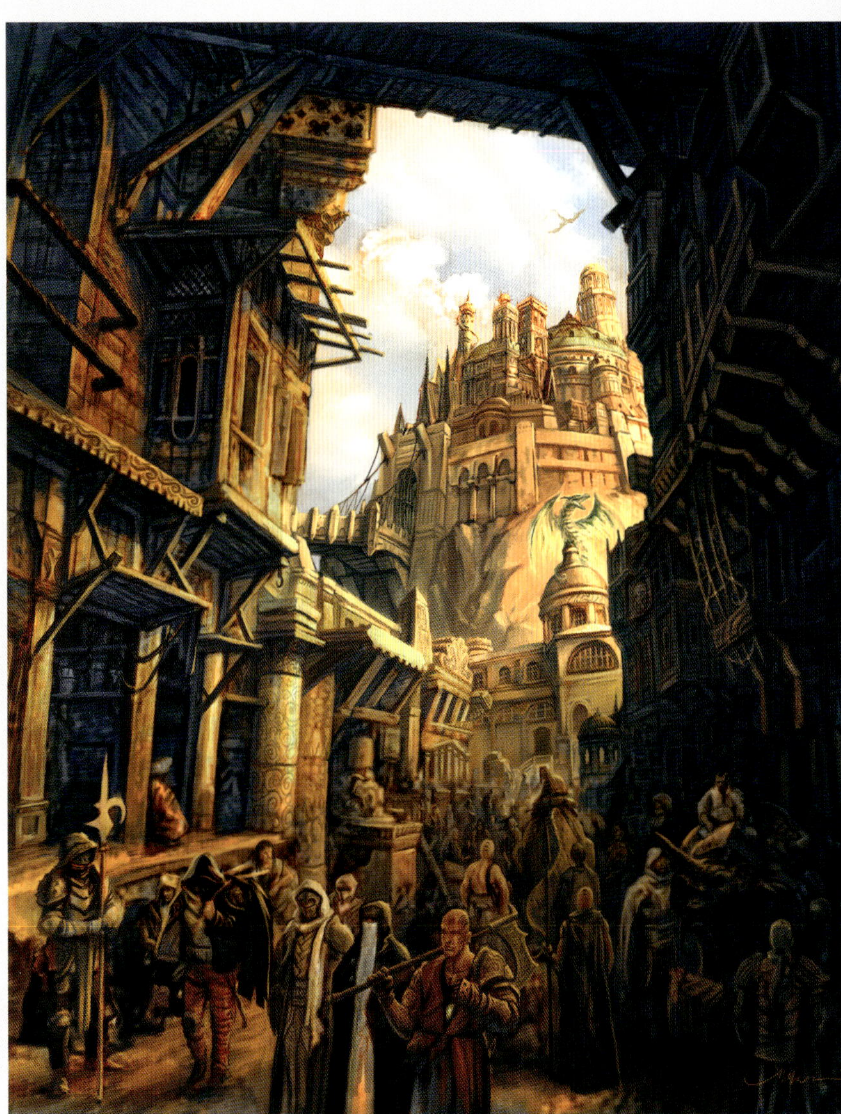

Yris, Flambeau de l'Humanité

Client :
Asmodée Éditions
2003

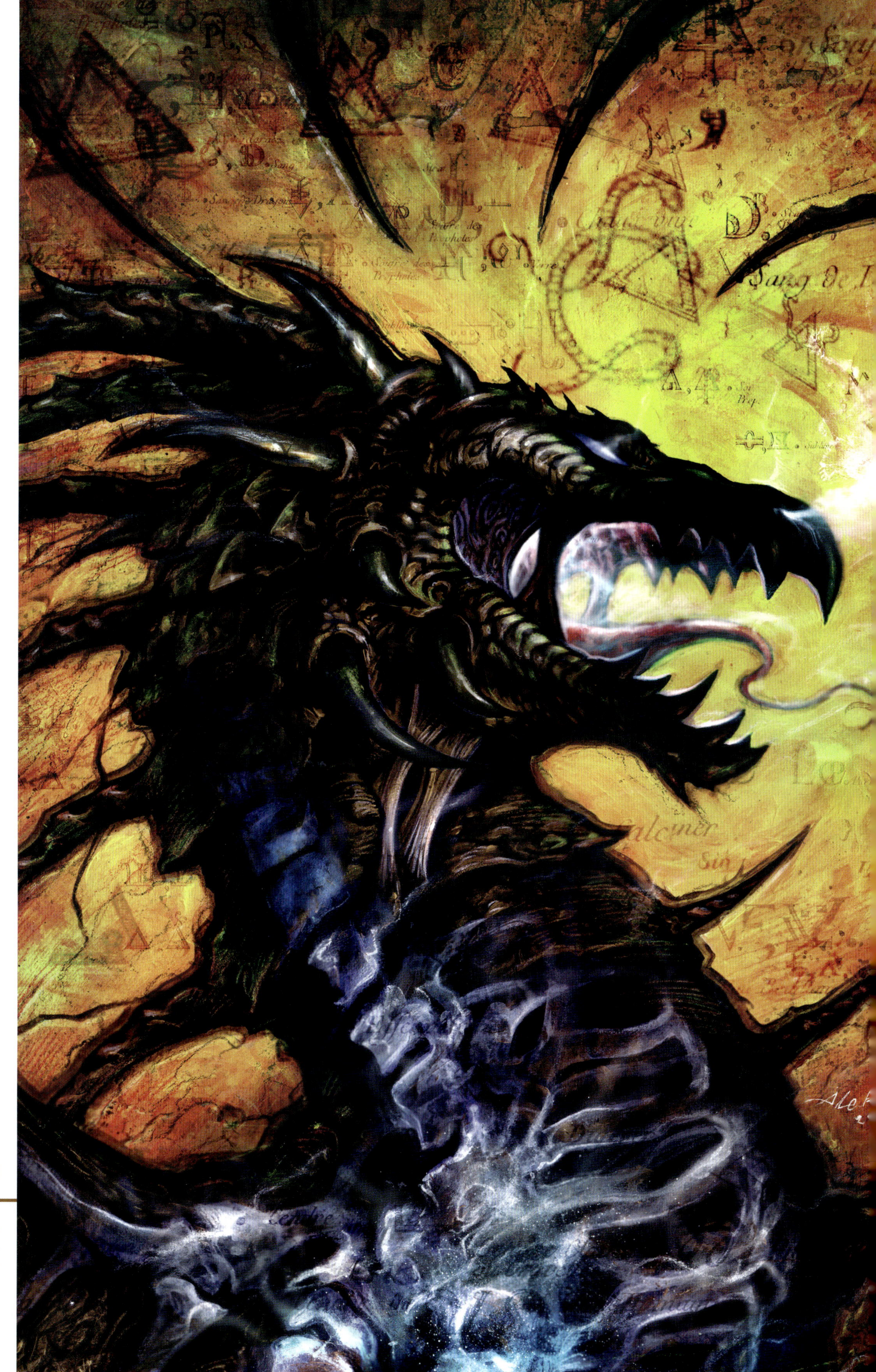

Prophecy II

Client :
Asmodée Éditions
2003

Magic : The Gathering

Ma fructueuse collaboration sur le jeu de cartes à collectionner Magic : The Gathering a commencé en 2006 avec une timide première carte et s'est poursuivie avec un succès grandissant jusqu'à ce jour. Pour quelqu'un qui, enfant, rêvait devant ces illustrations, devenir un des illustrateurs majeurs de ce célèbre jeu de cartes signifie énormément.

Le travail sur Magic me permet, avec délectation, de jongler avec des archétypes de fantasy, en tentant à chaque fois de les pousser plus loin, de dépasser subtilement le statut des clichés et d'atteindre de nouveaux standards. Jonglant toujours entre une nécessaire approche grand public et la volonté d'insuffler ici et là des idées un peu nouvelles (la force des créateurs de Magic !), je trouve à chaque fois cet exercice de style passionnant.

Cependant, et contrairement à certaines idées reçues, il s'agit encore une fois d'un travail : rigueur et contraintes sont de mise et même si l'on se doit en tant qu'illustrateur de faire voyager les gens, c'est avec un cahier des charges bien défini (couleurs, contenu des cartes, formats, références de design).

Au fur et à mesure de cette collaboration, j'ai moi-même été amené à participer au développement de certains designs de référence sur le jeu (concentrés dans une bible graphique envoyée à tous les illustrateurs), notamment sur les Arpenteurs - Planeswalkers en VO - puissantes figures de l'univers Magic : The Gathering. Je devais ainsi définir et mettre en image cinq personnages majeurs du jeu, chacun rattaché à une couleur et un tempérament spécifique. Je suis allé puiser pour ce faire dans les inspirations de différents sets précédents, dont certaines de mes propres illustrations, pour conférer à ces personnages un historique qui leur donnerait de la consistance. Bref qu'ils s'inscrivent dans la continuité Magic.

Et que dire d'une commande multiple pour des personnages dont le dernier brief se résume par :
« Fais ce que tu veux ! »
Juste un mot :
« Magique !!! »

My fruitful collaboration on the trading card game Magic: The Gathering started timidly in 2006 with one card illustration. It has evolved ever since to become a resounding success, continuing to this day. For me, someone who daydreamed behind these cards as a child, becoming one of the major illustrators of the famous card game has meant so, so much.

Working on Magic allows me to play with fantasy archetypes and to push their boundaries further, while reaching new heights. There is a constant juggling between the necessity of an approach that works for a wide public and the desire to instil here and there a few new ideas (which is the very strength of the creators of Magic) – I enjoy the exercise every time, it's exciting. It is also, despite what some people think, a real job.

There are constraints and you need to be rigorous; even though your task as the illustrator is to take the audience elsewhere, you're doing it within precise specs (colours, content of the card, format, design references).

After a while, I started taking part in the development of a few reference designs for the game (which are gathered in a graphic design bible that all illustrators for Magic receive), particularly for the Planeswalkers, powerful figures in the Magic: The Gathering universe. I found myself tasked with defining and then designing five major characters in the game, each attached to one of the colours of manna, and each with a different sort of persona. To do this, I went back, for inspiration, to various past sets of cards, some of which included previous illustrations of mine; I wanted to imbue these characters with history, to give them substance – I wanted them to fit in the continuity of Magic.

What else could I say about a commission for multiple characters where the last brief can be summed up as:
"Do whatever you want!"
Nothing else but:
"Magic!"

Ajani Goldmane

Client:
Wizards of the Coast
Art director:
Jeremy Jarvis
2007

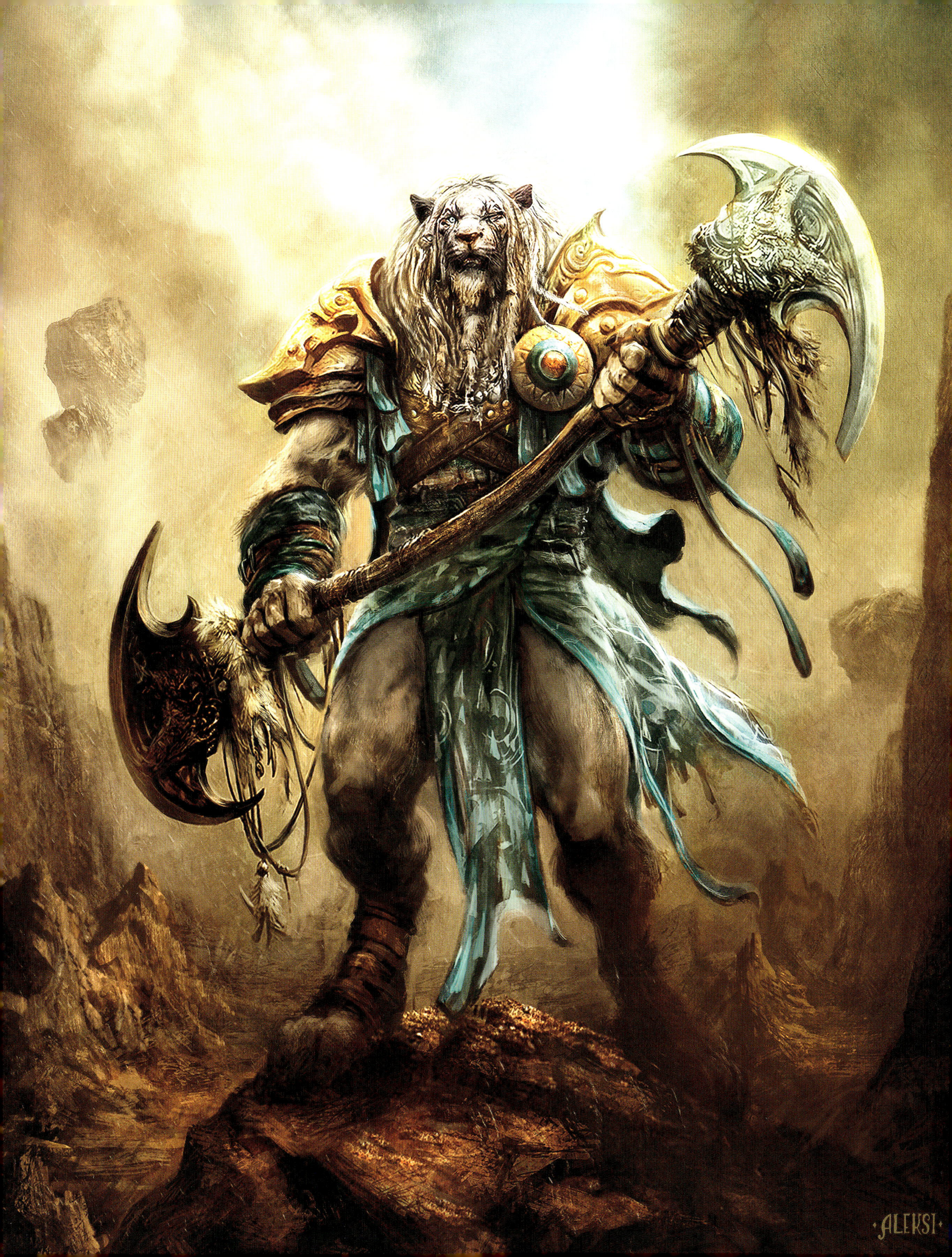
·ALEKSI·

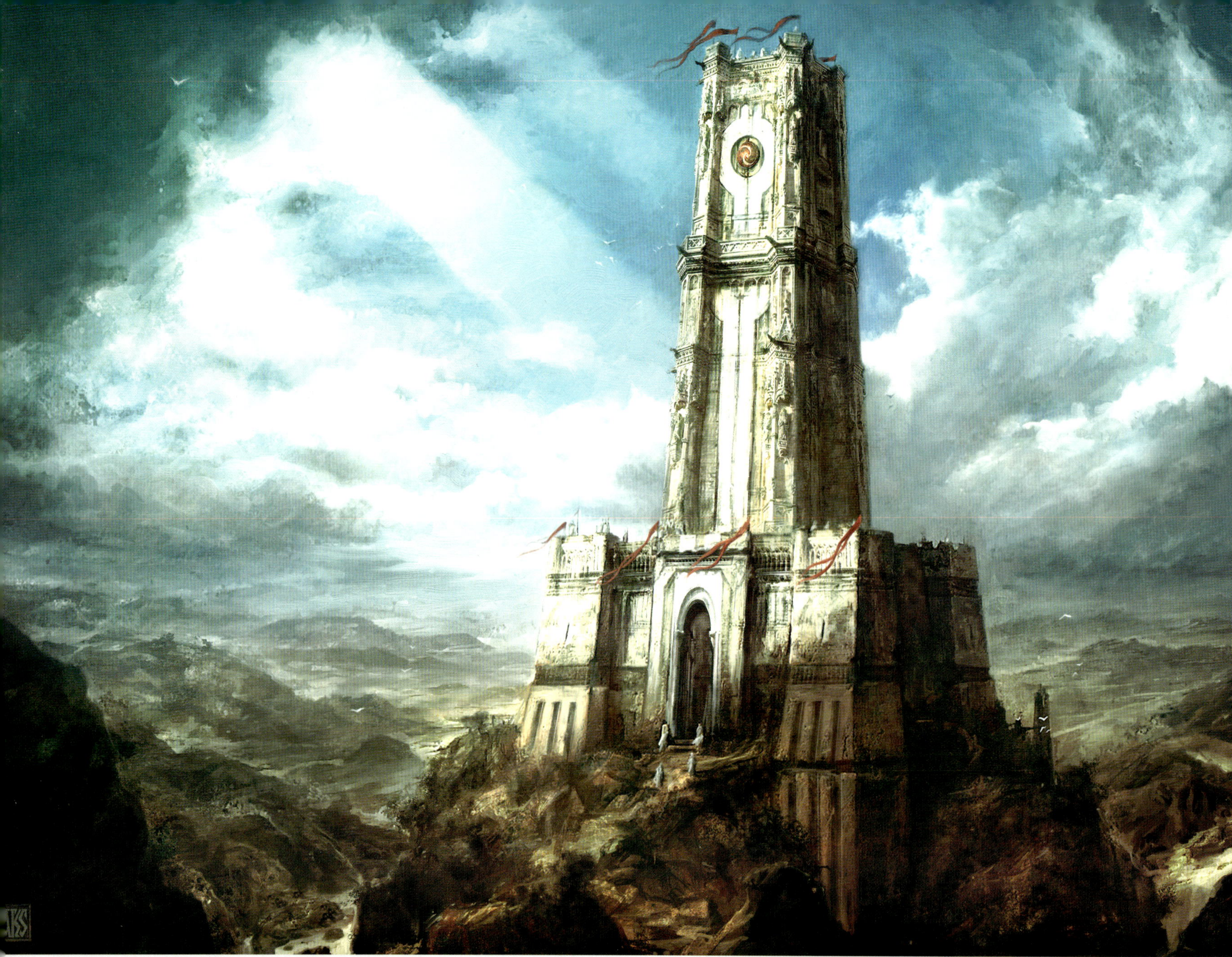

Forbidding Watchtower (Gauche / Left)
Wind Reaver (Droite / Right)

Client:
Wizards of the Coast
Art Director:
Jeremy Jarvis
2006

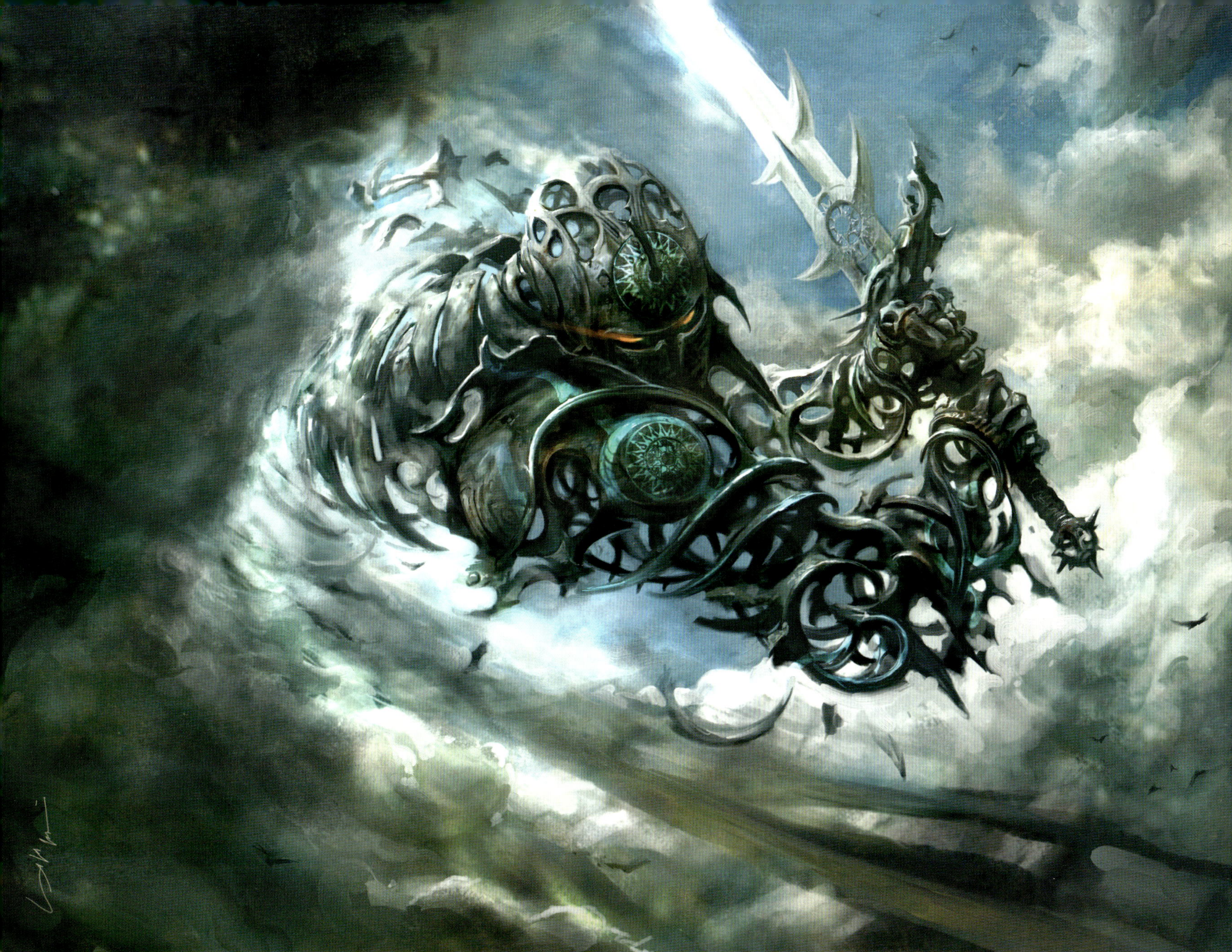

“Qui est Aleksi ? Un illustrateur talentueux, motivé, overbooké, sympathique, poli, calme, humble et attentif aux autres.

Je me souviens de ses débuts discrets au local, très discrets… Je me souviens aussi l'avoir vu participer à une intervention perruquée dans ce même local ; une brigade imbibée bénéficiant d'un armement de pointe en pvc, de lunettes de vision nocturne (Ray-ban, ou made in China), et d'un vélo pliant rouge confisqué à une collègue pour assurer les déplacements dans le champ de lino câblé réseaux avec ses guirlandes lumineuses…

Il n'y eut aucun blessé mais beaucoup de cadavres firent enrager le concierge de l'immeuble.

Who is Aleksi ? A driven, talented, overbooked, friendly, polite, calm, humble and attentive illustrator.

I remember when he started out, discreetly, very discreetly, down at our hangout… I also remember seeing him take part in a costumed intervention in that same space: a drunk squad armed with the latest tech (made out of PVC), decked in night vision goggles (Ray-ban or Chinese knock-offs), and wielding a red folding bicycle he'd confiscated from a colleague to navigate through the crisscross of network cables and strands of Christmas lights that covered the vast linoleum field…

No one was hurt, but the many casualties of bottle enraged the building manager.”

Véronique Meignaud
Illustratrice / Illustrator

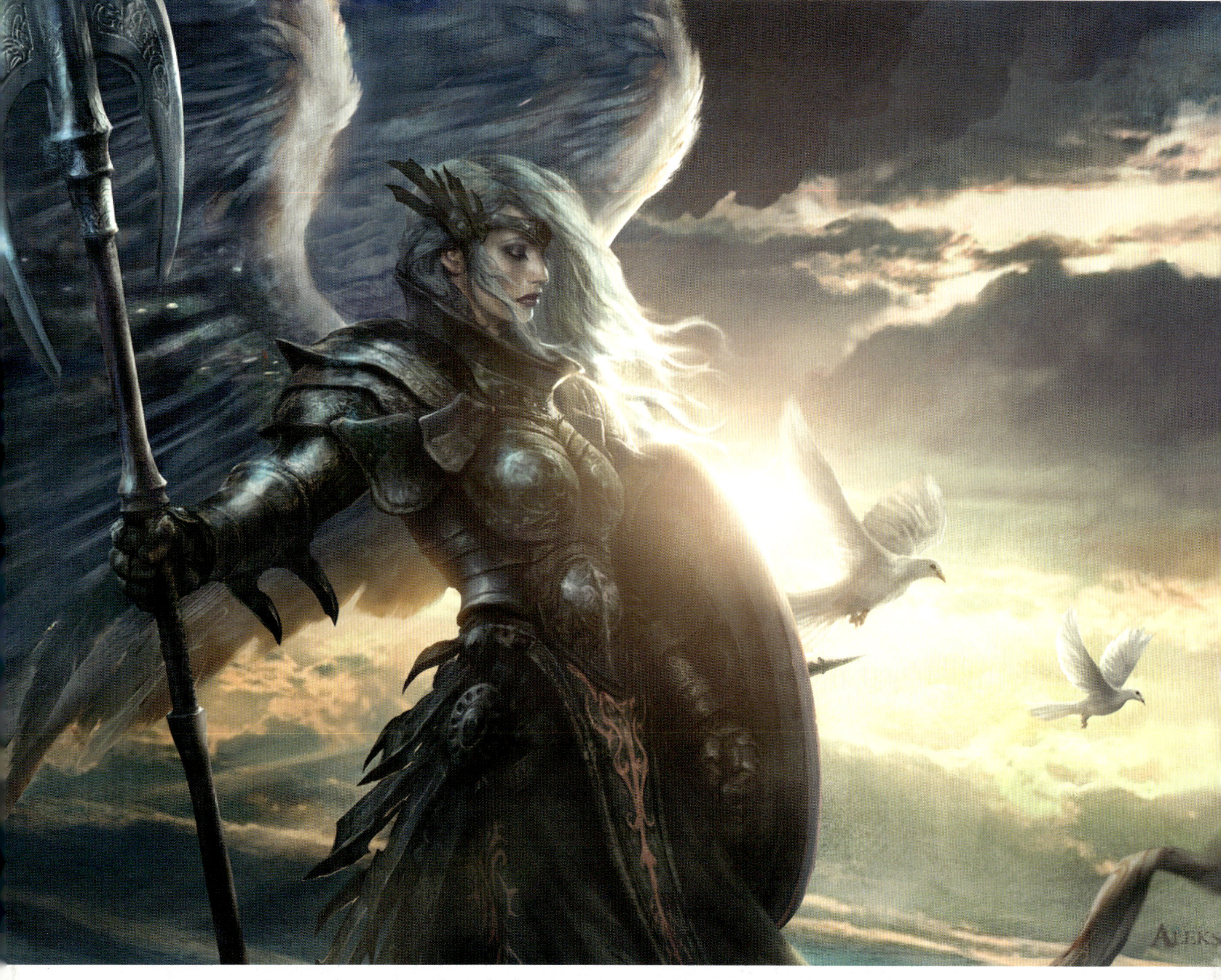

Lights Slush

Client:
Wizards of the Coast
Art director:
Jeremy Jarvis
2010

Gideon Jura

Client:
Wizards of the Coast
Art director:
Jeremy Jarvis
2009

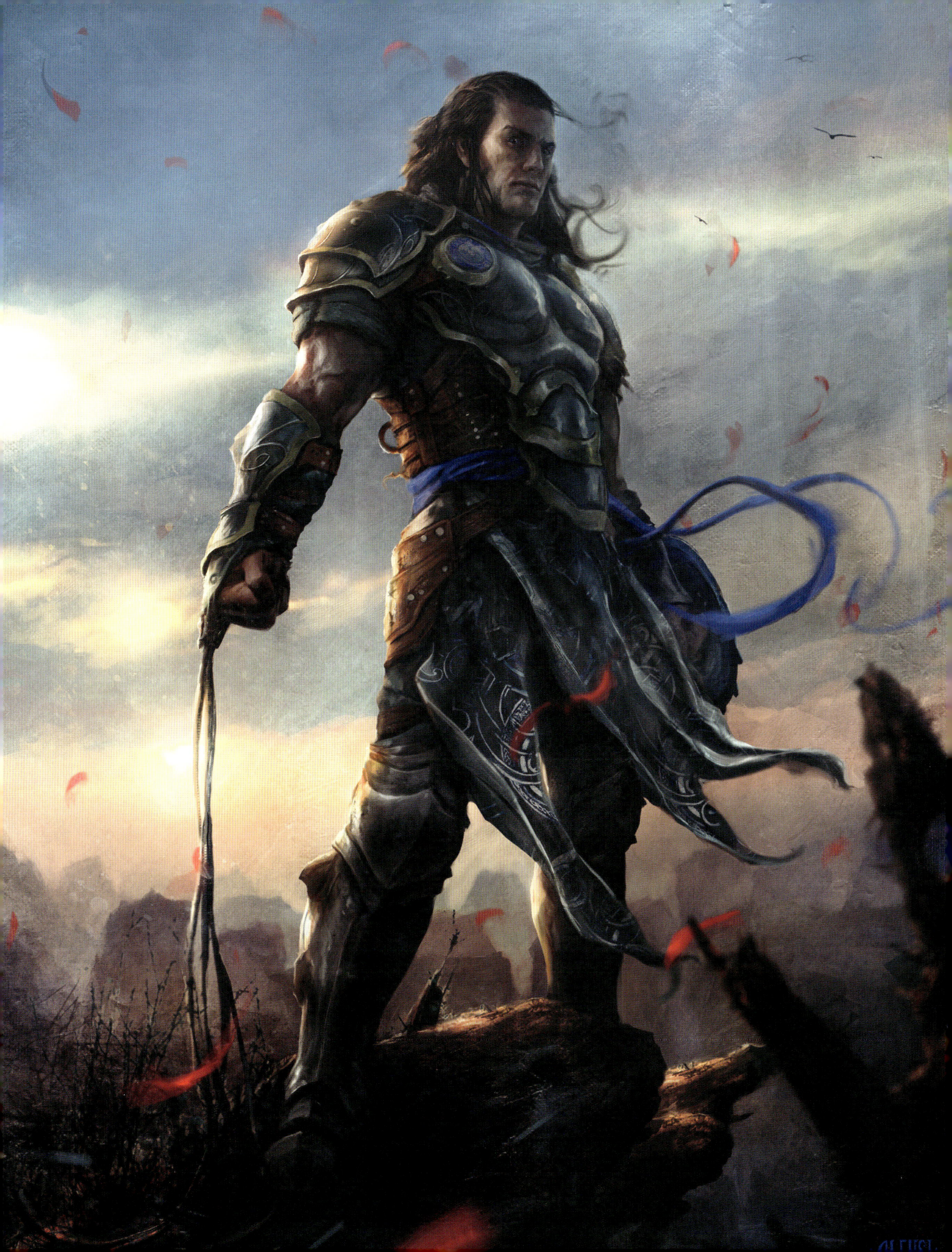

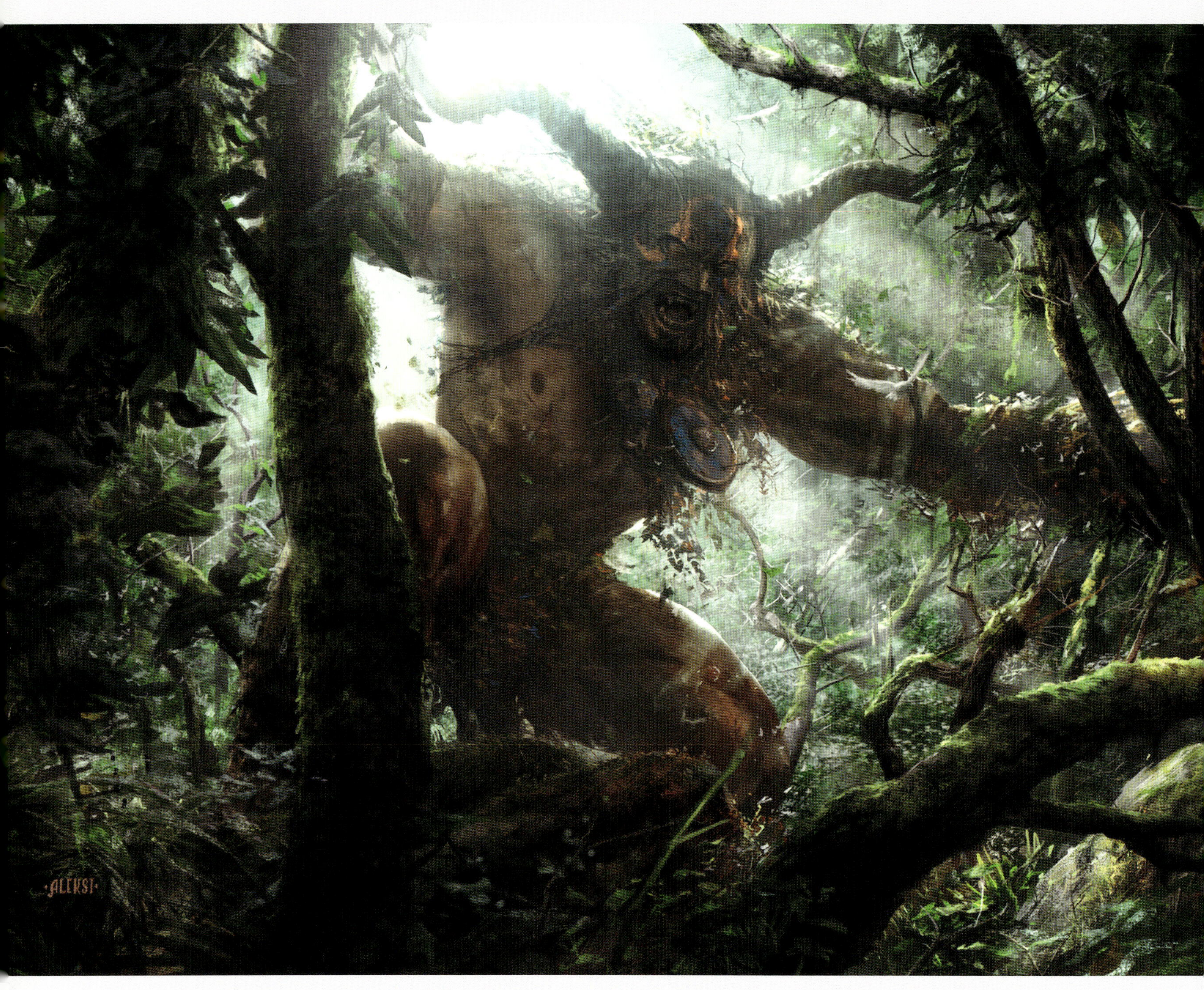

Primeval Titan

Client:
Wizards of the Coast
Art director:
Jeremy Jarvis
2009

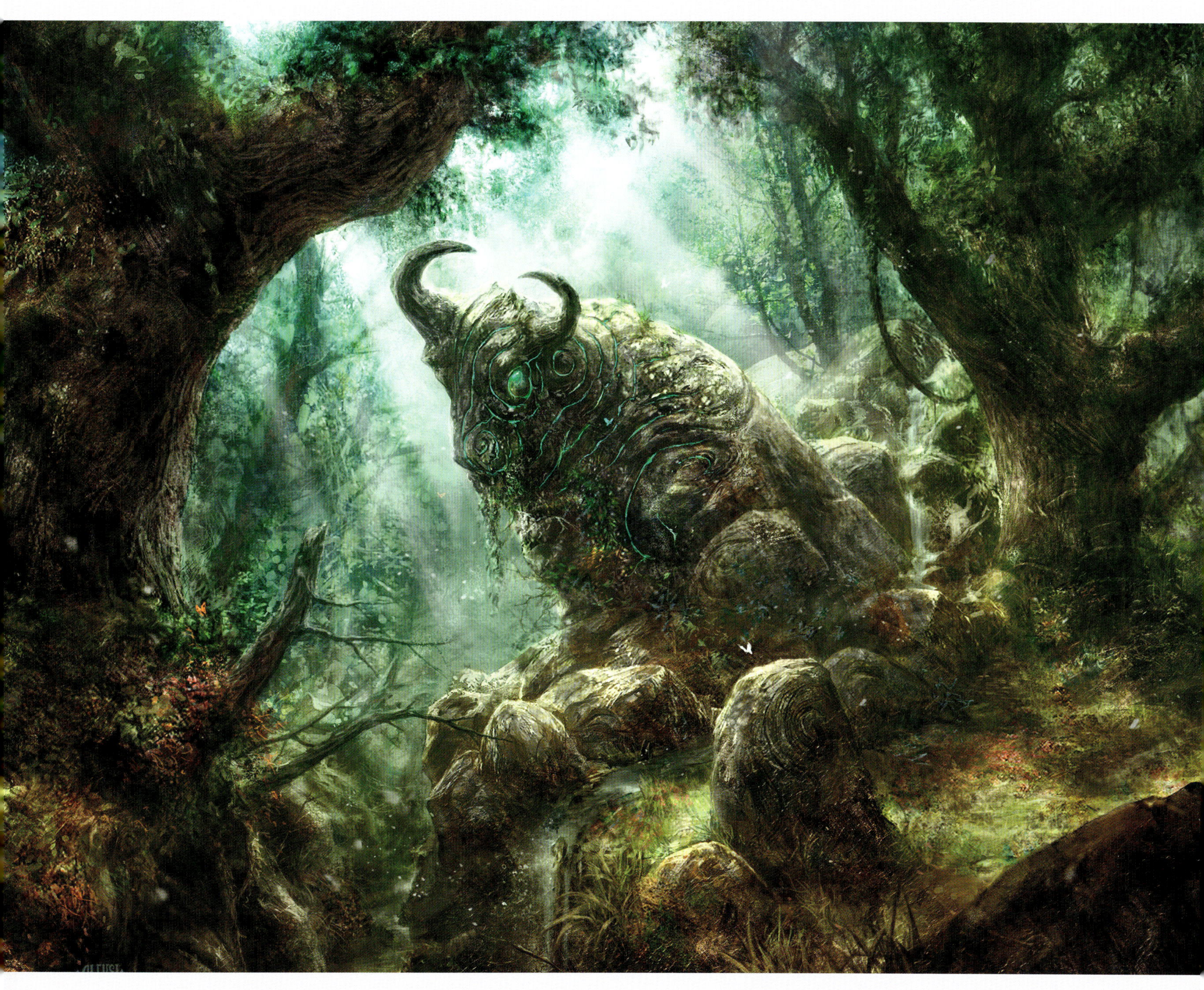

Eyes of the Wisent

Client:
Wizards of the Coast
Art director:
Jeremy Jarvis
2007

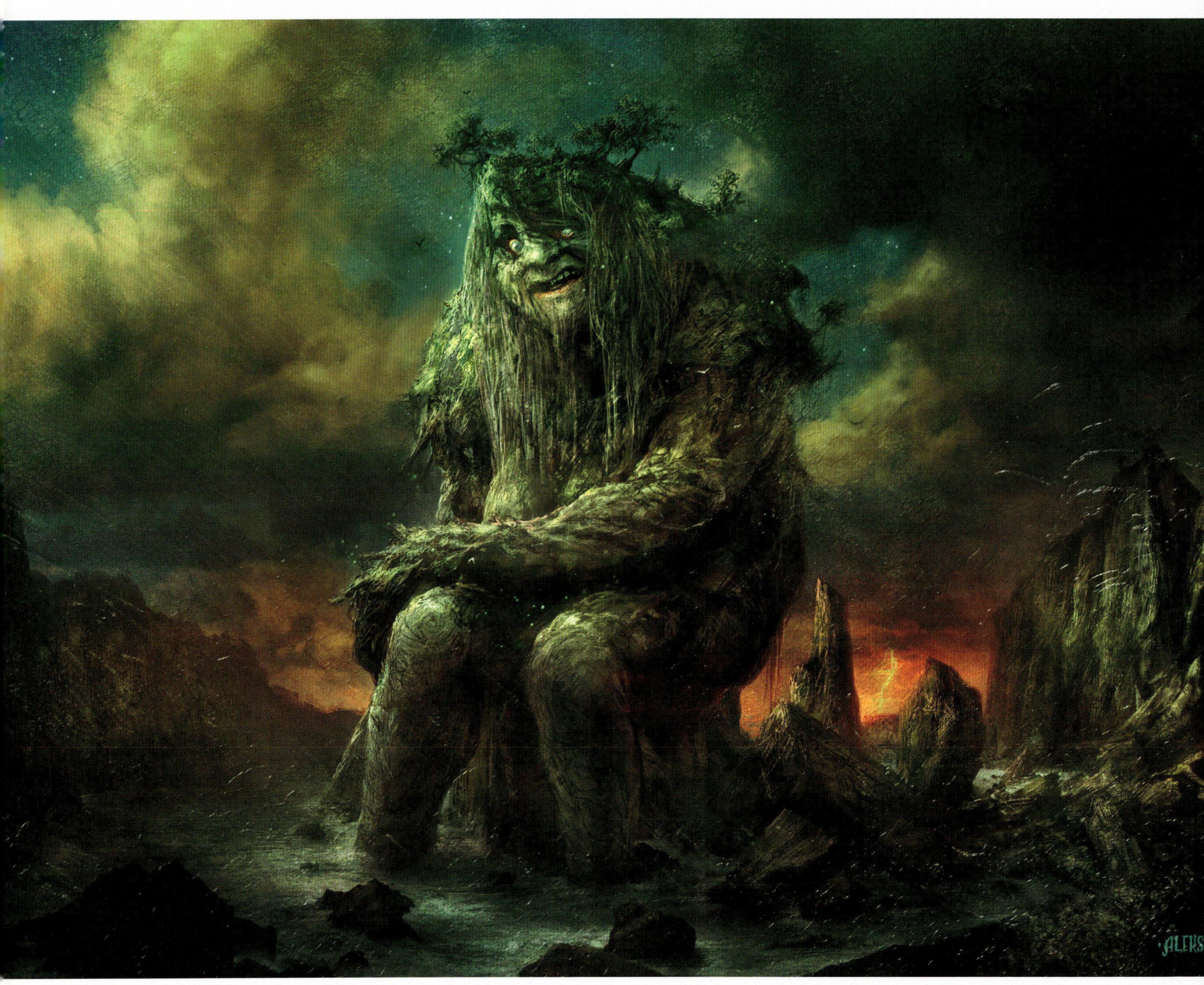

Rosheen Meanderer

Client:
Wizards of the Coast
Art director:
Jeremy Jarvis
2007

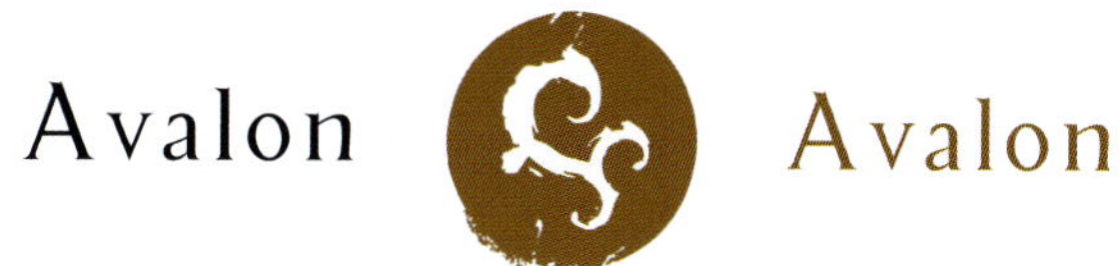
Avalon
Avalon

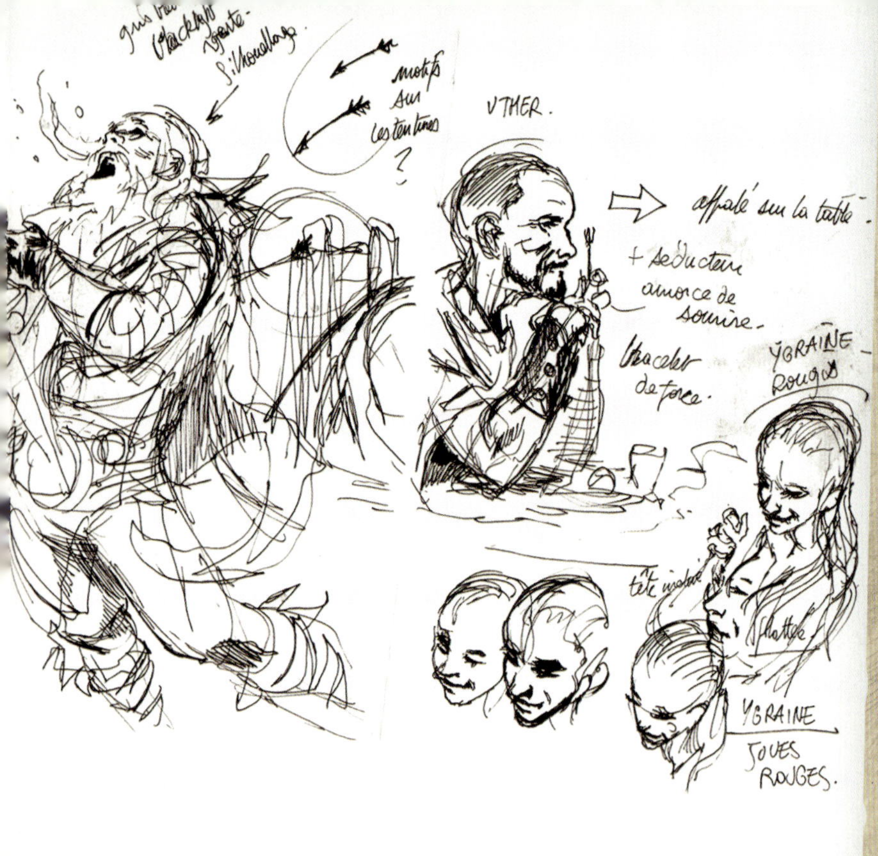

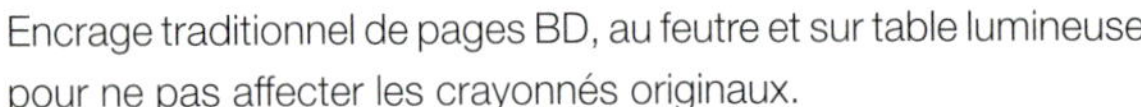

Encrage traditionnel de pages BD, au feutre et sur table lumineuse pour ne pas affecter les crayonnés originaux.

Traditionally inked comic book pages, done in felt-tip on the lightbox to leave the pencil originals untouched.

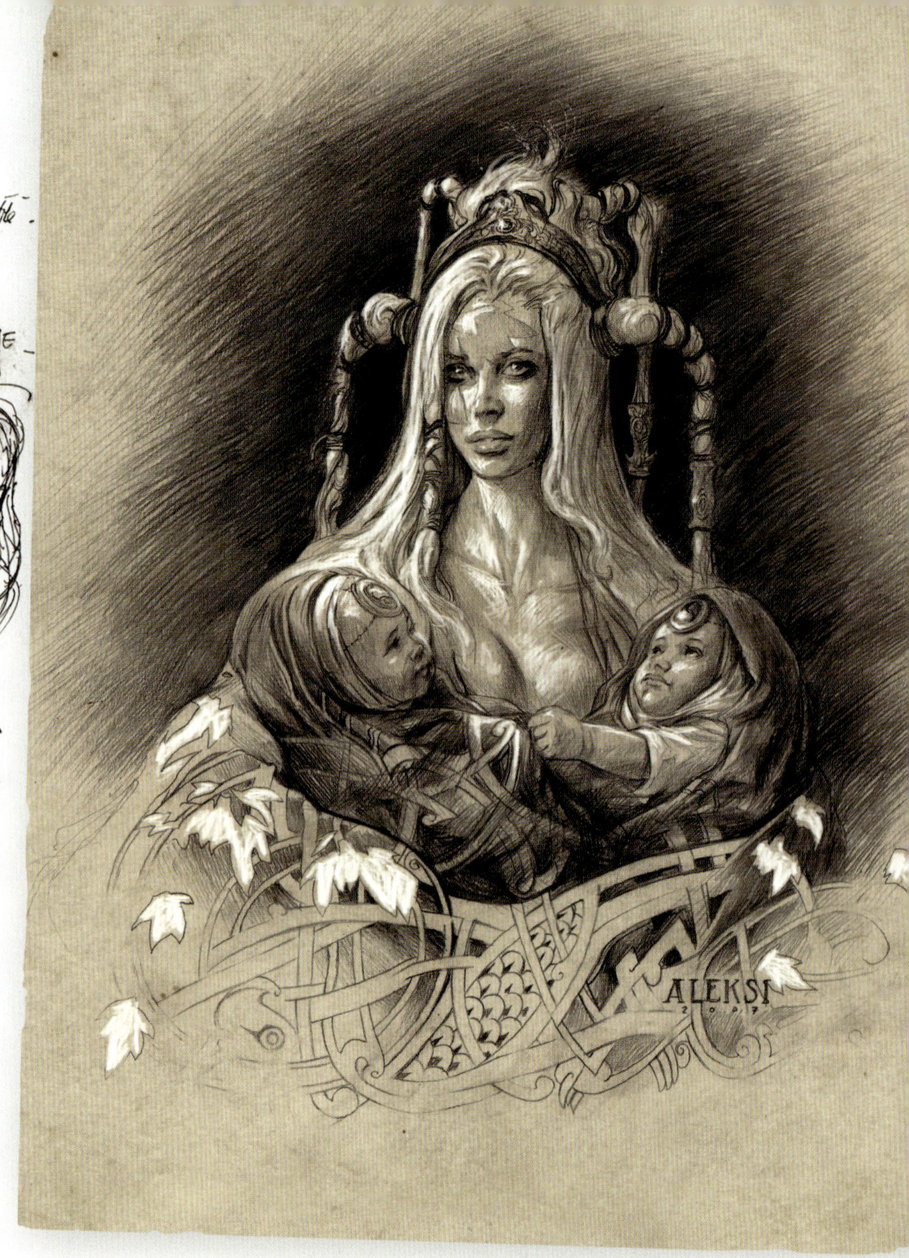

Crayonné traditionnel pour Merlin, réalisé dans une chambre d'hôtel aux Canaries, face à la piscine. (J - 5 avant le rendu final du bouquin).

Traditional pencil sketch for the Merlin artbook, drawn in a hotel room with a pool view in the Canary Islands (five days before the final deadline for the book).

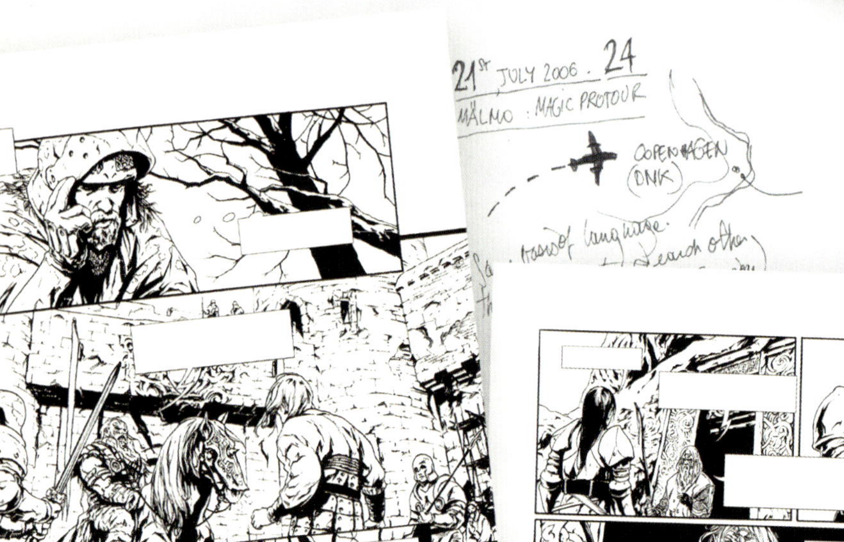

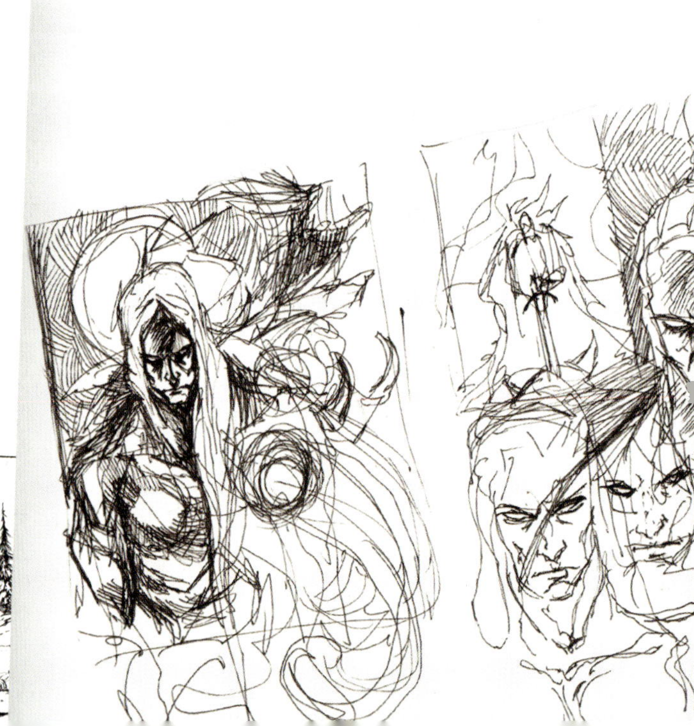

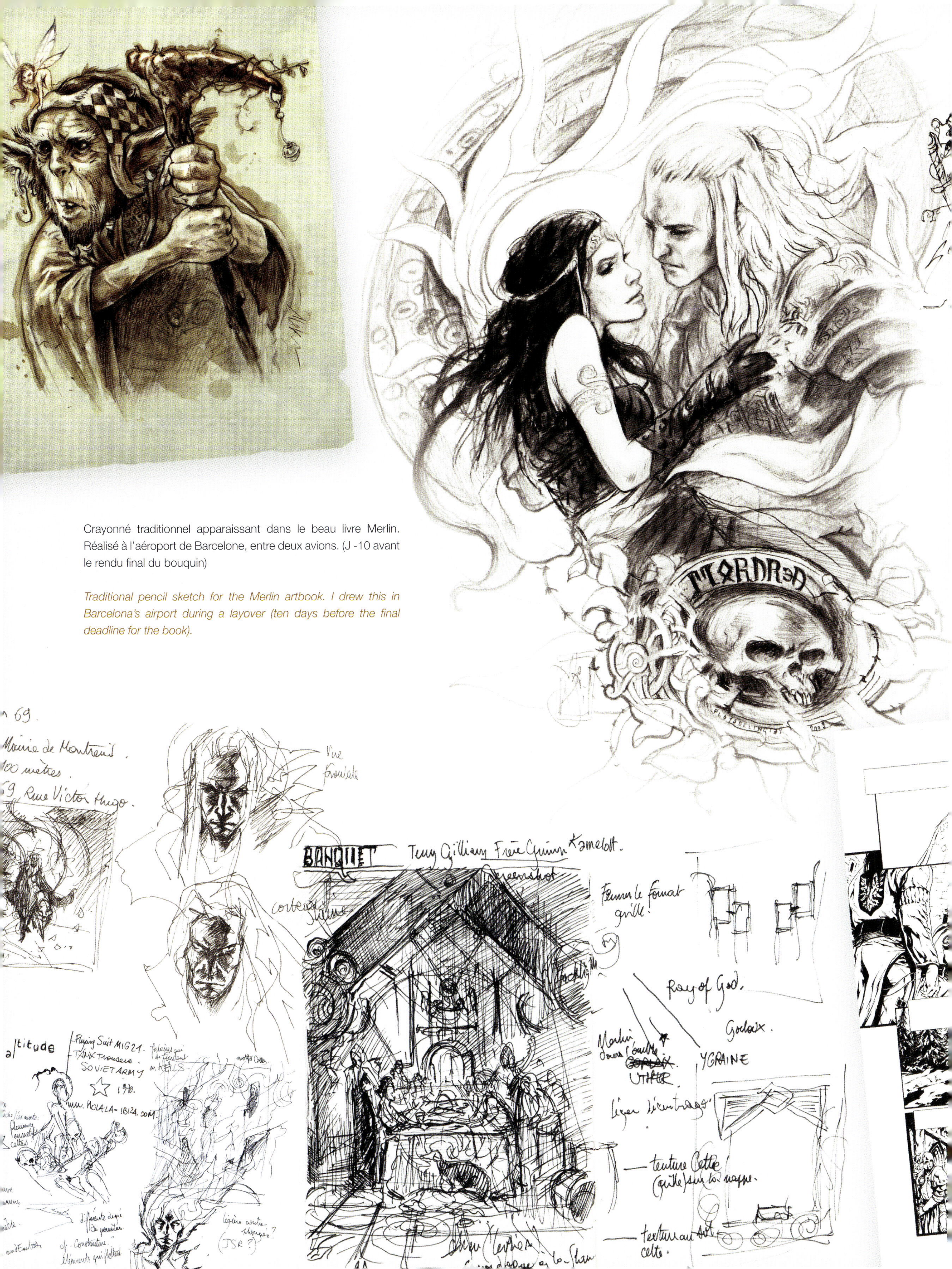

Crayonné traditionnel apparaissant dans le beau livre Merlin. Réalisé à l'aéroport de Barcelone, entre deux avions. (J -10 avant le rendu final du bouquin)

Traditional pencil sketch for the Merlin artbook. I drew this in Barcelona's airport during a layover (ten days before the final deadline for the book).

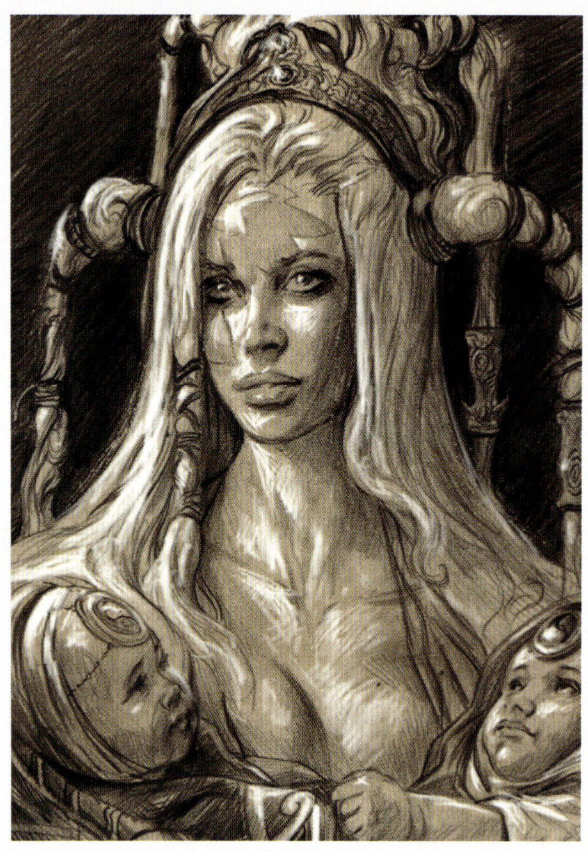

Dans les transports en commun, j'ai toujours un carnet sur moi qui me permet de ne pas voir le temps passer. Et pour beaucoup de travaux, la première étape commence ici. Illustrations ou planches de BD, le premier jet est souvent posé dans un de mes carnets, ensuite photographié ou scanné, pour me permettre dans la foulée de passer à l'outil digital. Parfois, il ne s'agit que de vagues lignes de force, un gribouillis informe, qui a la vertu de m'éviter le syndrome de la page blanche.

I always carry a sketchbook with me on public transportation, so I never get bored. With many projects, this is where the work first actually starts. For illustrations or comic books pages, the first draft often meets paper in one of my notebooks before getting photographed or scanned so I can very quickly start to fiddle with it digitally. Sometimes it is little more than a few perspective lines, a shapeless scribble, the only virtue of which is to alleviate blank page/screen syndrome.

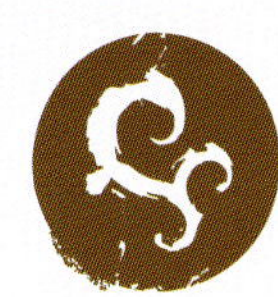

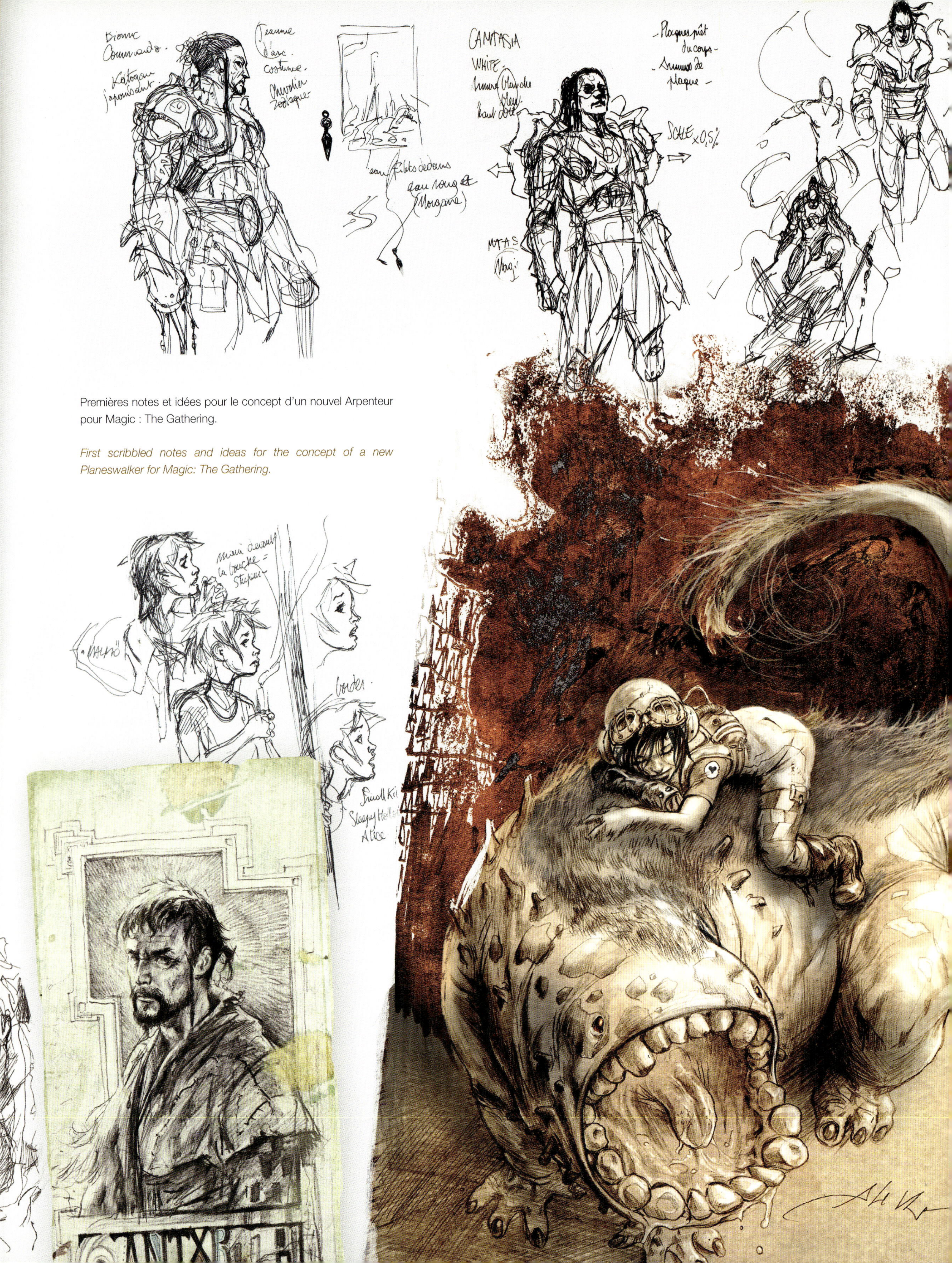

Premières notes et idées pour le concept d'un nouvel Arpenteur pour Magic : The Gathering.

First scribbled notes and ideas for the concept of a new Planeswalker for Magic: The Gathering.

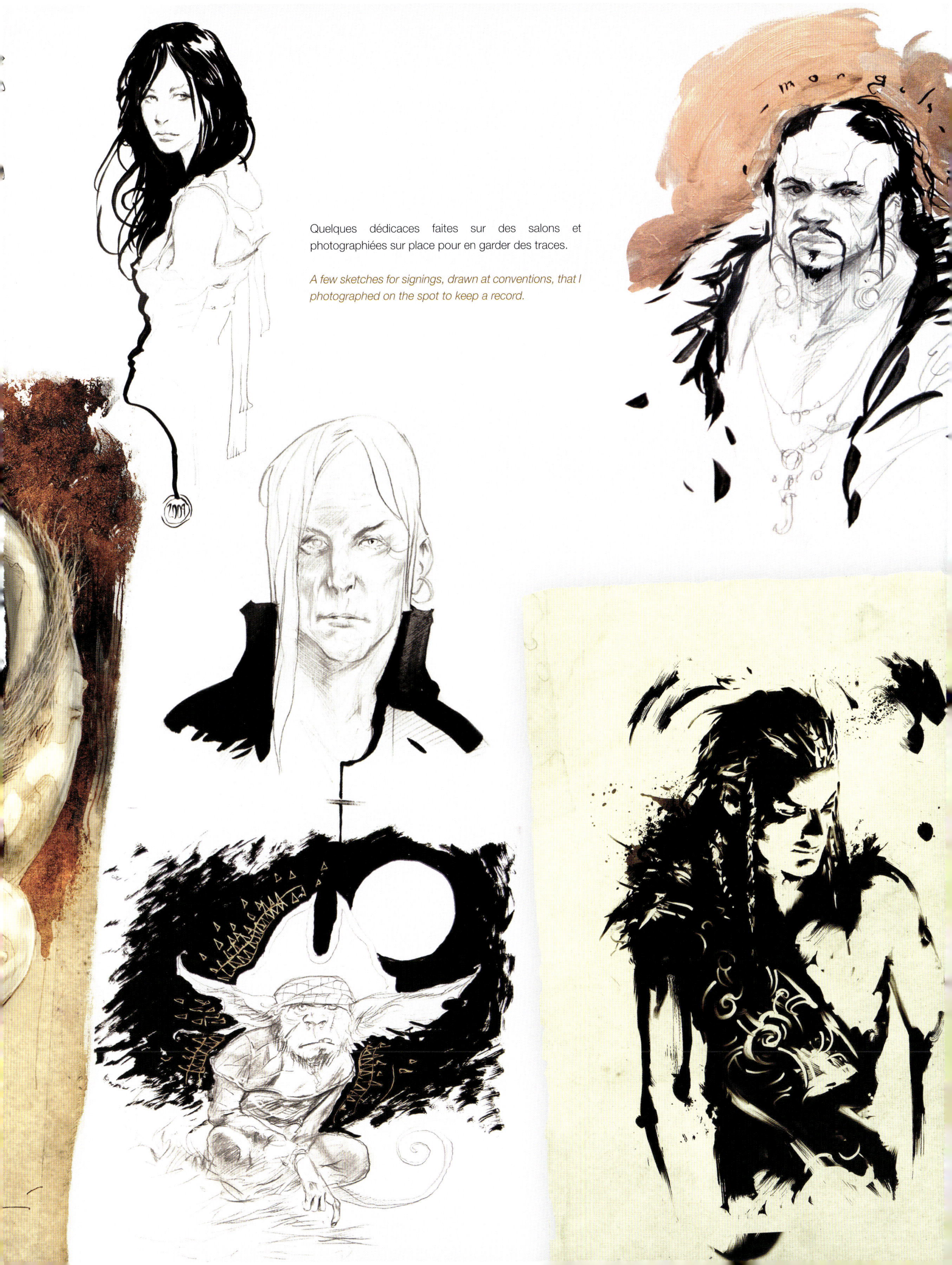

Quelques dédicaces faites sur des salons et photographiées sur place pour en garder des traces.

A few sketches for signings, drawn at conventions, that I photographed on the spot to keep a record.

“ Dans les belles montagnes où je vis, les anciens racontent souvent la légende de Saint Morgazh. Saint Morgazh était un moine copiste aux enluminures si belles et inspirées qu'un jour elles prirent littéralement vie. La légende est malheureusement trop longue pour être narrée ici, mais il y est entre autre question de korrigans coquins et de dignité ecclésiastique bafouée.

Aleksi est comme Saint Morgazh, ses créations sont réellement vivantes. Qu'elles soient monstres pustuleux, rois celtes ou guerrières futuristes, paysages brumeux, légendaires ou de fin du monde, ses illustrations ont toutes une âme, un vécu, des sentiments, des failles. Chaque coup de crayon est une anecdote, un souvenir, un rêve, un amour perdu ou une joie retrouvée. Les peintures d'Aleksi sont bien plus que des illustrations, ce sont des histoires.

Sinon, Aleksi, ce cher ami, m'a fait l'honneur de me prendre comme modèle pour quelques illustrations de jeu de rôle. Ce qui me vaut de temps en temps des regards emplis d'amour et de dévotion de la part de rôlistes barbus à lunettes et au fort fumet.
Et ça, ça n'a pas de prix...
Merci Aleksi.

I live in a gorgeous mountainous area, and the old folks there often talk of the legend of Saint Morghazh. Saint Morghaz was a copyist monk, and his illuminations were so inspired, so beautiful, that one day they actually came to life. The whole tale is sadly too long to be narrated now; just know that it also involves naughty korrigans and much flouted cleric dignity.

Aleksi is similar to Saint Morghaz; his creations are truly alive. Be they monsters covered in pustules, Celtic kings or futuristic female warriors, foggy landscapes, epic settings, apocalyptic vistas: his illustrations each possess a soul and a history, deep feelings and unique flaws. Every stroke of his pen is an anecdote; it's a memory or a dream, a lost love, a rekindled joy. Aleksi's paintings are much, much more than illustrations: they are stories.

What else is there to say? My dear friend Aleksi did me the honor of picking me as a model for a few pieces for an RPG. This means that I am sometimes the target of meaningful, devoted, lovelorn looks from certain bearded and bespectacled, slightly "aromatic" roleplayers... Which is absolutely priceless.
Aleksi, thank you. ”

Damien Lutz
Artisan bijoutier (et joueur de rôle)
Jeweler (and roleplayer)

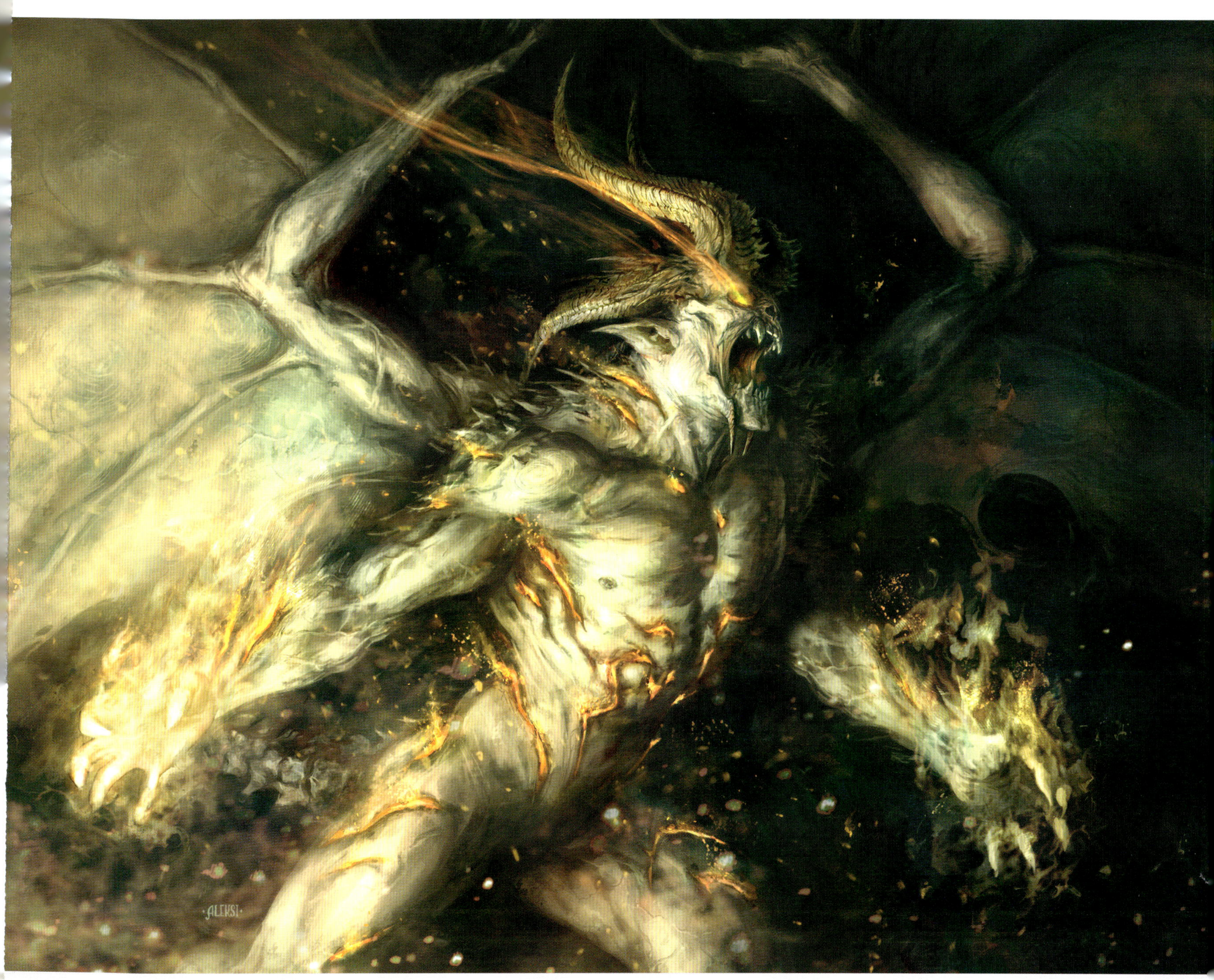

Tombstalker

Client:
Wizards of the Coast
Art director:
Jeremy Jarvis
2006

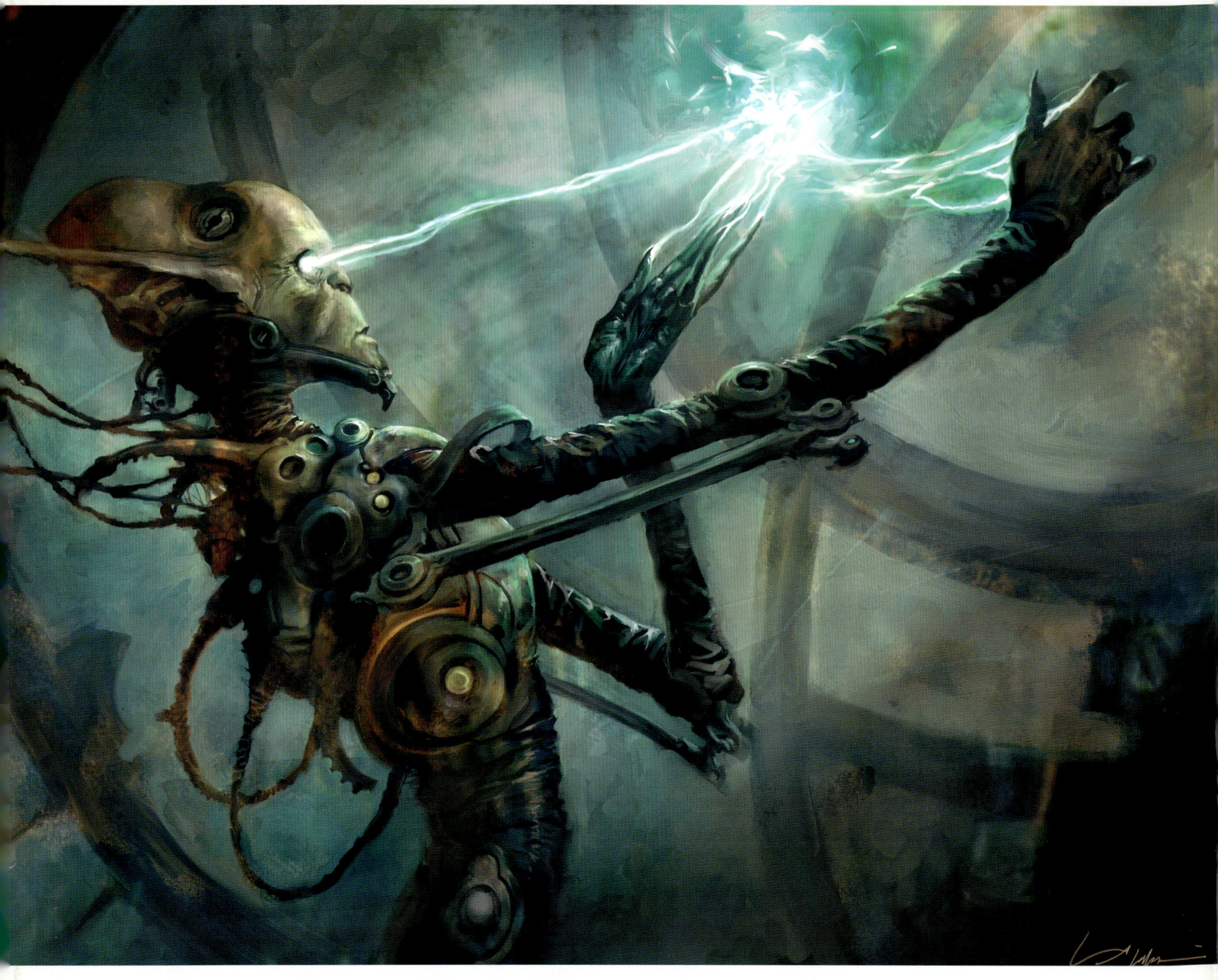

Simic Guildmage

Client:
Wizards of the Coast
Art director:
Jeremy Cranford
2006

Garruk Wildspeaker

Client:
Wizards of the Coast
Art director:
Jeremy Jarvis
2007

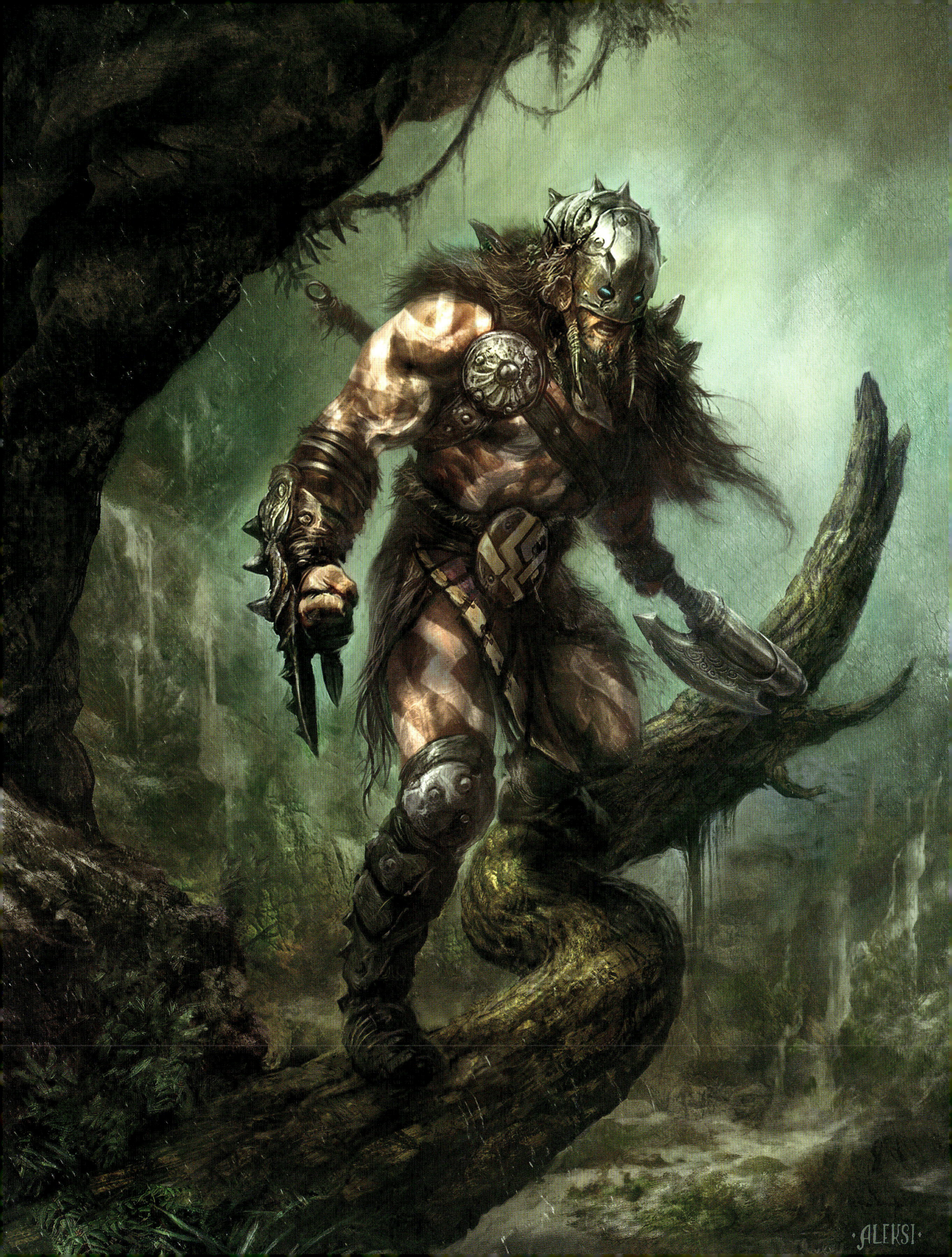
ALEKSI

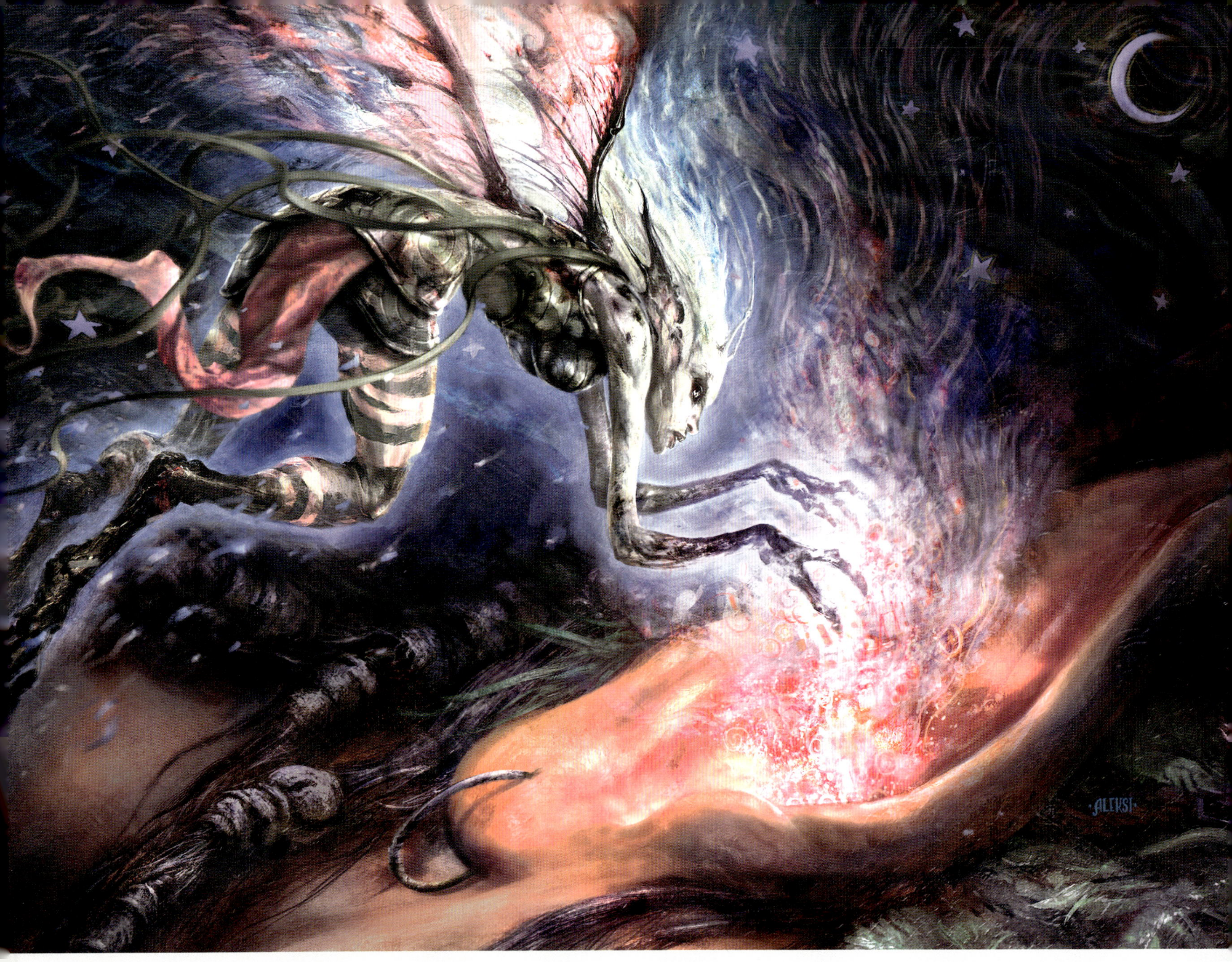

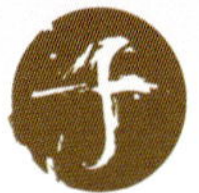

Saisie des Pensées / Thoughtseize*

Sur cette carte, j'ai essayé d'intégrer, avec timidité, le mélange de figuratif réaliste (profondeur et volumes) et d'éléments décoratifs purement en aplat qui me séduit beaucoup. Regardez ces légers coups de brosse tombant dans l'oreille elfique et cette petite lune très découpée en aplat.

En raison des capacités qu'elle offre dans le jeu Magic, cette carte est devenue relativement prisée des joueurs. Sur les tournois où je suis invité pour signer, j'ai fait un paquet d'altérations de cette image. Jouant avec des feutres, du Tipp-ex et un cutter pour ajouter d'autres simili petits coups de pinceaux, le résultat est à chaque fois une customisation unique.

Pour l'anecdote, la fée volante de la première version de mon image était nue. Le travail sur l'anatomie, d'autant plus s'il s'agit de la déformer et d'aller plus loin que le réel, m'a toujours passionné.

For this card I tentatively tried to blend together some figurative realism (for the volumes and depths) and flatter decorative elements – a mix I find highly attractive. Look at the small brush strokes falling into the elfin ear, look at that little detoured flat tint moon.

Because of the abilities it bestows on a player in the game, this card became rather popular with gamers. Everytime I'm invited to a tournament for a signing, I modify this card a lot as I sign it. I've played with felt tips, whiteout, with an exacto knife to add similar-looking tiny brush strokes – and every time you get a unique customization.

Anecdotally, the winged fairy in the first version of this image was naked. I've always been very interested in anatomical work, and even more when, as is the case here, the goal is to distort it and push things beyond reality.

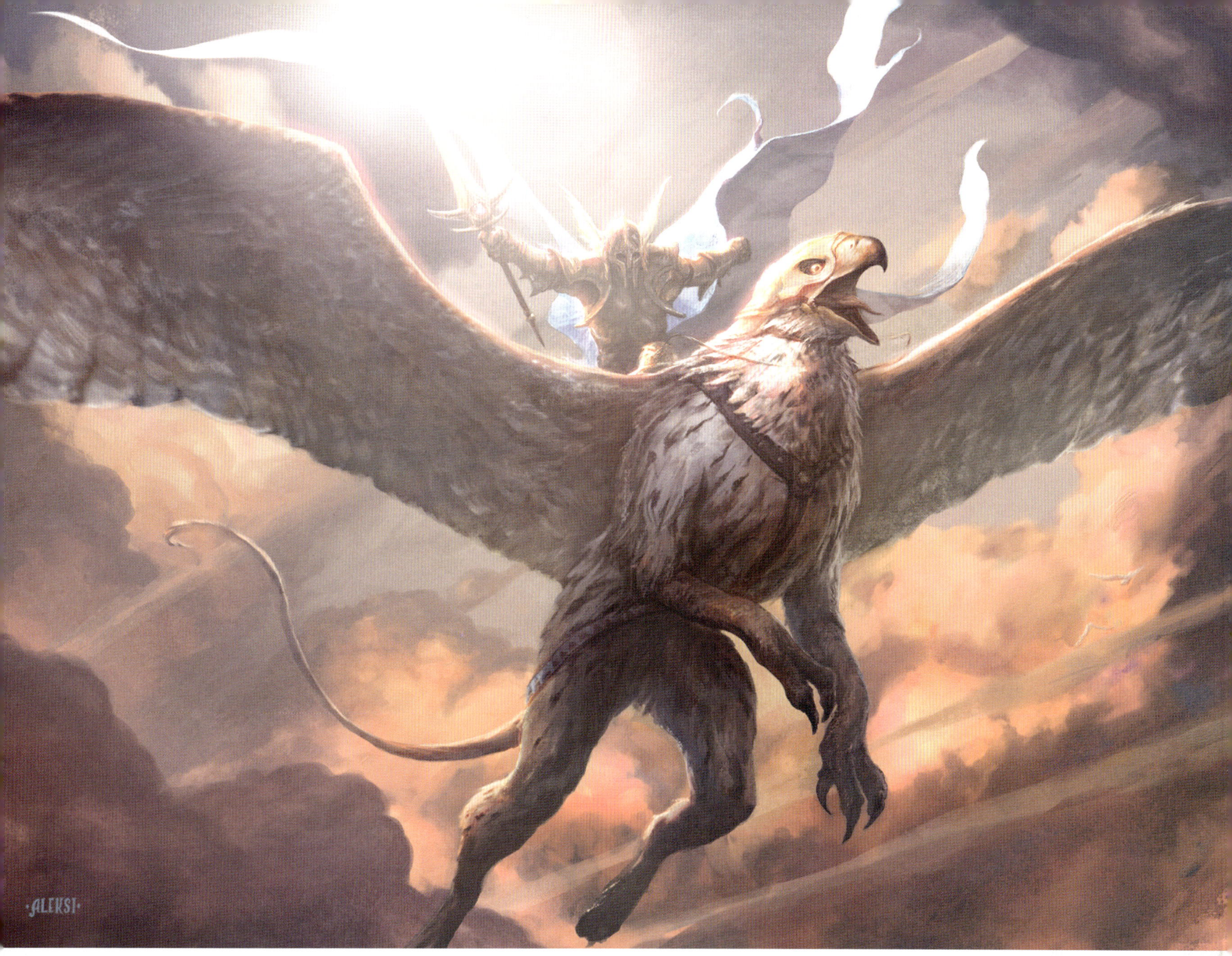

J'ai dû perdre de vue le potentiel problème de nudité (dans le large et international public de Magic, certaines personnes auraient pu être offensées).

Après qu'on m'eut diligemment demandé de cacher cette chair que l'on ne saurait voir, j'ai ajouté des parties armurées adéquates pour évacuer tous soucis. On m'a fait remarquer avec humour que c'était sans doute dû à mon côté « French Touch ». Pourtant non, je ne focalisais que sur le rendu des muscles, je le promets !

In my excitement about the work, I must have forgotten that nudity would potentially be a problem (among the very wide, very international public for Magic, some people could have been offended by it).

When I was (immediately) asked to remedy this terribly indecent exposure, I added bits of armour here and there to avoid all worry. Certain people jokingly attributed this to a certain French Touch quality of mine... Not at all: I was only focused on drawing musculature. I swear!

* Saisie des Pensées : titre de l'illustration
** Thoughtseize: illustration title*

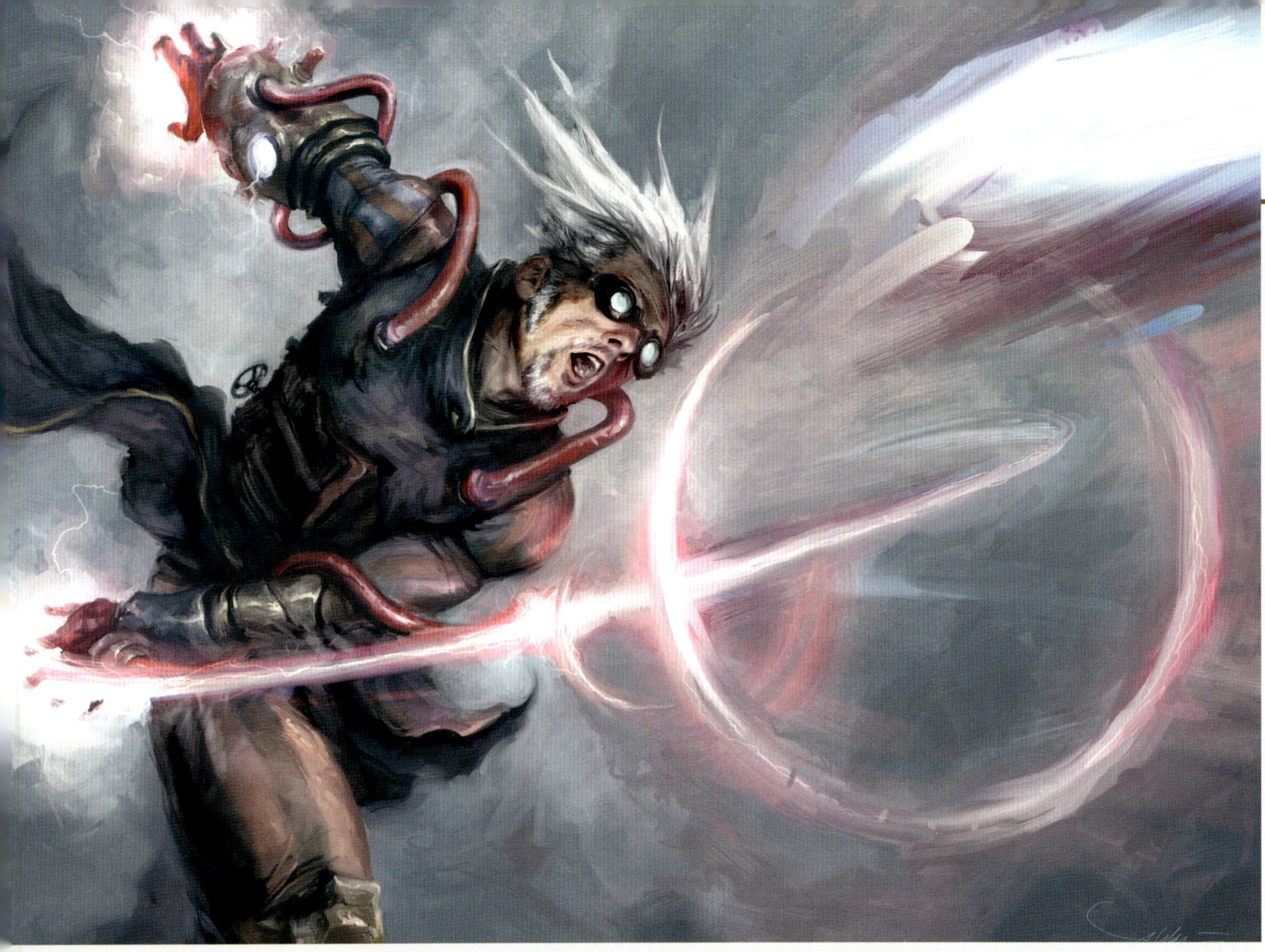

Quicken

Client:
Wizards of the Coast
Art director:
Jeremy Cranford
2006

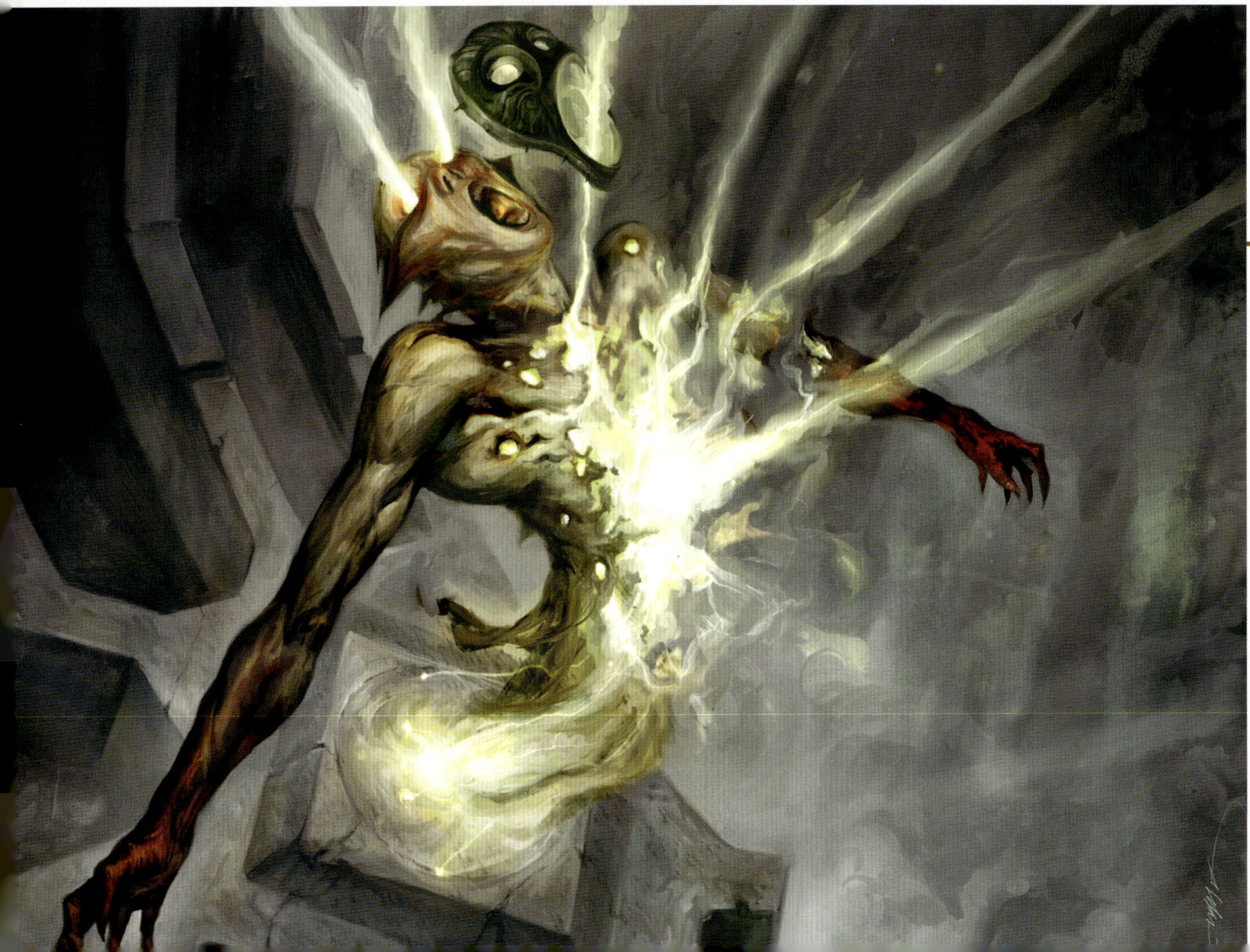

Seize the Soul

Client:
Wizards of the Coast
Art director:
Jeremy Cranford
2006

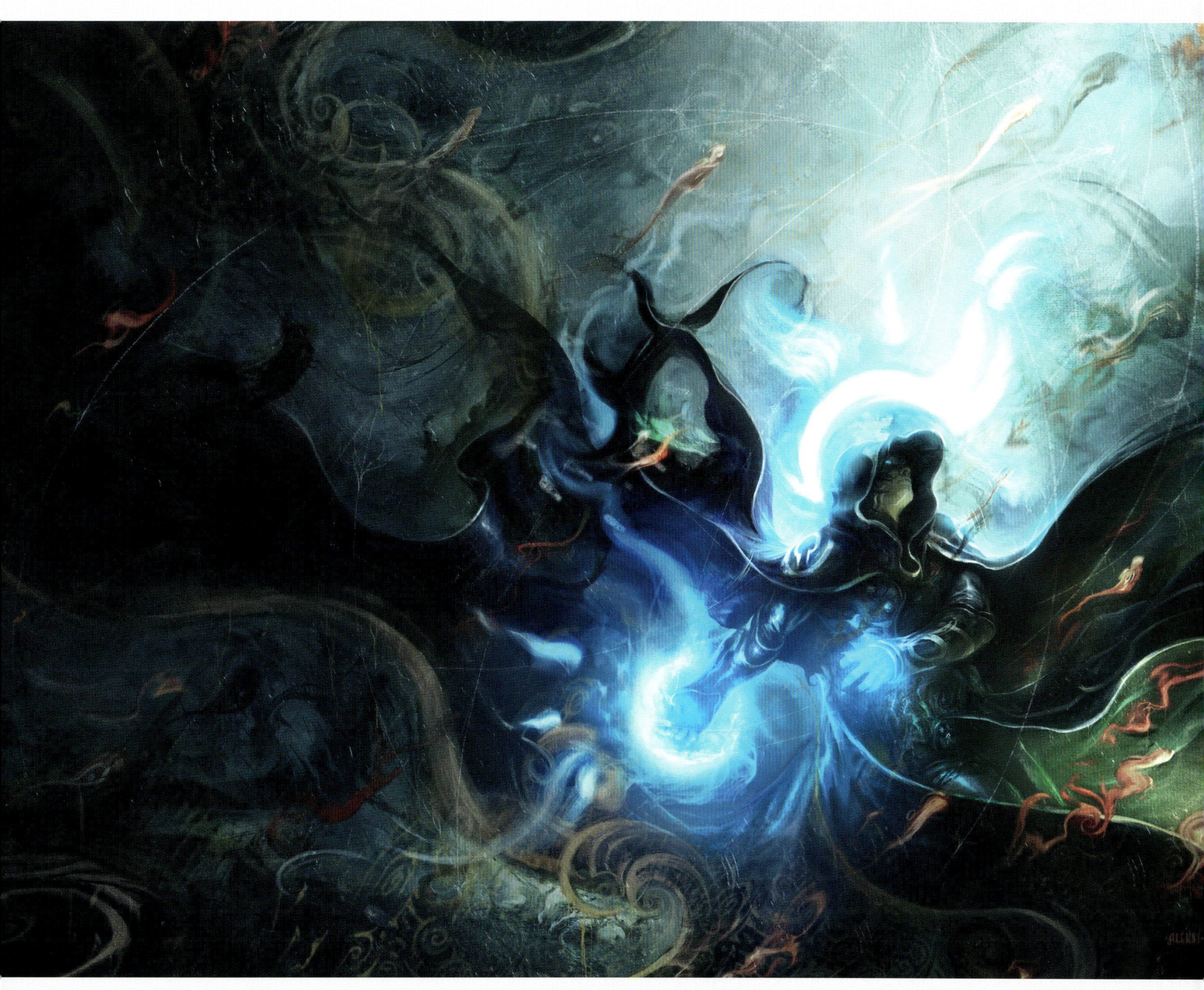

Agents of Artifice

Client:
Wizards of the Coast
Art director:
Matt Adelsperger
2008

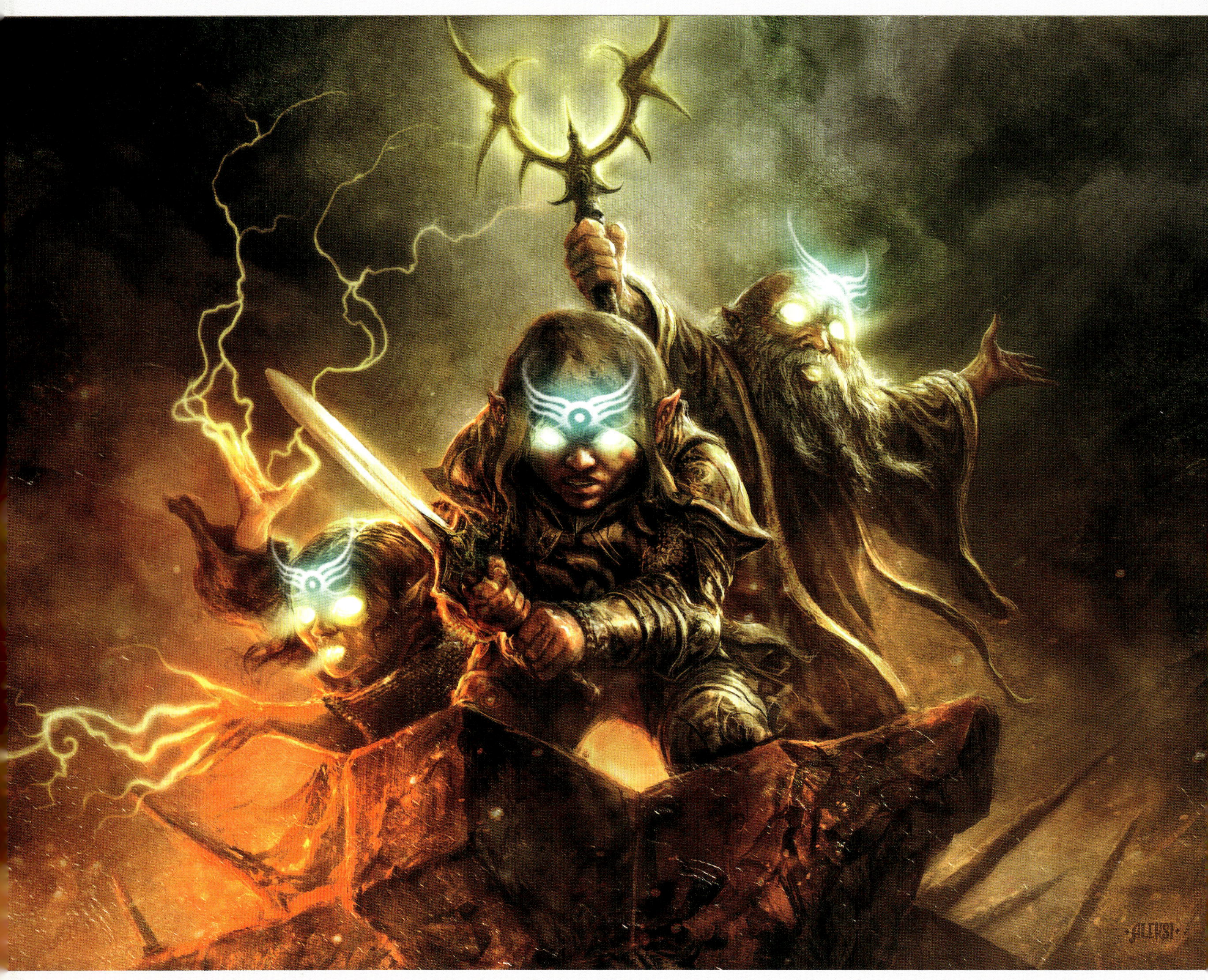

Light from Within

Client:
Wizards of the Coast
Art director:
Jeremy Jarvis
2007

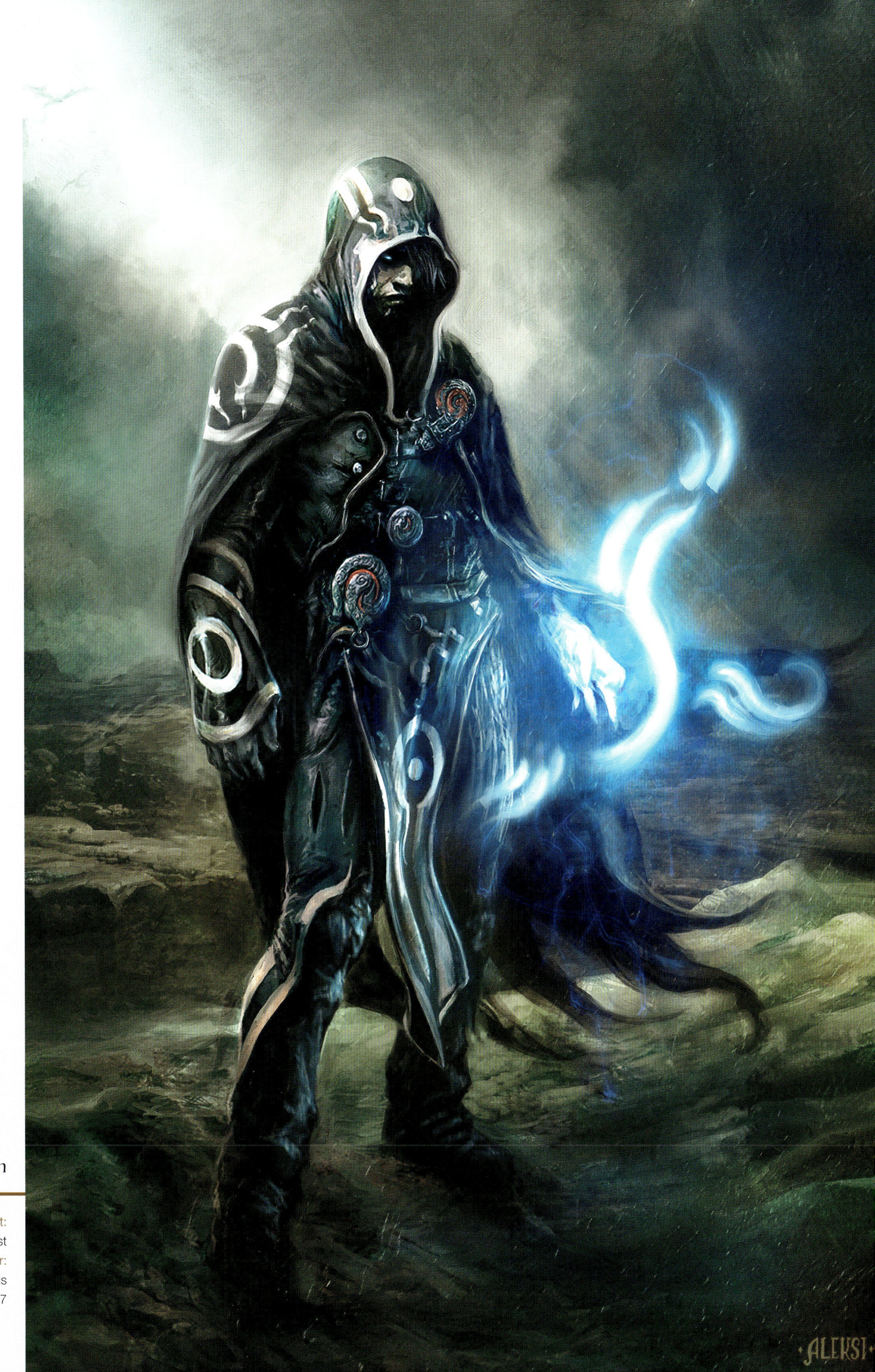

Jace Beleren

Client:
Wizards of the Coast
Art director:
Jeremy Jarvis
2007

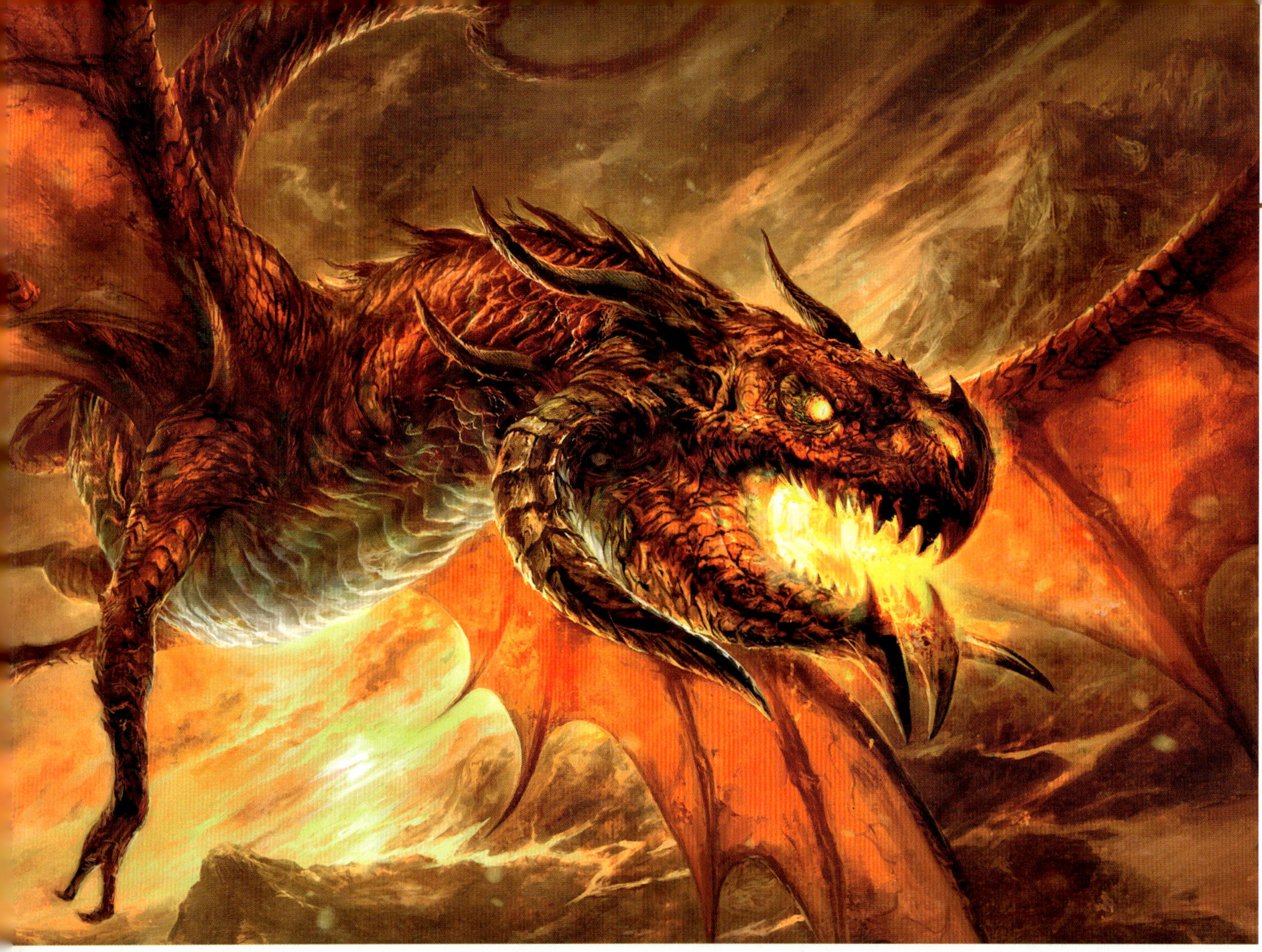

Tarox Bladewing

Client:
Wizards of the Coast
Art director:
Jeremy Jarvis
2006

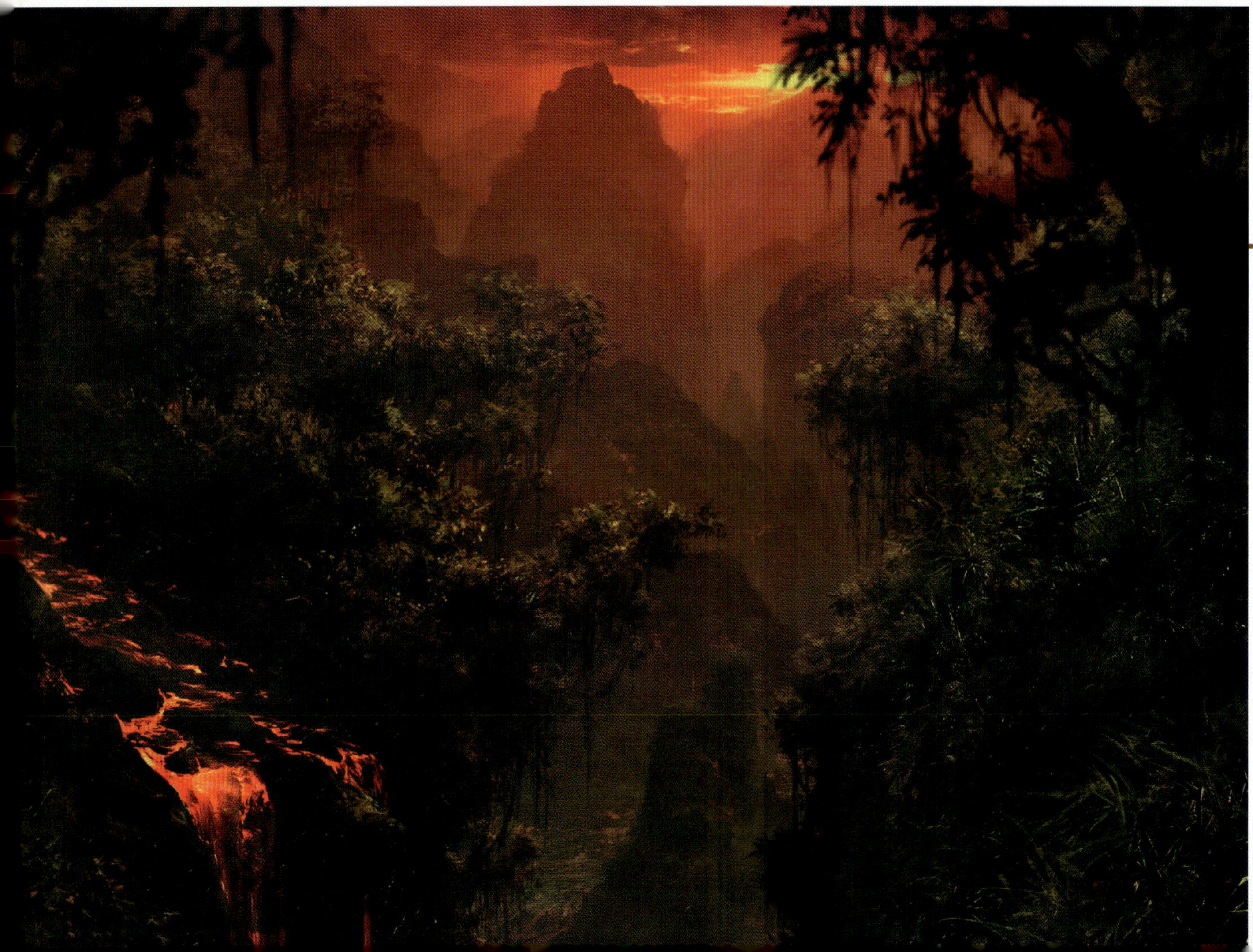

Jund Forest I

Client:
Wizards of the Coast
Art director:
Jeremy Jarvis
2008

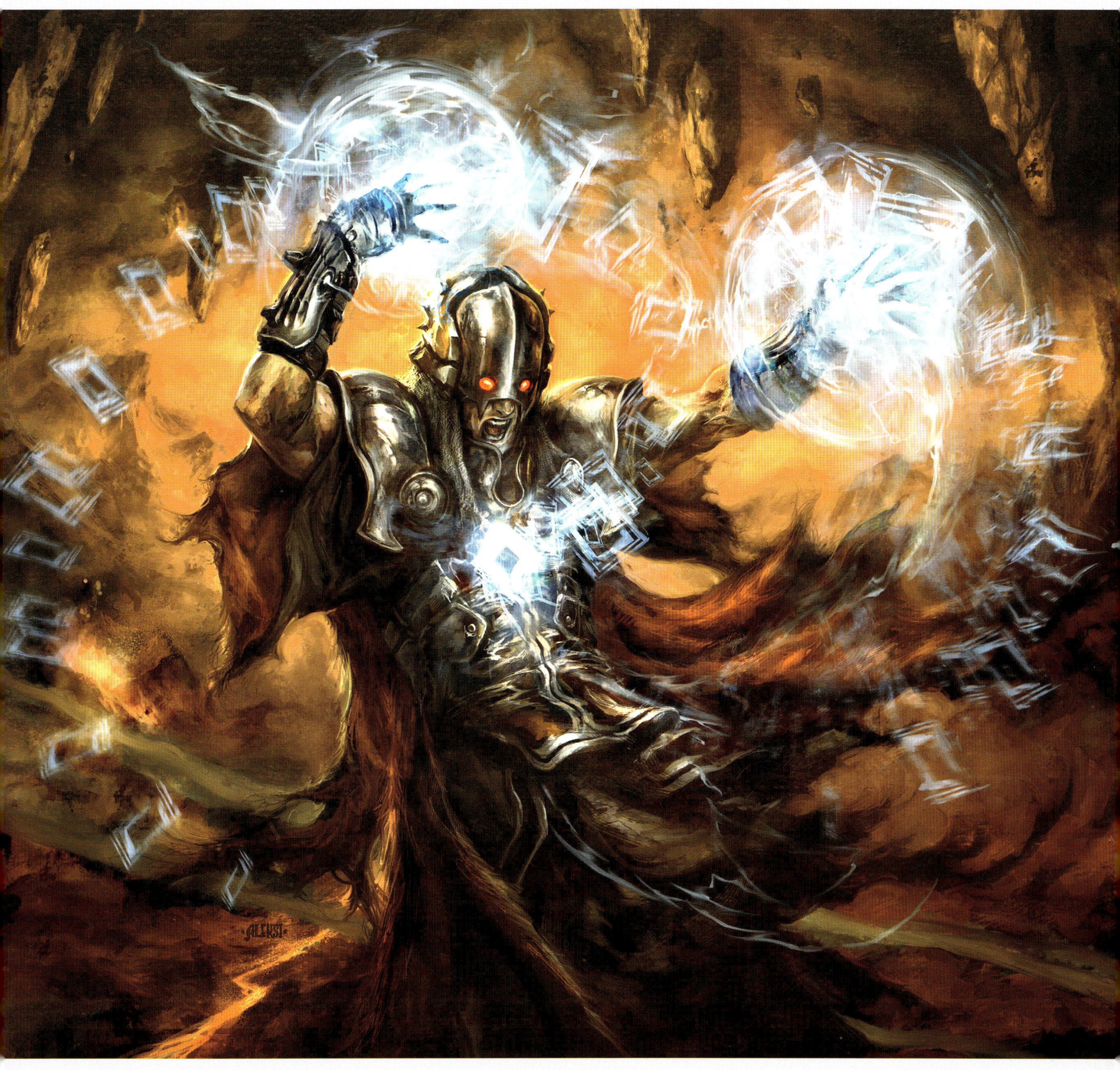

Venser, Shaper Savant

Client:
Wizards of the Coast
Art director:
Jeremy Jarvis
2006

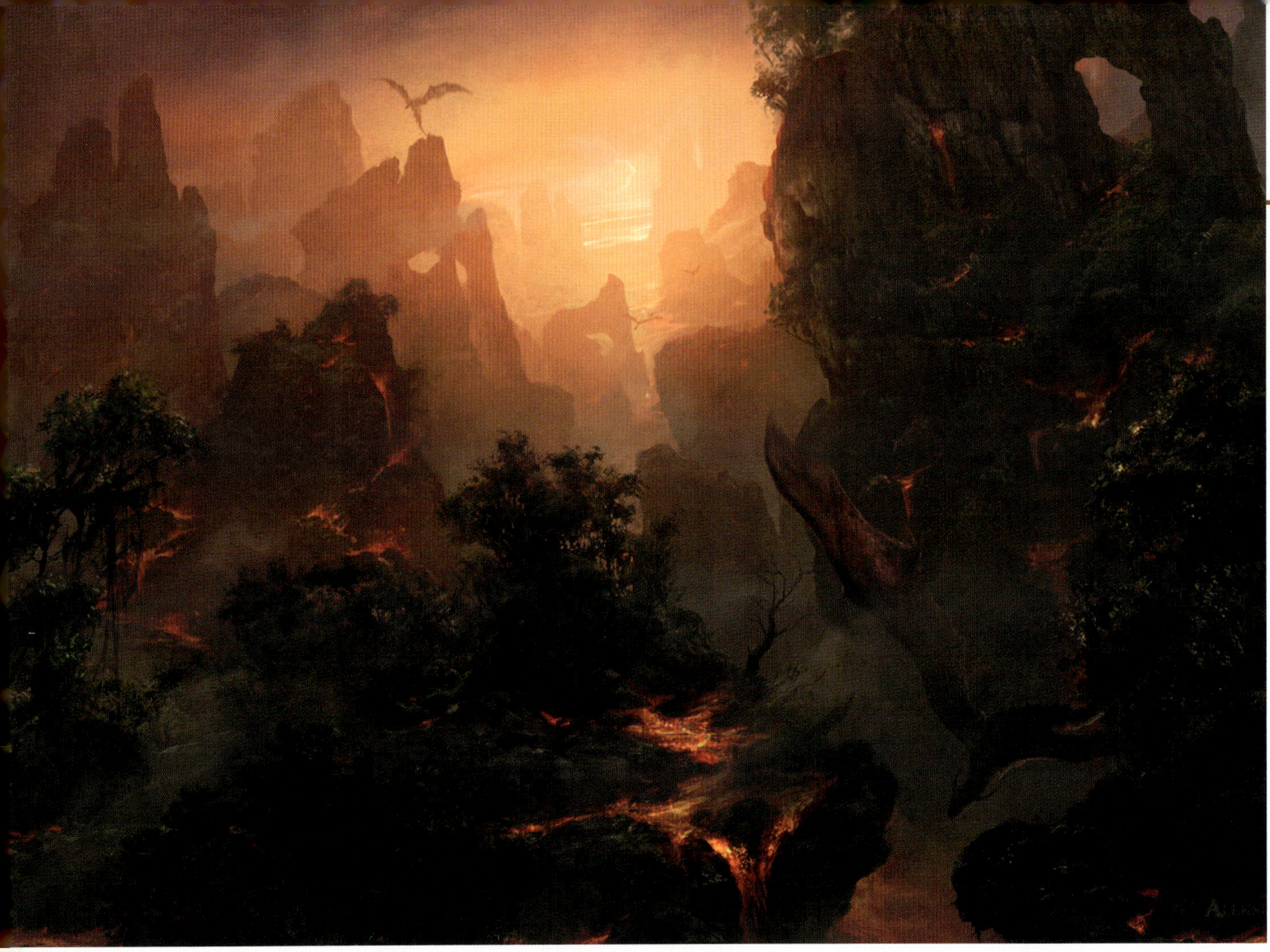

Jund Forest II

Client:
Wizards of the Coast
Art director:
Jeremy Jarvis
2009

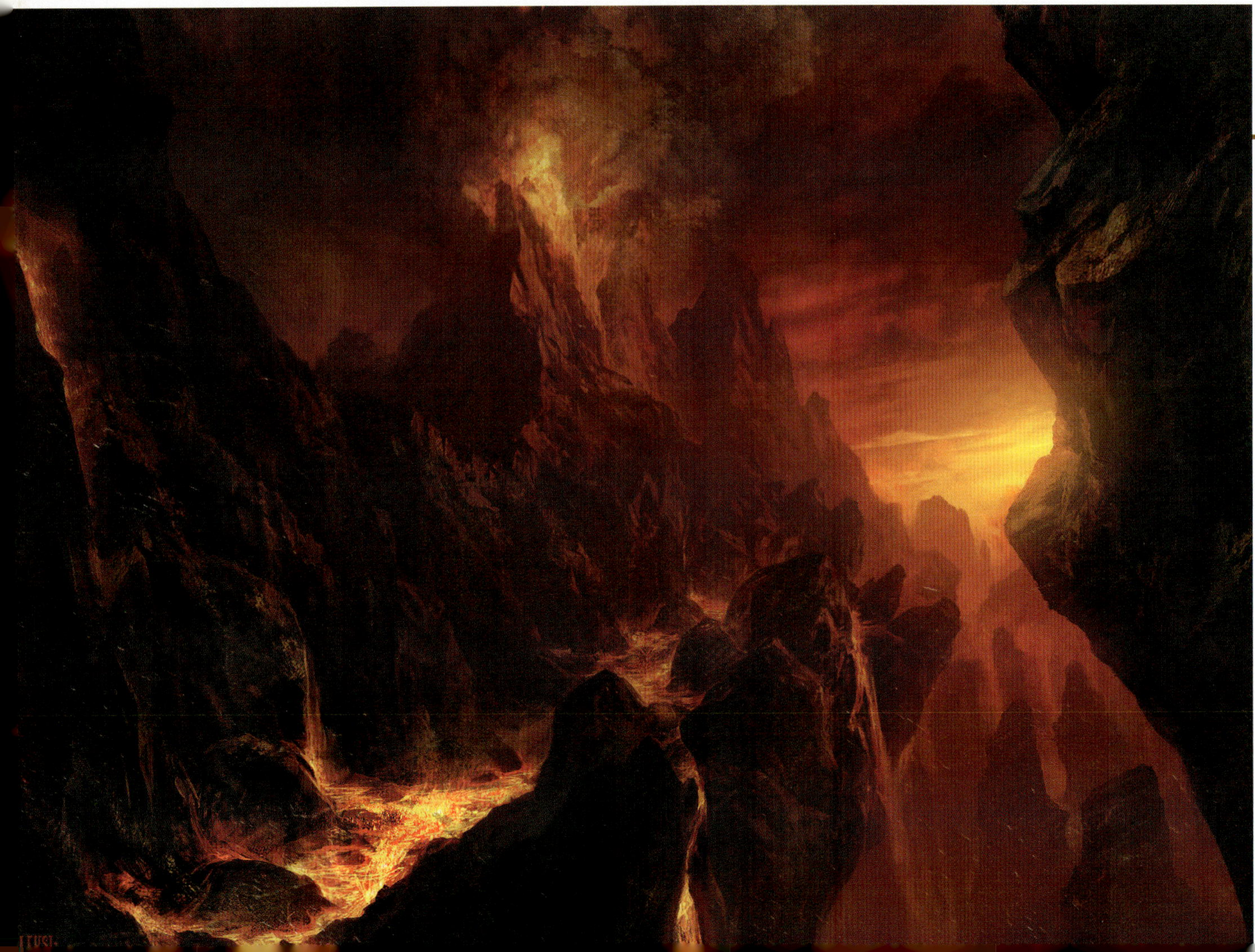

Jund Landscape

Client:
Wizards of the Coast
Art director:
Jeremy Jarvis
2007

Chandra Nalaar

Client:
Wizards of the Coast
Art director:
Jeremy Jarvis
2007

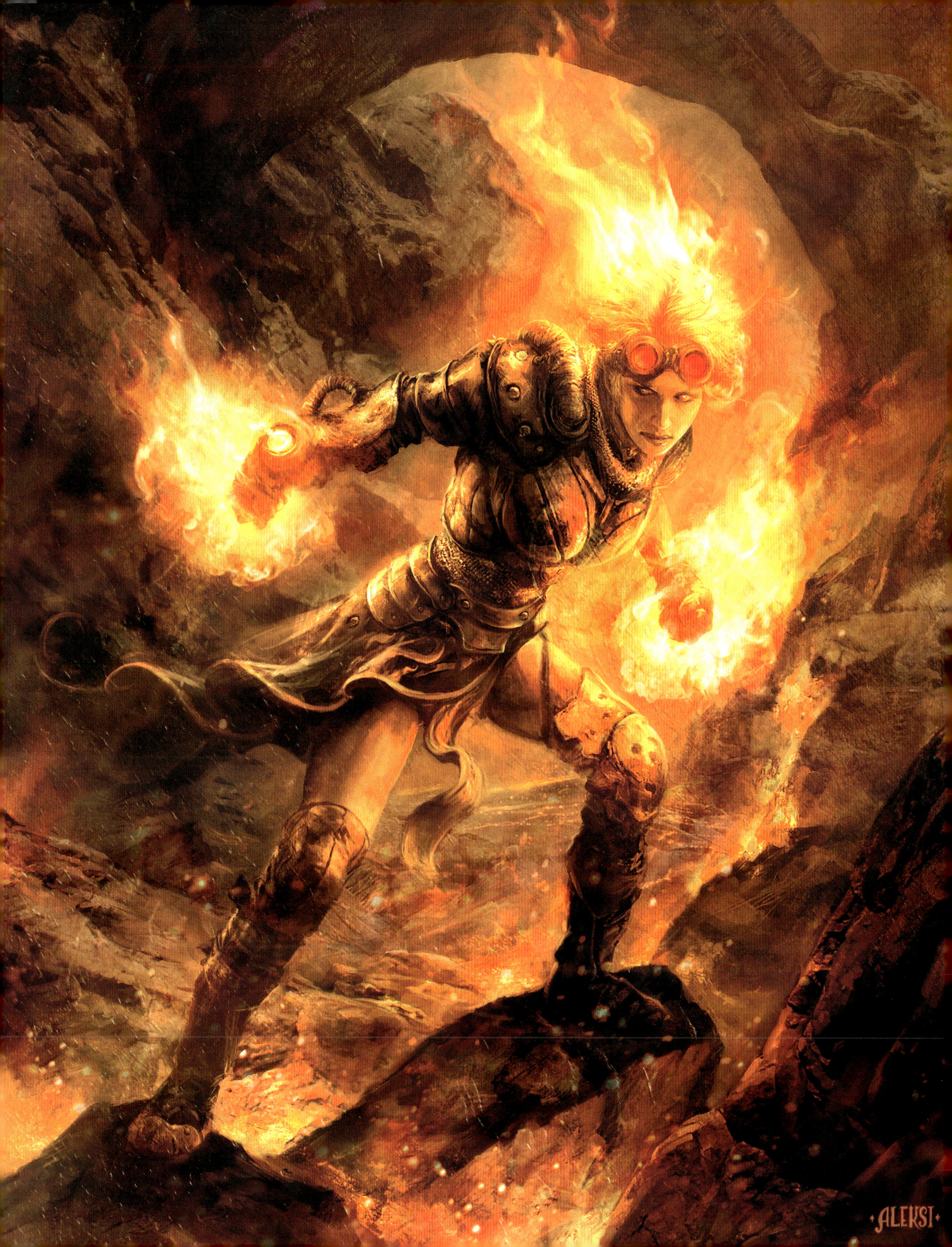
ALEKSI

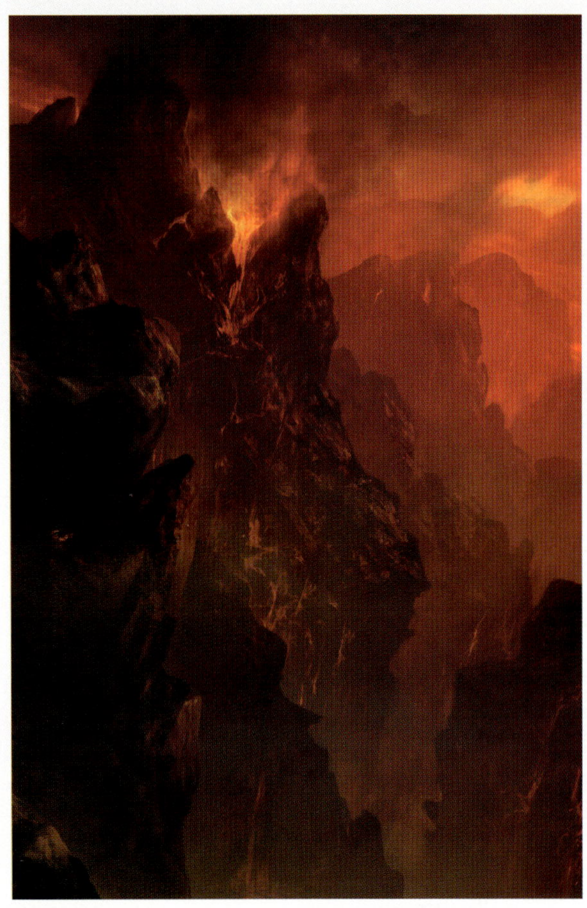

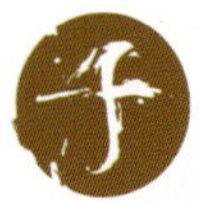

Autour du monde / Around the World

Une partie de mes illustrations, dont celles réalisées pour Magic : The Gathering, m'a amené à voyager de plus en plus, que ce soit pour participer à des événements internationaux ou des tournois sur lesquels je vais signer et présenter mes productions.

Superbe alibi pour faire le tour de la planète et découvrir de nouvelles villes et cultures : New York, Chicago, Shizuoka, San Juan…

Contrastant avec la réalisation relativement solitaire des images, ces voyages sont d'excellentes occasions de rencontrer mon public, mais également de me ressourcer, trouver de l'inspiration, découvrir et grandir (je ne parle plus d'illustration ou de fantasy, là). Généralement, je rentre avec pléthore de notes, observations, réflexions et idées dans mes carnets.

Some of my illustration work and particularly what I do for Magic: The Gathering has led me to travel more and more around the world, for example to take part in international events or tournaments for showcases and signings.

To me, this means gorgeous opportunities to see the whole world and discover new cities and new cultures! New York, Chicago, Shizuoka, San Juan...

In stunning contrast to the relative solitude of my work during the execution, my travels bring with them not only the possibility to meet my audience but also to recharge my batteries, to seek inspiration, to grow (and I'm not talking about illustration work or fantasy this time). I generally come back home with a plethora of notes and observations, with new insights and new ideas all over my notebooks.

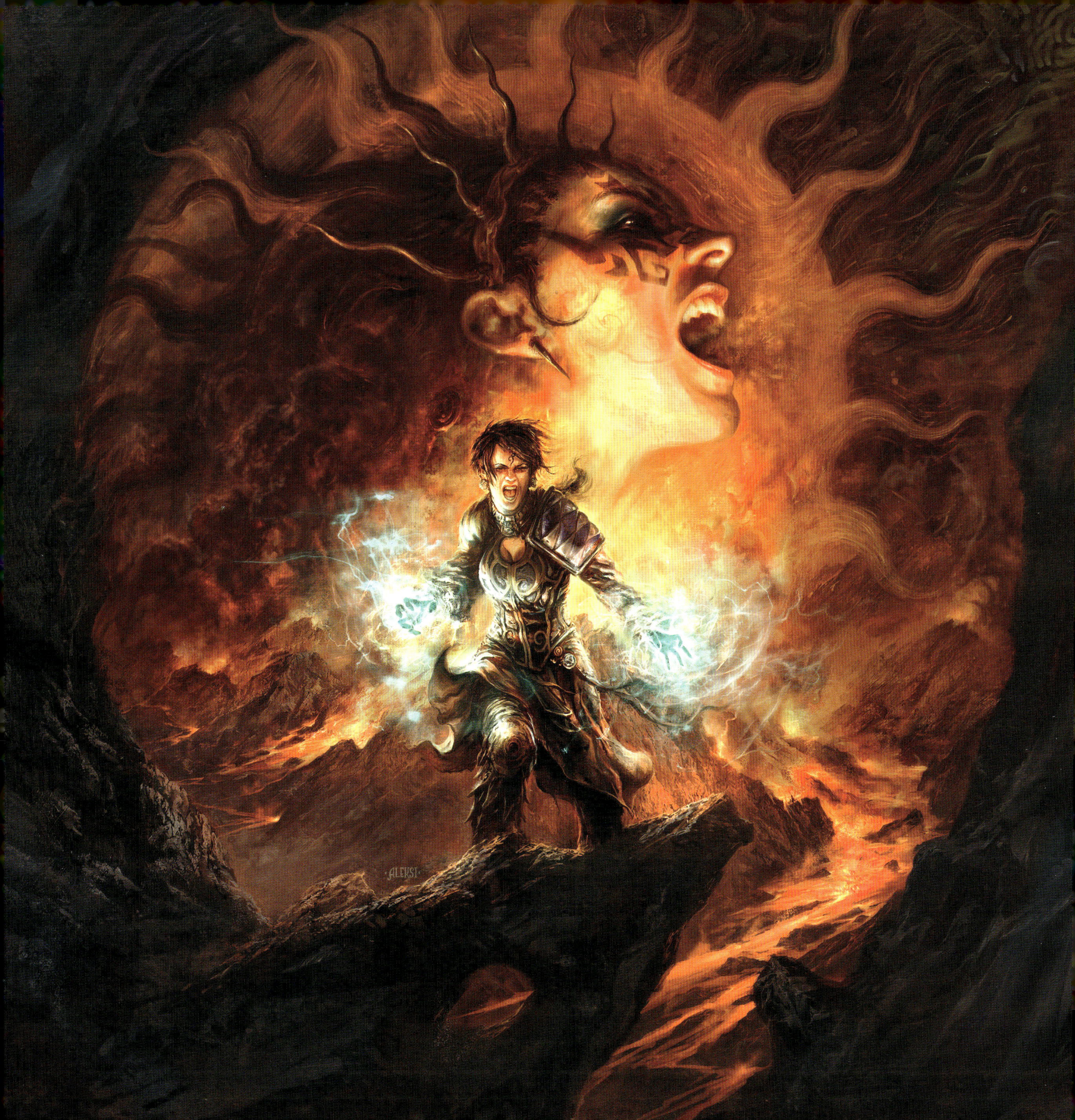

Future Sight

Client:
Wizards of the Coast
Art director:
Matt Adelsperger
2007

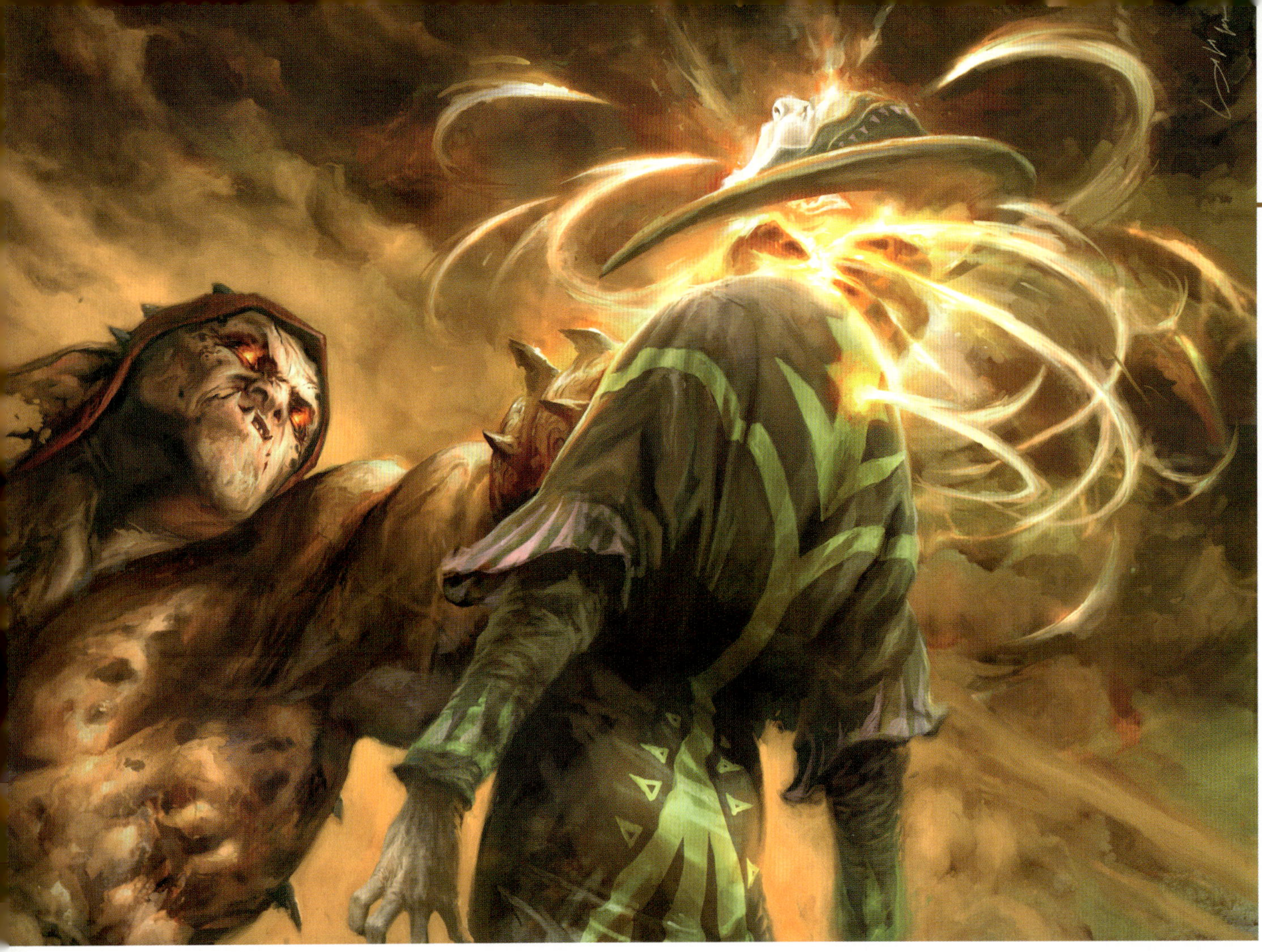

Pain Magnification

Client:
Wizards of the Coast
Art director:
Jeremy Cranford
2005

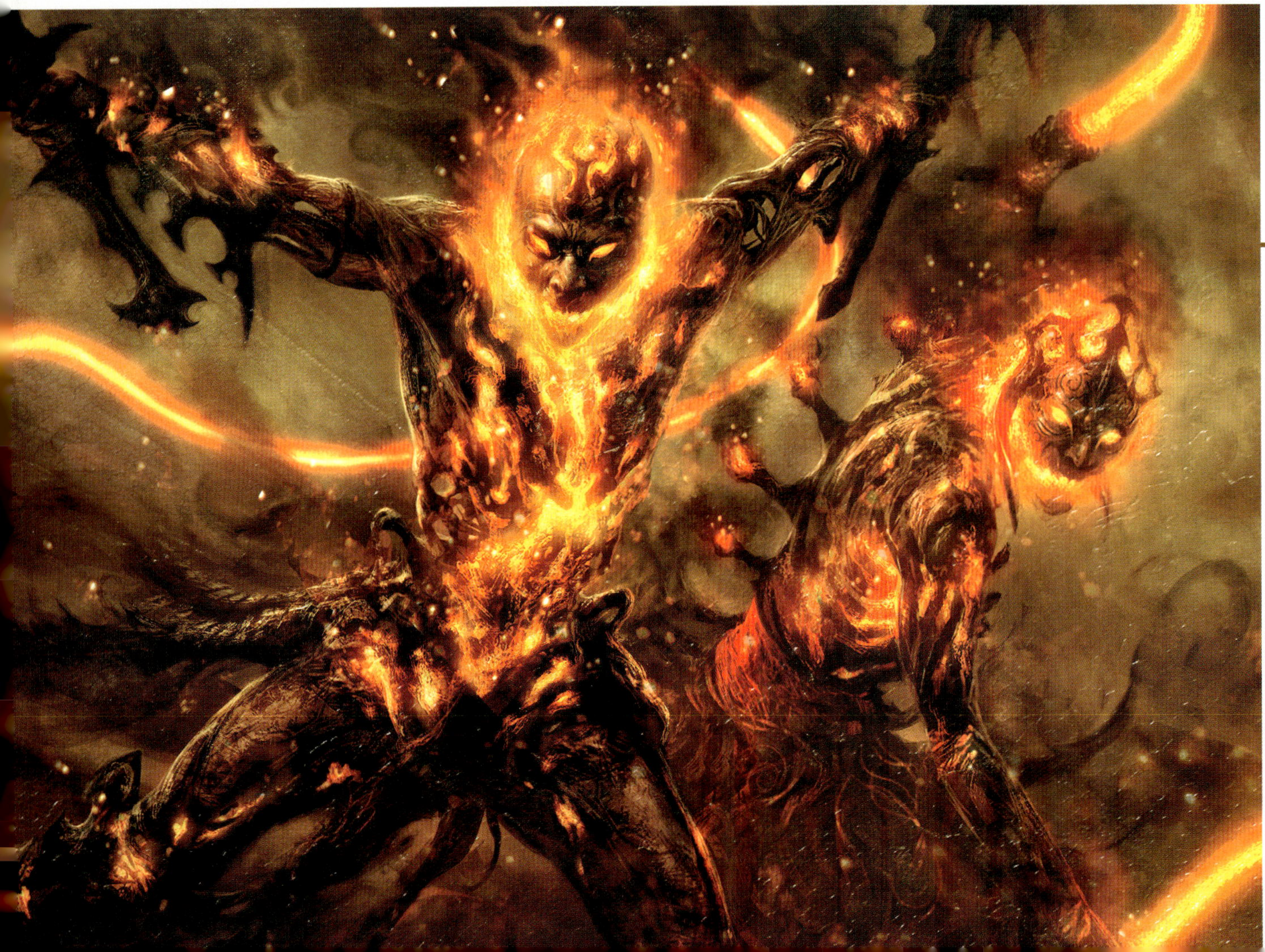

Emberstrike Duo

Client:
Wizards of the Coast
Art director:
Jeremy Jarvis
2007

Oni Possession

Client:
Wizards of the Coast
Art director:
Jeremy Cranford
2004

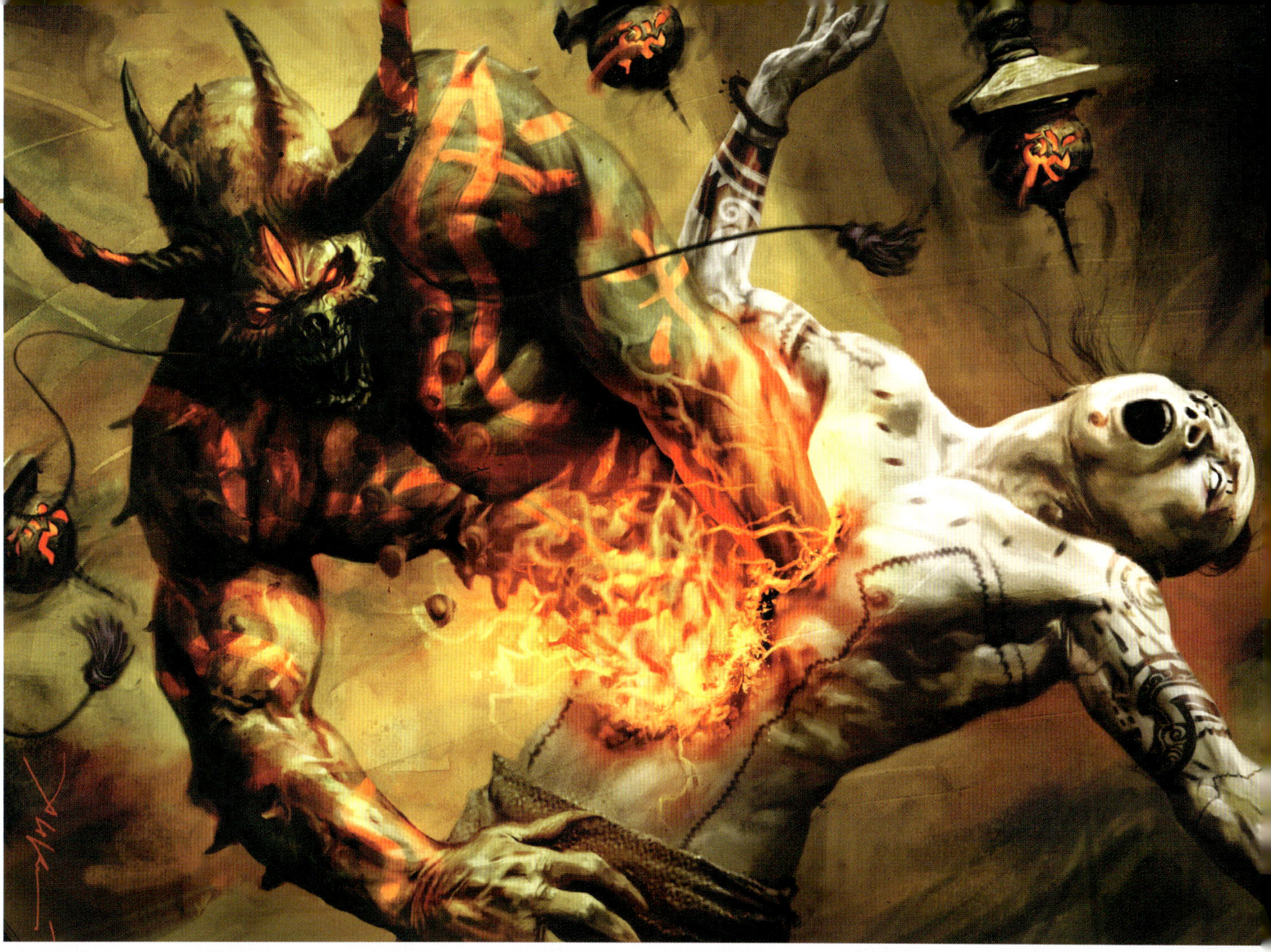

Firebreathing

Client:
Wizards of the Coast
Art director:
Jeremy Cranford
2006

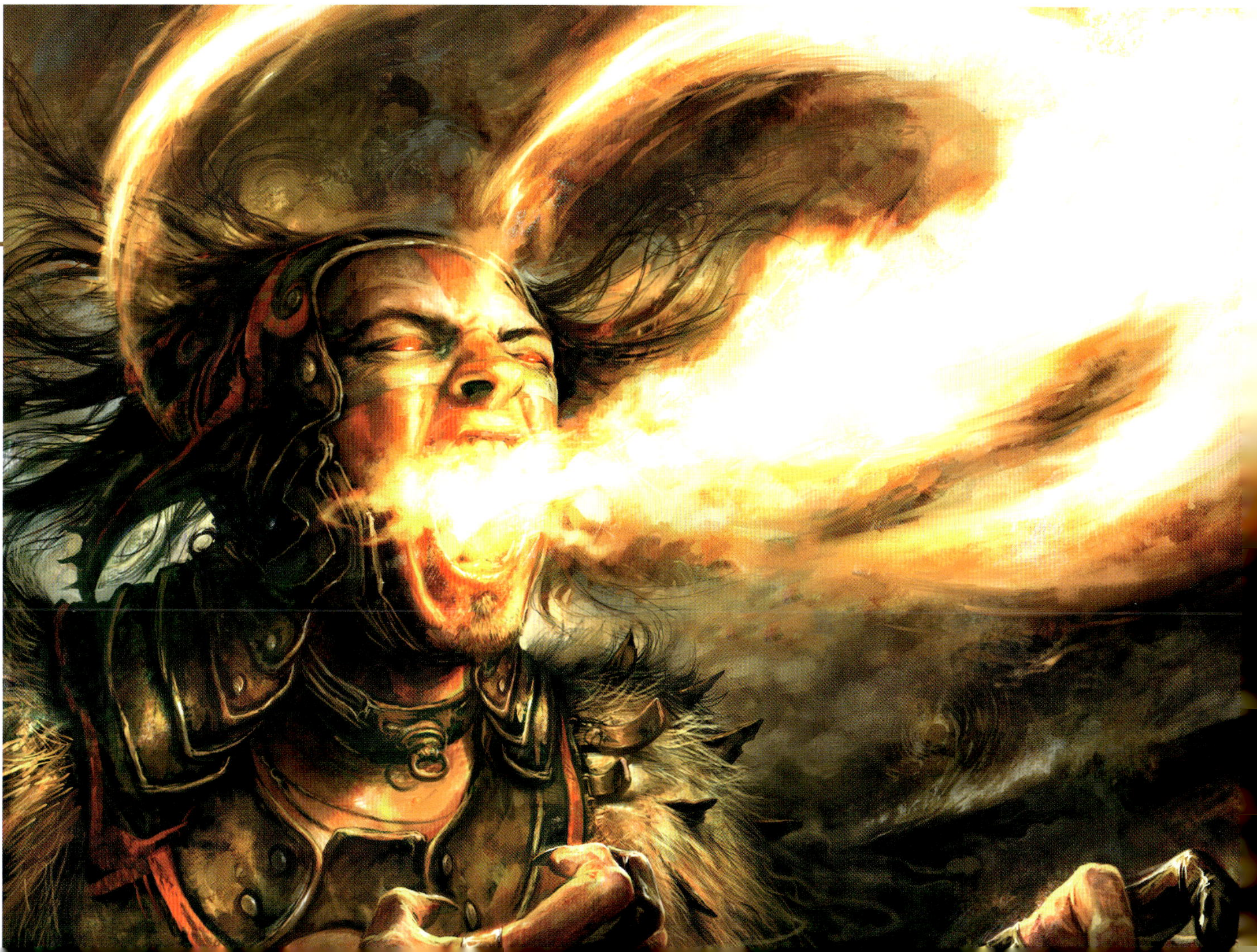

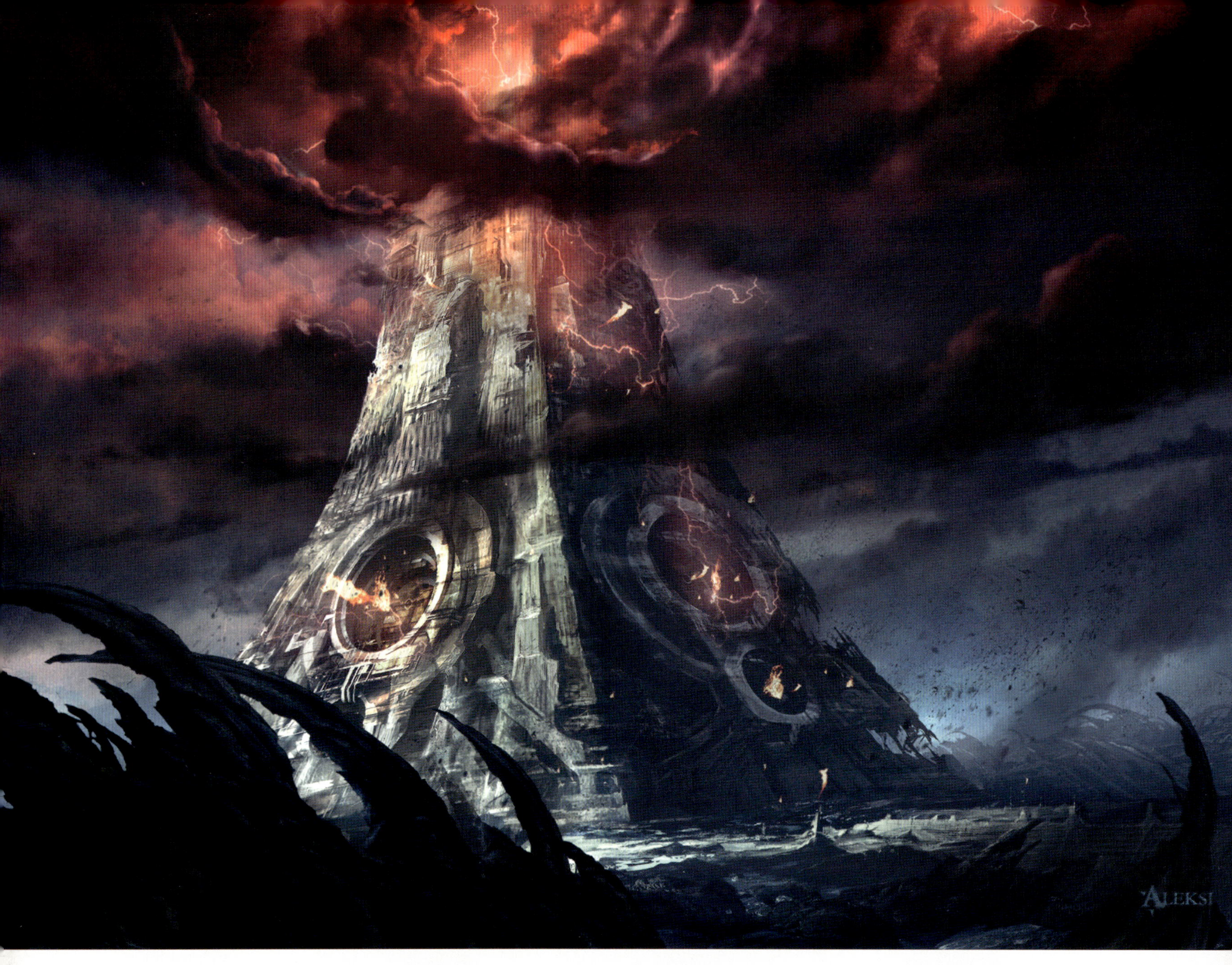

> Aleksi est un artiste formidable et son travail est toujours très "cool". Que ce soit une scène de combat qui déborde d'action ou un personnage stoïque, il émane de tous ses personnages une certaine énergie qui donne, même s'ils sont à l'arrêt, une impression de mouvement. Toutes ses œuvres semblent prêtes à prendre vie et à bondir.
>
> *Aleksi is an awesome artist and always has a great "cool" factor in his work. No matter if it's an action-packed fight scene or a stoic character pose, his characters have a unique energy about them that give them a sense of movement, even when they are standing still. It is this quality in Aleksi's work that makes you believe that his paintings are just waiting to jump into action.*

Jason Chan
Illustrateur / Illustrator

Liliana Vess

Client:
Wizards of the Coast
Art director:
Jeremy Jarvis
2007

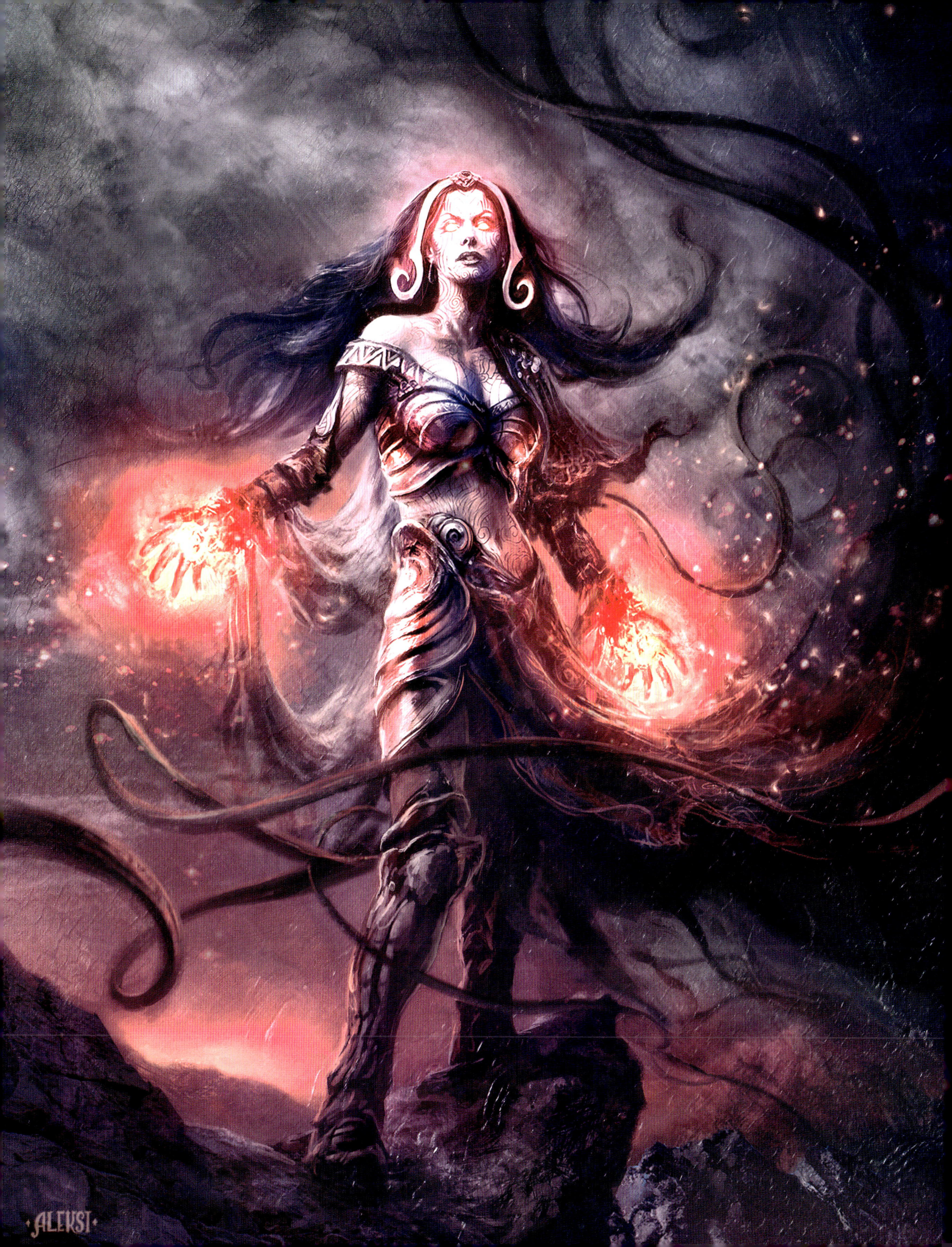
ALEKSI

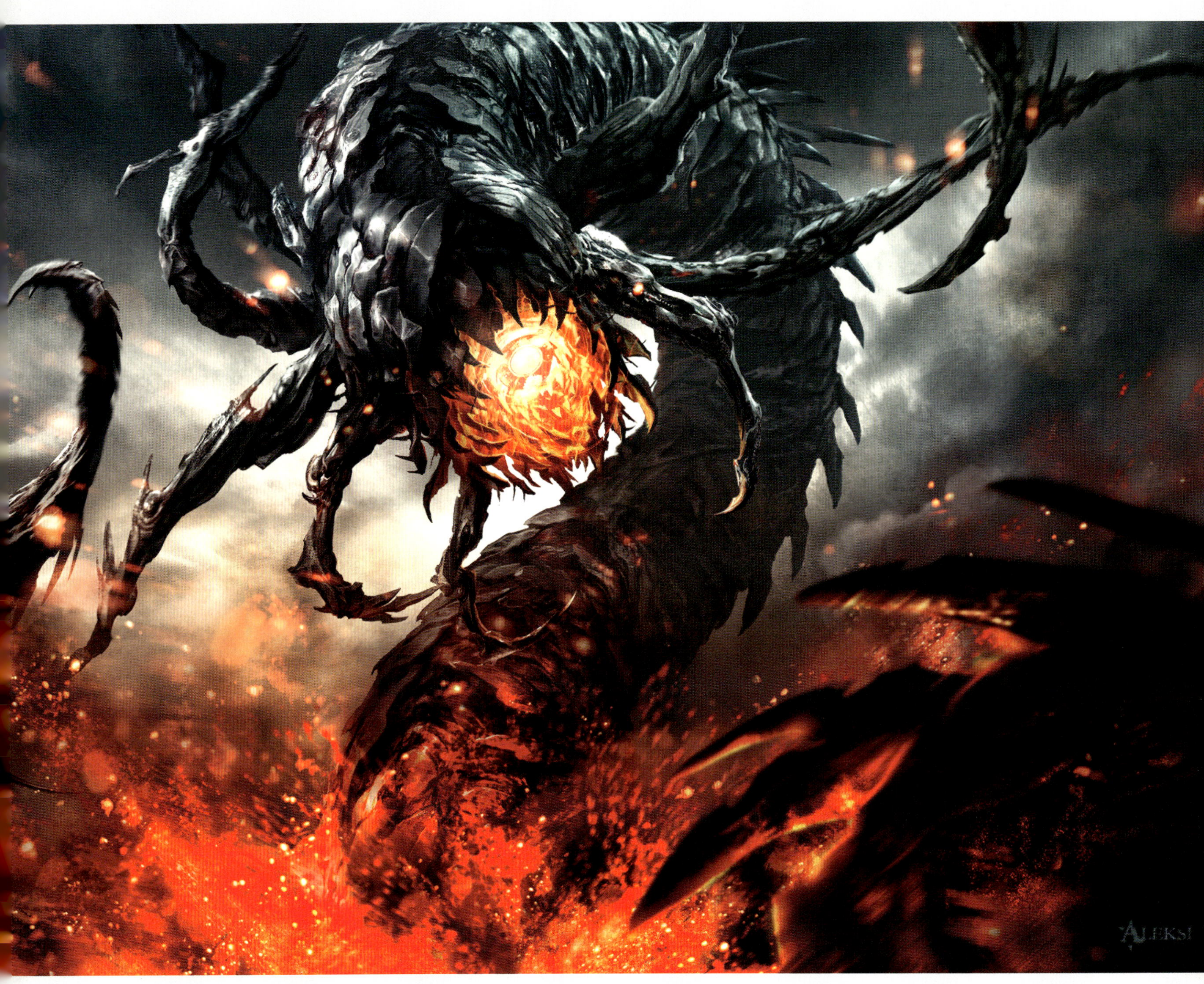

Flameborn Hellion

Client:
Wizards of the Coast
Art director:
Jeremy Jarvis
2010

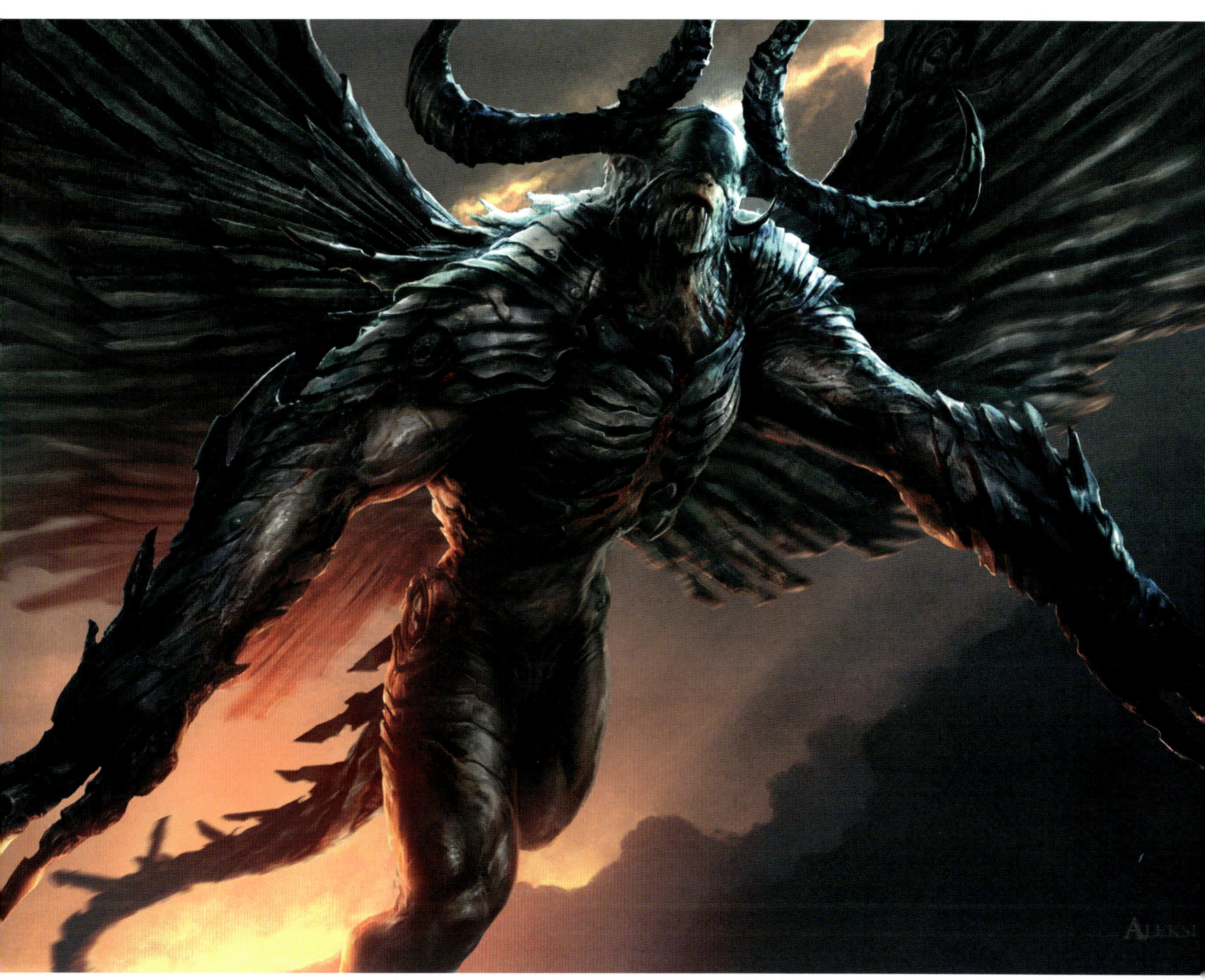

Carnifex Demon

Client:
Wizards of the Coast
Art director:
Jeremy Jarvis
2010

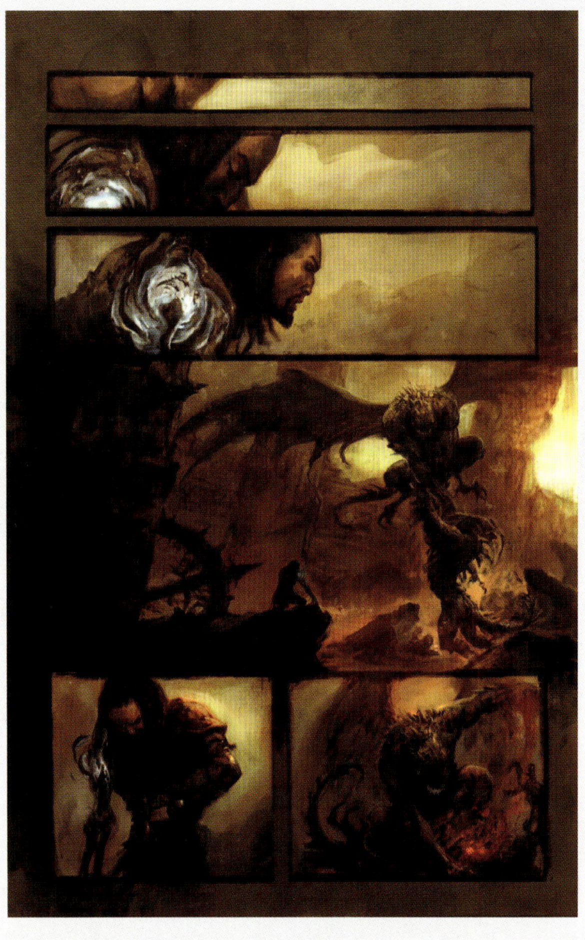

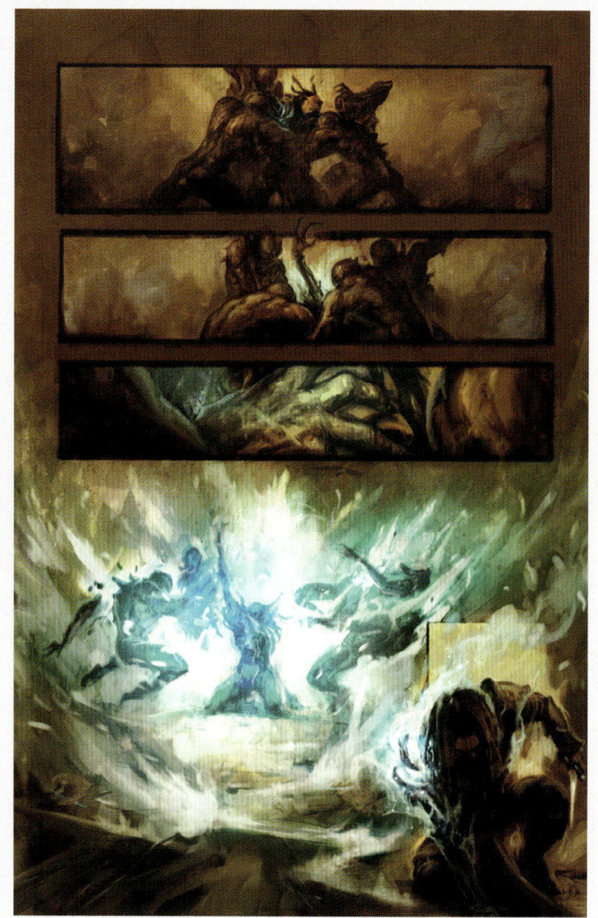

“Lorsque Magic : The Gathering a inventé les Planeswalkers – des personnages qui peuvent se déplacer d'un monde à l'autre parmi nos univers – on savait qu'il nous fallait un illustrateur qui réussirait à les rendre à la fois compréhensibles, pertinents, et tout bêtement : cool.

Aleksi était le premier sur la liste. Ses character designs et ses tableaux des cinq premiers Planeswalkers font très clairement partie des images les plus représentatives et les plus mémorables de Magic.

When Magic: The Gathering introduced Planeswalkers – characters who can move between our many fantasy worlds – we knew we needed an illustrator who could find a way to make them resonant, relatable, and just flat-out cool all at the same time.

Aleksi was our first choice. His character designs and paintings of our first five Planeswalkers are easily among the most iconic and enduring images in Magic.”

Brady Dommermuth
Creative designer senior /
Designer créatif sénior
Magic: The Gathering

Tezzeret

Client:
Wizards of the Coast
Art director:
Jeremy Jarvis
2009

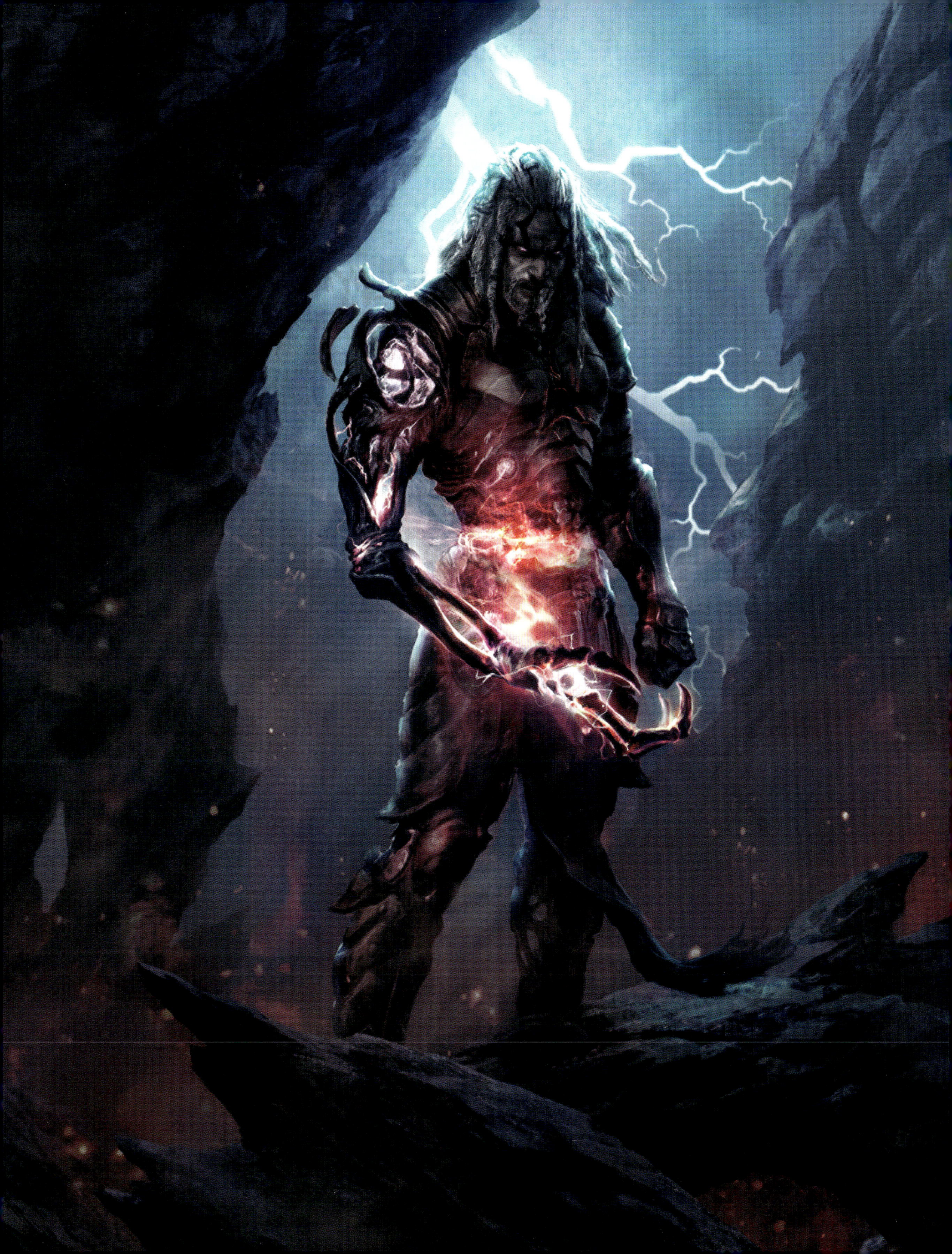

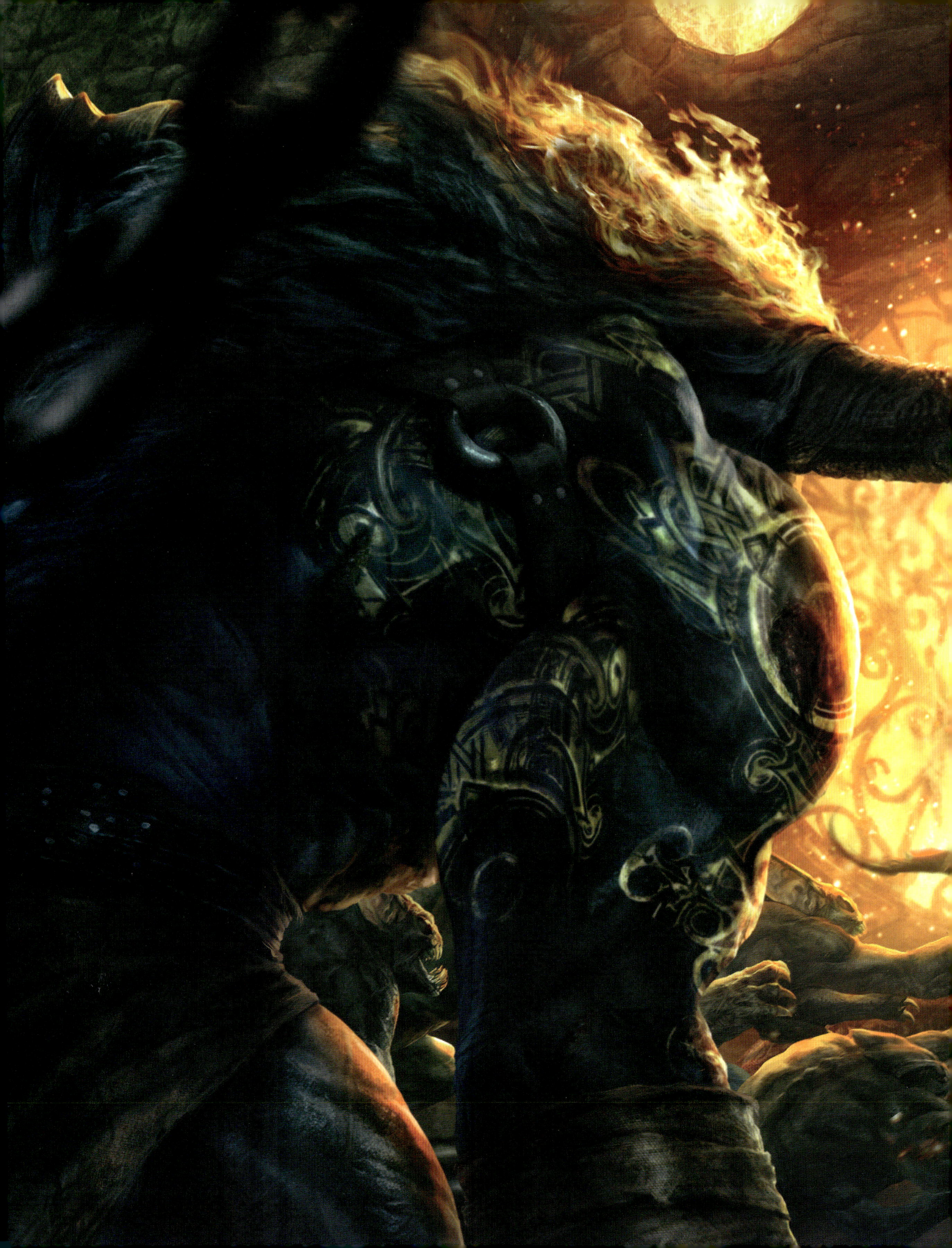

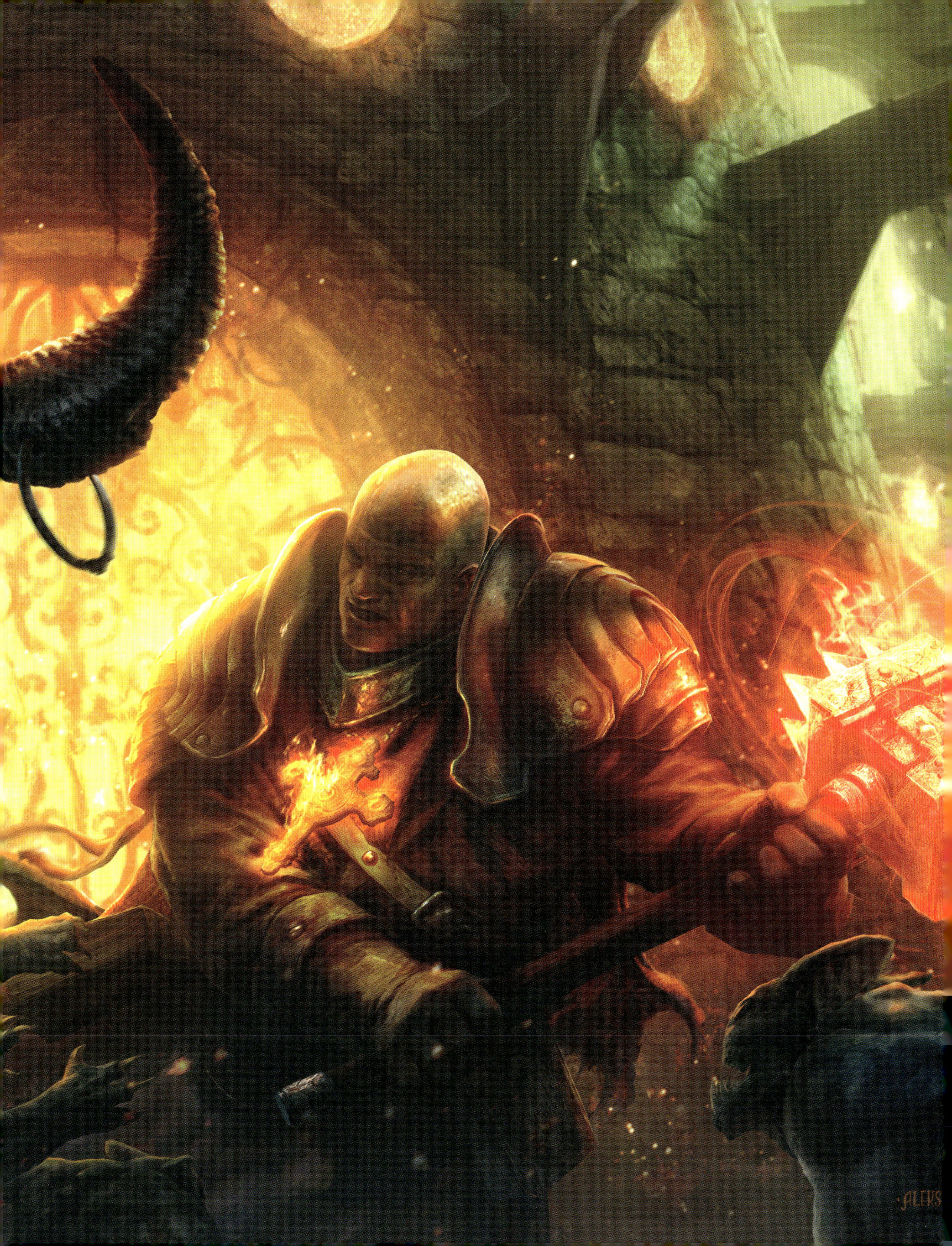
ALEKS

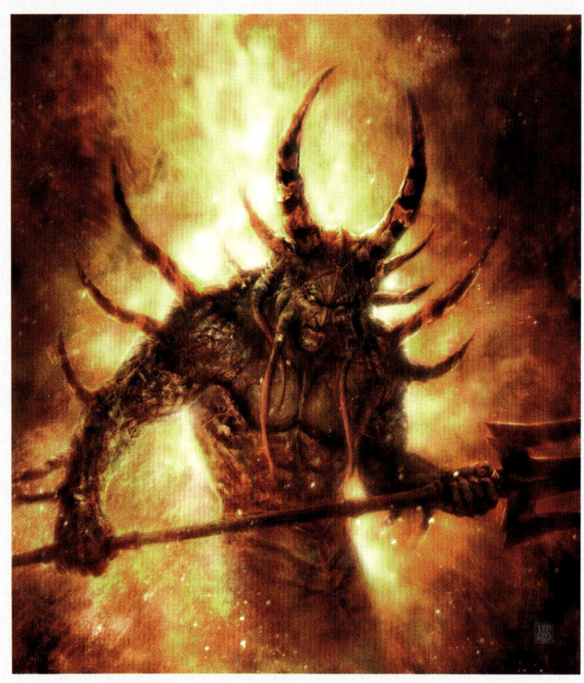

“ J'ai la parole plutôt économe, Aleksi, mais après avoir vu ton travail, j'avoue que pour le décrire les mots qui me viennent sont beauté, puissance et passion. Et je ne dis pas ça souvent de beaucoup d'artistes.

Aleksi, I looked at your work. For the most part I am a man of few words. And so I must say beautiful, powerful and passionate is how I would describe it. And I don't say that very often or to too many artists. ”

Greg Hildebrandt
Illustrateur / Illustrator

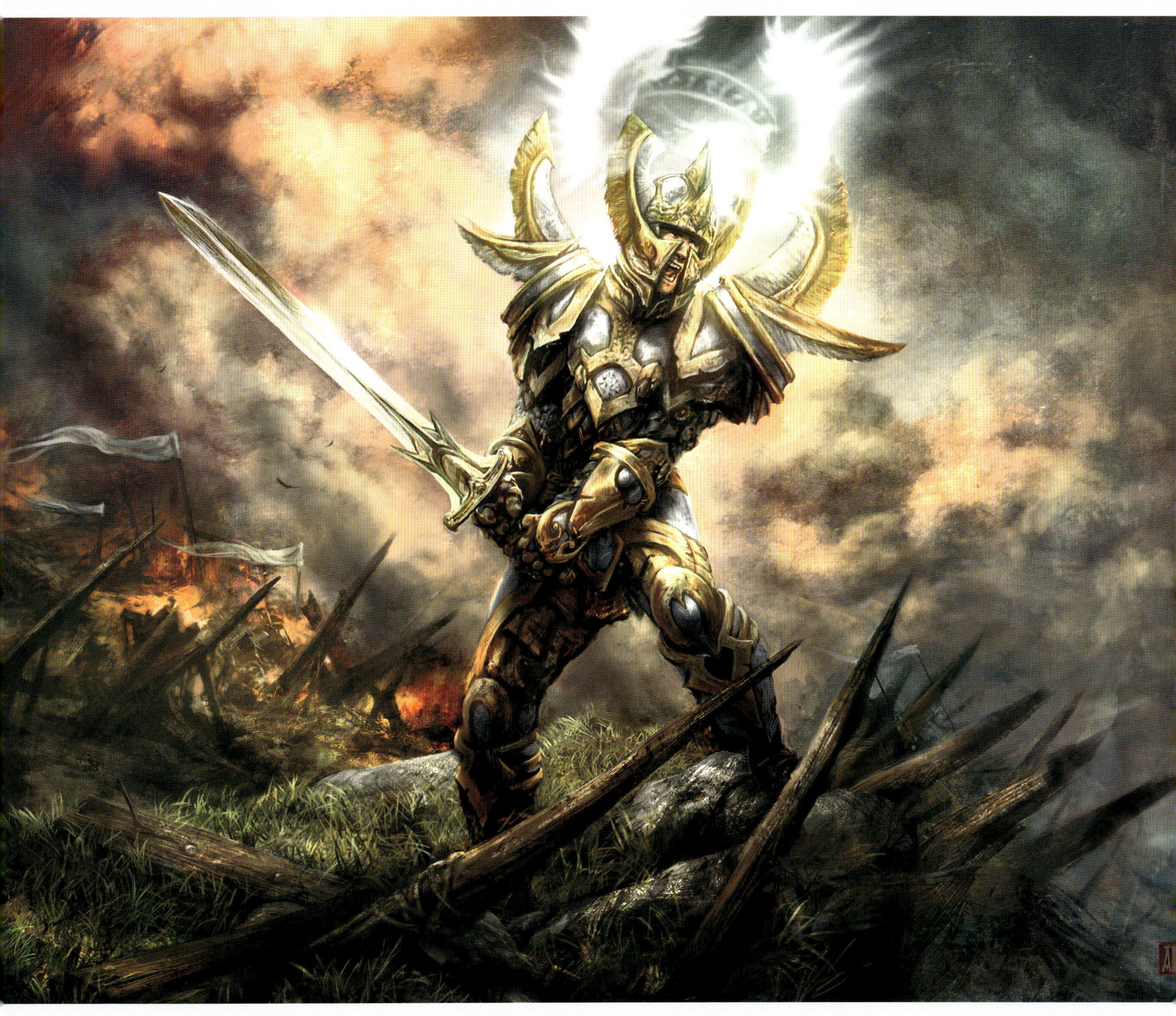

Seal of Vengeance

Client:
Blizzard Entertainment
Art director:
Jeremy Cranford
2007

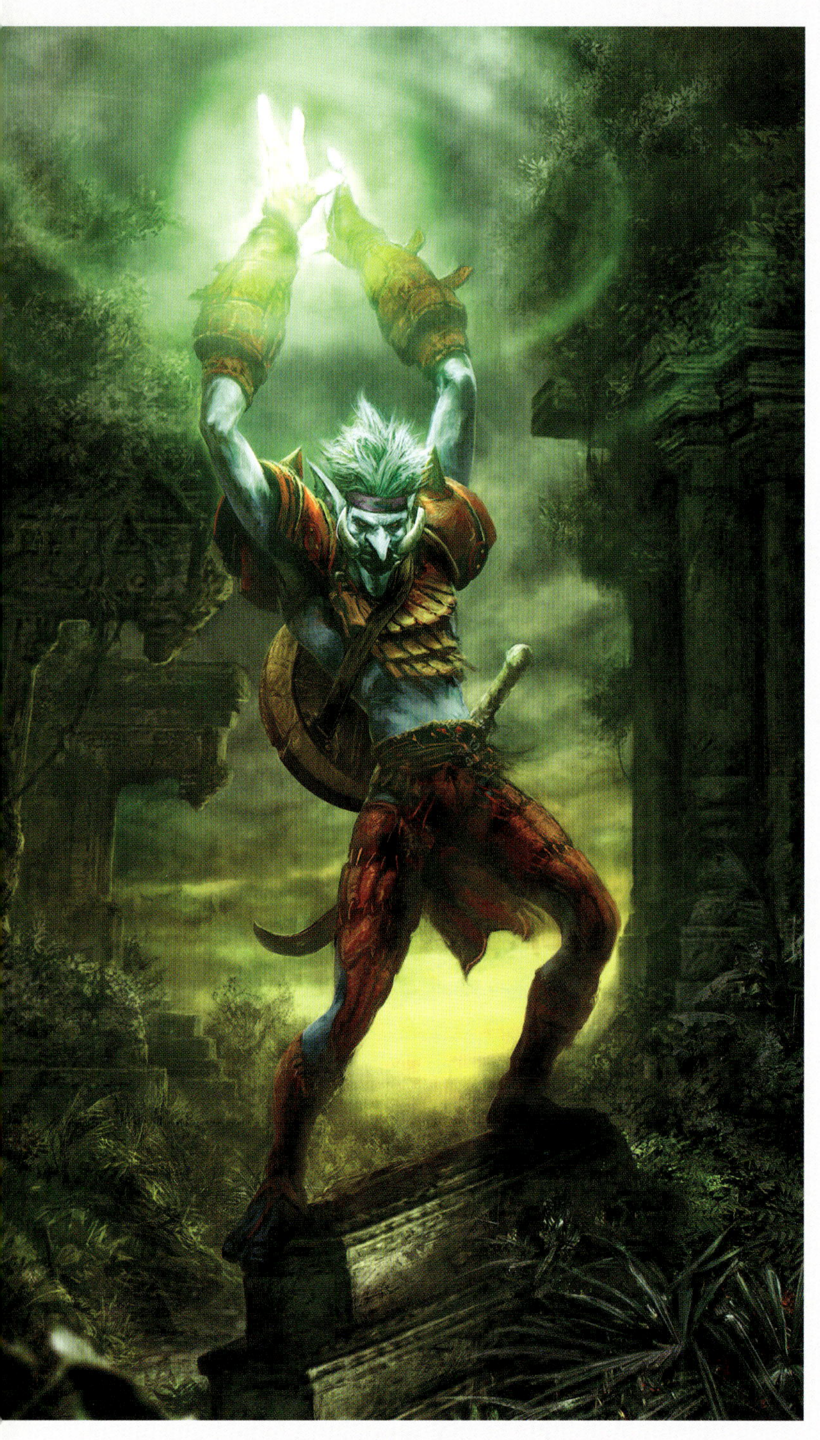

Troll Shaman Rest

Client:
Blizzard Entertainment
Art director:
Jeremy Cranford
2007

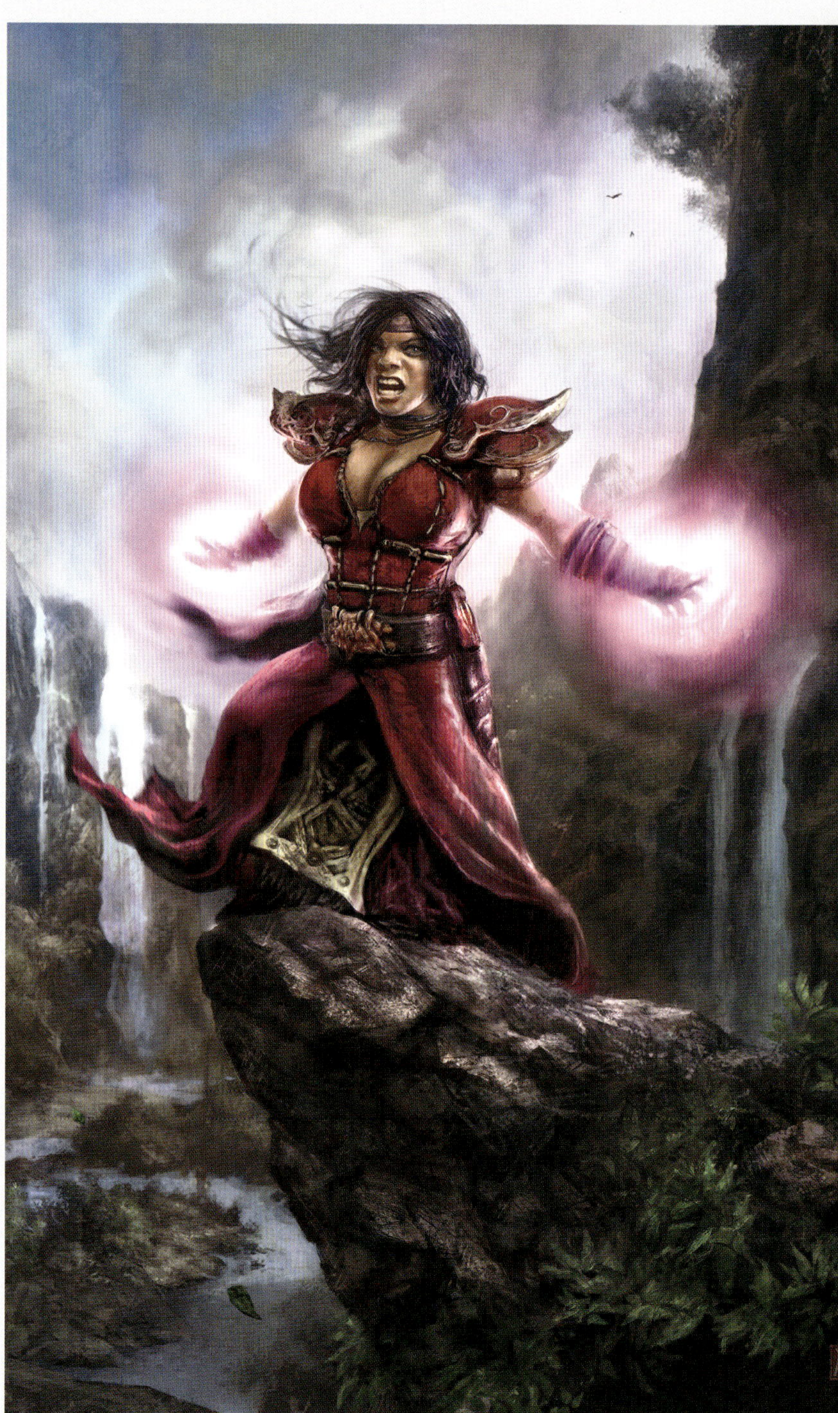

Dwarf Priest

Client:
Blizzard Entertainment
Art director:
Jeremy Cranford
2007

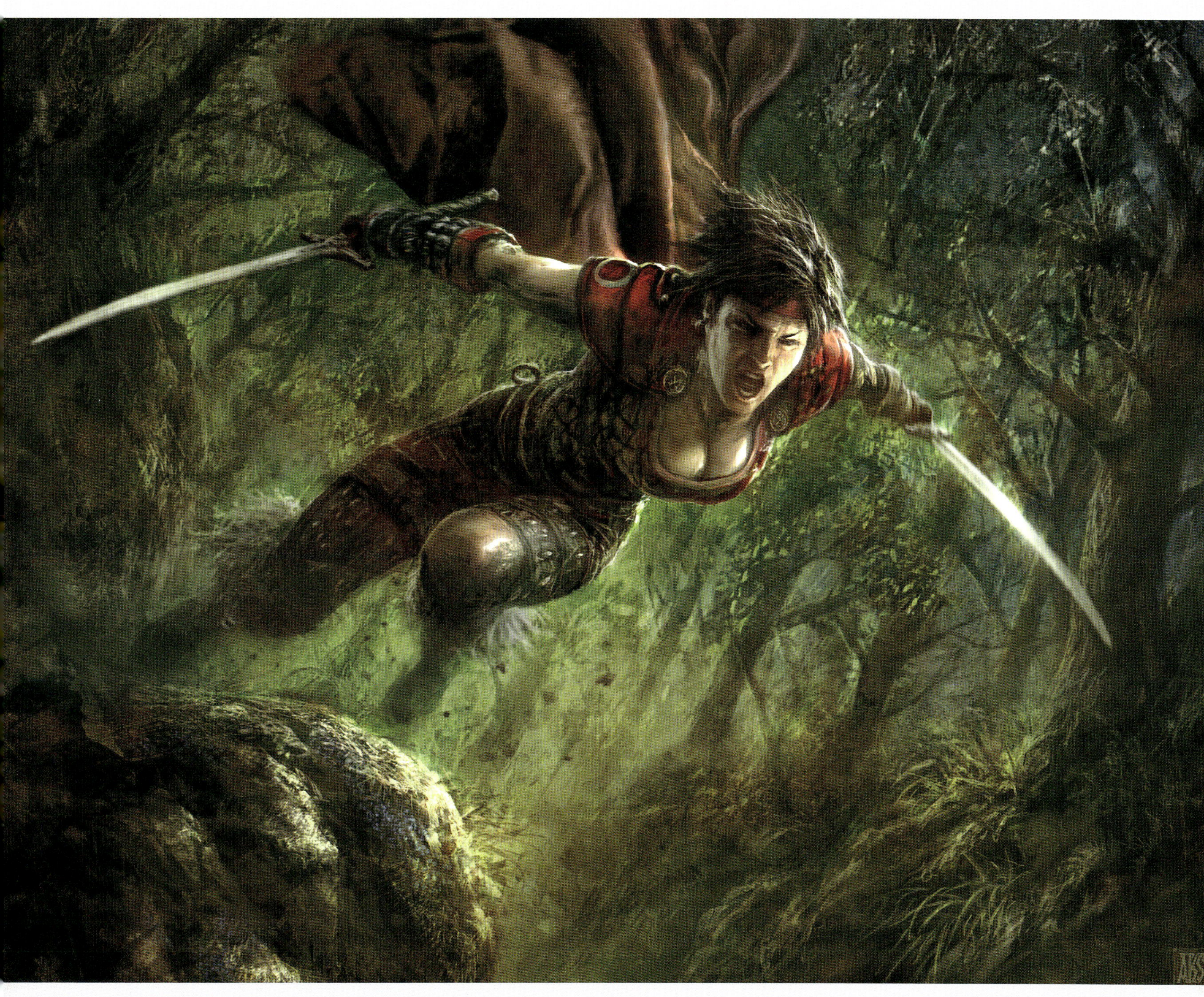

Slice and Dice

Client:
Blizzard Entertainment
Art director:
Jeremy Cranford
2006

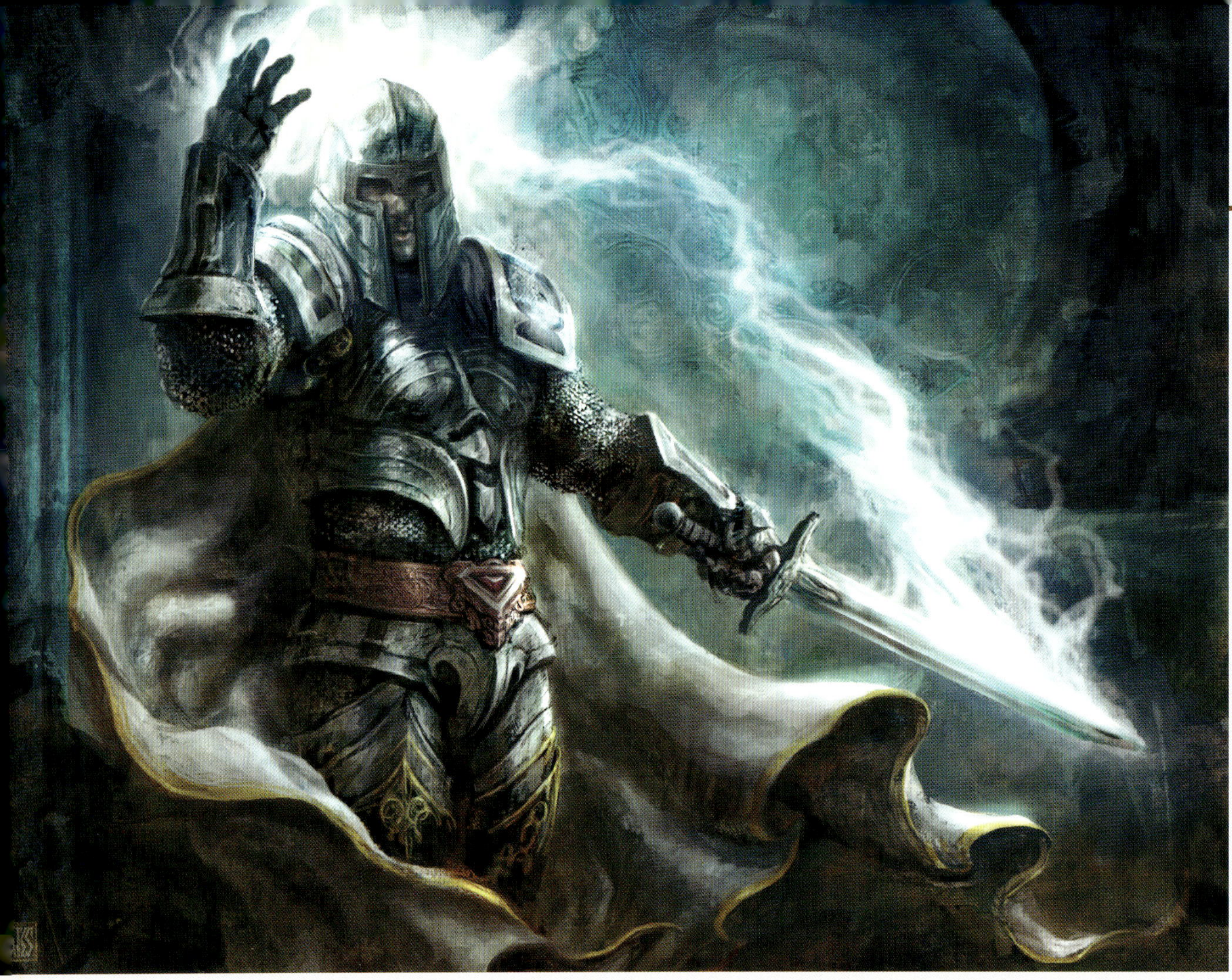

Blessing Kings

Client:
Blizzard Entertainment
Art director:
Jeremy Cranford
2007

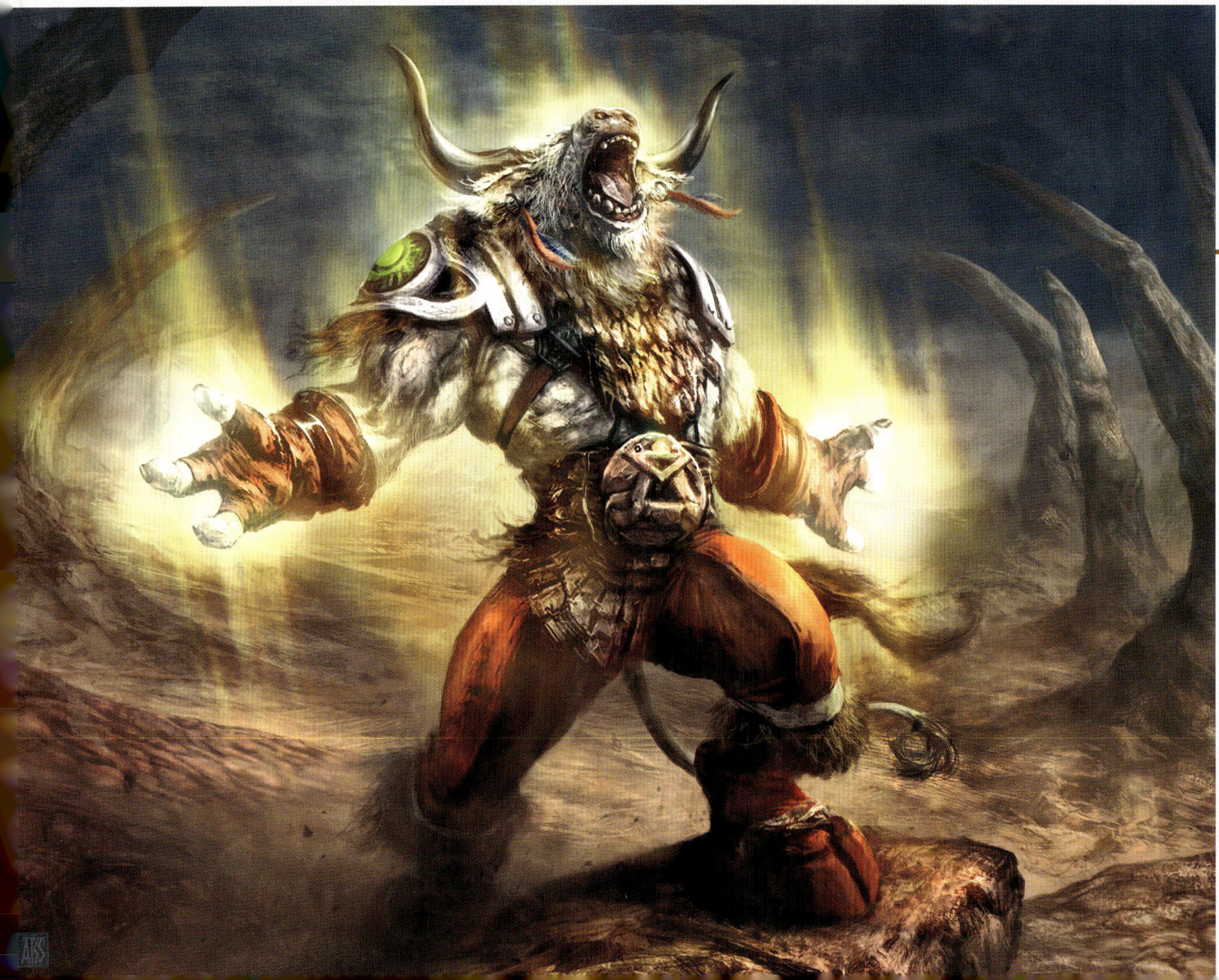

Horde Ally

Client:
Blizzard Entertainment
Art director:
Jeremy Cranford
2007

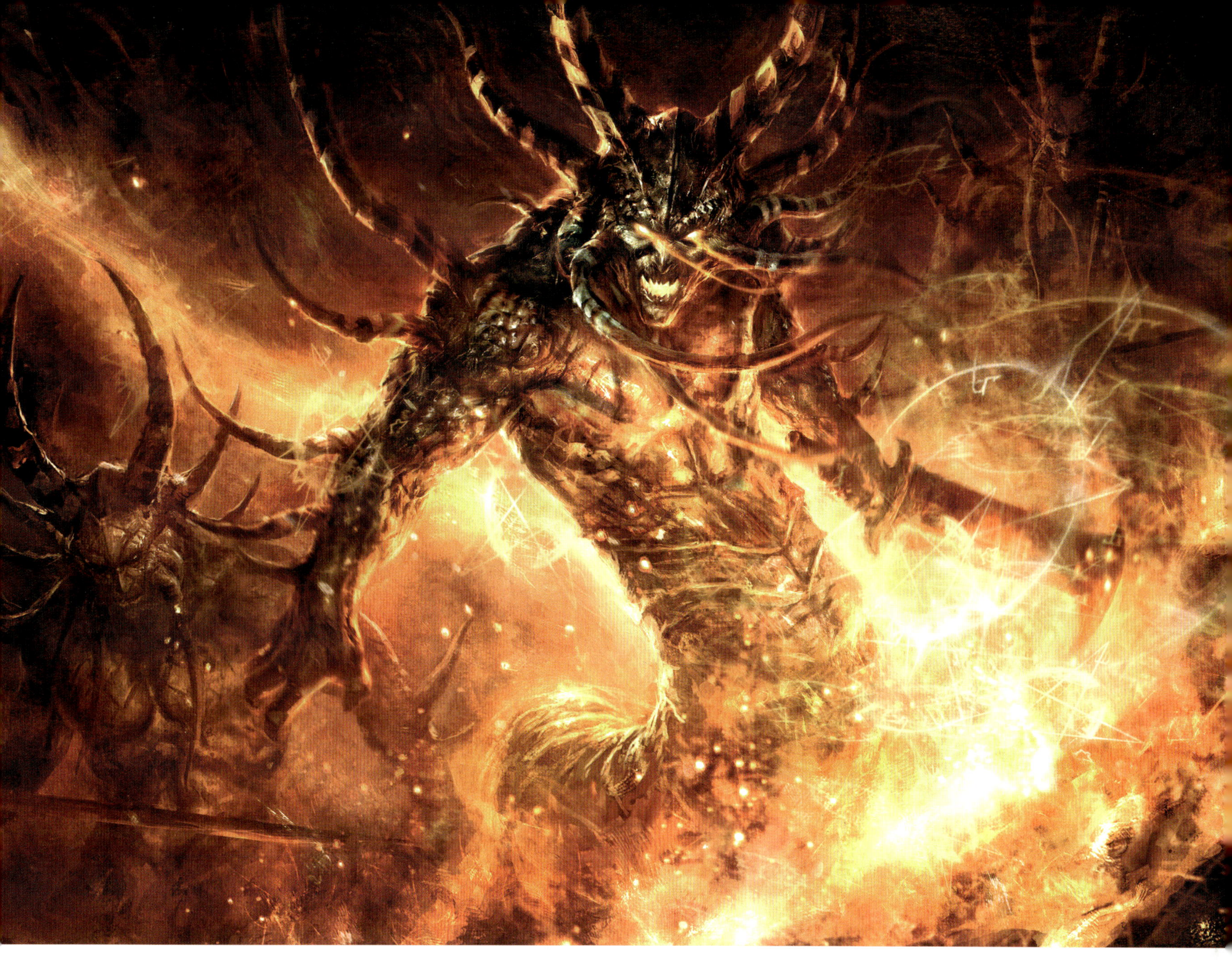

“Tes œuvres sont incroyables ! J'adore la noirceur, le réalisme cru que tu apportes à ta peinture – une atmosphère que j'essaye toujours d'atteindre mais ne réussis jamais aussi bien que je voudrais. Et en plus quand tu le fais, ça a l'air facile… Un boulot fantastique.

Your works are incredible! I love the dark, gritty, realistic edge that you bring to your paintings – something I always strive for but never achieve to my satisfaction. And you make it look so easy, too. Wonderful stuff.”

Todd Lockwood
Illustrateur / Illustrator

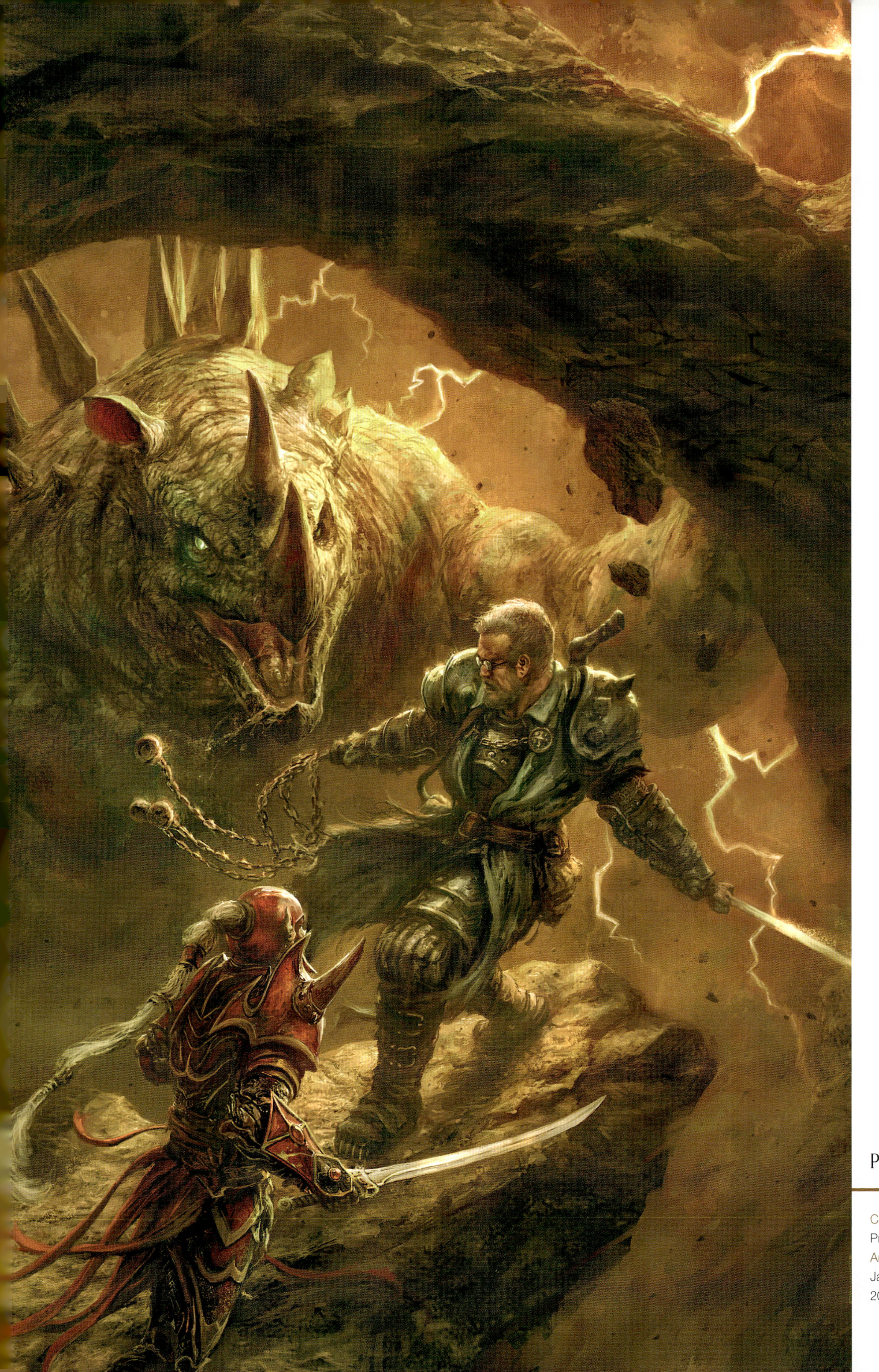

Pendrake's Fate

Client:
Privateer Press
Art director:
James Davis
2006

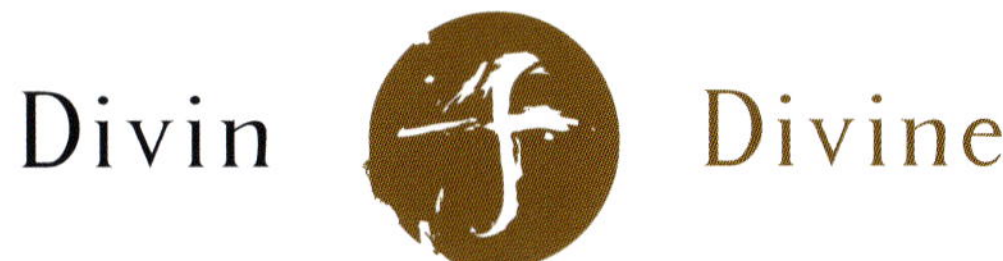
Divin
Divine

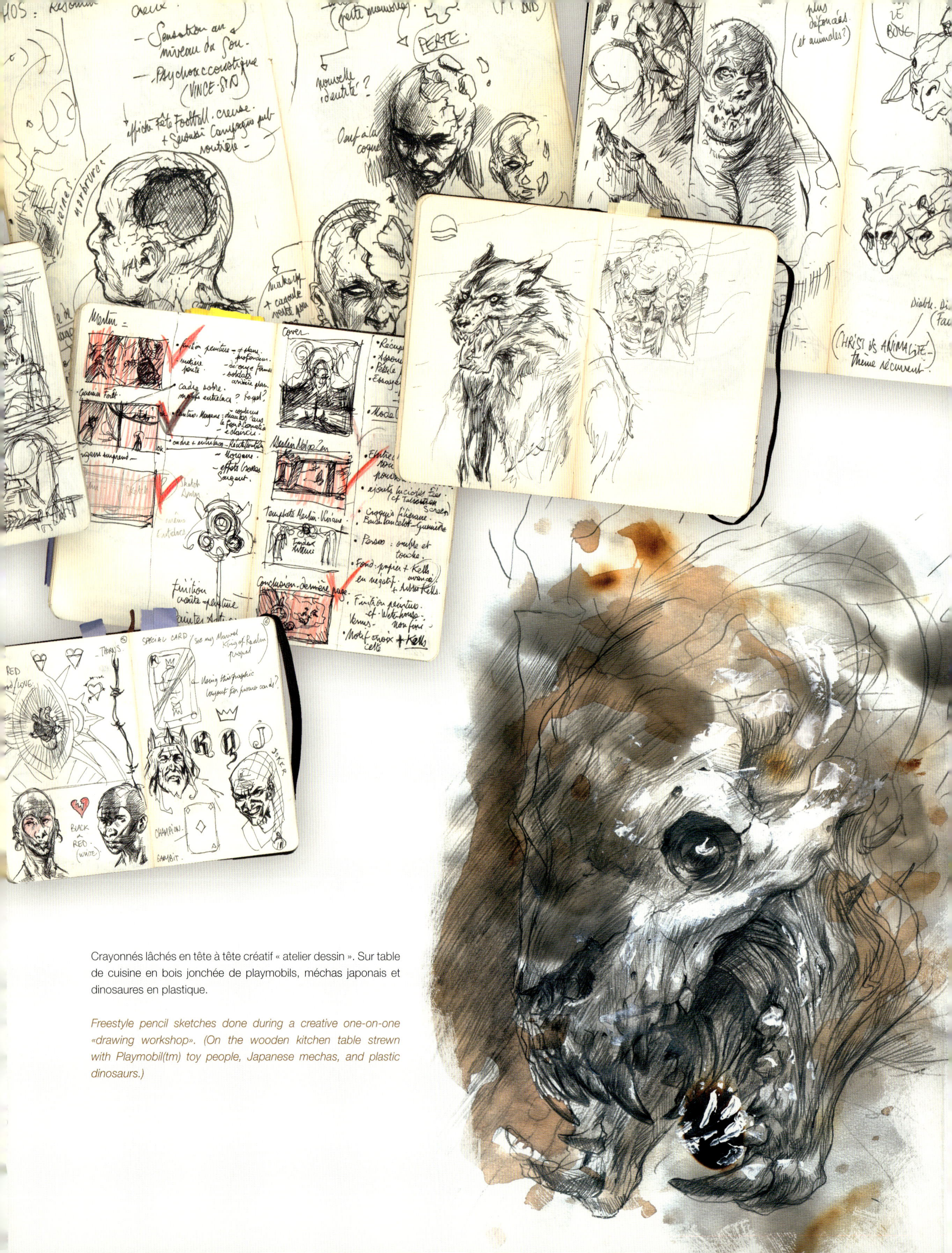

Crayonnés lâchés en tête à tête créatif « atelier dessin ». Sur table de cuisine en bois jonchée de playmobils, méchas japonais et dinosaures en plastique.

Freestyle pencil sketches done during a creative one-on-one «drawing workshop». (On the wooden kitchen table strewn with Playmobil(tm) toy people, Japanese mechas, and plastic dinosaurs.)

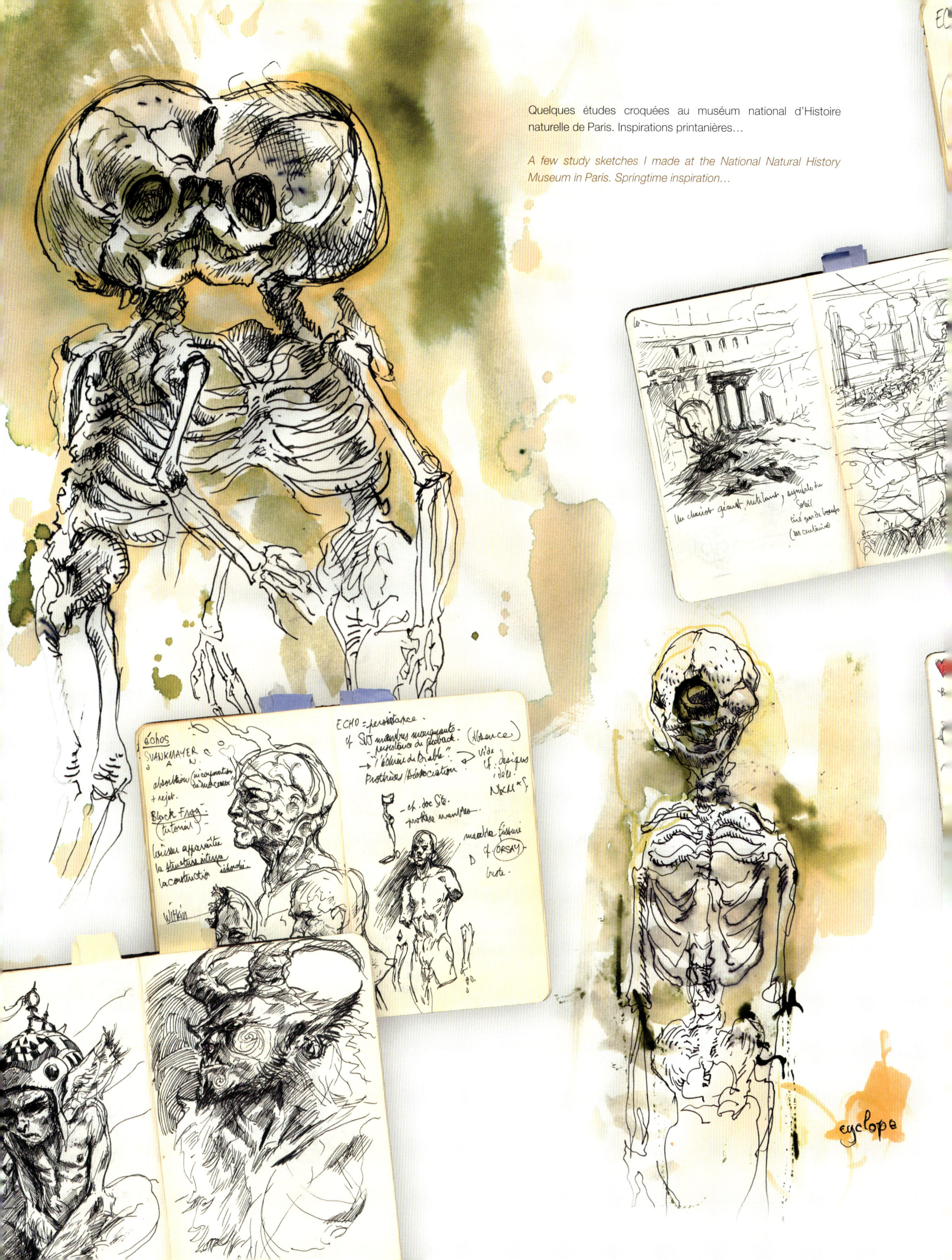

Quelques études croquées au muséum national d'Histoire naturelle de Paris. Inspirations printanières…

A few study sketches I made at the National Natural History Museum in Paris. Springtime inspiration…

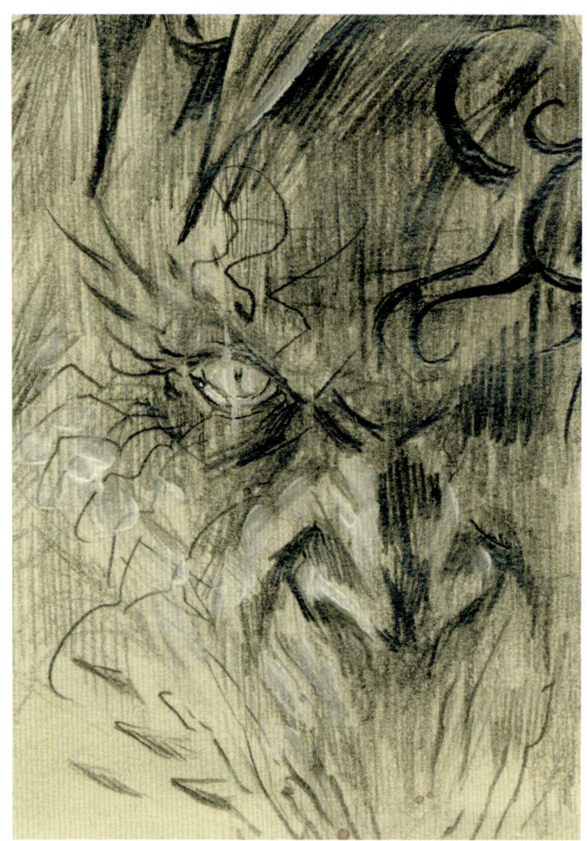

J'accumule les carnets de croquis depuis des années. Petits ou grand formats, la plupart sont jonchés d'annotations, de réflexions, de croquis parfois illisibles pour tout autre que moi. J'y plonge de temps en temps et y retrouve souvent de très vieilles idées, que j'ai intégrées depuis dans mon travail, sous une forme différente ou parfois de façon assez fidèle.

I've been keeping sketchbooks for years. Their format varies from small to large, and most of them are covered in notes, reflections, sketches sometimes indecipherable to anyone but me. I eventually go back to them, and I can rediscover in their pages very old ideas I have since integrated into my work in one form or another – either with a new shape or surprisingly faithful to the original sketch.

“ L’œuvre d’Aleksi déborde d’imagination ; il nous emporte dans des mondes de SF et de fantasy aux paysages extraordinaires, peuplés de personnages superbes et de monstres hideux. Son travail comprend souvent une quantité cauchemardesque et préraphaélite de détails qui vous aspirent au cœur de la scène dépeinte.

Je n’ai jamais compris, avant de le rencontrer, comment quelqu’un pouvait avoir ce genre de compétence obsessionnelle. Aleksi regorge d’idées, on peut quasiment voir les rouages qui tournent sous son crâne au cours d’une conversation ou d’une promenade en ville ; on dirait que son esprit est constamment en train de collecter des données pour nourrir sa prochaine œuvre, ou pour remplir la bibliothèque mentale d’où il puise son inspiration.

J’ai énormément de respect pour son travail, et je suis heureux de l’avoir rencontré plusieurs fois. C’est un type incroyablement gentil dont la créativité est contagieuse – ne serait-ce que parce que contempler son œuvre me fait me sentir paresseux.

Aleksi’s work is brimming with imagination; he takes us into worlds of mystical fantastical landscapes of fantasy and science fiction, filled with beautiful people and hideous creatures. His work often has a pre-raphaelesque nightmarish amount of detail that sucks you into the scene he is portraying.

I never understood how anyone could conjure up this kind of obsessive craftsmanship, until I met him. Aleksi is brimming with ideas, you can see the wheels turning in his head when you’re talking to him or walking through a city with him, it seems as if his mind is always collecting data for his next piece or his cerebral library out of which he draws inspiration.

I have a great respect for his work and am happy to have met him on a few occasions; he is an incredibly nice guy who has contaminated me with his creativity, if alone for the fact that I always feel lazy when I see his oeuvre. ”

Nic Klein
Illustrateur / Illustrator

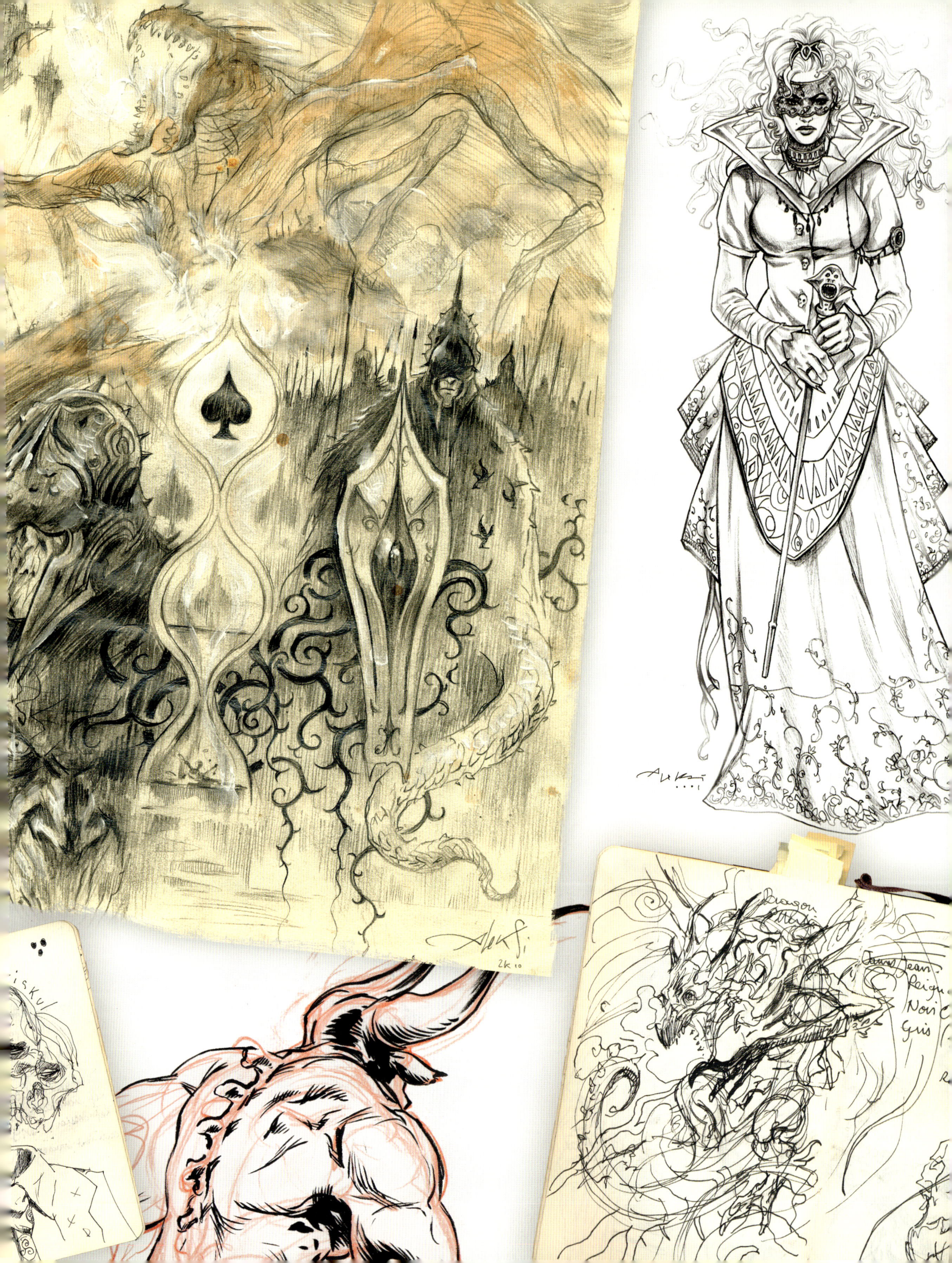

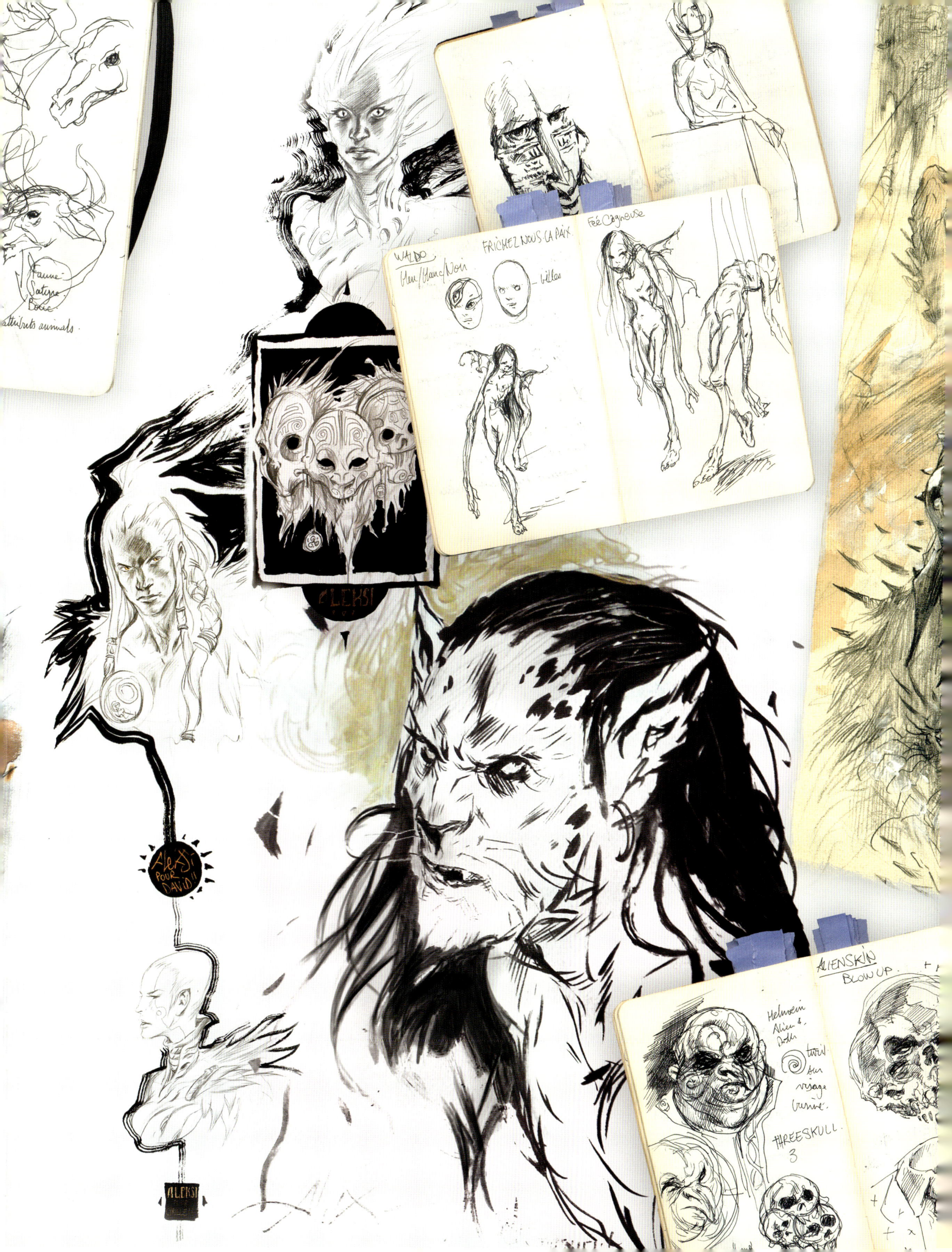

WALDO
FICHEZ NOUS LA PAIX
Fée Cogneuse
billes
ALEKSI
ALEKSI POUR DAVID!!
ALIENSKIN
BLOW UP
THREESKULL
3

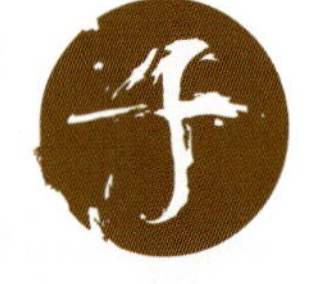

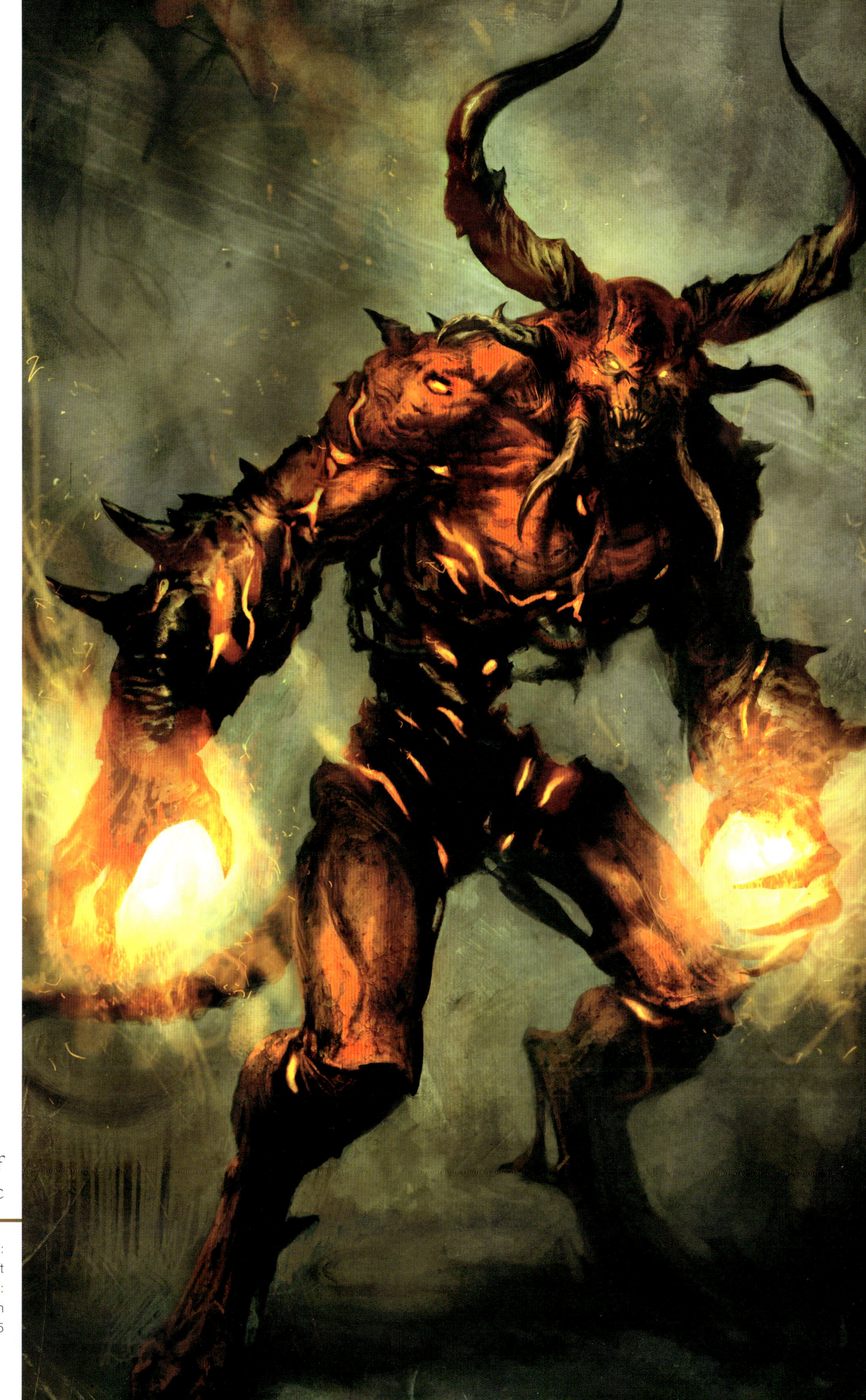

Archdemon of
Might and Magic

Client :
MagicLab / Ubisoft
Directeur artistique :
Arthur Gordon
2005

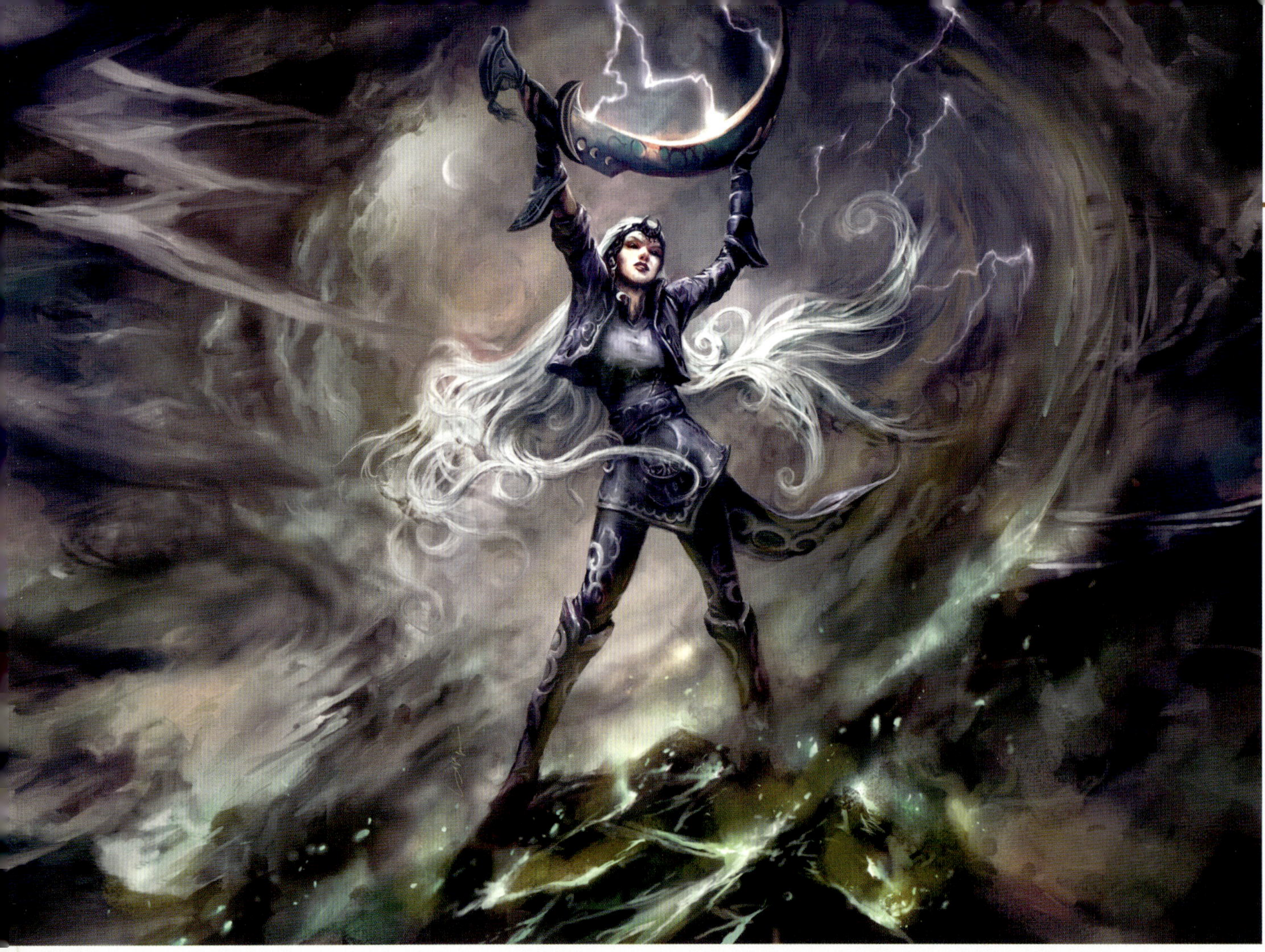

Dreamblade: Hand Maid

Client:
Wizards of the Coast
Art director:
Stacy Longstreet
& Shauna Narciso
2005

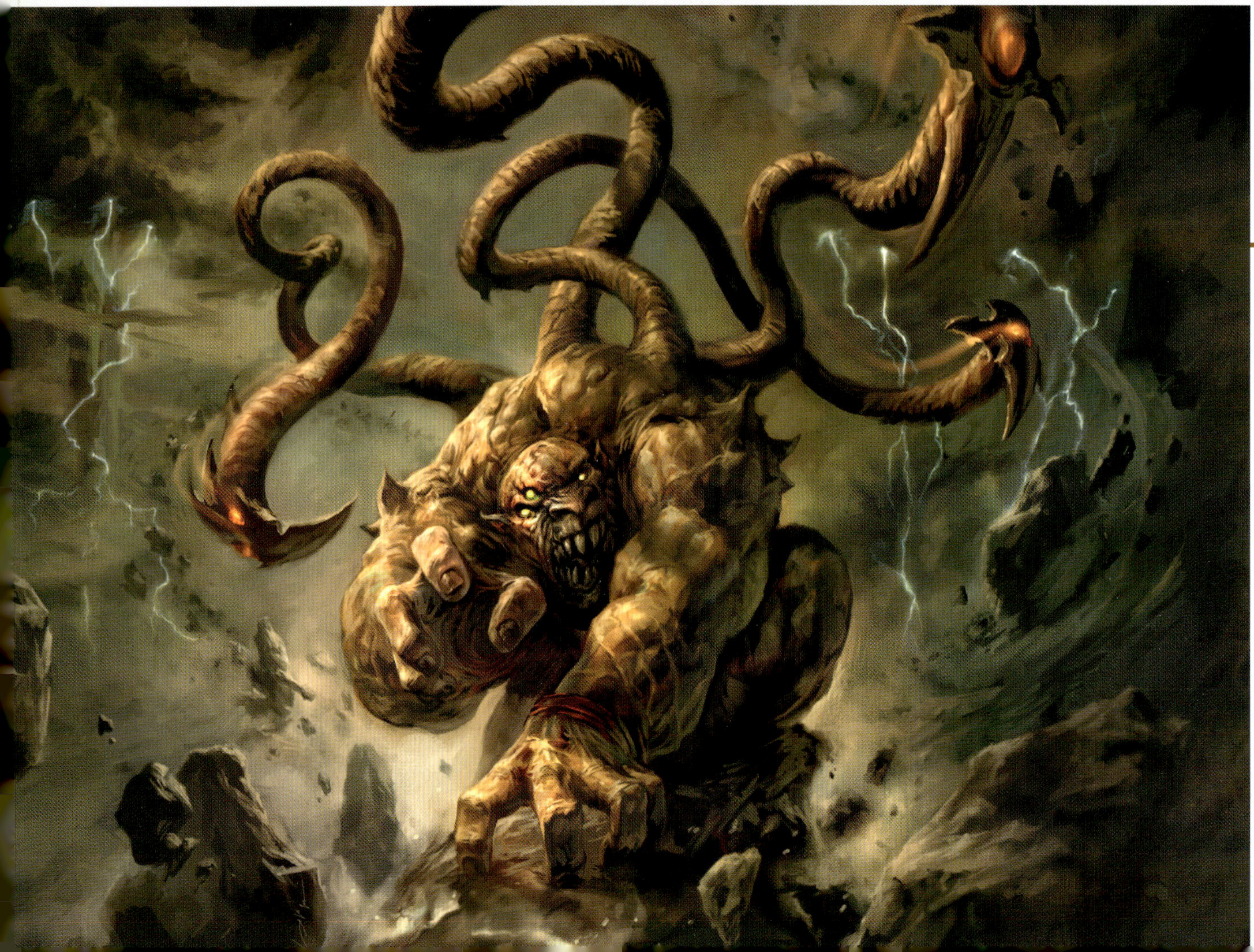

Dreamblade: Snake Back

Client:
Wizards of the Coast
Art director:
Stacy Longstreet
& Shauna Narciso
2005

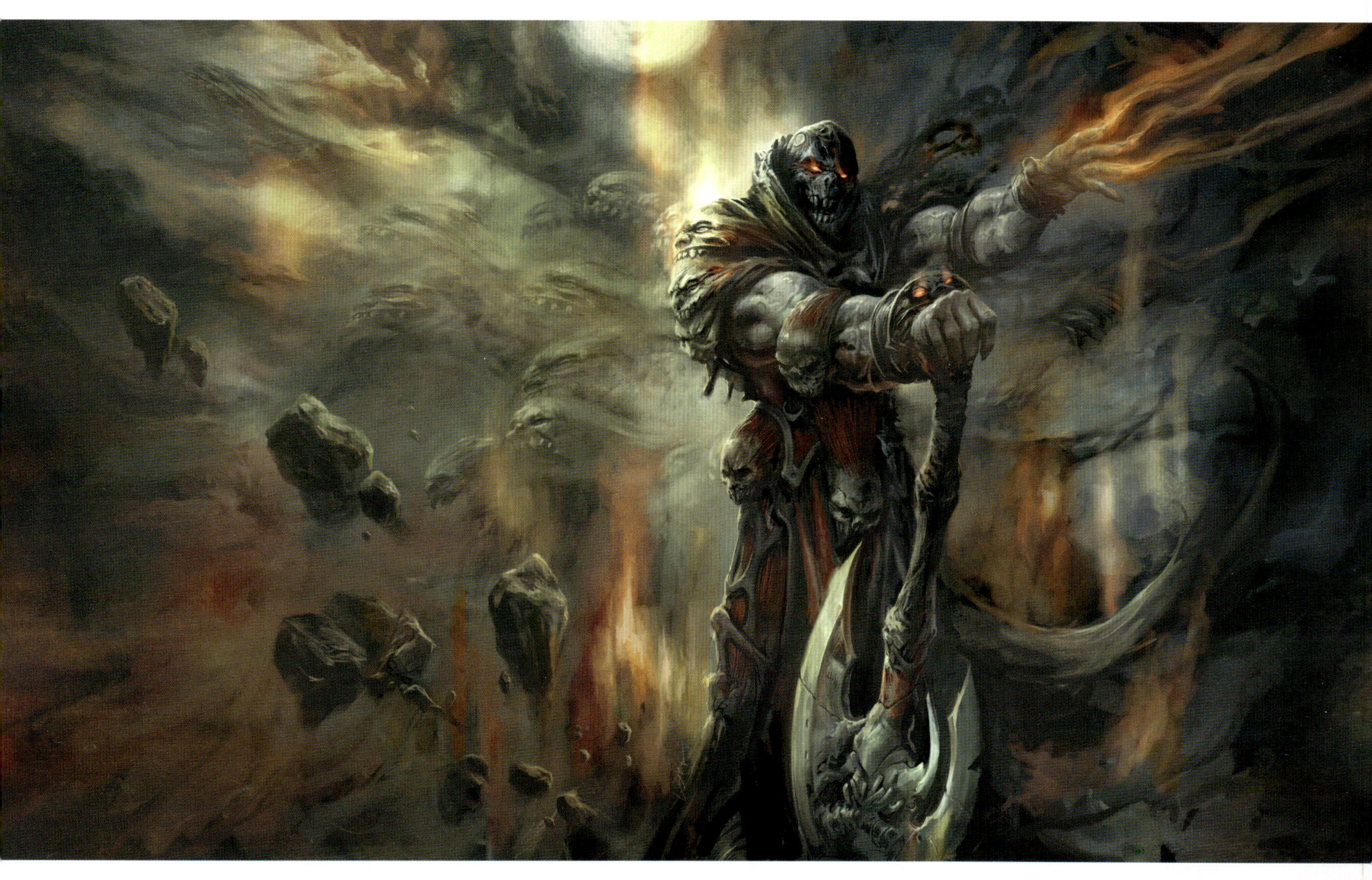

Dreamblade: Axe Lord

Client:
Wizards of the Coast
Art director:
Stacy Longstreet & Shauna Narciso
2005

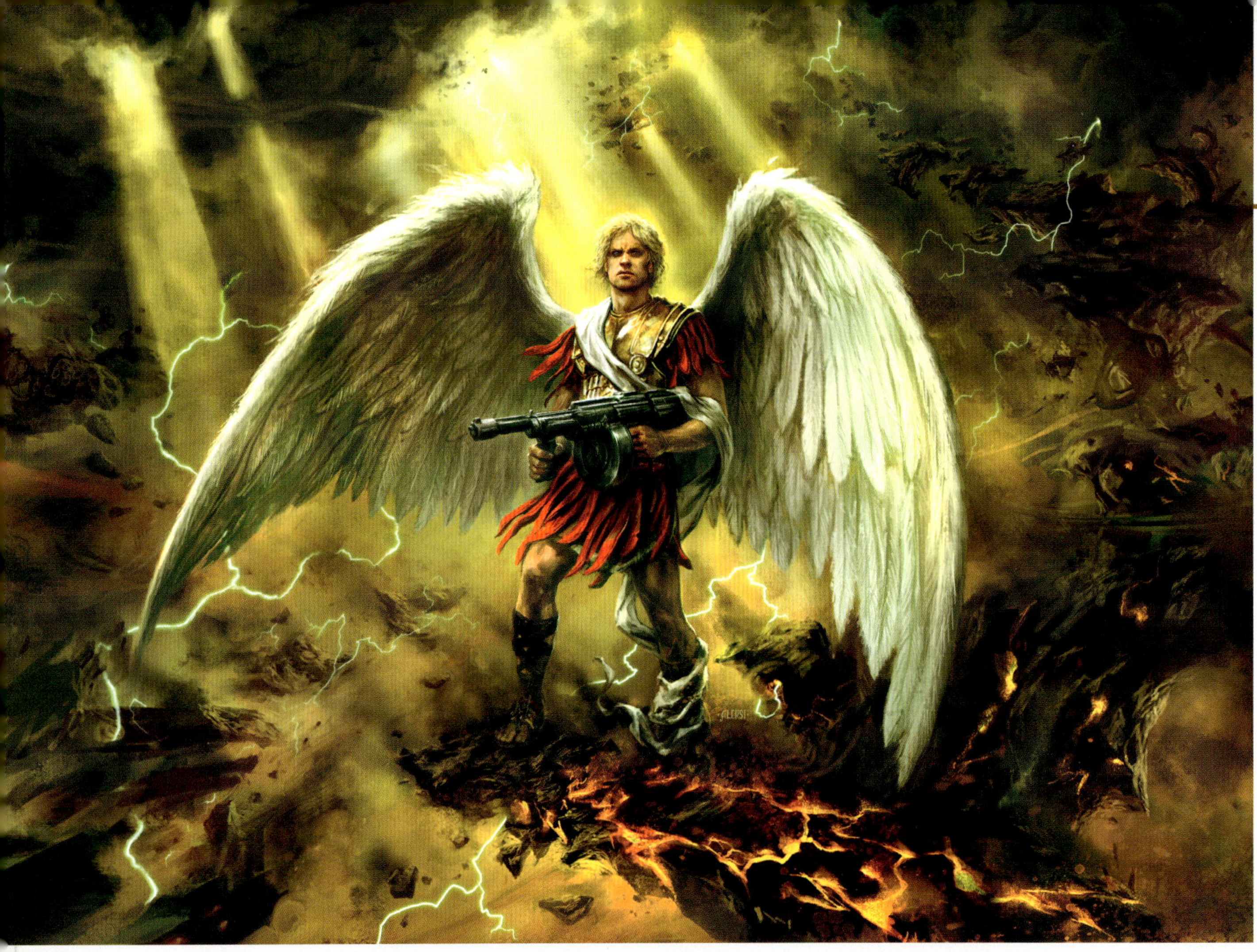

Dreamblade: Archangel Tommy

Client:
Wizards of the Coast
Art director:
Stacy Longstreet
& Shauna Narciso
2006

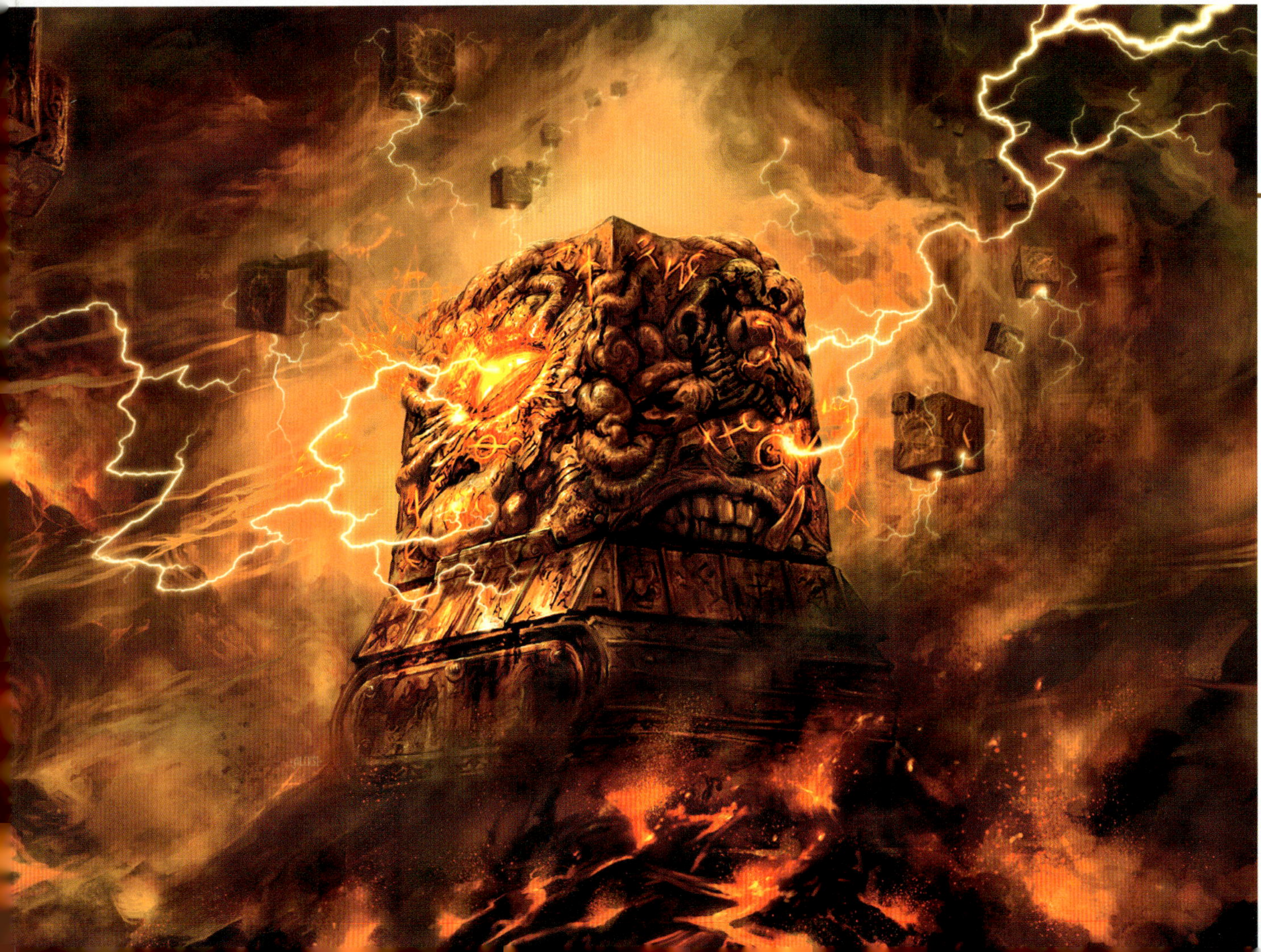

Dreamblade: Terror Cube

Client:
Wizards of the Coast
Art director:
Stacy Longstreet
& Shauna Narciso
2006

Dreamblade

Client:
Wizards of the Coast
Art director:
Stacy Longstreet
& Shauna Narciso
2005

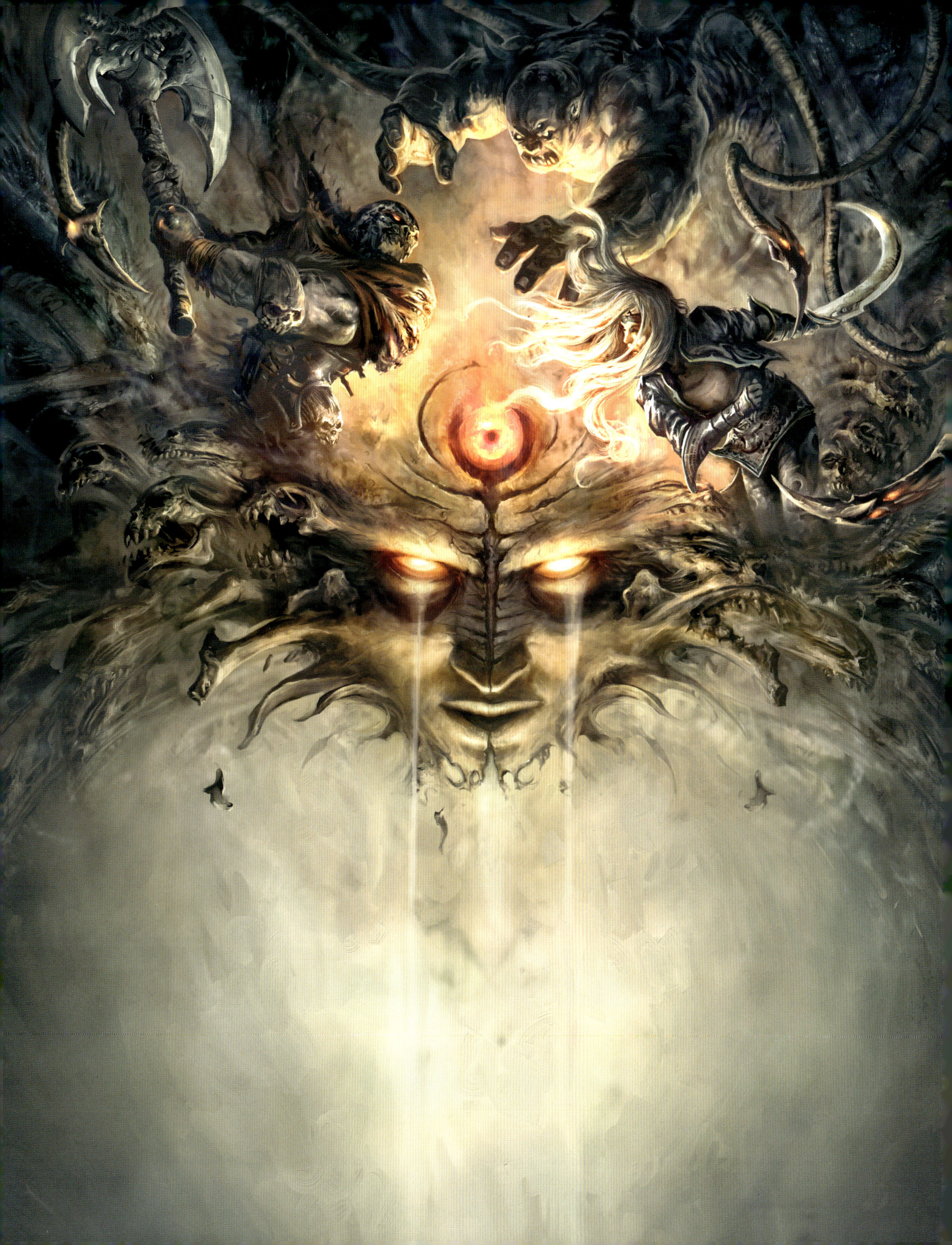

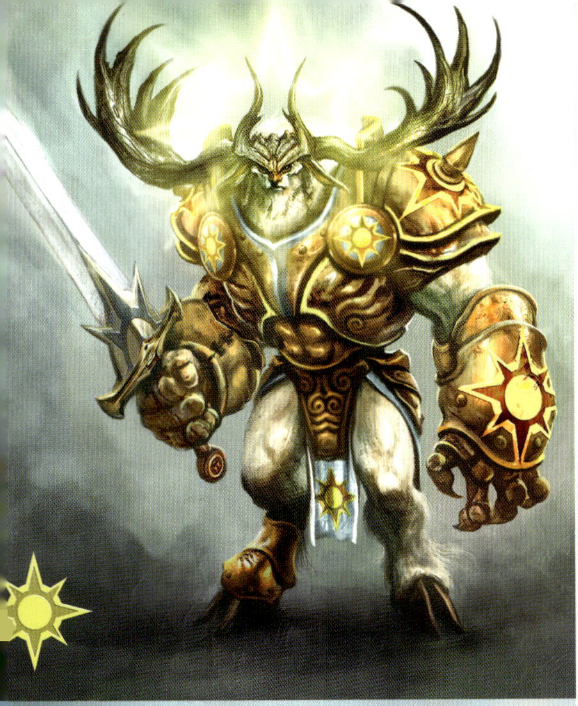

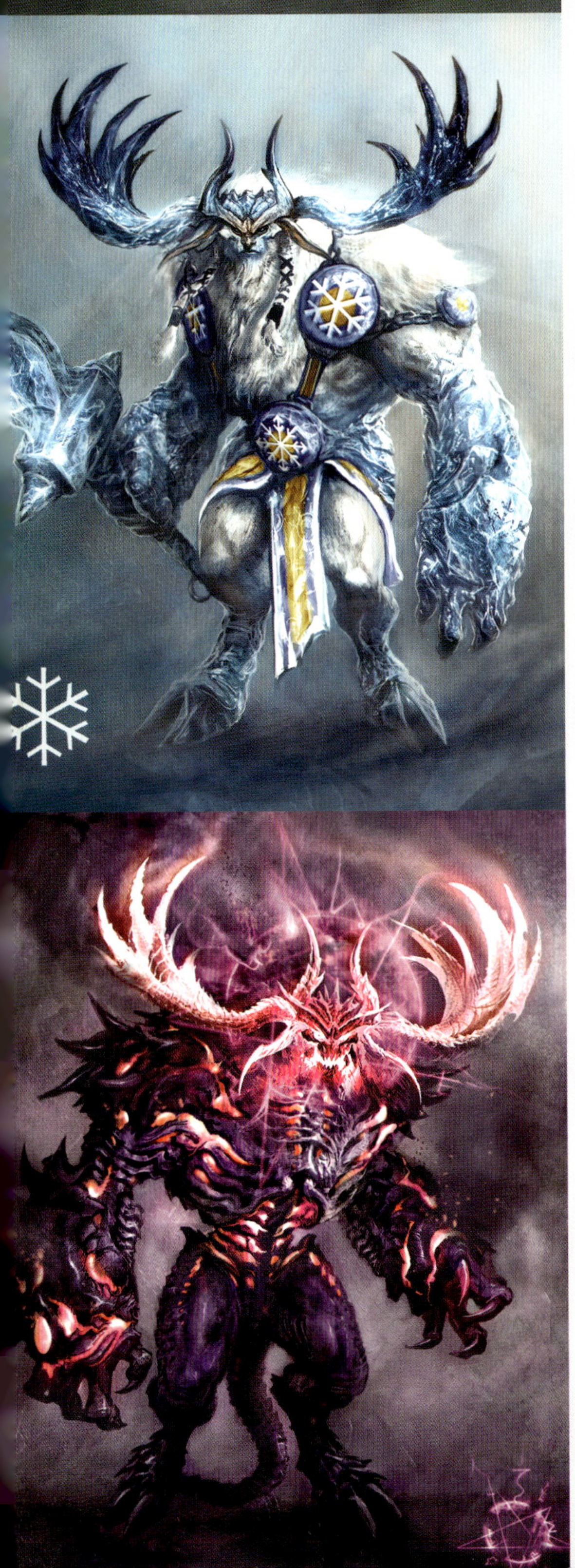

« Je pense que la première fois où je me suis rendu compte de la vraie véritable signification du terme Concept Artist, ce fut à l'époque où Aleksi et moi travaillions sur Dungeon Runners.

Sa manière « d'écrire des tartines », sa recherche de symboles récurrents, d'éléments de design pour rendre ses concepts intéressants, cohérents et avec de multiples niveaux de lecture, est pour moi encore aujourd'hui une inspiration et un modèle de rigueur.

I think that the first time I really understood the meaning of the term Concept Artist is while Aleksi and I cooperated on Dungeon Runners.

The way he wrote endless pages, researched and sought out recurring symbols and design elements to give more interest to his concepts, to make them more coherent and give them multiple layers... To this day, his method is still an inspiration and an example of rigorous conscientiousness to me. »

Mathias Verhasselt
Concept Artist
Blizzard Entertainment

Forest Ogir

Client:
NCsoft Corporation
Art director:
Jon Jones
2007

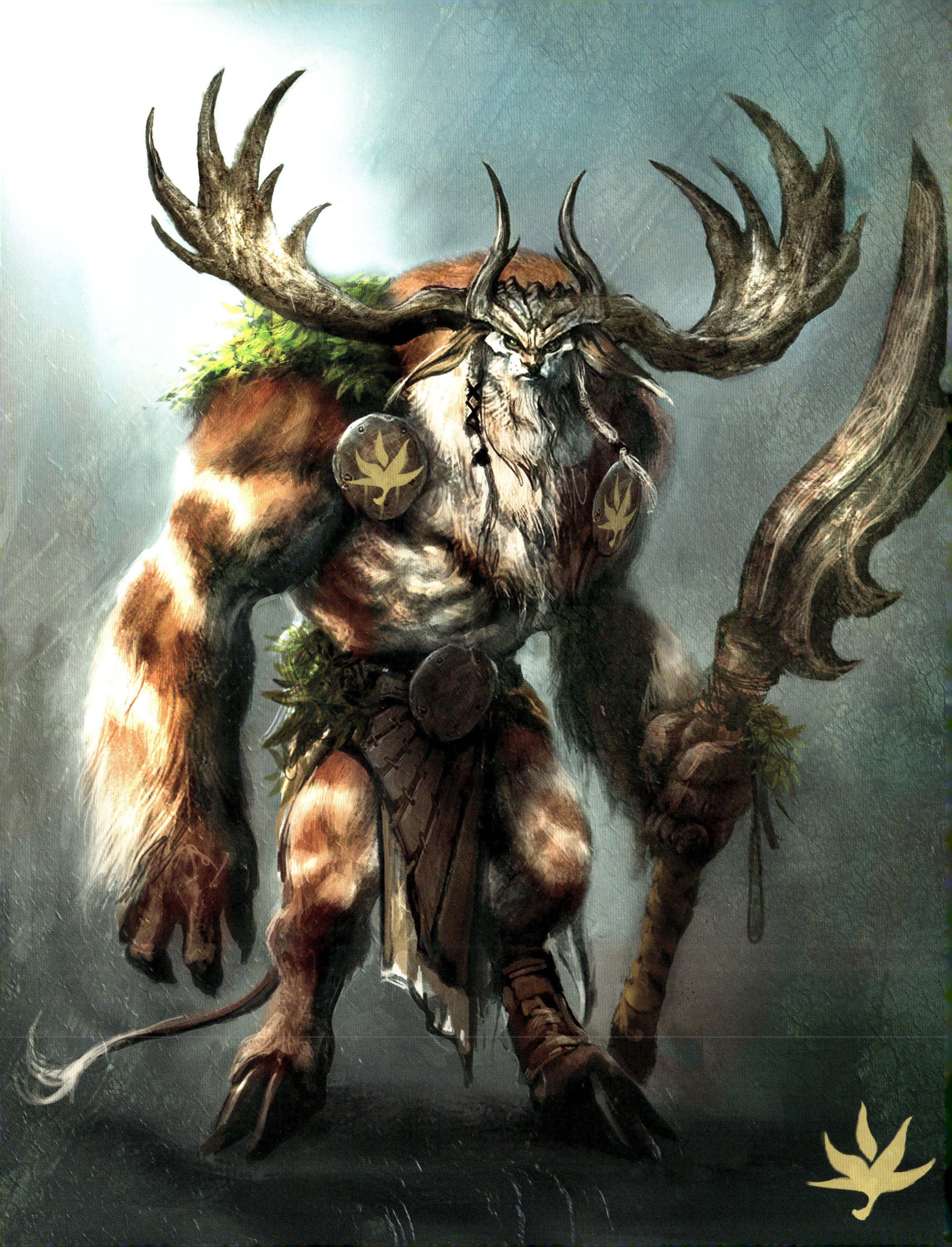

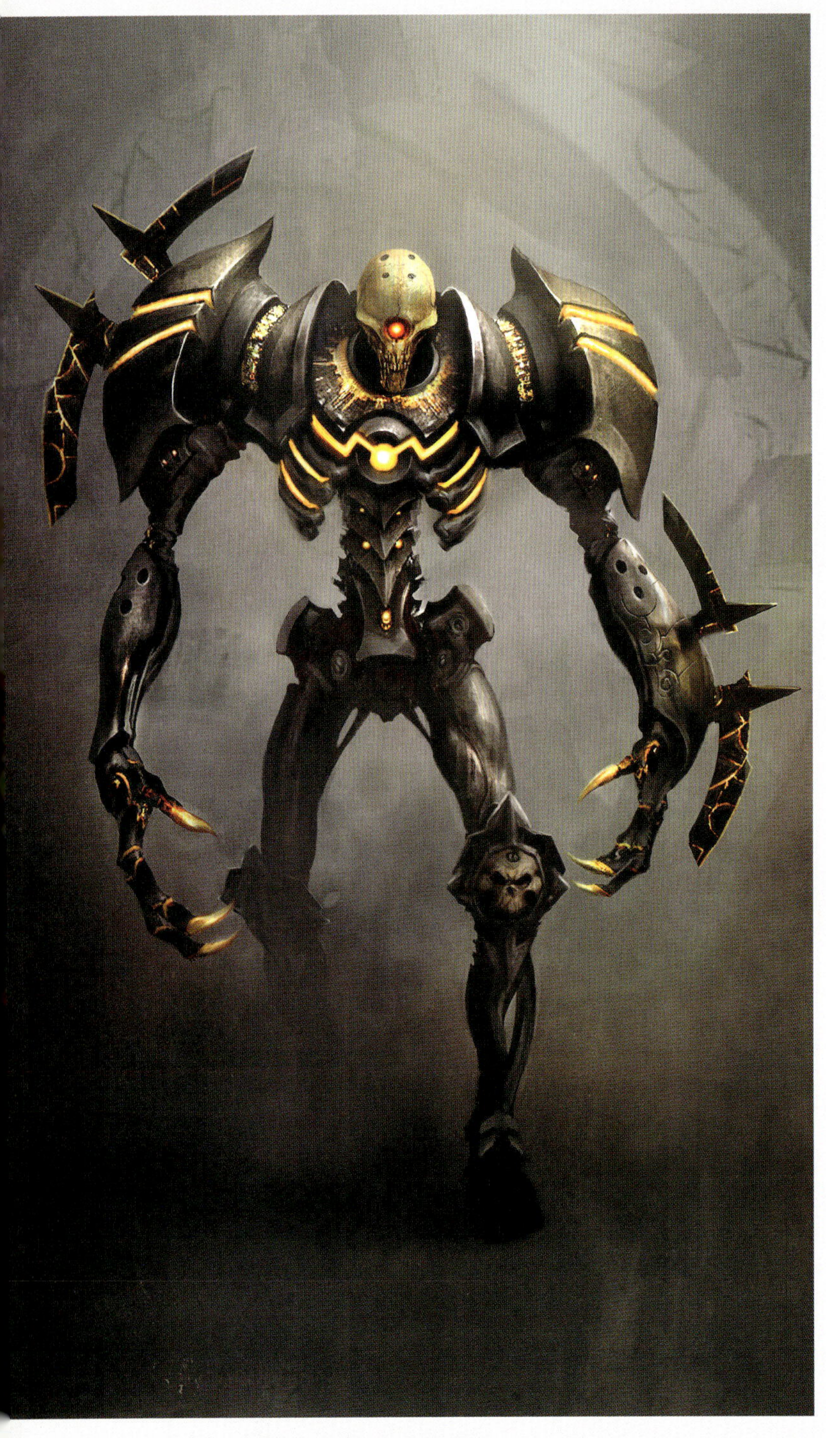

Shadow Ranged Fade

Client:
NCsoft Corporation
Art director:
Jon Jones
2007

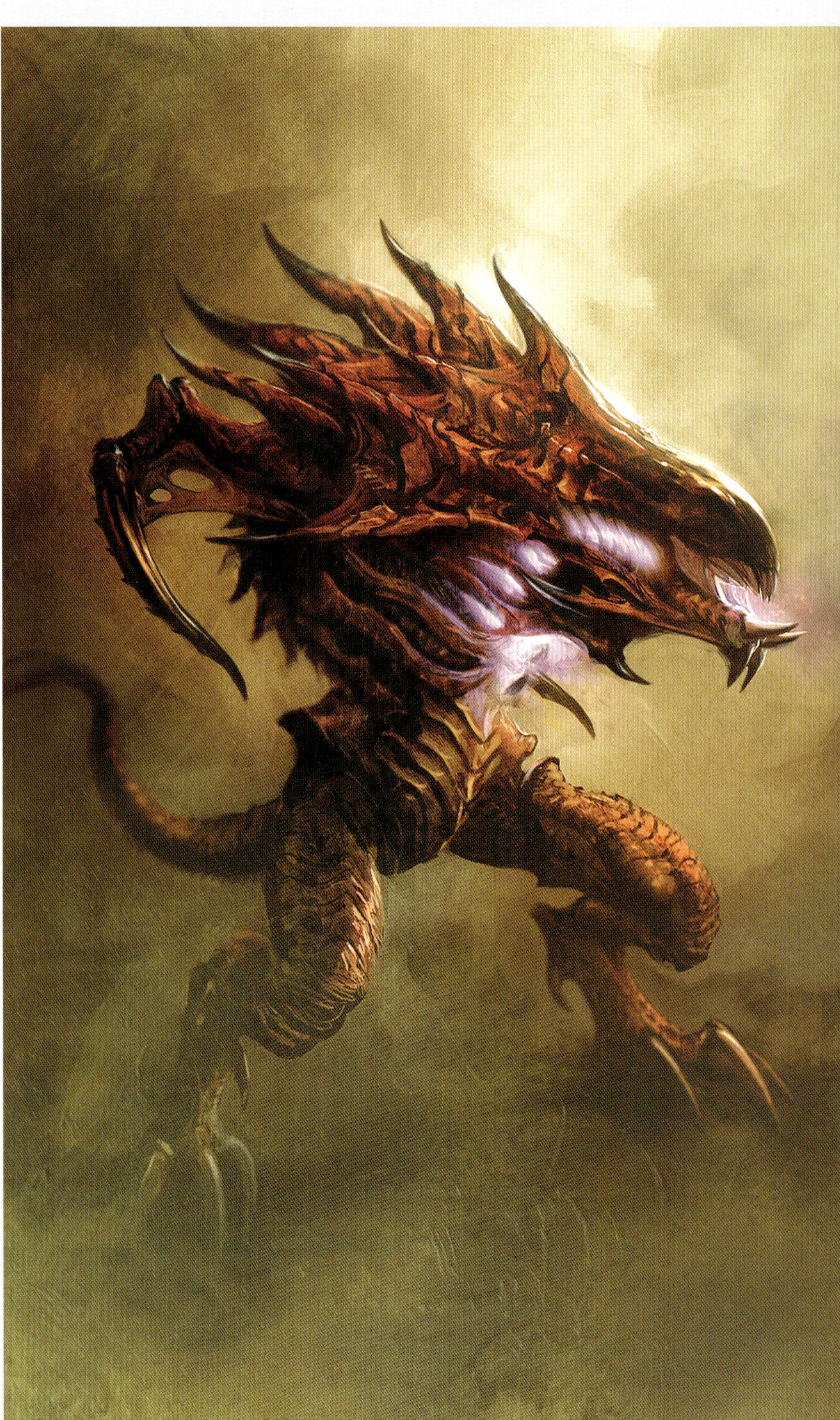

Shadow Spawn

Client:
NCsoft Corporation
Art director:
Jon Jones
2007

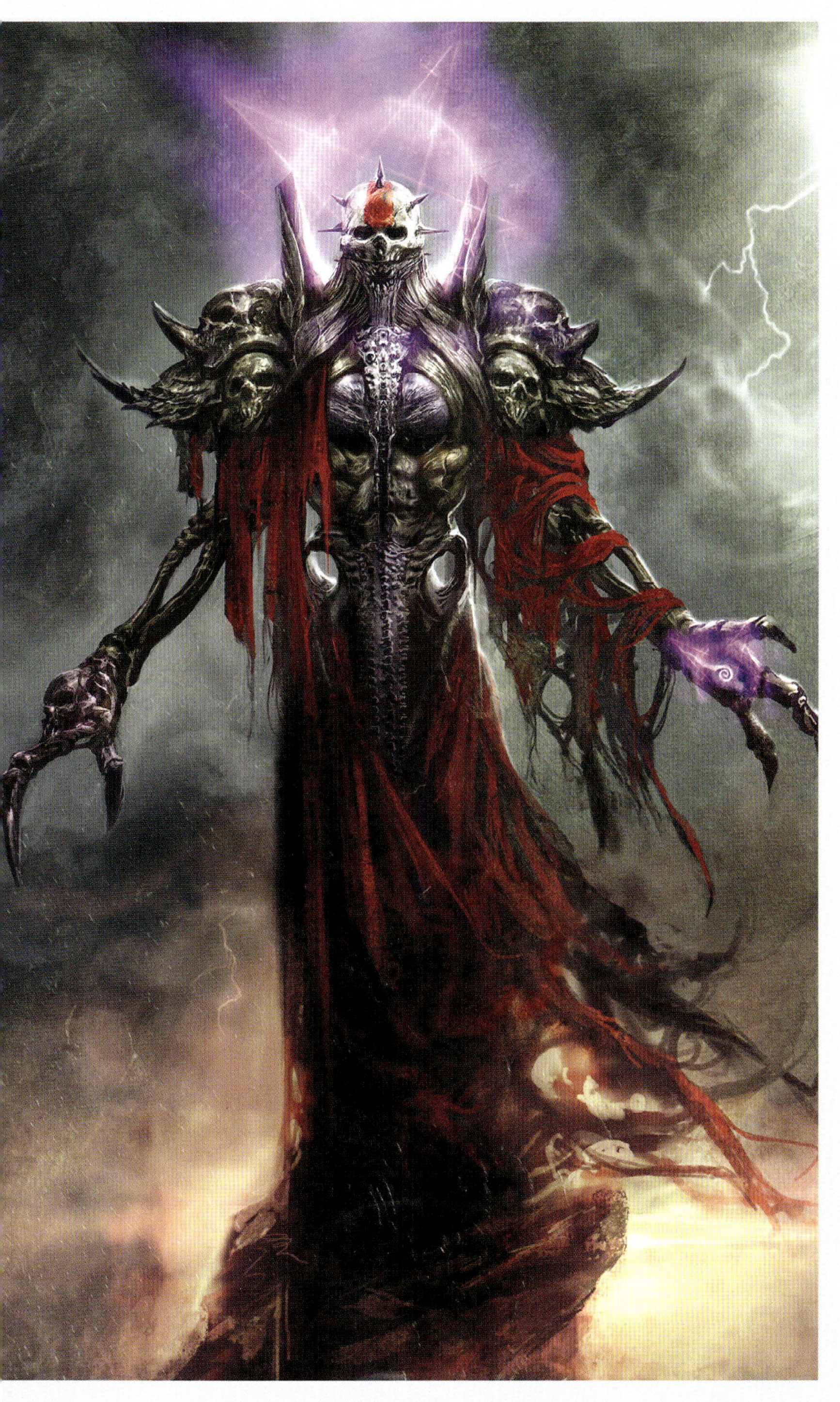

Ghost Mage

Client:
NCsoft Corporation
Art director:
Jon Jones
2007

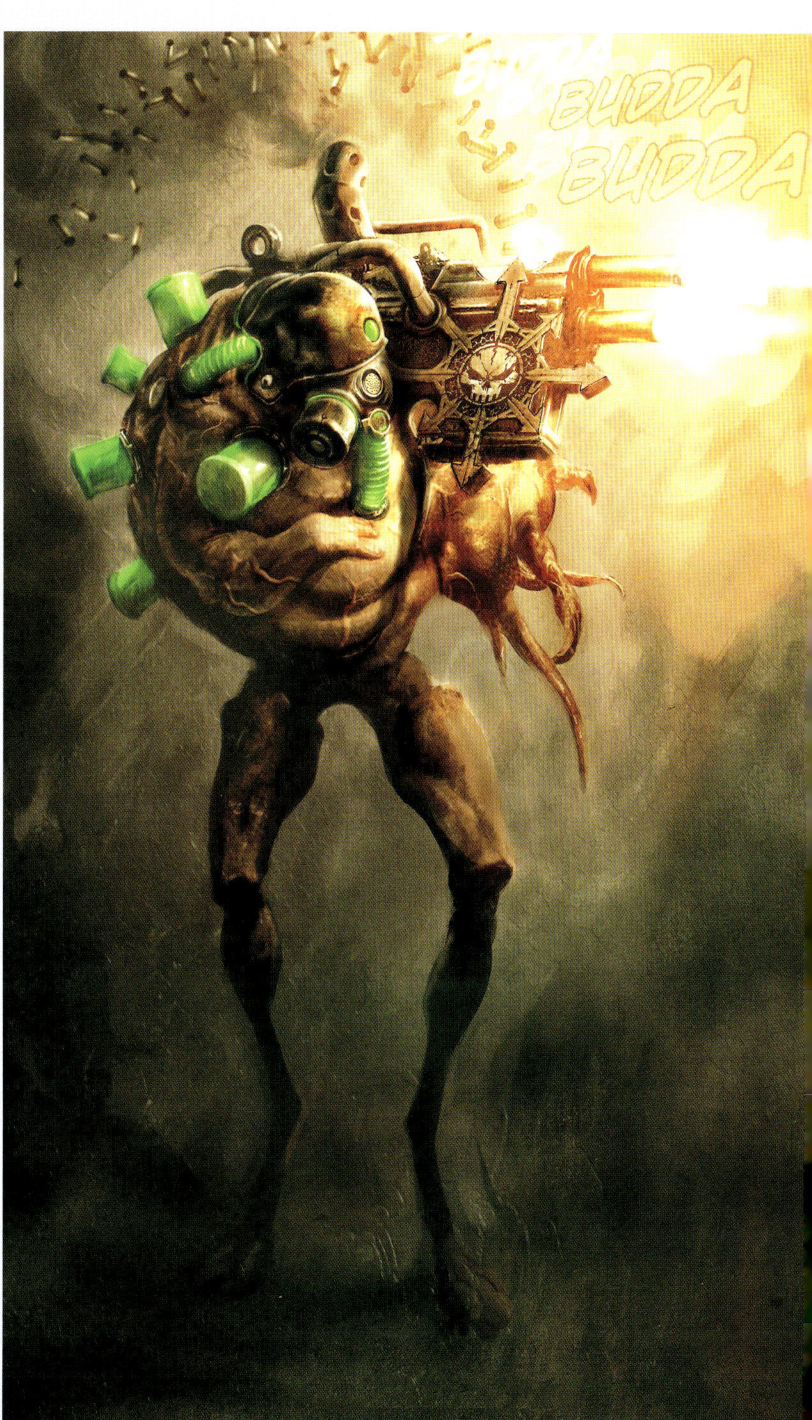

Bizarre!

Client:
NCsoft Corporation
Art director:
Jon Jones
2007

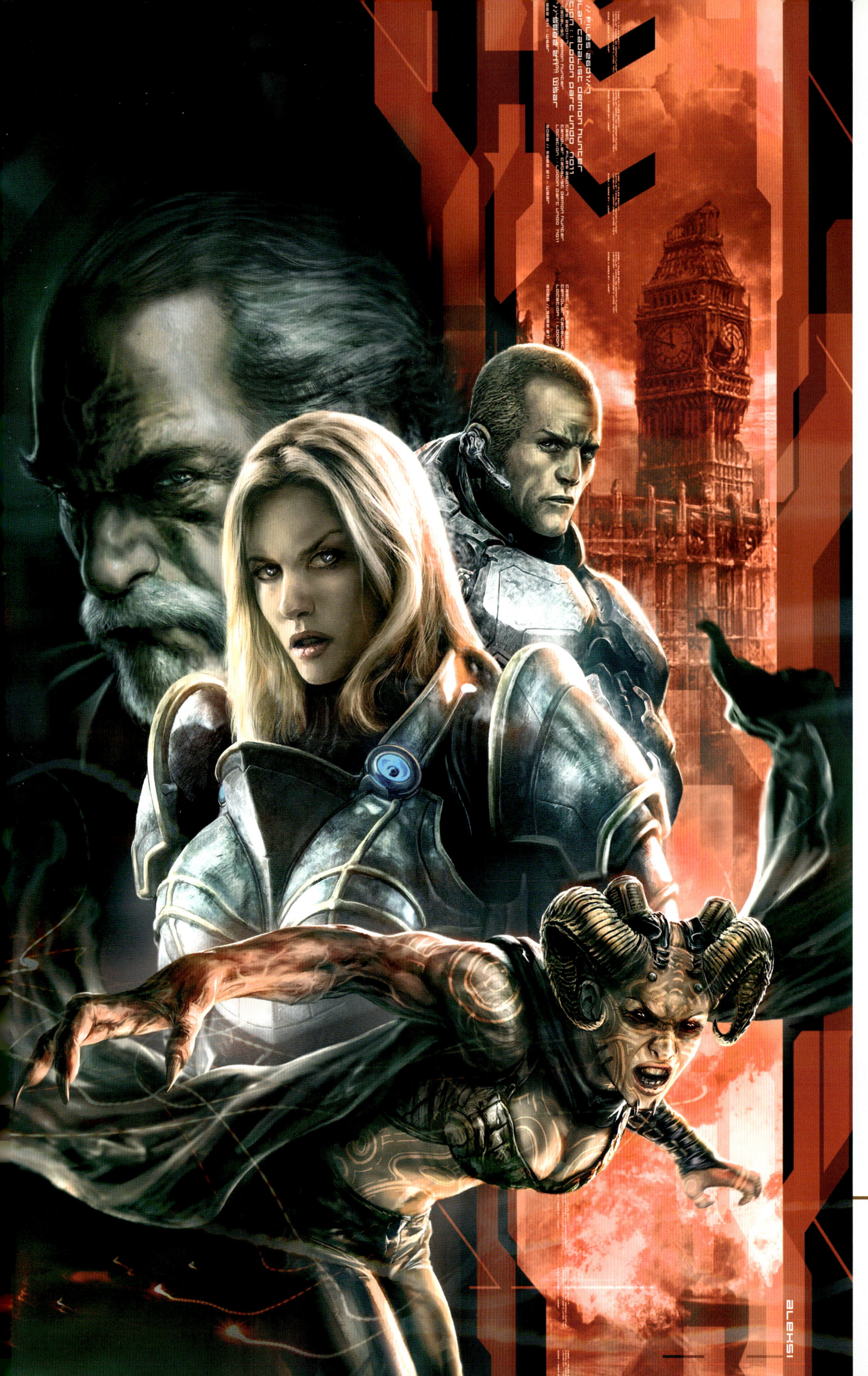

Hellgate: London

Client:
Flagship Studios / Dark Horse Comics
Art director:
David Land
2007

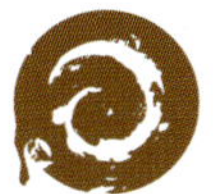

Londres en feu / London in Fire

Développer ces visuels de couvertures Dark Horse pour la mini-série Hellgate : London – liés au jeu vidéo éponyme de Flagship Studio – s'est avéré un véritable plaisir.

Tout d'abord pour le sujet assez motivant visuellement, alliant horreur urbaine et fantastique post-apocalyptique, mais aussi pour la possibilité d'alterner polaroïds de scènes d'action frénétiques et mises en scène paroxystiques.

Le travail sur la palette colorée (ocres chauds, orangés et verts) m'a permis de lier l'ensemble tout en instillant la notion de progression, allant de pair avec l'histoire.

Developing these cover visuals for the Hellgate: London mini-series from Dark Horse (accompanying the eponymous Flagship Studio video game) turned out to be great fun.

First because the topic is graphically exciting – mixing urban horror and post-apocalyptic fantasy – but also because it gave me the opportunity to alternate between snapshots of frenetic action scenes and grandiose, high-pitched panoramas.

I chose to pay special attention to the colour palette (warm ochres, orange tones, greens) to tie everything together, and also to convey a sense of progression that would match the story.

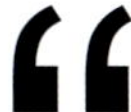

Aleksi, dans ses illustrations, a cette incroyable capacité de toujours peindre ce qui excitera le plus les gens. C'est un talent précieux dans notre métier.

Aleksi has this cunning ability, in his work, to always come up with what people want to see and are the most excited by. It's a precious skill to have in our trade.

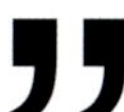

The Black Frog
Production Designer - Comic Book Artist / Auteur

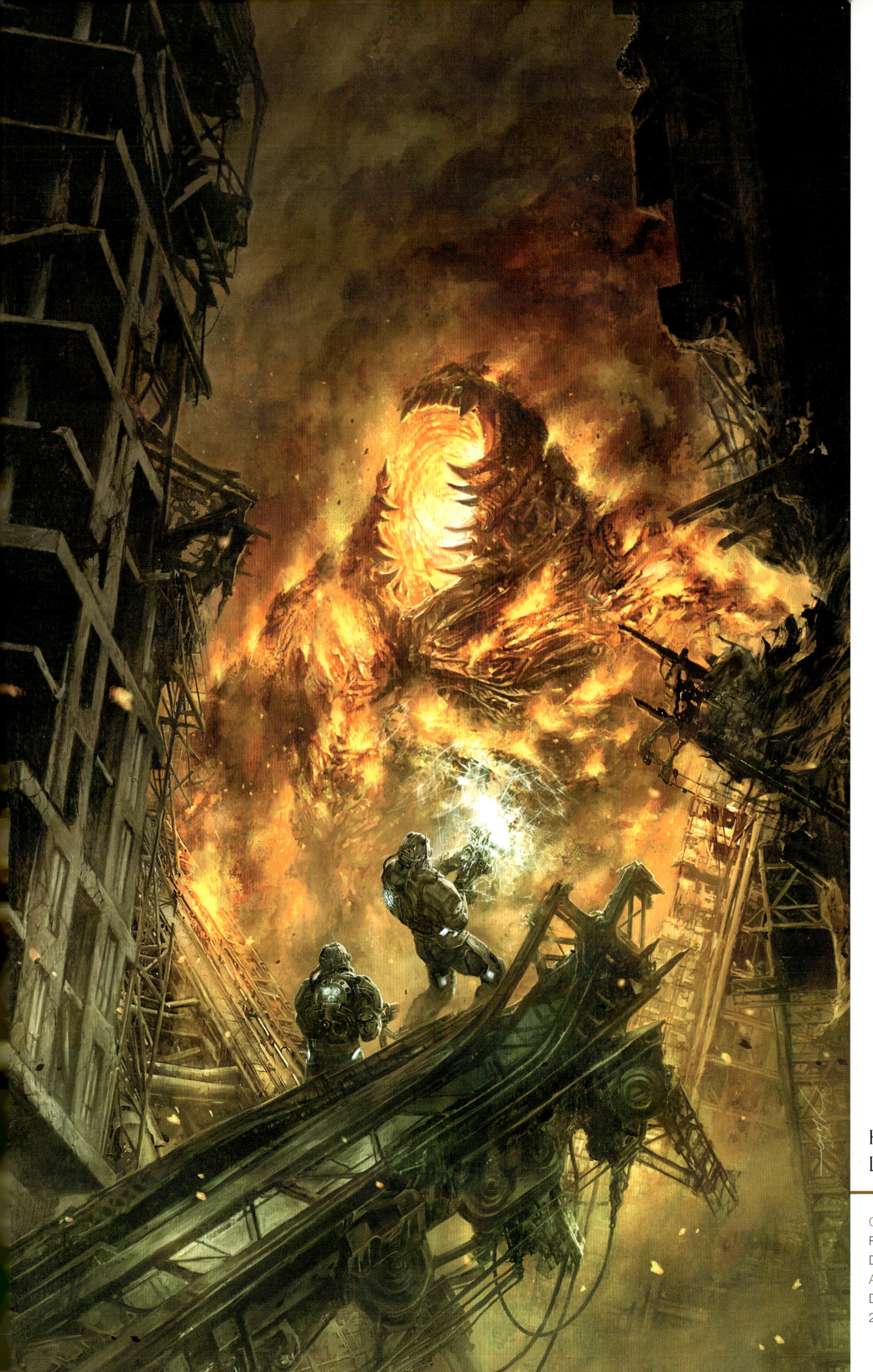

Hellgate: London 3

Client:
Flagship Studios / Dark Horse Comics
Art director:
David Land
2006

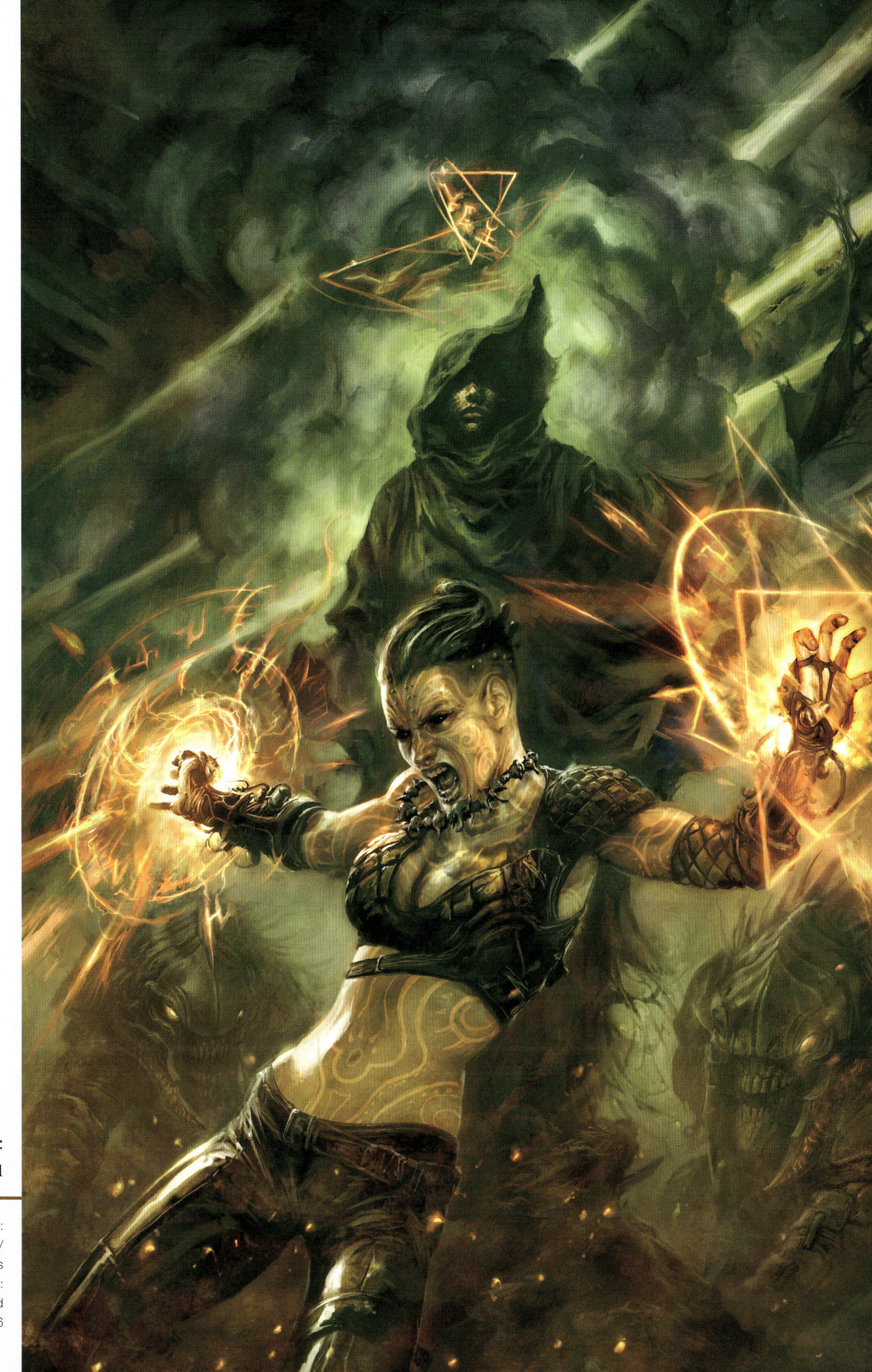

Hellgate:
London 1

Client:
Flagship Studios /
Dark Horse Comics
Art director:
David Land
2006

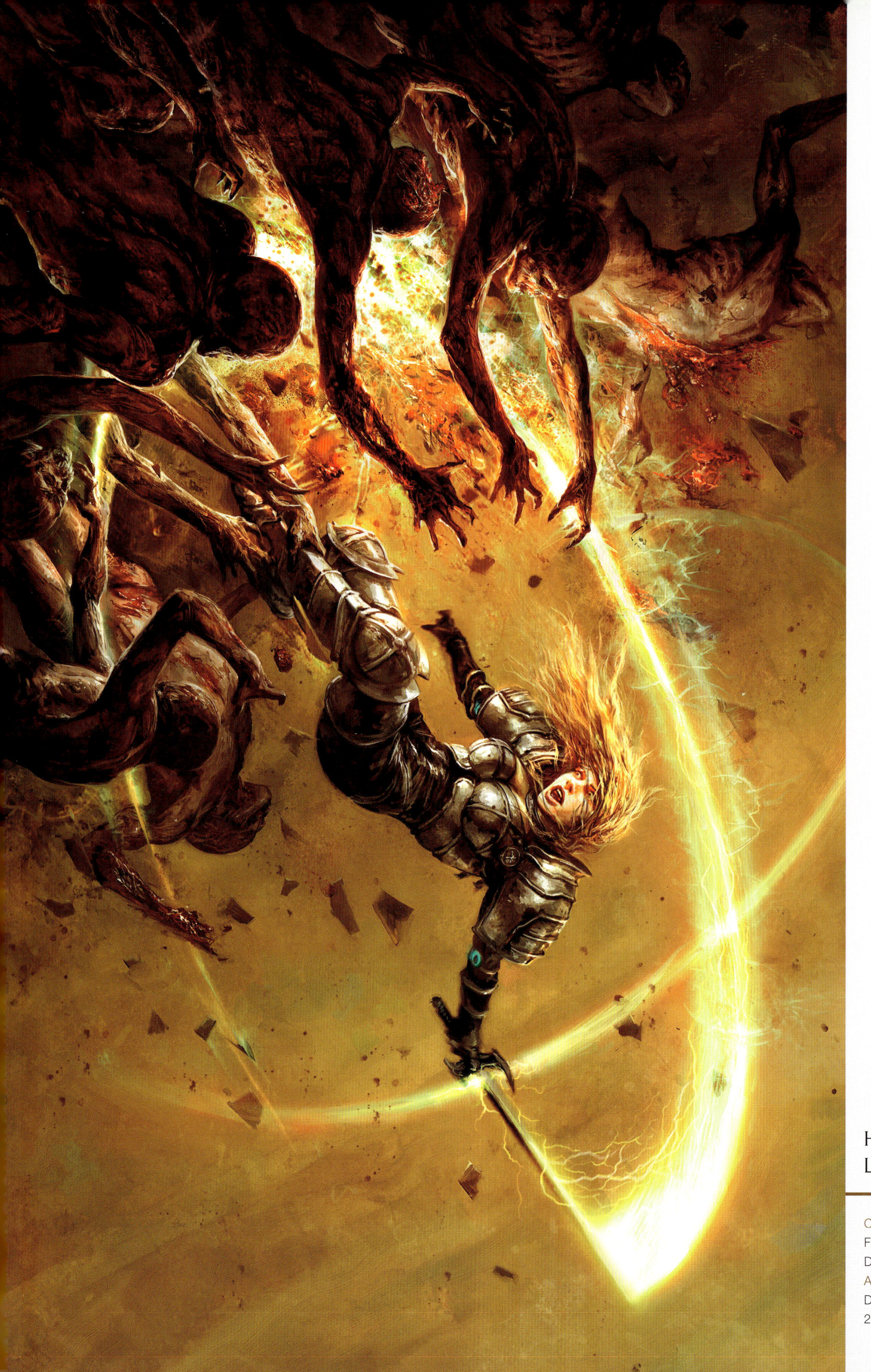

Hellgate:
London 2

Client:
Flagship Studios /
Dark Horse Comics
Art director:
David Land
2006

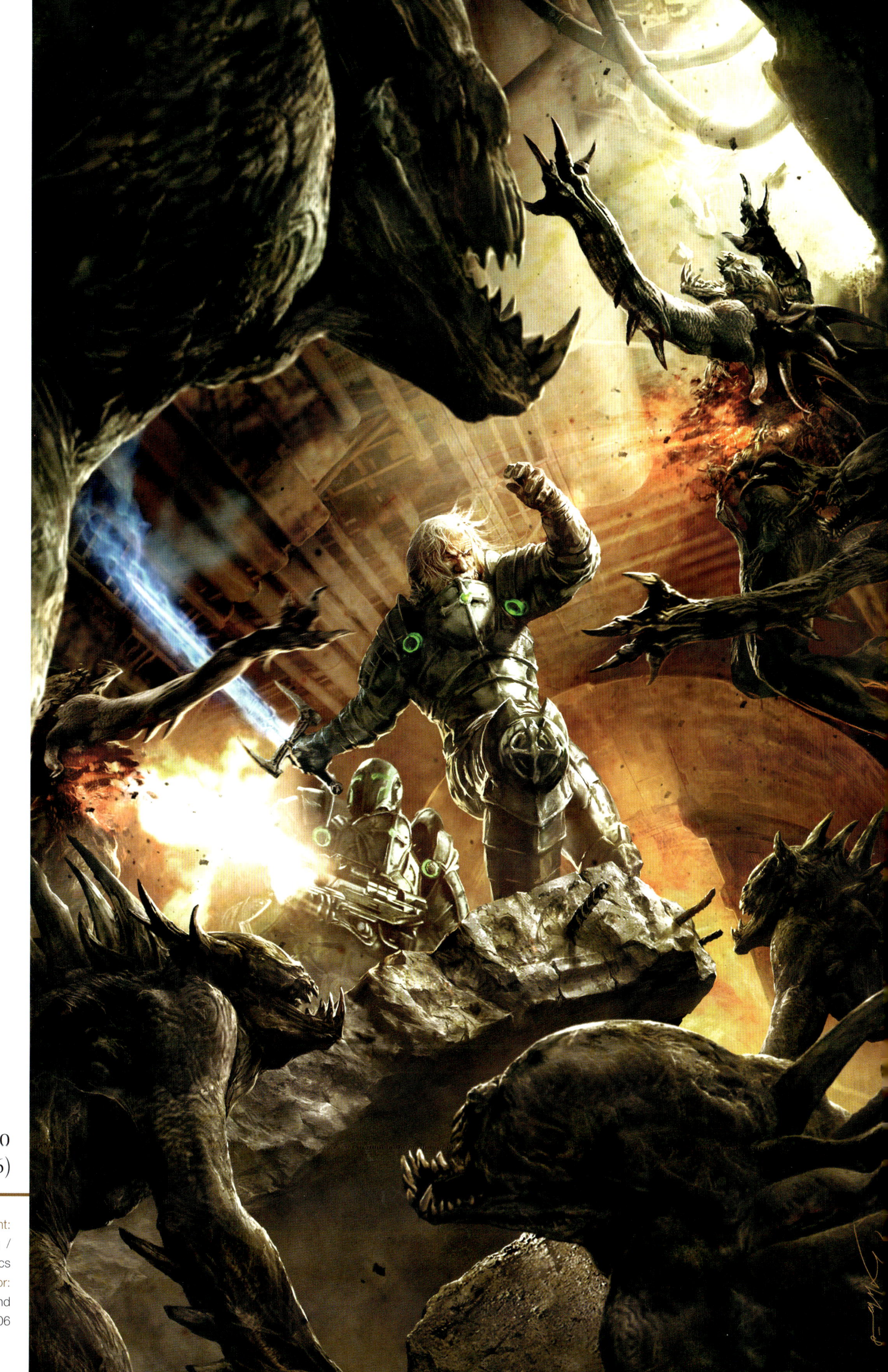

Hellgate: London 0
(E3 2006)

Client:
Flagship Studios /
Dark Horse Comics
Art director:
David Land
2006

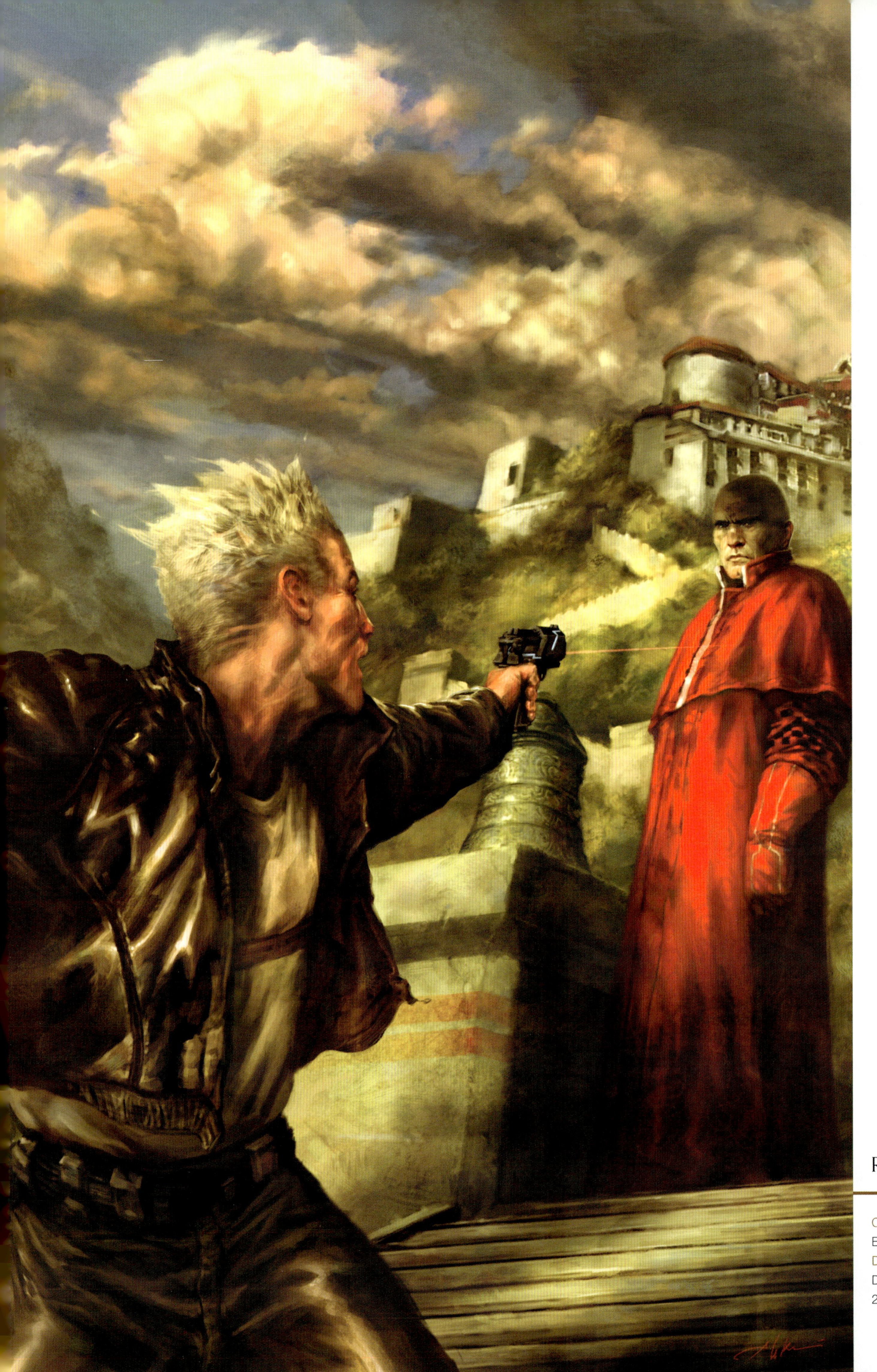

Rouge Robe

Client :
Bragelonne
Directeur Artistique :
David Oghia
2004

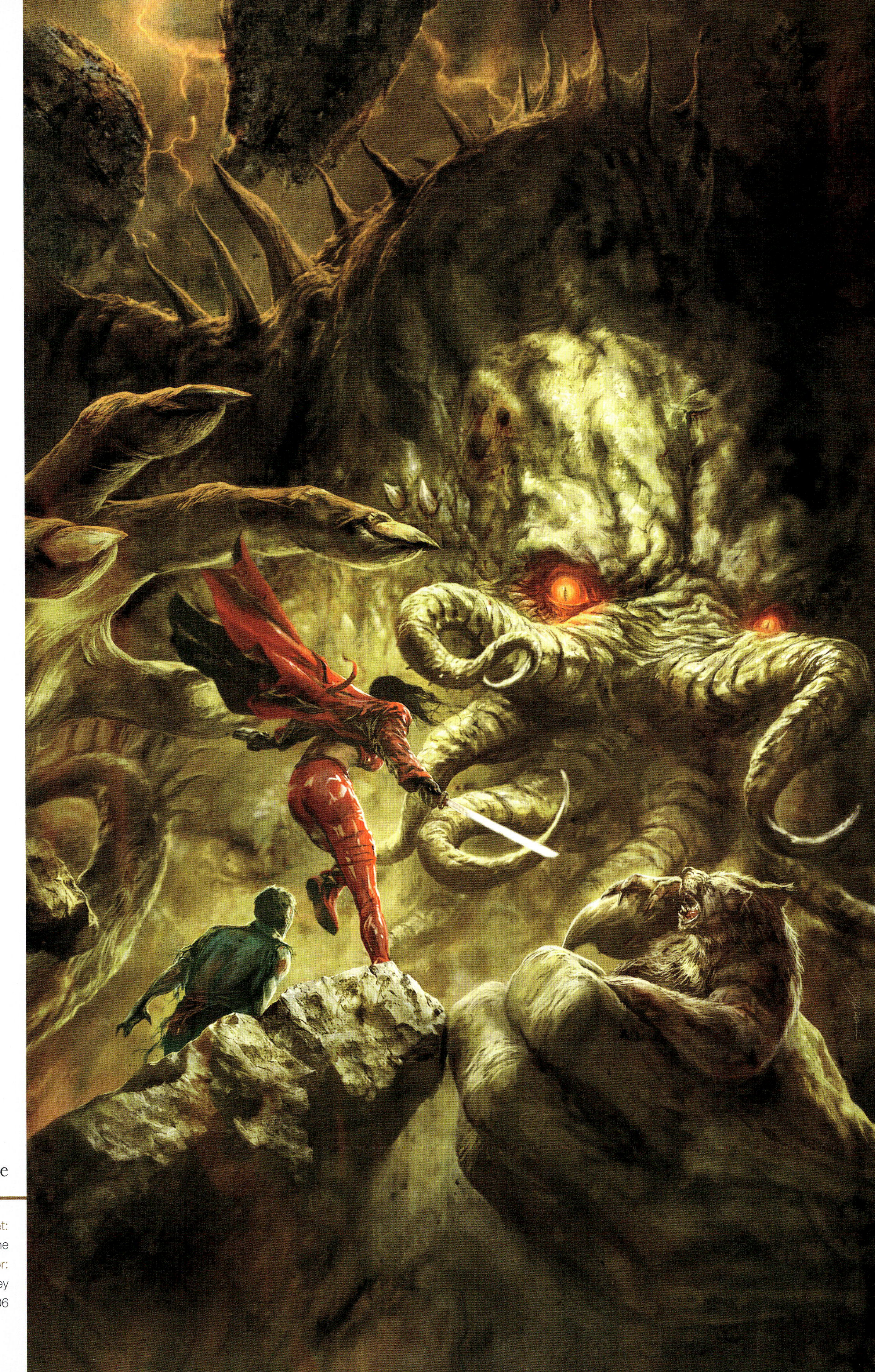

Cthulhu Rise

Client:
Bragelonne
Art director:
Shane Harley
2006

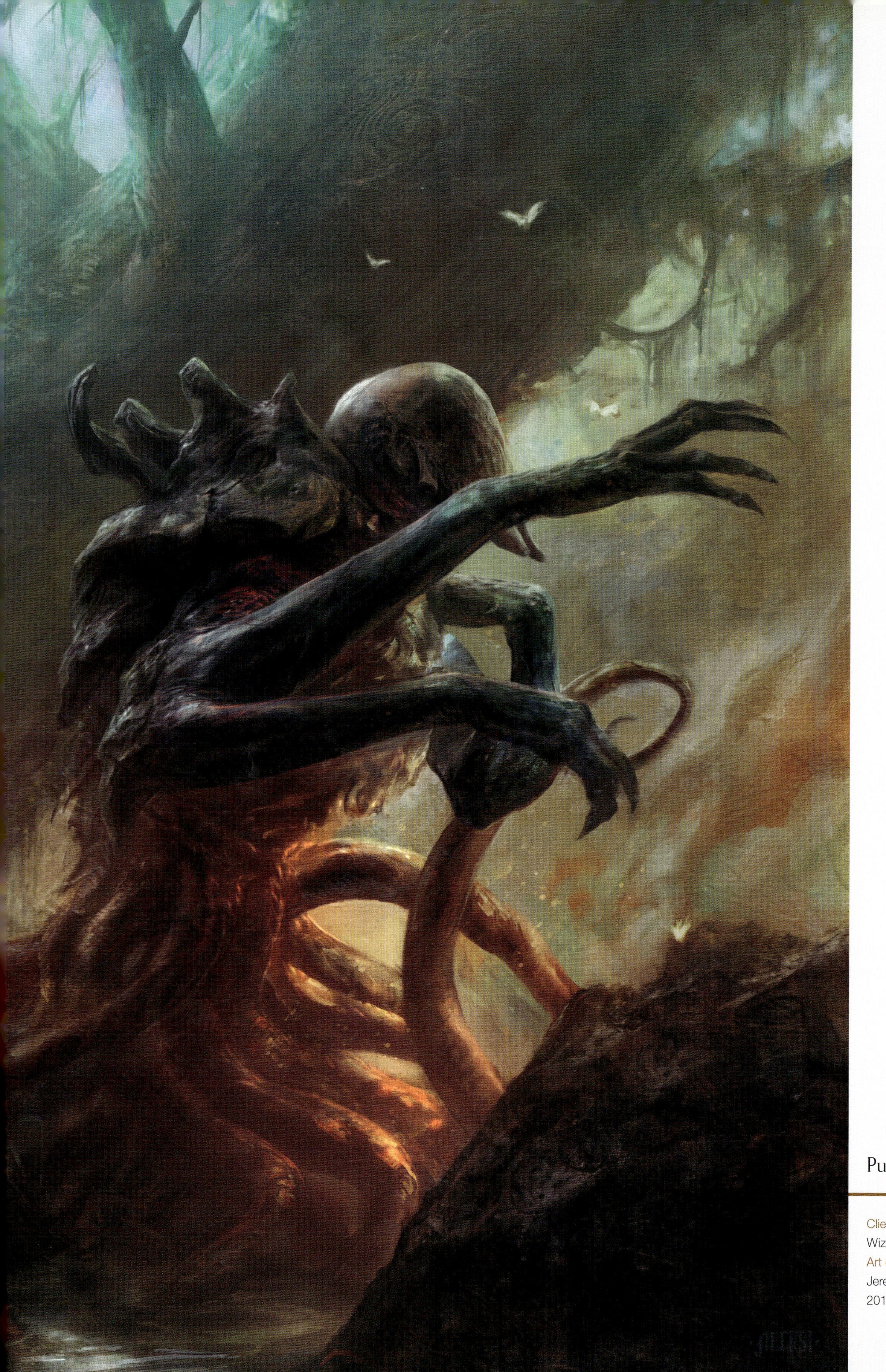

Puppa Token

Client:
Wizards of the Coast
Art director:
Jeremy Jarvis
2010

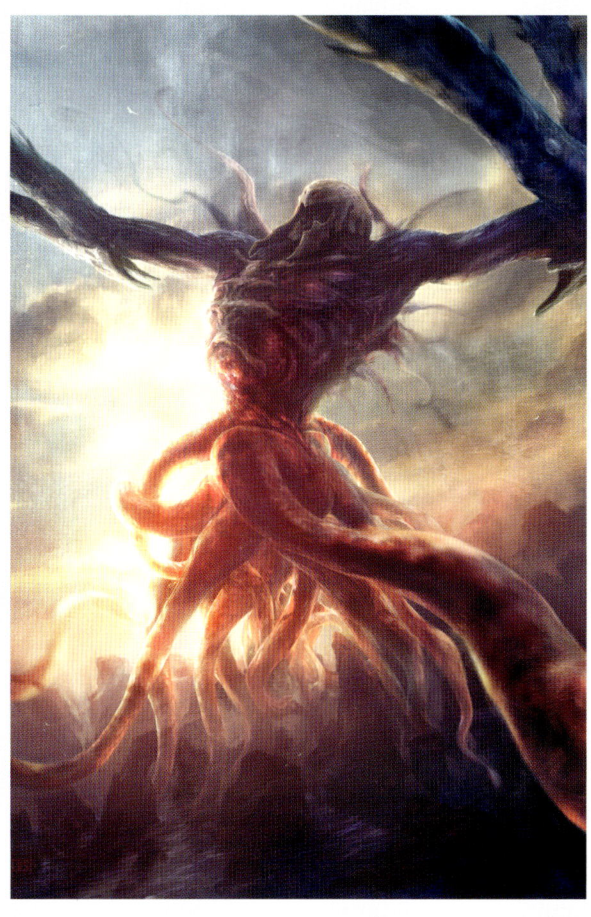

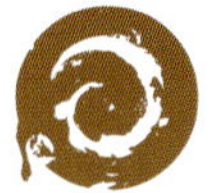

Brief artistique / Styleguide

11 heures du soir. Jonglant comme souvent entre de nombreux projets et commandes, je viens juste de poster à mon client le fichier final de cette illustration Magic sur laquelle j'accusais pas mal de retard. Un collègue scénariste de mon studio passe à côté et m'interroge sur le processus habituel de réalisation d'une carte. Je lui explique ce que je reçois : un matricule à 6 chiffres concernant le numéro de la carte, le titre provisoire, la description de l'image avec la couleur (important, rapport aux règles du jeu), le lieu, l'action à illustrer, le focus et l'atmosphère. À cela s'ajoutent en général des références de design à suivre, compilées dans une charte graphique (le styleguide) et réalisées en amont par d'autres artistes. J'ai d'ailleurs participé quelques fois à ces chartes, renouvelées pour tous les nouveaux sets de cartes à sortir.

Pour peaufiner l'explication à mon collègue, j'ouvre le styleguide dans lequel j'avais une référence d'inspiration pour la créature à représenter, page 24. Et là, je découvre que je me suis trompé de dix pages et que ma référence en question était une autre. Damned ! Et le fichier venait de partir...

Finalement, ma créature correspondait encore au brief de la carte et il n'y eut pas plus de dommage.
On se trompe parfois dans les sortilèges mais si la Magie prend malgré tout, c'est l'essentiel !

11 PM. Juggling, as always, many varied projects and commissions, I only just emailed to a client the final version of this Magic illustration I was rather late with. A writer in my studio just happens to pass by, and he asks me about the usual process for illustrating a card. So I explain what I normally receive: a 6-digit number for the card number, a temporary title, a description of the card including what colour it is (crucial information since the rules of the game are based on it), the action I should illustrate, its location, the atmosphere, what I need to focus on. Often you can add to that the design references that need to be followed, all compiled in the graphical style guide – that is to say, earlier designs and concept art from other artists. I actually contributed myself a few times to the style guide; they get updated every time a new set of cards is released.

To complete the explanation to my colleague, I open the style guide to show him the reference I was supposed to follow for the creature on this card, page 24… And this is when I discover that I got the page number, and therefore the reference design, wrong. Damn! And the file just left my inbox…

In the end, the creature I drew still somehow managed to follow the spec for the card; no damage done. Sometimes you mangle your spells a bit, but as long as the Magic works anyway… that's what counts!

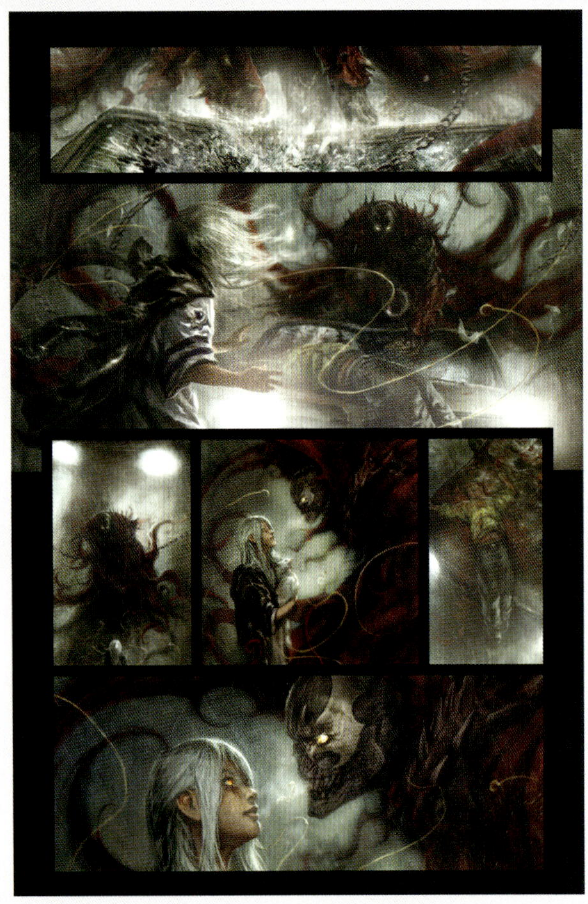

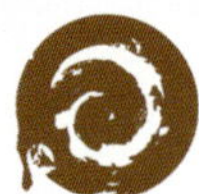

Le frai de l'enfer / Hell Spawn

Accueilli en mai 2003 comme la meilleure vente d'albums reliés sur le territoire américain, le comics Spawn : Simony avait soldé avec succès ma première contribution au panthéon du personnage de Todd McFarlane. Durant la réalisation de cet opus, j'ai eu l'occasion de rencontrer l'artiste, une excellente influence pour ce qui est de poursuivre ses rêves, travailler dur et persévérer pour atteindre les objectifs auxquels j'aspire.

Un second « graphic novel », Spawn : Architects of Fear, m'a permis d'intégrer mes compétences graphiques remises à jour au sein d'un travail séquentiel et de mettre en œuvre une compréhension, je pense, plus affirmée de la narration. Ce fut également une passionnante et motivante occasion d'apporter ma propre vision du personnage de Spawn, tout en respectant ses codes et son essence. Avec la bénédiction de Todd, le développement de ce projet en compagnie du scénariste Arthur Clare s'est avéré organique, fertile, passionnant et passionné. Un travail collaboratif nourri de rebonds et d'échanges permanents.

Pour l'occasion, j'ai également redesigné légèrement le look de Spawn, avec en tête la volonté de présenter une version réaliste et cinématographiquement plausible qui collait au ton de l'histoire.

Spawn: Simony issue 1, best-selling graphic novel trade paperback in the US in May 2003, marked my first ever contribution to the universe of Todd MacFarlane's character. During the making of this first project, I had the opportunity to meet the artist himself, who proved a great influence and inspiration to me about following my dreams, working hard and never letting go in order to meet the goals I aspire to.

Spawn: Architects of Fear, a second graphic novel, allowed me to integrate my updated artistic skills and put them to use for a sequential work; it made me deploy a deeper, more mature understanding, I think, of narration itself. I was also very excited, very motivated to contribute something of my own vision to the character of Spawn, all while, of course, respecting his essence and his codes. With Todd's blessing, the development of this whole project alongside writer Arthur Clare turned out to be organic, fertile, passionate, and enthralling. It was a collaborative endeavour enriched with a constant back and forth, a lot of ideas bouncing around.

I also took this opportunity to slightly alter Spawn's look. I had in mind to show a realistic version of him, more cinematographically plausible, to match the tone of the story.

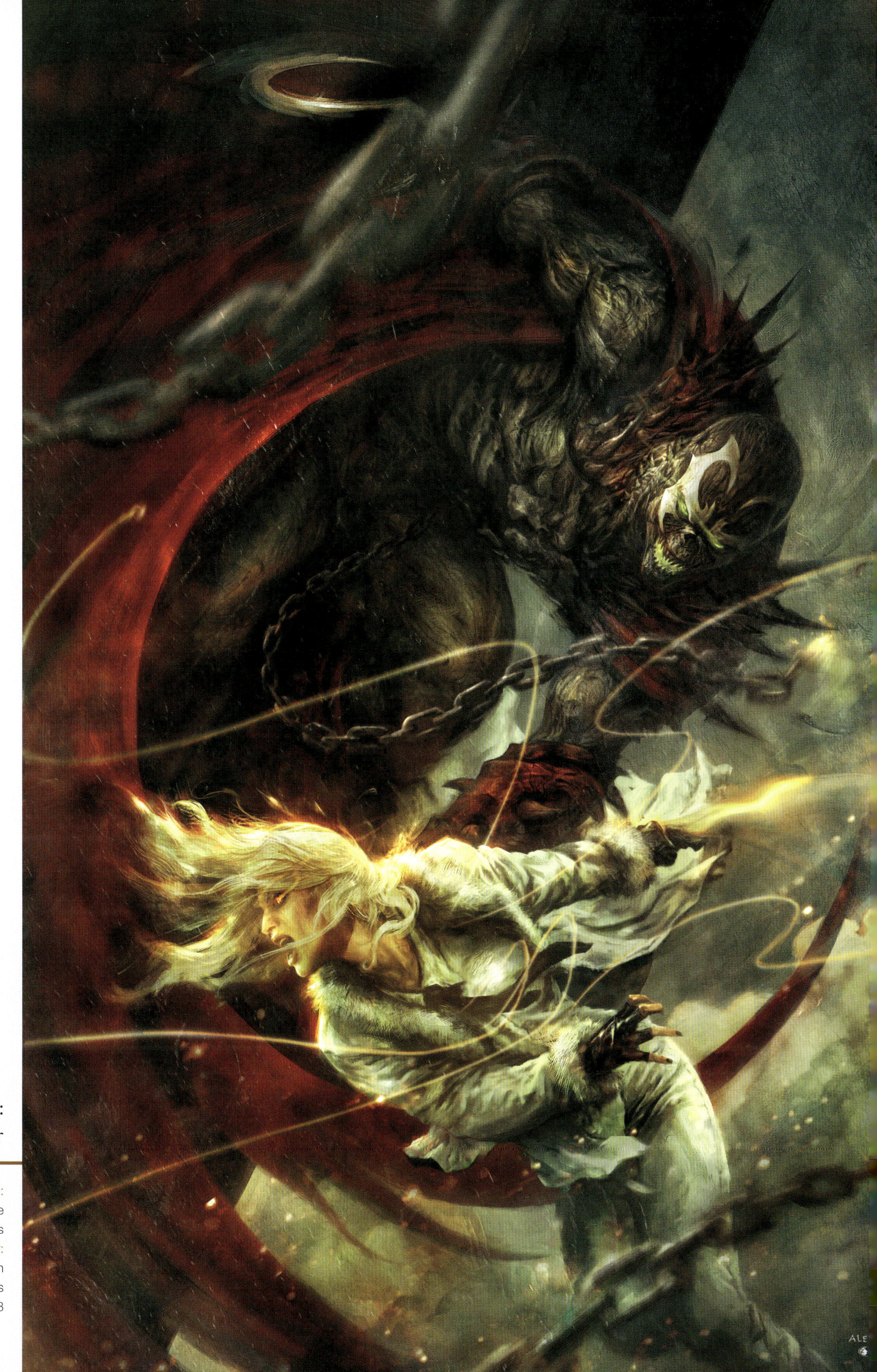

Spawn:
Architects of Fear

Client:
Todd McFarlane Productions
Art director:
Brian Haberlin & Tyler Jeffers
2008

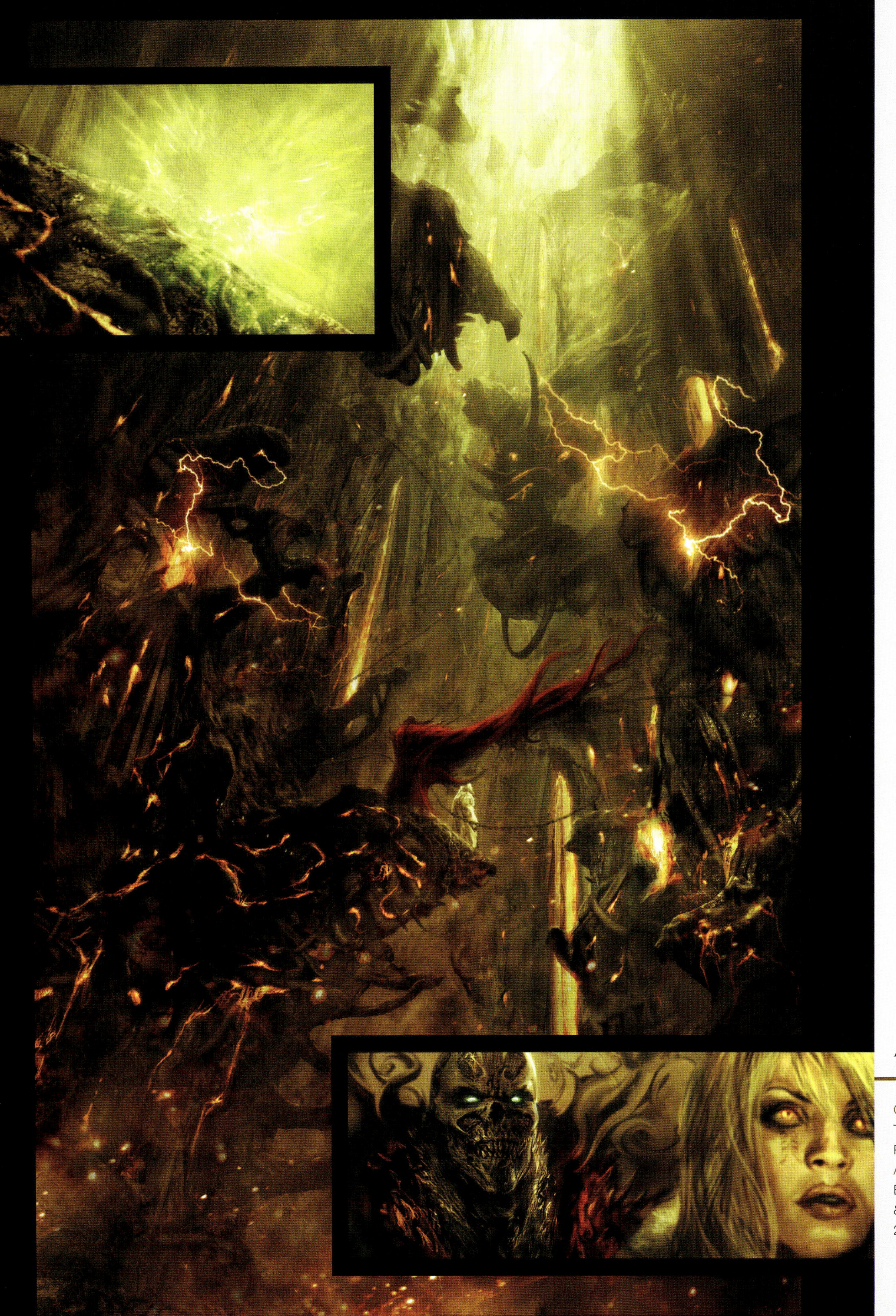

AoF page 21

Client:
Todd McFarlane Productions
Art director:
Brian Haberlin & Tyler Jeffers
2008

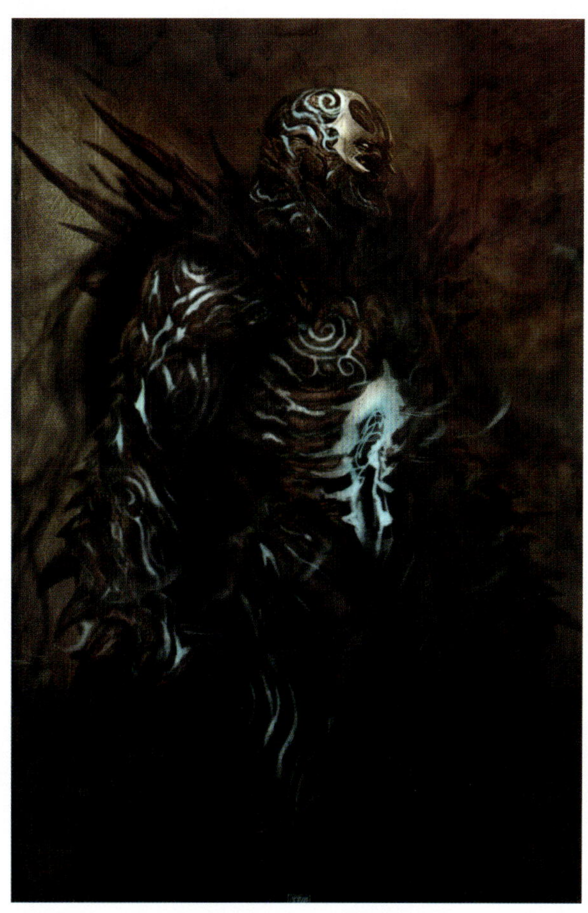

“ Illustration, bande dessinée, jeu vidéo, Aleksi est un artiste habité, «spirit driven», riche d'un imaginaire foisonnant et varié dont il sait partager la vision talentueuse avec un public issu d'horizons les plus divers. Aleksi rend moins sombres les univers les plus obscurs et insuffle une énergie communicatrice à tout ce qu'il fait.

Son travail suscite avant tout l'émotion, tel un parfum qui s'adresse au cœur sans passer par la raison. Ses illustrations ont une clarté qui leur donne une autre dimension, celle du mouvement et de la vie, apportant la note de merveilleux propre au style Briclot qui distingue ses créations de celles de ses pairs. En cela, Aleksi est un artiste rare qui touche le cœur et marque l'esprit.

Illustration, comics, video games: Aleksi is a "spirit driven" artist, possessed, blessed with a rich and varied imagination that his talent allows him to share with a large, diverse audience. Aleksi knows how to shine a light on the most obscure universes, and he brings to everything he does an infectious energy.

More than anything, his work generates emotions, in the same way a scent bypasses our judgment and goes straight to the heart. There is a specific clarity to his illustrations, and extra movement and life which give his work the touch of wonder that makes it unique and distinguishes it from his peers. Aleksi is a rare artist, who touches our hearts and leaves a mark in our minds with his images. ”

Arthur Clare
Scénariste / Writer

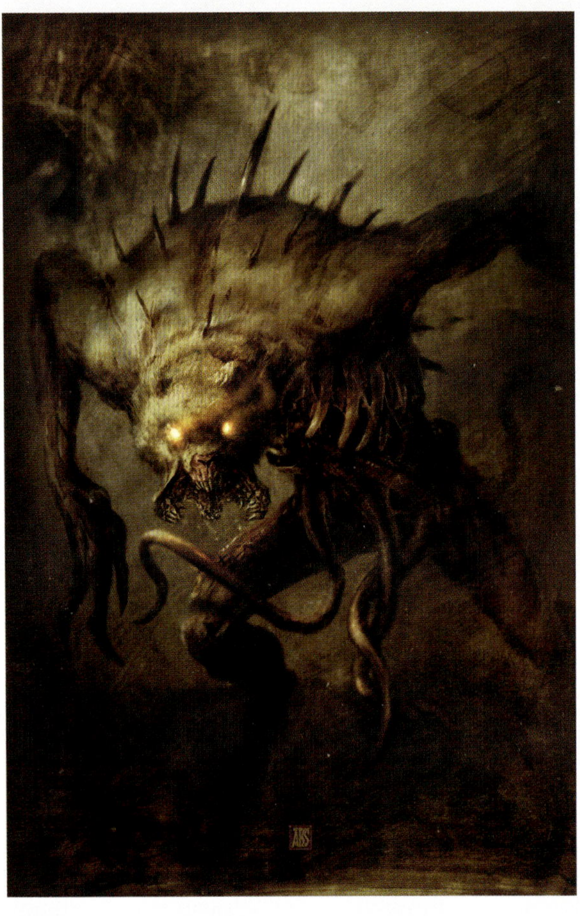

Aleksi Briclot et les Furieux, c'est une vraie complicité artistique inaugurée par un 1er acte en forme de première expo à Paris en 2002, puis une seconde en 2005 elle aussi soutenue par un public enthousiaste, presque fanatique ! Et puis, un soir de fête avec Jean-Sébastien Rossbach, il est sorti cette idée géniale de faire un tête à tête créatif qui a donné ce fabuleux Merlin dont ils nous ont fait redécouvrir la magie. Évidemment, la sortie du livre s'est accompagnée d'une expo furieuse.
Et puis, pour mes enfants, Aleksi c'est l'indien aux cheveux de soleil !

Mais Aleksi et moi, c'est surtout une histoire d'amitié qui s'est construite lentement au comptoir et qui petit à petit a pris son envol. Quand on se retrouve, peu importe le temps qui s'est écoulé, peu importe notre humeur du moment, les sentiments sont simples, pudiques mais forts et sincères.

C'est pour ça qu'on peut si souvent jouer aux couillons, parfois même avec nos jouets imaginaires aux noms improbables Colossus, Karcher et autres...
Et c'est trop bien !

Aleksi Briclot and the Furieux have a long history, starting with an exhibition in Paris in 2002 for the first act, and later a second one in 2005, praised by an enthusiastic, near fanatical audience. Then, one evening at a party with Jean-Sébastien Rossbach, came the genius idea to set up this creative one-to-one: it gave us the fabulous Merlin, reinventing the old, making it magical anew. Of course, the book release was coupled with a righteous exhibition, too.

In my children's eyes, Aleksi is the Indian with the golden hair… but Aleksi and I are, above all, the story of a slow-building friendship, growing and growing and finally taking flight. When we meet up again, regardless of how long it's been and regardless of our personal mood on that day, the feelings between us are simple, they're strong and sincere.

That's why we can play dumb games so often, so easily, sometimes with our imaginary toys with their improbable names, Colossus, Karcher and more…
It's super fun!

Pascal HV
Chef de Gang / Gang Leader

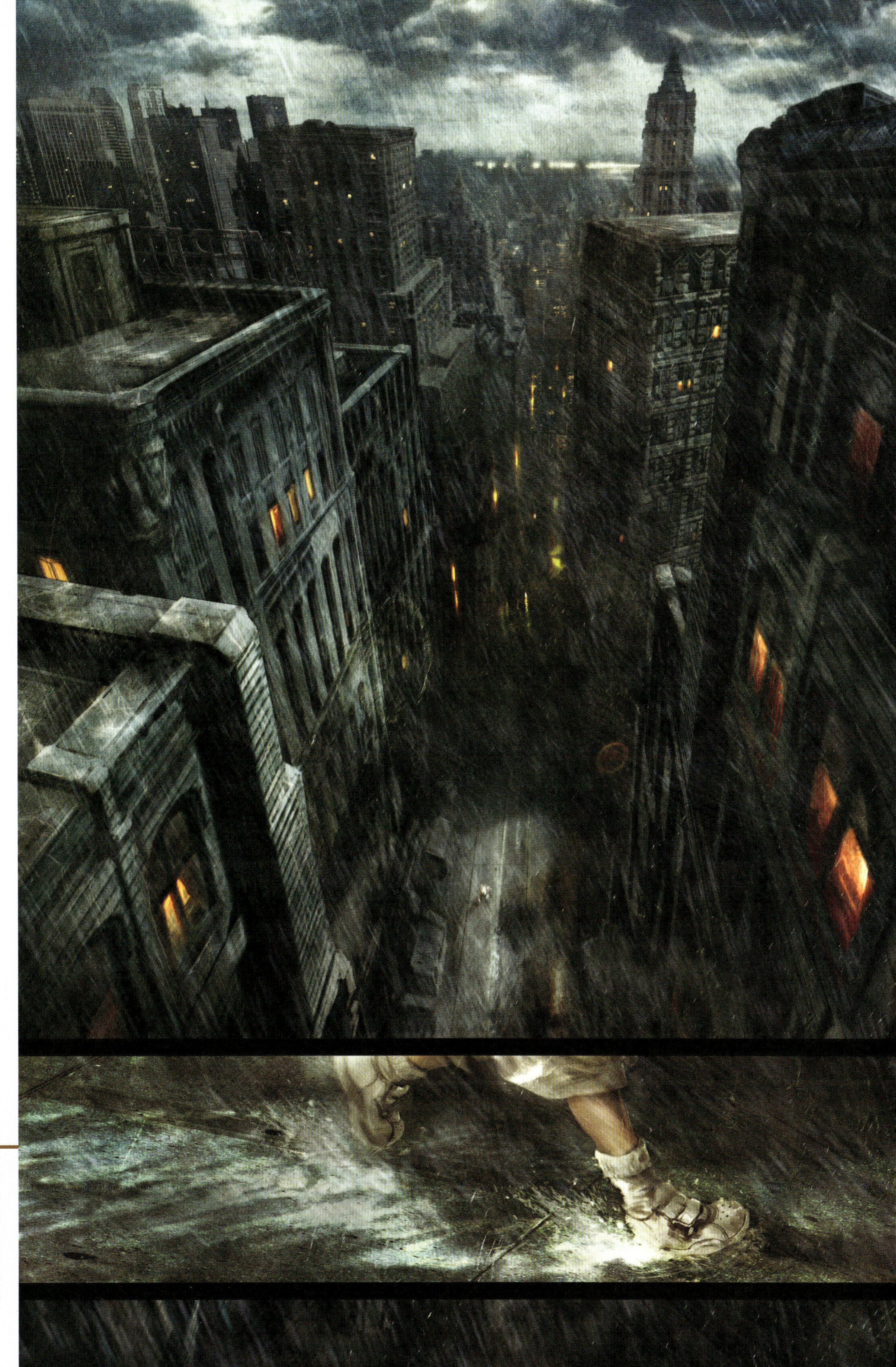

AoF page 01

Client:
Todd McFarlane
Productions
Art director:
Brian Haberlin
& Tyler Jeffers
2008

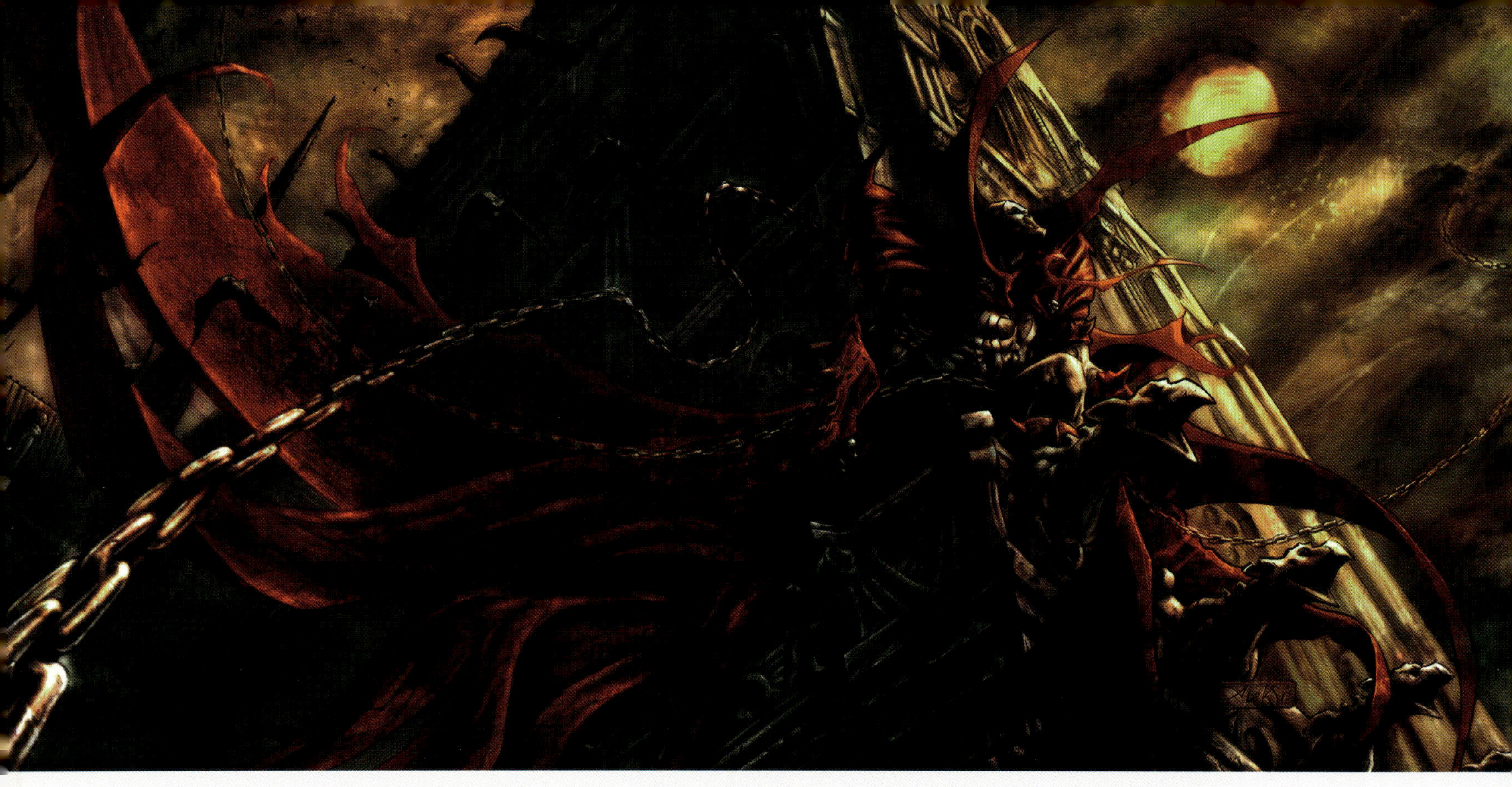

« Pour avoir passé presque vingt ans à travailler aux limites du comics américain de super-héros, s'il y a bien une chose que l'on retrouve en permanence, c'est le manque d'innovation de la part des artistes au niveau du style et de l'apparence des récits de super héros. De temps en temps, je tombe sur un artiste et je reste scotché. Aleksi est pour moi l'un de ceux-là. La première fois que j'ai vu son travail, j'ai tout de suite vu un jeune homme avec une tonne de potentiel. À chaque fois que je jetais un oeil dans sa direction, je voyais ses travaux faire des bonds en avant.

Avance rapide : il y a quelques années, Aleksi décide de faire un roman graphique pour Spawn, entièrement peint. Dans Spawn Simony, Aleksi a non seulement capté le genre super-héros, il a aussi su rendre l'atmosphère, les sensations, le côté inquiétant – tout ce que Spawn incarne, ce que son univers représente. J'étais habitué à des artistes qui dessinent des jolis immeubles et des personnages impeccables à la musculature parfaite. Mais le monde, et surtout un monde que je conçois, n'est jamais aussi séduisant, il est plus terre à terre. Aleksi a réussi à saisir ça et à donner à Spawn un look complètement nouveau, ce qui fait que Spawn n'a pas besoin de prononcer un mot : il se tient dans l'ombre sans bouger et vous avez une trouille bleue. C'est toute la force d'Aleksi. Je suis fier d'avoir travaillé avec lui sur la suite de Spawn Simony qui s'appelle Spawn : Architects of Fear, et d'avoir été là pour le voir encore pousser d'un cran son talent.

J'espère que vous apprécierez cette rétrospective de son œuvre, que vous percevrez son talent grandissant, et que vous prendrez conscience de votre chance d'avoir en Europe un artiste aussi rare, un véritable trésor. Je te souhaite bonne chance, Aleksi, et je suis certain que les décennies à venir nous réservent un ouvrage qui dépassera encore tout le magnifique travail déjà accompli.

As someone who's spent nearly two decades working within the confines of the American superhero comic book genre, there's one thing that becomes somewhat repetitive as the years pass by – the lack of innovation within the style and the look of superhero storytelling from the artist's point of view. Every now and then, an artist will cross my path who literally makes me stop in my tracks. Aleksi is one of these artists for me. The first time I saw his work, I could see there was a young man who had a ton of potential. Each time I stuck my head in his direction, I saw his artwork growing by leaps and bounds.

Fast forward to a few years back, and Aleksi wants to create a fully painted Spawn graphic novel. In Spawn Simony, Aleksi not only captured the superhero genre, but also the mood, feel, and creepiness that is the character Spawn and the world that he lives in. I've gotten used to people drawing nice, pretty buildings and pretty people with flawless muscle structure. However, sometimes the world, especially the type of world I create, is a little more down to Earth and a little less handsome, if you will. Aleksi was able to grasp all of that and bring a whole new look to Spawn that, without Spawn saying one word, scares the crap out of you by just standing in the shadows. His drawing and painting is just that good. I was proud to work on the follow up to Spawn Simony with Aleksi called Spawn: Architects of Fear, and watch him take his art to the next level.

I hope you enjoy this retrospective of his work, see the growth in it, and admire that you're lucky in Europe to truly have a jewel in the artistic world. All the best of luck to you Aleksi, and I'm sure we'll have decades of work from you that will far exceed the magnificent work you've released to date. »

Todd McFarlane
Artiste / Artist

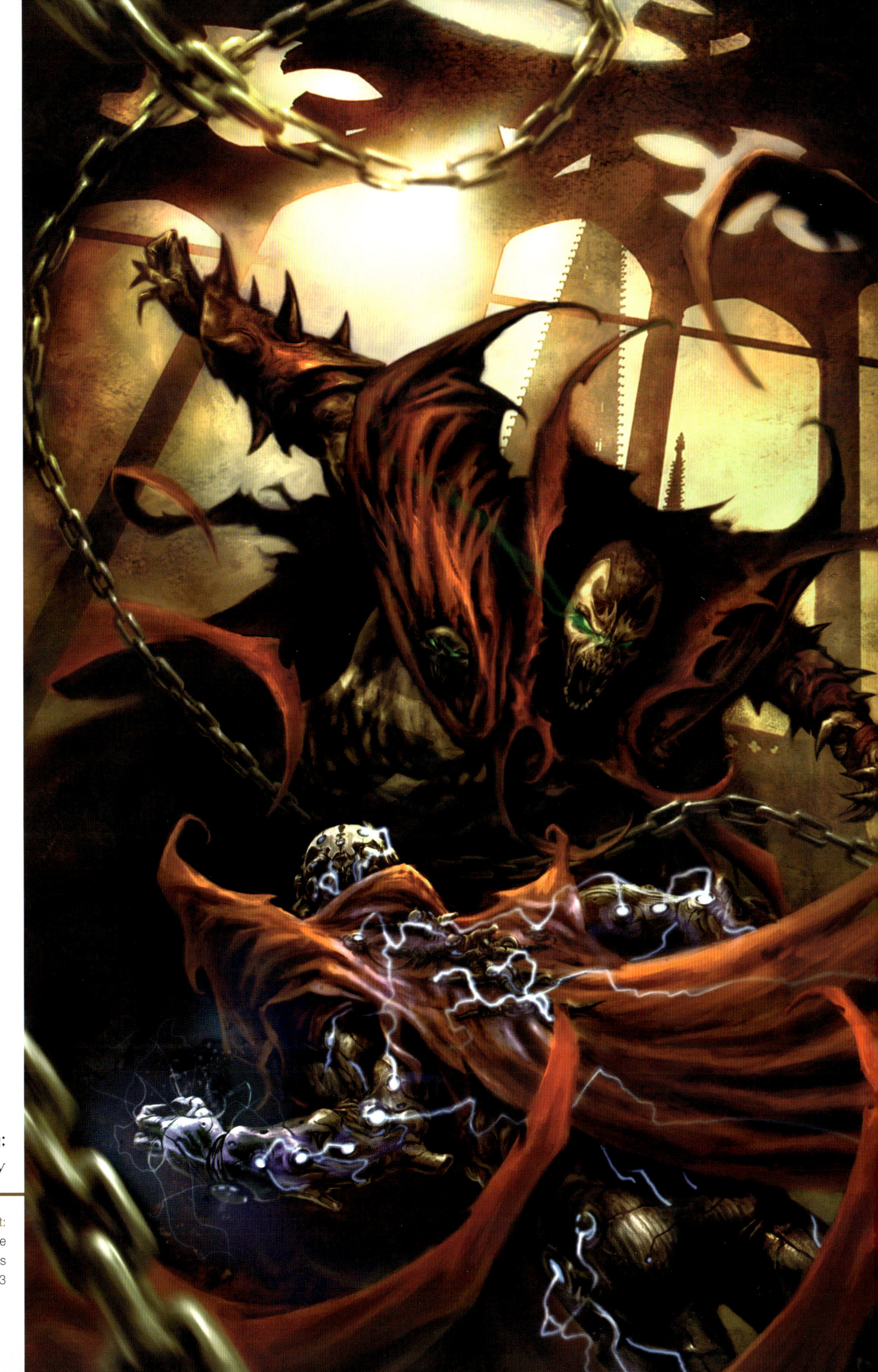

Spawn:
Simony

Client:
Todd McFarlane
Productions
2003

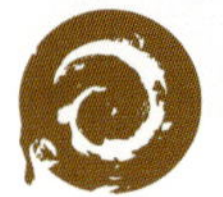

Narration / Storytelling

L'élaboration de l'album Spawn : Architects of Fear a été nourrie d'incessants échanges avec Arthur, de son script initial et ses premiers croquis de mise en place jusqu'à mes designs de pages définitives en passant par les remaniements et les ajustements permanents de la trame et de ses détails.

Grâce à cette ambiance horrifique, pesante et lourde, je me suis retrouvé dans une certaine zone de confort vis-à-vis de ce projet. J'ai dû me concentrer sur la façon de délivrer des pages fluides avec, je l'espère, des morceaux de bravoure visuelle (la plongée d'ouverture sur la ville sous la pluie, la pleine page sur l'anti-chambre de l'enfer, certains designs, comme le damier en neuf vignettes égales qui au final marche très bien...) tout en restant toujours au service de la narration.

L'accent a été mis sur une structure relativement classique et sobre. Une attention particulière a été apportée à la gestion du rythme des pleines pages et de chaque fin de double page pour toujours inciter le lecteur à lire la suite.

De façon globale, j'ai défini des ambiances colorées propres à chaque séquence, usant d'une progression sensible et suivant la courbe dramatique au sein de l'histoire. L'ouverture est réalisée dans les tons bleu-vert, la séquence intimiste suivante dans les rouges, l'évolution se fait ensuite jusqu'au climax, d'un vert clinique à une ambiance bien plus chaude, jaune et orangée. La conclusion, plus calme et posée, arbore des teintes pastel.

Je n'ai pas réalisé les pages dans un ordre chronologique mais en travaillant par sessions sur l'ensemble : tous les storyboards d'abord, les premières mises en page ensuite, ajouts de détails, choix des gammes colorées, puis de nombreuses couches d'affinage et de détails. Cela m'a permis de toujours conserver un regard sur la globalité. Toutes ces petites vignettes éparses forment un grand tout !

The realisation of Spawn: Architects of Fear was a continuous back and forth between Arthur and me, from his very first script and initial blocking sketches to my last definitive page designs, via constant minute adjustments of the story or the details.

Thanks to his horrific, heavy, terrible work atmosphere, I found myself in a comfort zone. I had to focus on a good way to deliver pages with great flow, and, I hope, a few bold, striking, bravura moments (the opening high-angle shot of the city with the rain, the full page of the antechamber of Hell, some of the page designs, like the checkerboard design with nine equal panels, which, it turns out, works great…), serving the narration all the while.

We chose to stress a somewhat classical, sober page design. We paid particular attention to the rhythm for full pages and the end of double pages, to always entice the reader to turn the page and keep reading.

On the whole, I determined the colour atmosphere for each sequence using a sensible progression, following the dramatic curve of the tale. The opening has blue-green tones, then the more intimate sequence that follows is red, and it keeps evolving up until the climax, from a clinical green to a much warmer ambiance with yellows and oranges. The conclusion is calmer, more subdued, so it has pastel hues.

I didn't work on the pages in chronological order, rather, I worked in sessions on the whole thing. First the storyboards, then the first page layouts, then more detail, the choice of the colour ranges, and, after that, many, many passes to refine everything and add details. This process allowed me to always keep the big picture in mind. All these small scattered panels form a big coherent whole!

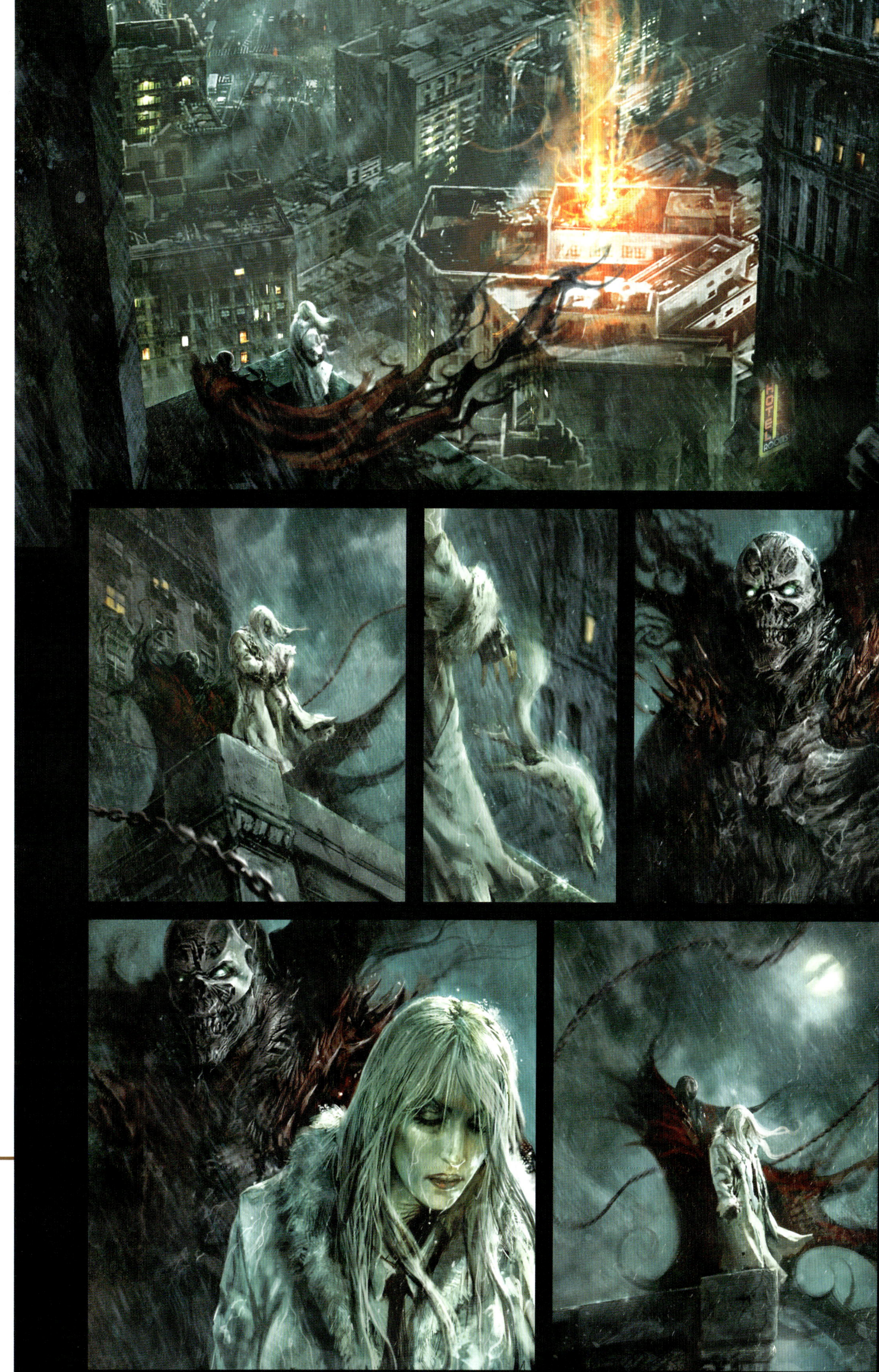

AoF page 18

Client:
Todd McFarlane Productions
Art director:
Brian Haberlin & Tyler Jeffers
2008

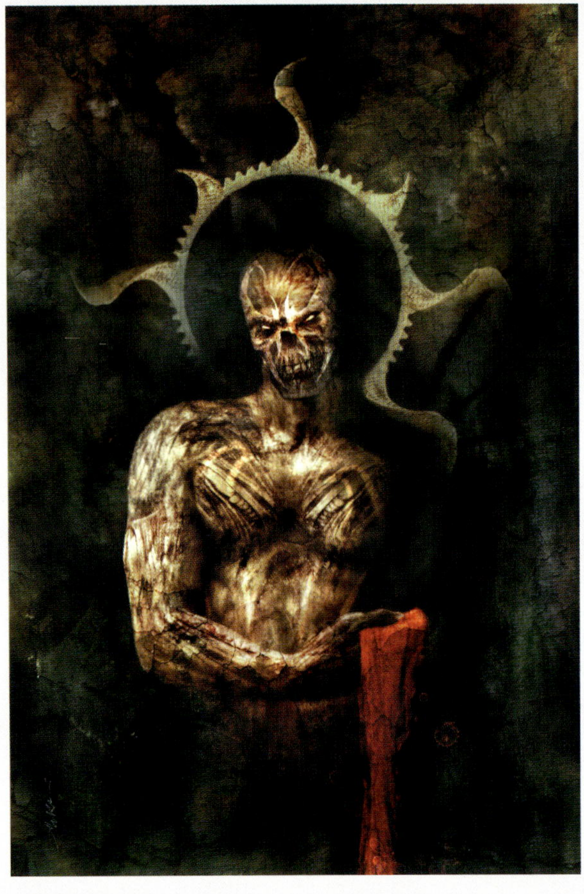

Hell's King

Client:
Todd MacFarlane
Productions
2003

“ Ce gars-là a trop de talent !
Notre rencontre remonte à une quinzaine d'années. Déjà. Dreads au vent, il affichait une insouciance de façade qui cachait à peine un talent visible sur ses dessins au premier coup d'œil.
Le garçon savait dessiner, peindre et qui plus est, il savait se situer par rapport au monde qui l'entoure. Car son talent est doublé d'une intelligence rare : celle du cœur.

Artiste accompli, éternel insatisfait à la recherche de la perfection, il n'est pourtant pas un « Pierrot Lunaire ». Aleksi s'inscrit dans l'air du temps, il va vite. Mais sa boulimie d'expérience(s), sa réactivité et sa curiosité ne sacrifient jamais à la qualité.
Que cela soit pour la couverture d'un fanzine (Scarce), d'un titre Marvel (Annihilation), d'un comics plus obscur (Strangers), ou même pour une illustration de carte à collectionner, Aleksi donne ce qu'il a de meilleur. Ce créateur de mondes, véritable « wizard » de la palette numérique et du crayon (Merlin) s'est doublé d'un redoutable narrateur (de la version BD de Alone in the Dark à Spawn - AoF, qui reste encore à paraître).

Aleksi, tu m'énerves ! Tu as décidément trop de talent !

This guy has way too much talent!
We met about fifteen years ago. Time flies. His dreads flying in the wind, at the time he used to feign a nonchalance that a single glance at his drawings and their obvious qualities would dispel. The boy knew how to draw, how to paint, and moreover, he knew precisely where he stood within the world. His talent, you see, comes with rare insight, an emotional intelligence straight from the heart.

Despite being an accomplished artist, eternally malcontent and always chasing perfection, Aleksi doesn't have his head in the clouds. He very much belongs to his time, and he moves fast. His hunger for new experiences, his quick reaction time and his curiosity somehow never leave quality behind, though. Be it for a fanzine cover (Scarce), a Marvel title (Annihilation), some more obscure comic (Strangers) or a trading card illustration, Aleksi always gives his very best.
And now, this world-builder, this true wizard of the pen (Merlin) and of the digital graphic palette has also become a fierce storyteller (from the graphic novel version of Alone in the Dark to Spawn – AoF, soon to be released).

Aleksi, this is too much! You really have way too many talents ! ”

Thierry Mornet
Responsable Éditorial Comics /
Editor in chief for Comics
Éditions Delcourt

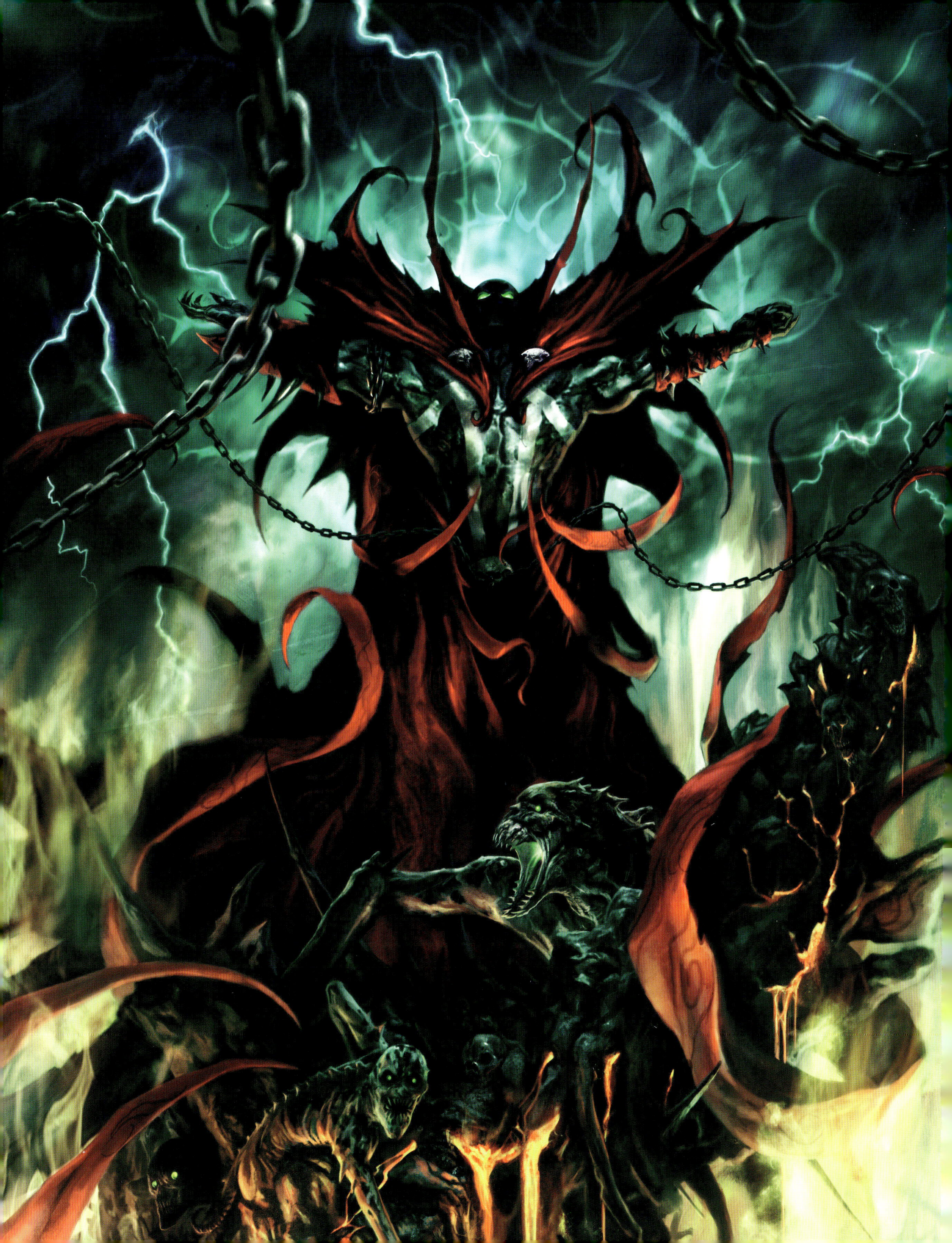

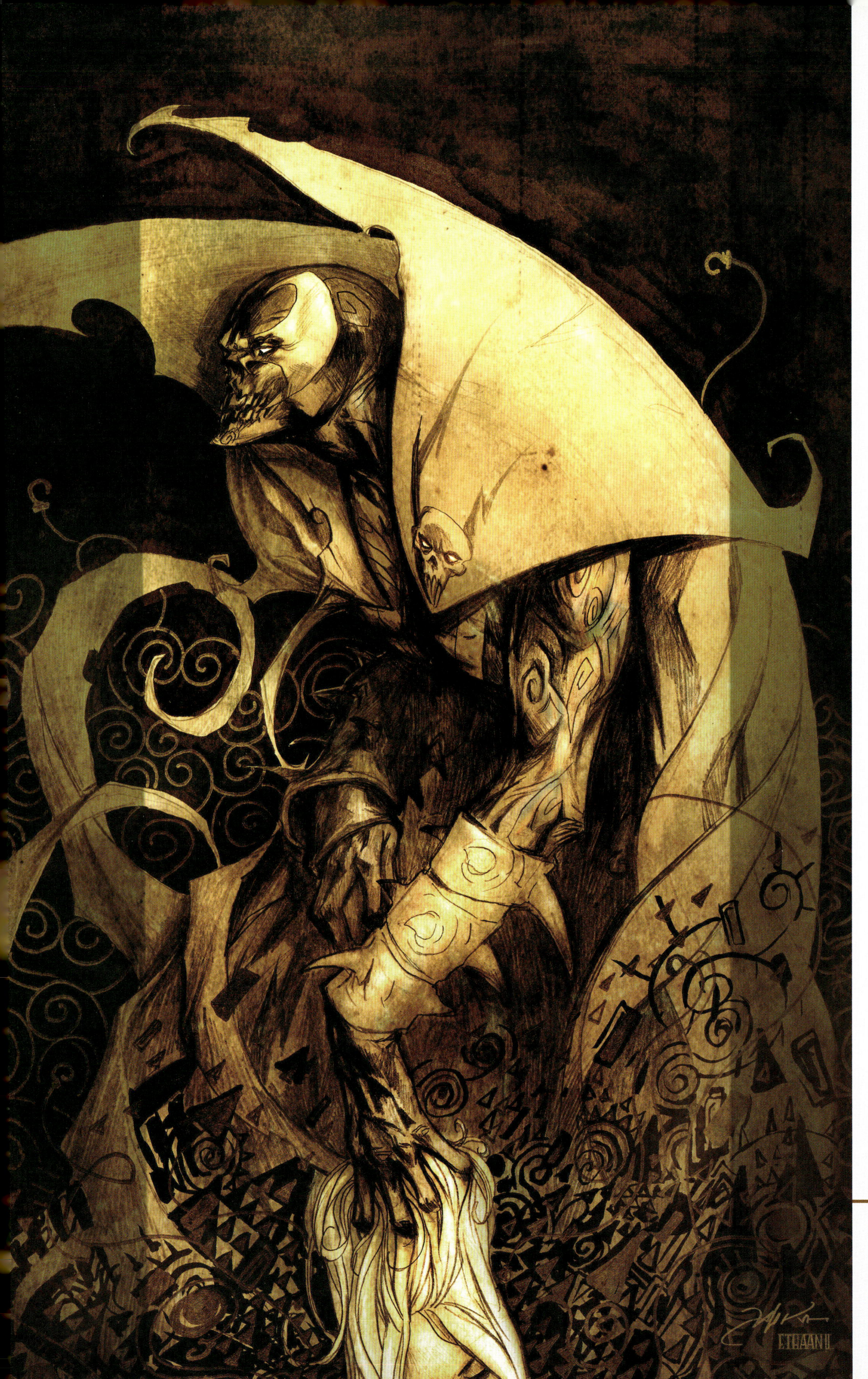

Ethaan II

Client:
Todd McFarlane Productions
2005

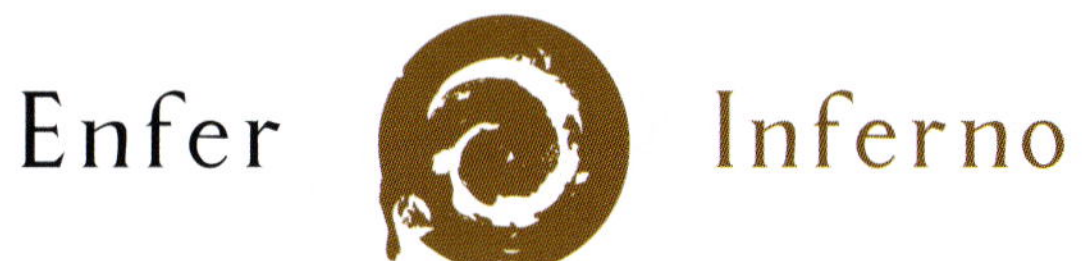
Enfer
Inferno

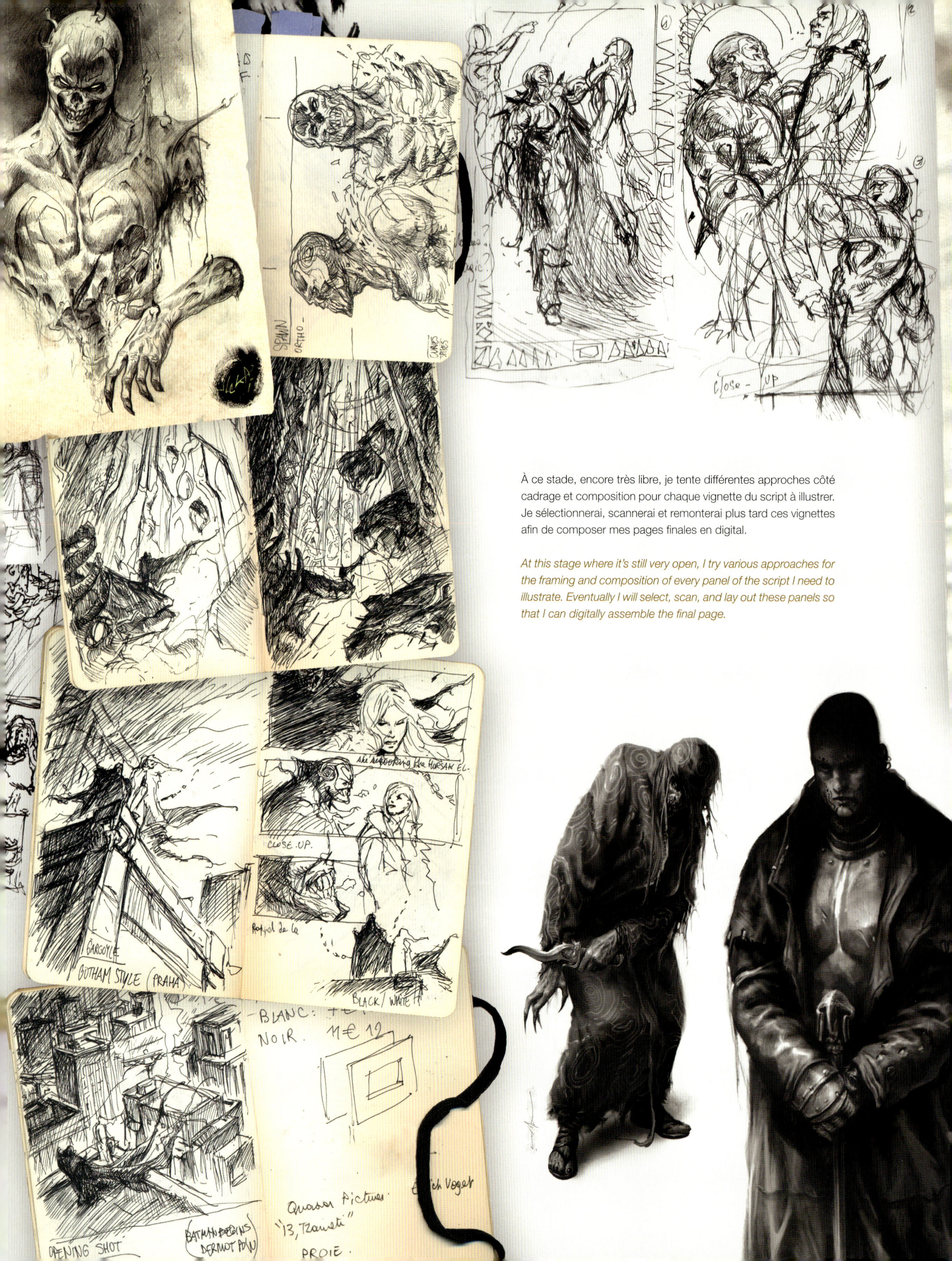

À ce stade, encore très libre, je tente différentes approches côté cadrage et composition pour chaque vignette du script à illustrer. Je sélectionnerai, scannerai et remonterai plus tard ces vignettes afin de composer mes pages finales en digital.

At this stage where it's still very open, I try various approaches for the framing and composition of every panel of the script I need to illustrate. Eventually I will select, scan, and lay out these panels so that I can digitally assemble the final page.

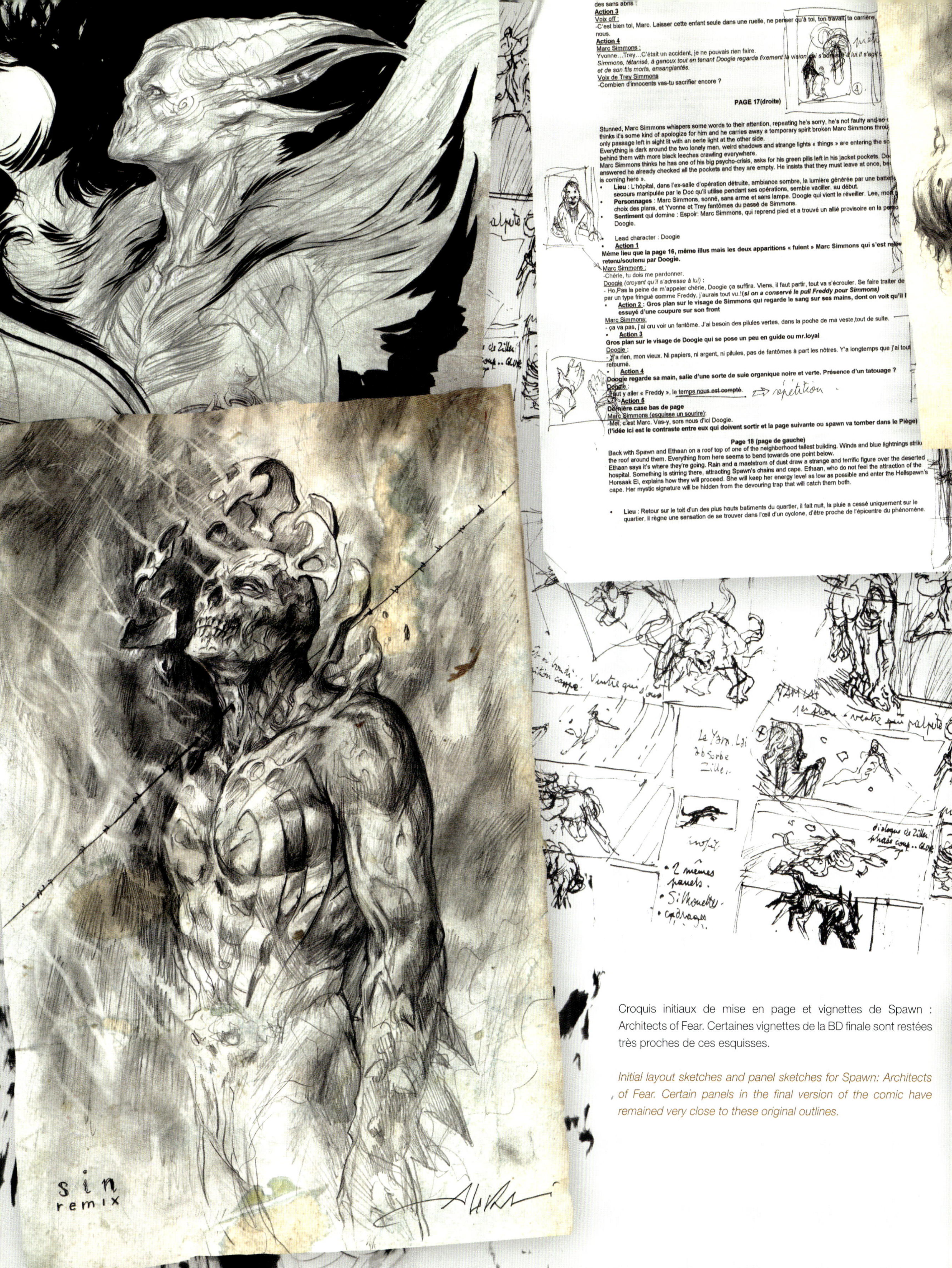

Croquis initiaux de mise en page et vignettes de Spawn : Architects of Fear. Certaines vignettes de la BD finale sont restées très proches de ces esquisses.

Initial layout sketches and panel sketches for Spawn: Architects of Fear. Certain panels in the final version of the comic have remained very close to these original outlines.

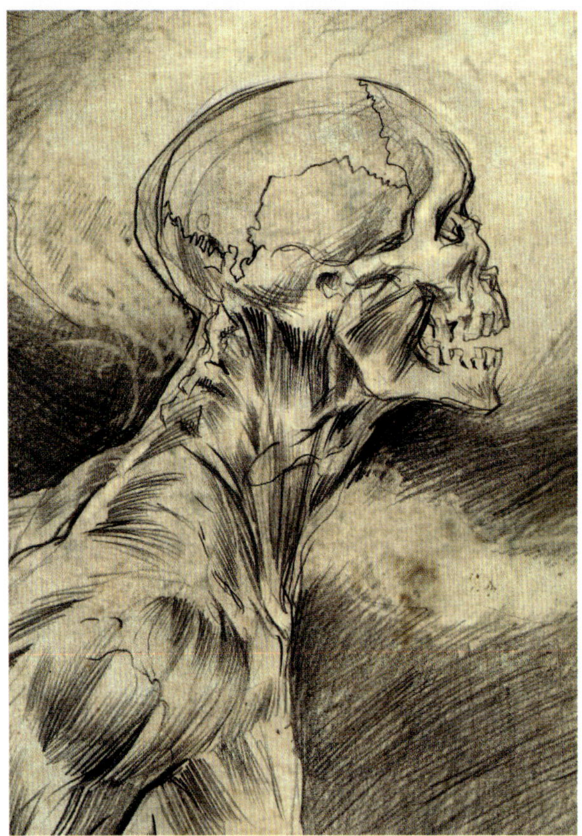

“ Le travail d'Aleksi est une rencontre avec des univers où cohabitent élégance et fougue. C'est pourtant une balance difficile à obtenir et il nous l'offre à chacune de ses compositions.

Le voir à l'œuvre, c'est le voir au combat : recherches, doutes, création, destruction, modifications, expériences, instinct... de ce chaos, il triomphe toujours. Je ne cesse d'être frappé par la force brute qui ressort de ses images. Nul doute, Aleksi est l'un de ces architectes qui bâtissent nos mondes imaginaires.

«Aleksi's work is an encounter of novel universes both fierce and elegant. It is a very tough balance to achieve, yet somehow Aleksi gives it to us with every composition of his.

To see him work is to see him fight: research, instinct, doubts, creation, destruction, changes, experiments... But he always emerges triumphant from this chaos. I am eternally awed and struck by the raw power his images exude. Without a doubt, Aleksi is one of those artists who become architects of our imaginary worlds. ”

Made
Directeur Artistique & Co-fondateur
Art director & Co-founder
CFSL Ink

“ Aleksi Briclot est l'un des meilleurs concepteurs, artistes et dessinateurs de comics contemporains. Ses œuvres possèdent une puissance brute unique et un sens accru du drame ; son imagination et sa profonde créativité nous entraînent dans des récits pleins de mythes et d'aventures. Je connais Aleksi depuis le moment en 2002 ou il a commencé à montrer son travail dans les forums de ConceptArg.Org. Quand je suis tombé dessus j'ai été impressionné. Un an plus tard, quand il s'est mis à donner des cours à mes côtés aux Workshops ConceptArg.Org, j'ai découvert son désir d'aider d'autres artistes et sa compétence en la matière.

Aleksi est connu pour son talent de créateur de mondes fantastiques, mais ceux qui y regardent à deux fois découvrent un homme qui partage volontiers son savoir, et qui aide sans compter quiconque désire suivre ses traces. Ce n'est pas le cas de tous ses pairs. Dans ses œuvres on trouve une force brute, une puissance toute charnelle et une sensibilité subtile qui lui permettent d'inventer des univers et de raconter des histoires comme personne. Je compte comme une chance d'avoir eu la possibilité d'observer Aleksi à la tâche, d'avoir eu l'occasion et le temps de travailler et d'enseigner en sa compagnie, et de l'avoir pour ami. Aleksi mérite tous les compliments qu'il recevra à la publication de ce livre, et plus encore, pour toutes les qualités invisibles sur la page : il est plus que tout une source d'inspiration, un gentleman, une imagination hors-pair.

Plongez-vous dans ses œuvres et voyez par vous-même. Vous y trouverez bien plus que force et beauté : les fruits de multiples années de travail, d'étude et de recherche globale. Les artistes y puiseront de la motivation. Les spectateurs avertis d'illustration et de dessin y rencontreront des mondes riches d'histoires, de rêves, de cauchemars aussi. Il n'y a qu'un Aleksi Briclot au monde ; il est le seul à pouvoir publier un livre d'œuvres d'une telle puissance. C'est un visionnaire, un faiseur de mondes, et j'espère de tout cœur que vous aurez autant de plaisir que moi à parcourir son œuvre.

Aleksi Briclot is one of the finest concept artists, visual designers, and comic artists working today. He conveys a unique and raw power in his works, high drama, pure vision, and deep creativity which lead the mind down stories of adventure and myth. I have known Aleksi since 2002 when he begun sharing his works on the conceptart.org forums. When I found his art I was impressed. A year later when I met him and he began teaching with me at the ConceptArt.Org Workshops, I discovered his ability and desire to help other artists.

Aleksi is known as a designer of fantastic worlds, but those who look deeper find a great man who shares his knowledge freely and openly with those who seek to follow in his footsteps. Not all artists are this way. When you look at his works you will find raw force, carnal power, and a delicate sensibility that enables him to tell stories and design universes like no one else. I consider myself fortunate to have enjoyed watching Aleksi work over the years, to have had time to teach and work with him, and to have him as a friend. Aleksi is worthy of the praise he will get for releasing this book, and it goes far beyond his art. Above all he is an inspiration, a gentleman, and a man of imagination.

Delve into his works and see for yourself. What you will find is more than beauty and strength. You will find the results of years of work. You will find the fruits of study and wide research. If you are an artist, you will find motivation. If you are an appreciator of illustration and design, you will find worlds that are rich and full of story, dreams, and nightmares. There is only one Aleksi Briclot and no other artist could have made a book with work as uniquely full of strength. He is a builder of worlds and a visionary, and I very much hope you will enjoy this body of work as much as I do. ”

Jason Manley
Président / Fondator
Massive Black

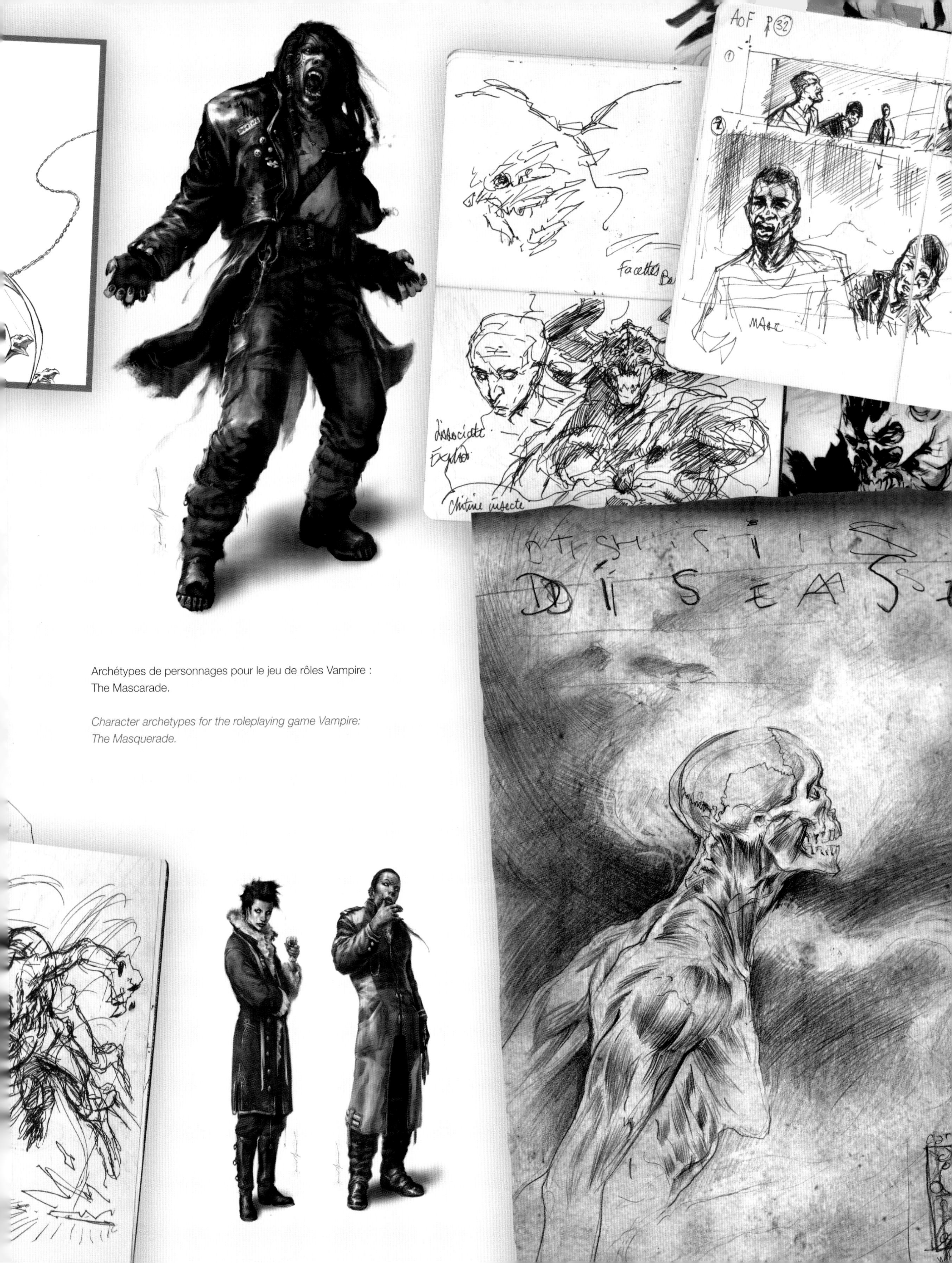

Archétypes de personnages pour le jeu de rôles Vampire : The Mascarade.

Character archetypes for the roleplaying game Vampire: The Masquerade.

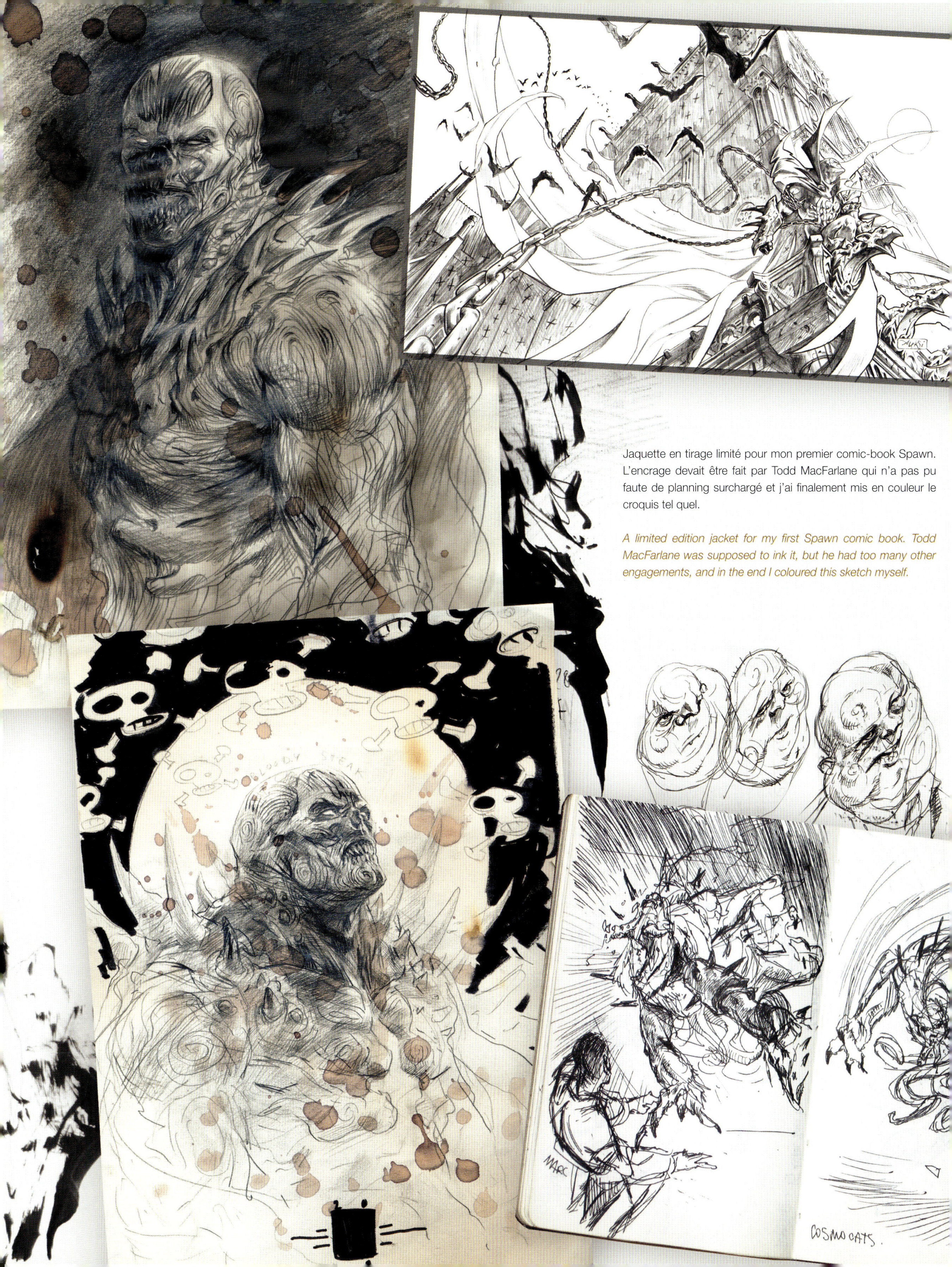

Jaquette en tirage limité pour mon premier comic-book Spawn. L'encrage devait être fait par Todd MacFarlane qui n'a pas pu faute de planning surchargé et j'ai finalement mis en couleur le croquis tel quel.

A limited edition jacket for my first Spawn comic book. Todd MacFarlane was supposed to ink it, but he had too many other engagements, and in the end I coloured this sketch myself.

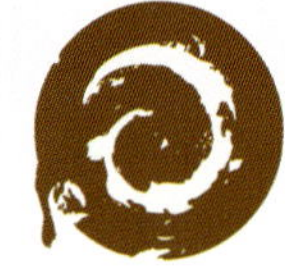

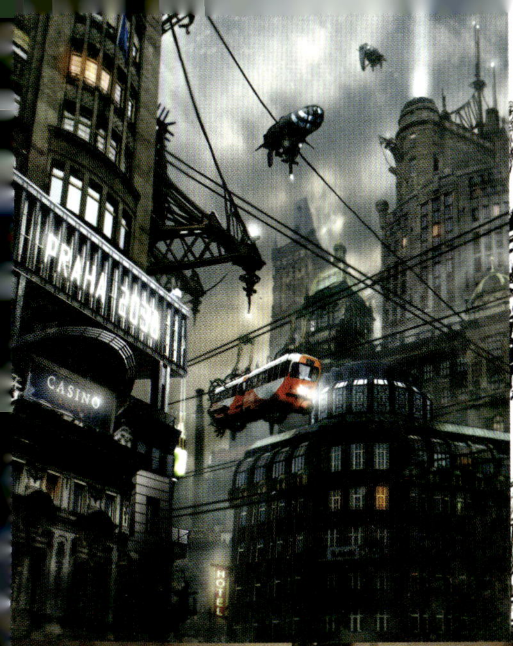

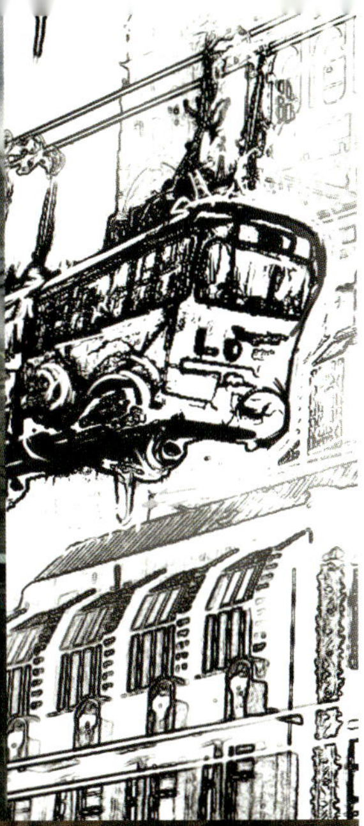

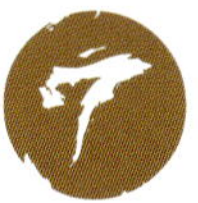

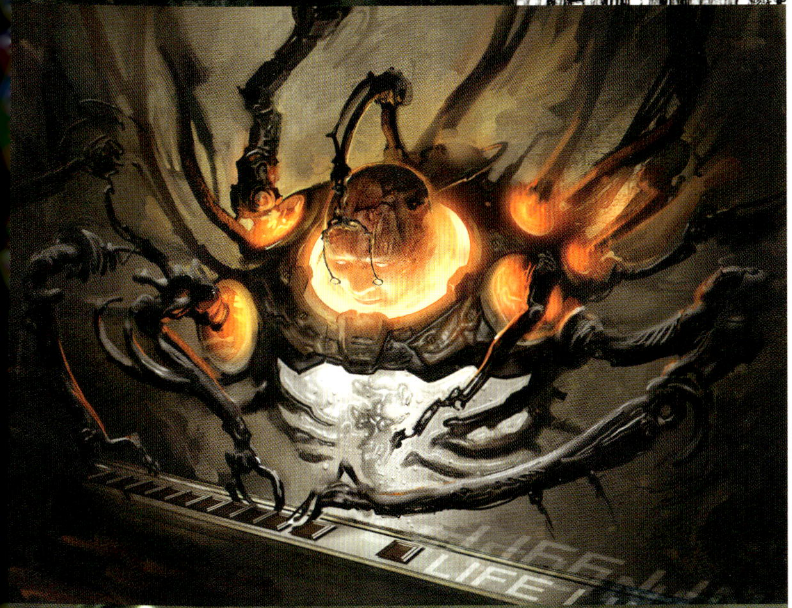

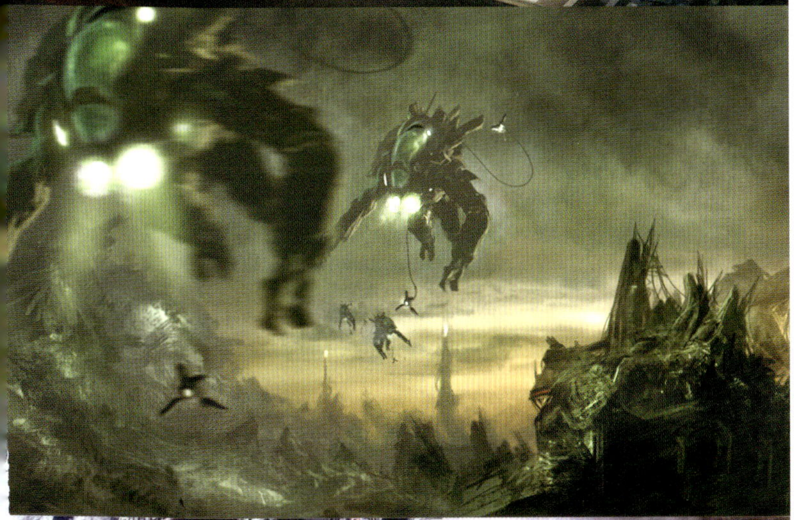

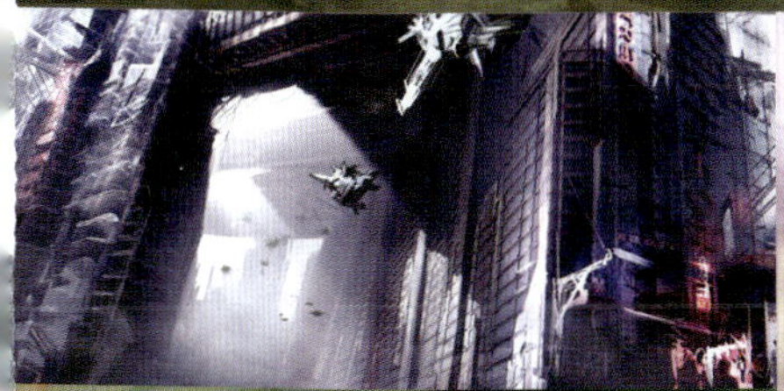

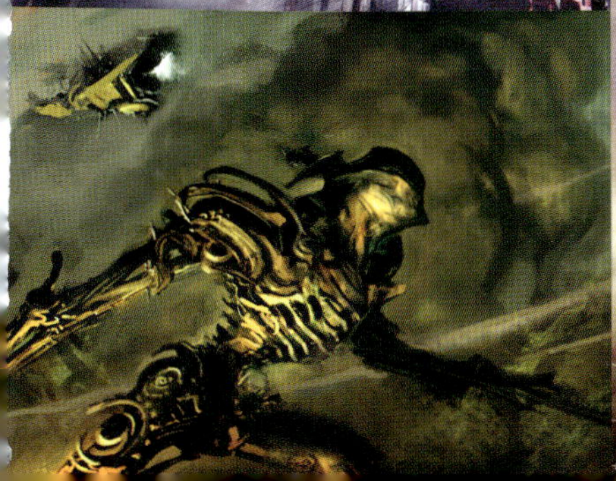

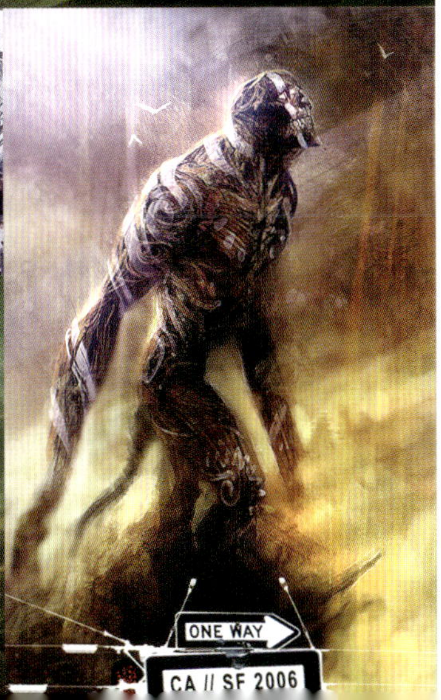

Workshops

Les ateliers "workshops" internationaux comptent parmi les plus passionnants et excitants événements artistiques auxquels il m'est donné de prendre part. En tant qu'instructeur, j'y réalise des démonstrations digitales sur grand écran, je participe et anime, en image ou à l'oral, des sujets particuliers, je dialogue avec des participants, fais des retours sur des portfolios… D'un point de vue artistique, c'est un condensé fabuleux de talents et de passions, qu'il s'agisse de rencontrer d'autres instructeurs, artistes internationaux de premier plan (concept artist jeux vidéo ou cinéma, dessinateur de comics, illustrateur…) ou même les participants, souvent des professionnels eux-mêmes extrêmement doués. Ces trois ou quatre jours sont à chaque fois des moments privilégiés pour se ressourcer, se motiver, échanger et apprendre des autres. Vus les curriculum vitae des gens en présence, la pression pour être à la hauteur n'est pas moindre dans les démonstrations.

Organisés par la communauté Conceptart.org, le MADE ou encore CFSL, ces workshops sont aussi pour moi de formidables occasions de voyager (Amsterdam, Prague, Seattle, Paris, San Francisco, Dallas : mon passeport vous remercie !), revoir des gens, nouer des amitiés ou rencontrer des artistes dont j'admire le travail depuis longtemps. Au final, je rentre à la maison avec un regard frais, des envies renouvelées et la volonté de tirer vers le haut mes propres standards.

International workshops are the most exciting, fascinating, artistic events I've ever attended. As an instructor, I give digital demos on a big screen; I get to moderate and take part in panels on specific topics, either speaking in person or through my work; I have meaningful exchanges with attendees; I give people feedback on their portfolios… From an artistic standpoint, it is a fabulous concentration of passions and talents, both because the other instructors are internationally renowned artists (video games or cinema concept artists, comic artists, illustrators…), and because the attendees themselves are often professionals with amazing skills. Every time, I feel lucky to have the opportunity, in a three or four day workshop, to recharge my batteries and store up motivation, to trade information and knowledge with others, to learn from them. If you look at the resumes of these kinds of crowds, you'll understand that there's a great pressure to measure up with each demo.

Organised by ConceptArt.org, by the MADE or by CFSL, workshops are also a great opportunity to travel (Amsterdam, Prague, Seattle, Paris, San Francisco, Dallas; my passport is grateful!), to see people again, to strike up friendships or meet artists whose work I have long admired. In the end, I come home with fresh eyes and renewed enthusiasm, determined to aim higher.

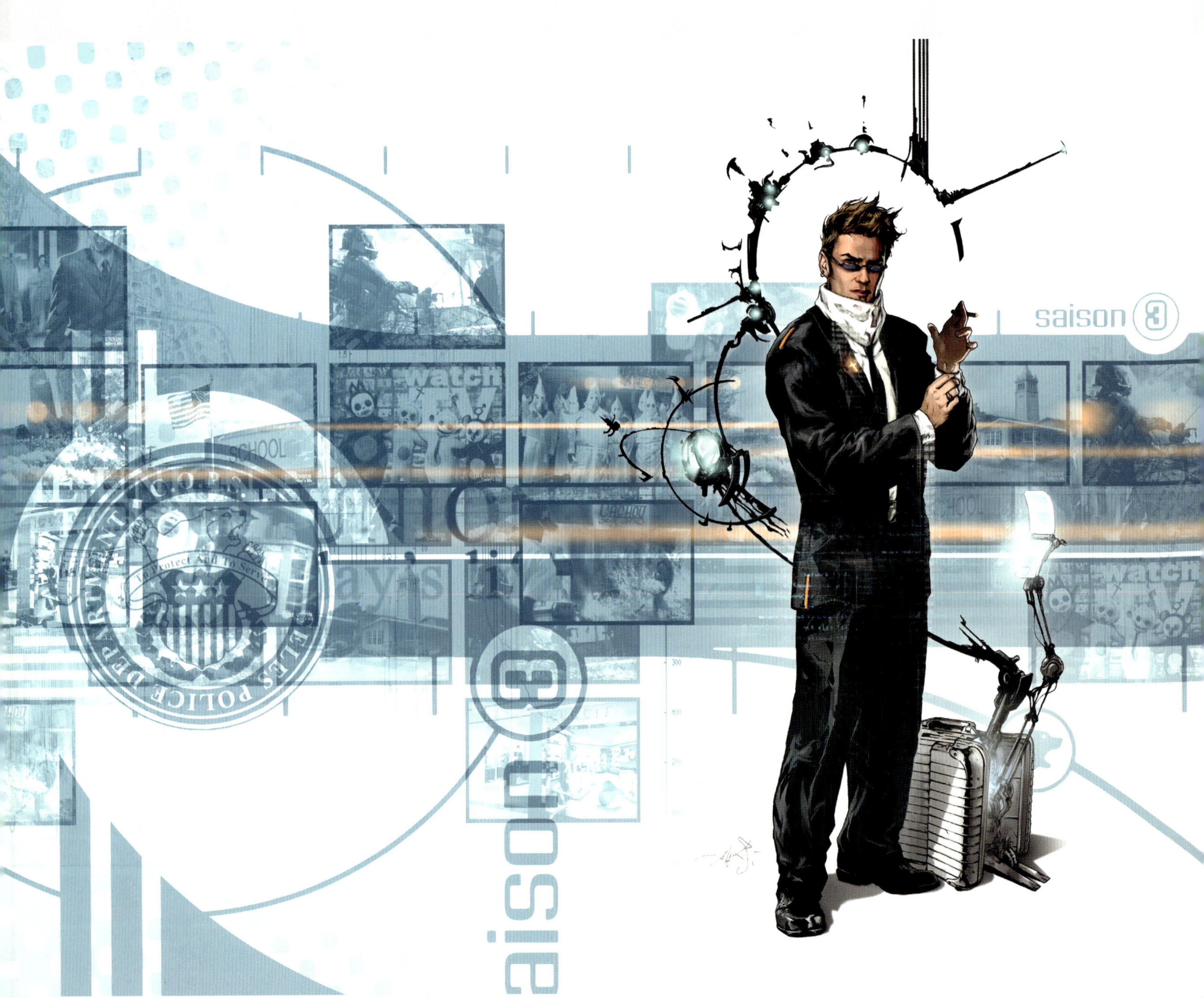

DésUnion

Client :
Asmodée Éditions
Directeur artistique :
Geoffrey Picard / Croc
2006

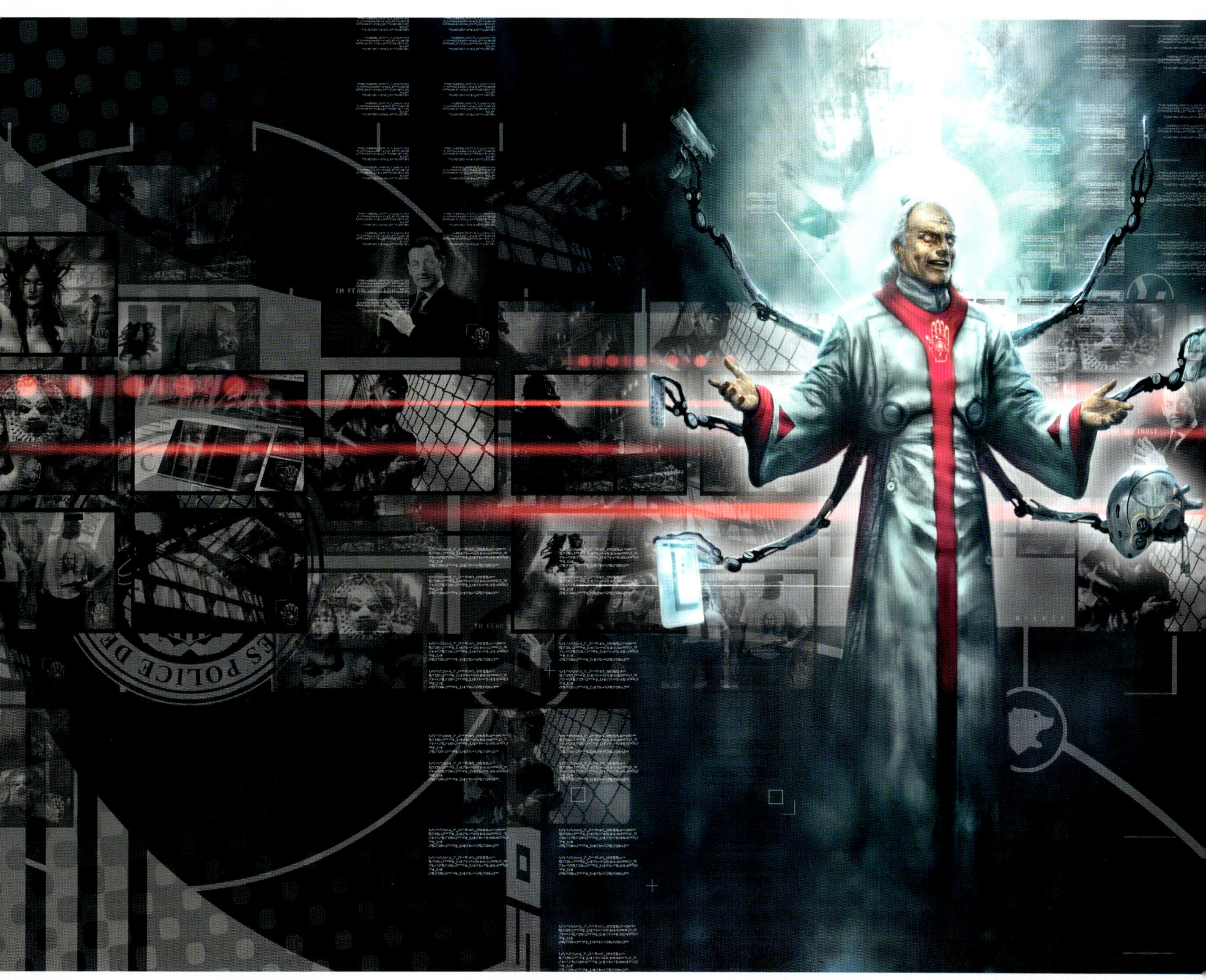

Endgame

Client :
Asmodée Éditions
Directeur artistique :
Geoffrey Picard / Croc
2007

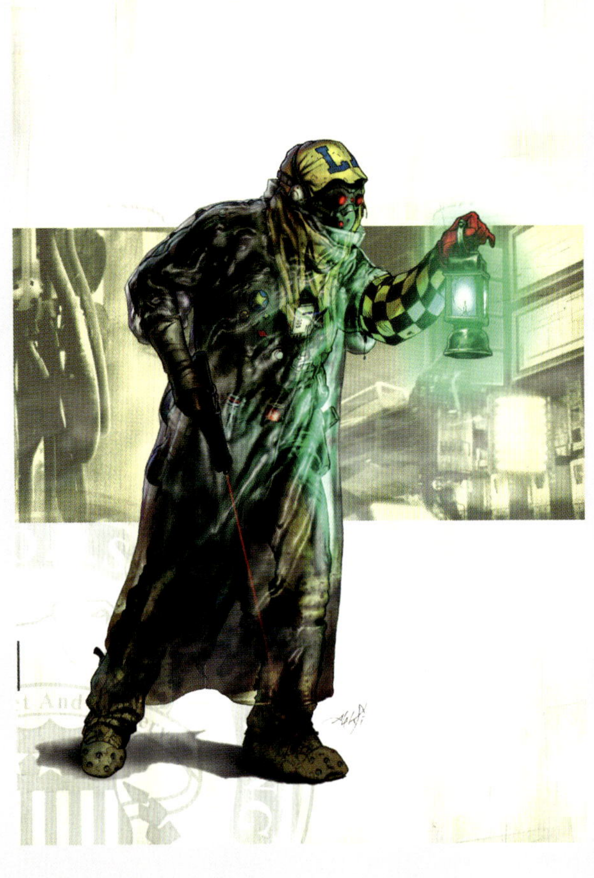

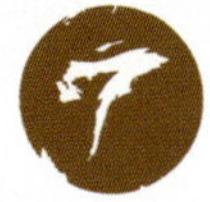

C.O.P.S.

La réalisation de tous les visuels de couverture du jeu de rôle C.O.P.S. s'est étalée sur cinq saisons. Dans ce laps de temps, mon style et mes capacités ont drastiquement évolué. Tributaire de codes graphiques que j'avais choisis et définis sur les premiers volumes, j'ai pu à chaque nouvelle saison mettre à jour et légèrement adapter l'esthétique. D'un code bande dessinée avec un encrage gras, les derniers opus sont passés à un rendu entièrement peint, plus réaliste.

Le canevas est quant à lui toujours resté le même : un personnage en pied devant une frise graphique évocatrice, frise qui m'a permis de travailler sur le design graphique, une discipline connexe que j'apprécie énormément. Typographie, logotype, symbole, élément graphique abstrait sont d'autres composantes visuelles avec lesquelles jouer. Il s'agit de composantes qui peuvent s'avérer bien plus modernes et stylisées. C'est une autre approche, qui dépasse le dessin seul et peut ajouter beaucoup d'impact. Et en général, ça me ravit les yeux.

The work on all the visuals for the C.O.P.S. role playing game covers lasted for five seasons. During this time, my style and my skills drastically evolved. I was beholden to graphic constraints and codes I had chosen and established myself in the first volumes, but I managed with every season to subtly adapt and update the graphics. From a comics type of image with fat inking, the volumes moved on to a more recent, more realist effect, entirely painted.

The canvas stayed the same throughout: a character standing in front of an evocative graphic frieze. The frieze enabled me to work on motifs and embellishments, a connected area of design I enjoy enormously. Typography, logotypes, symbols, abstract graphical motifs – all of those are more visual elements an artist can play with. These elements can be updated to contemporary standards, can be stylised if you need them to be. Looking at them is another way to approach your work, and it can add a definite impact to a drawing. Not to mention, to me they are like a feast for the eye.

Little
Big One

Client :
Asmodée Éditions
Directeur artistique :
Geoffrey Picard / Croc
2006

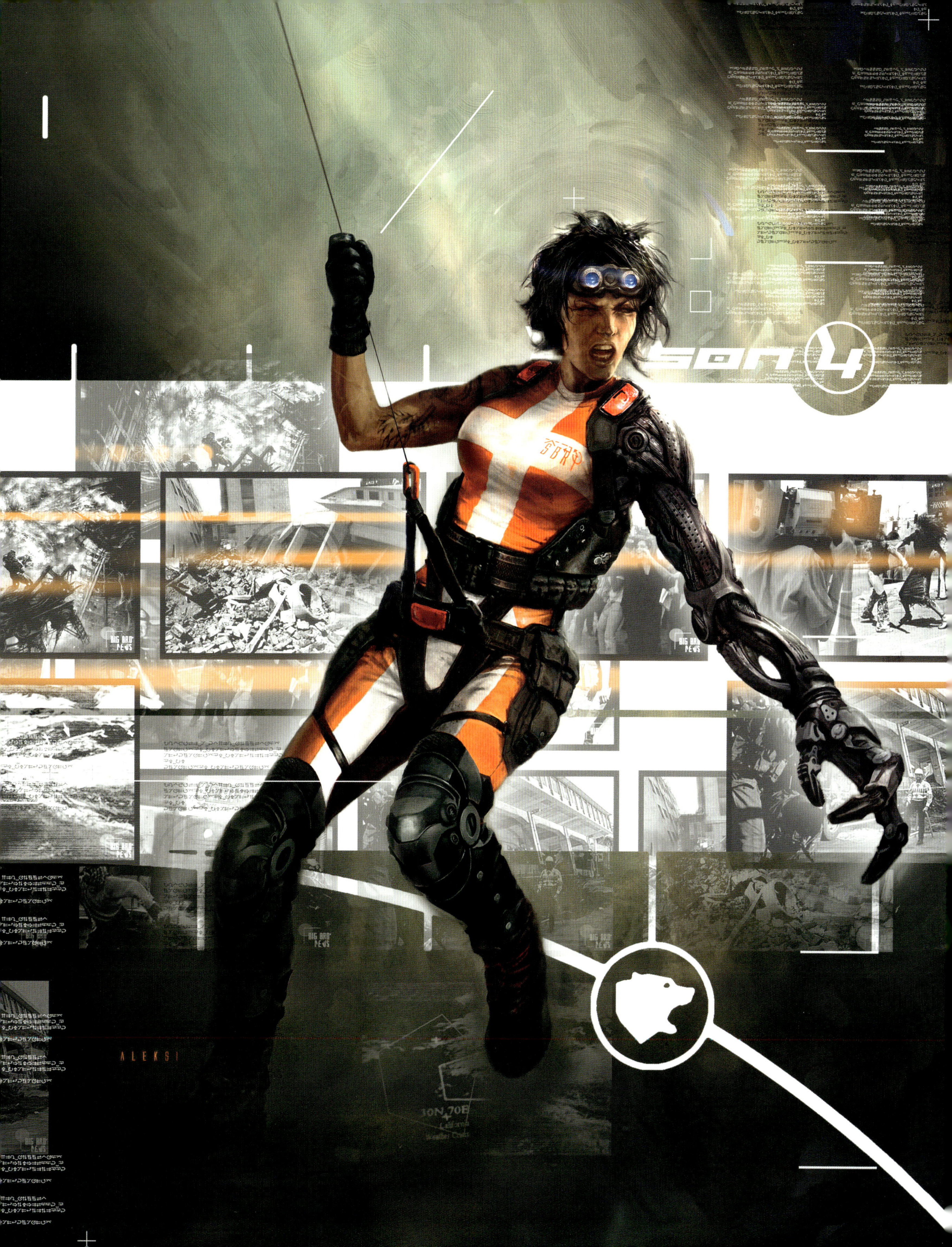
ALEKSI

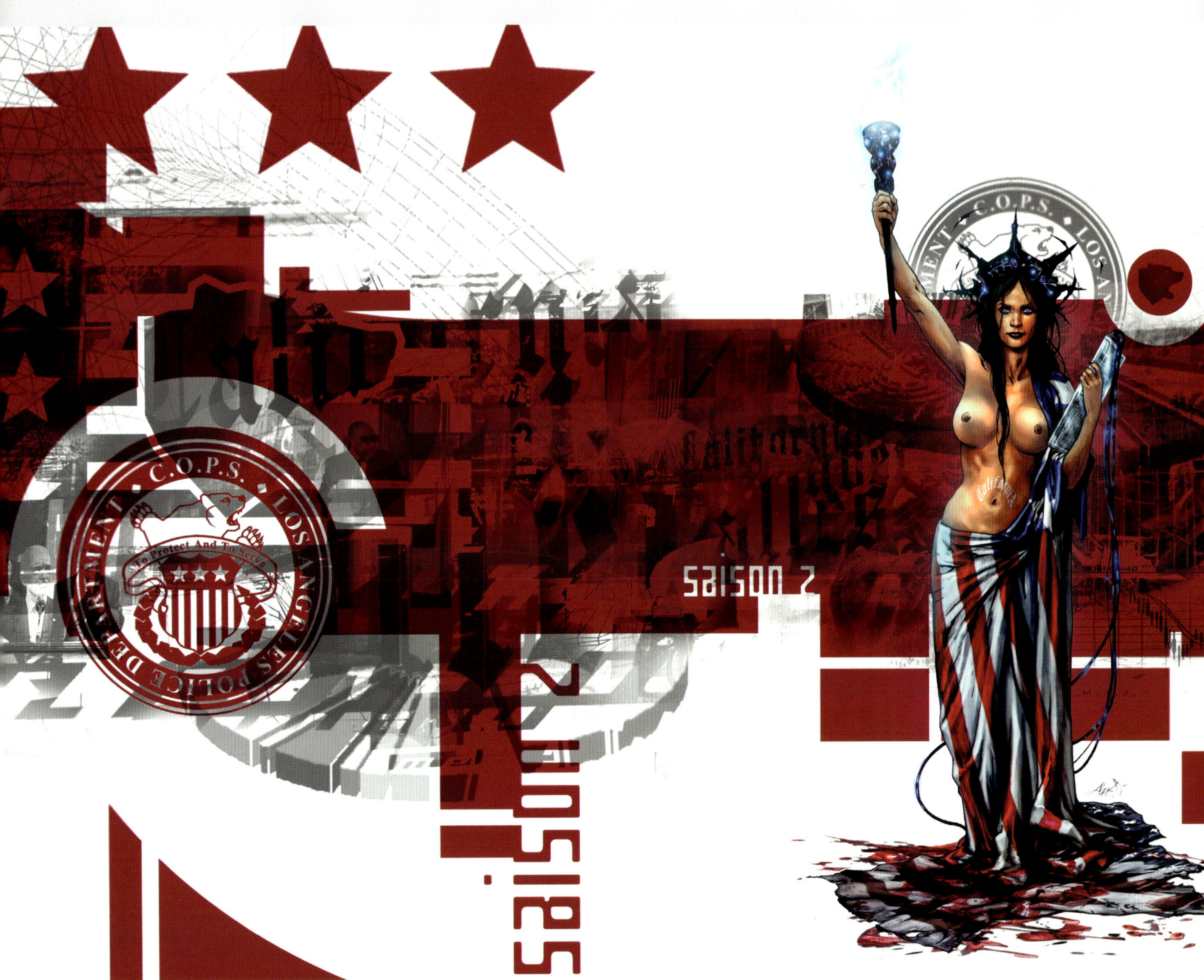

4 Juillet

Client :
Asmodée Éditions
Directeur artistique :
Geoffrey Picard / Croc
2004

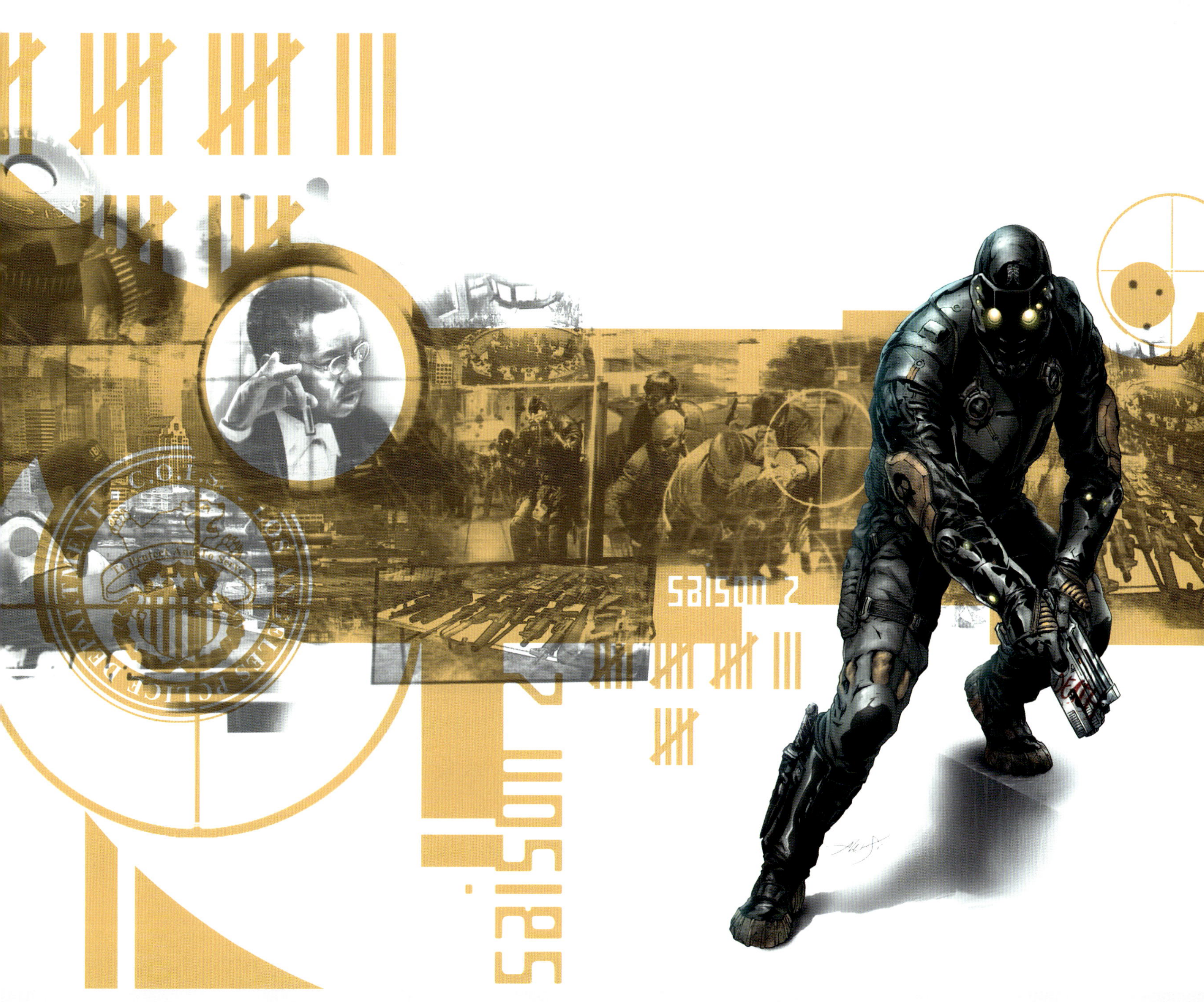

OSS 666

Client :
Asmodée Éditions
Directeur artistique :
Geoffrey Picard / Croc
2004

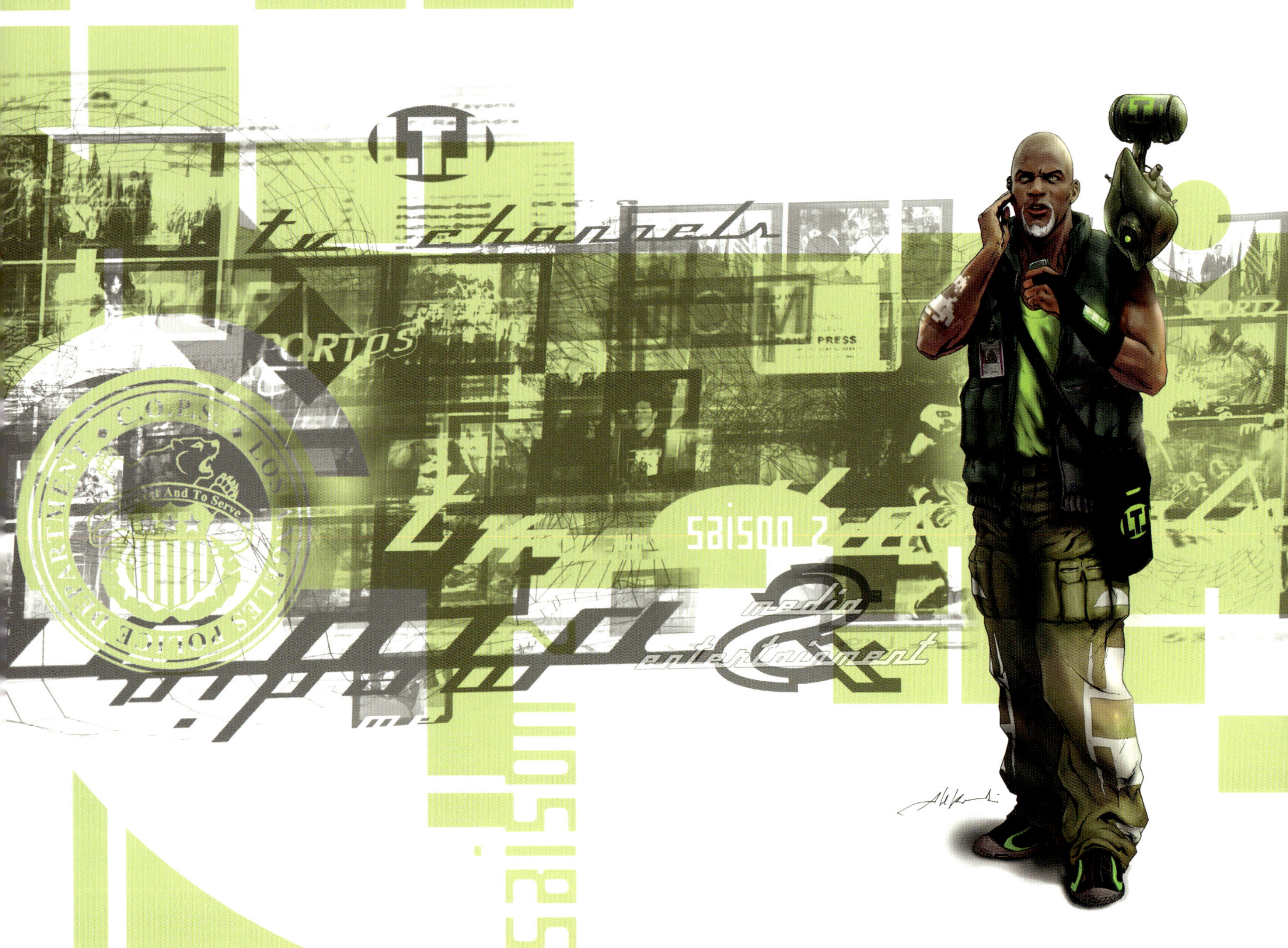

15 Minutes

Client :
Asmodée Éditions
Directeur artistique :
Geoffrey Picard / Croc
2004

Horizons
Lointains

Client :
Asmodée Éditions
Directeur artistique :
Geoffrey Picard / Croc
2005

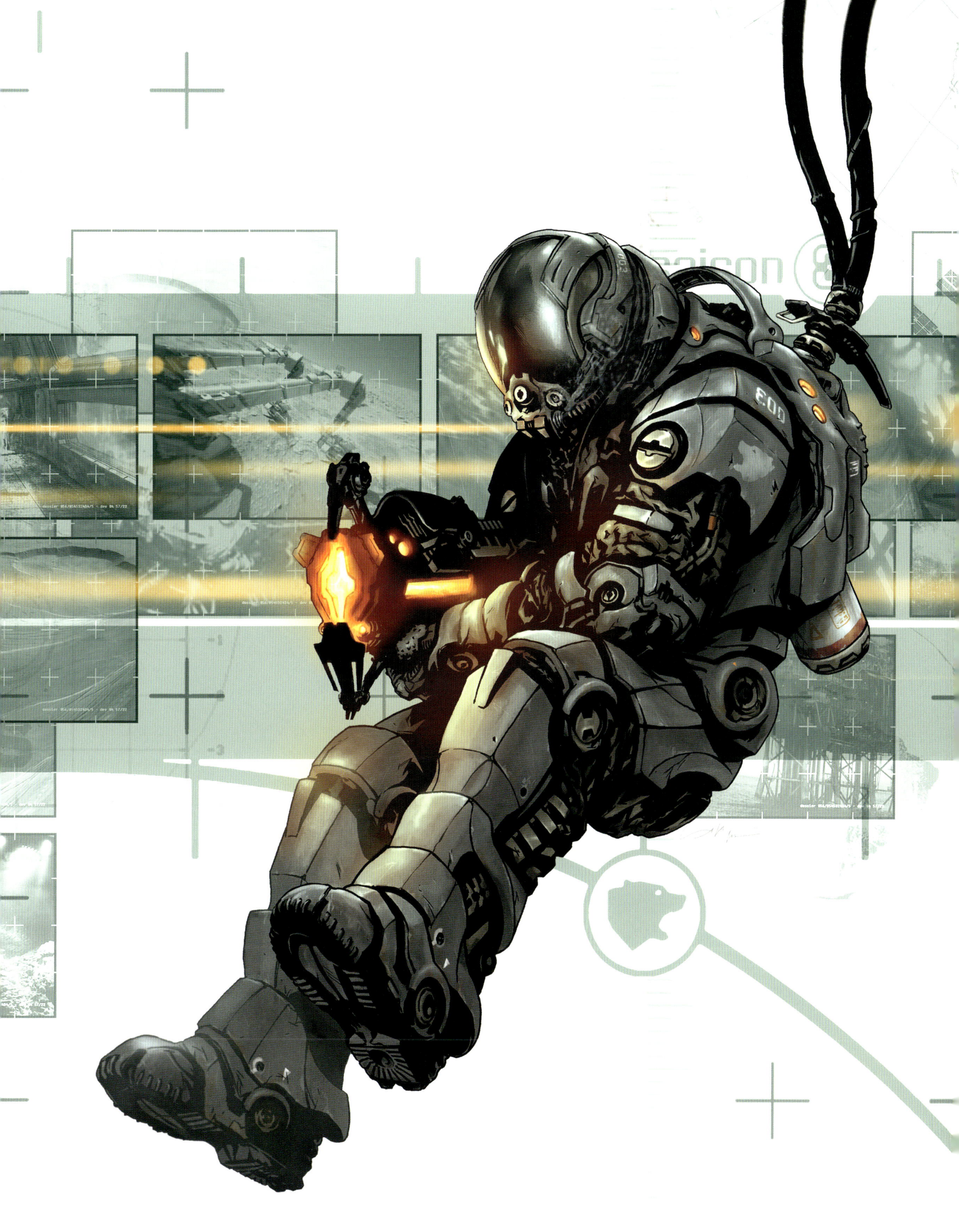

Cellule dormante / Splinter Cell

Comme sur de nombreux travaux de concept, j'aime définir et partir d'une idée de base, fédératrice, en général un ou plusieurs logotypes ou symboles simples. Si l'idée est suffisamment porteuse de sens et efficace, alors je peux ensuite m'en servir pour irriguer mon travail et lui donner cohérence et homogénéité. Typiquement, c'est un très bon procédé pour créer des "familles" et conserver un lien visuel entre des éléments d'une même nature (une race et son environnement, un personnage et son équipement...)

Sur Splinter Cell : Double Agent, ma tâche était centrée autour du développement des « Spies » (les espions agiles et aériens, figures centrales du jeu, déclinés du héros principal) et de leurs ennemis jurés, mercenaires massifs et plus lourds. Partant du logo existant pour la faction des Spies (trois ronds verts en pyramide), j'ai travaillé par opposition totale, à partir d'une ligne de symétrie horizontale, pour concevoir le motif des ennemis. À la couleur verte répondait la complémentaire orange et des barres avec angles droits, ancrées dans le sol, venaient faire écho aux trois cercles s'envolant.

Le motif résultant, un Y, a donné leurs noms aux « Upsilons », et, en plus du sens sous-jacent (chromosome Y = mâle, gros flingues, mercenaires physiques...), m'a surtout permis de développer une unité dans l'équipement (des armes aux véhicules en passant par les robots). Le motif des trois branches, le Y, est alors venu se glisser dans de nombreuses formes ou des détails (le trépied d'une arme, l'articulation d'un drone, les bretelles d'un costume... c'est souvent en filigrane mais toujours présent).

With many conceptual briefs, I like to first define one basic idea to federate everything, which, in general, turns out to be either one or a group of simple logotypes/symbols. If that basic idea carries enough meaning and is efficient enough, then I can use it to nourish my work, to shape it and make it homogenous, give it some cohesion. This is a very useful mechanical way to create "families" of visuals and keep a graphical unity between several elements that belong together (a specific race of creatures and their environment, a character and their equipment, etc.).

For Splinter Cell: Double Agent, my task was to focus on the development of the Spies (the deft, agile spies who are the central figures of the game, derived from the main hero) and of their sworn enemies, heavier, massive mercenaries. I started with the pre-existing logo for the Spies faction (a pyramid made of three green circles), and went in the totally opposite direction to conceptualise the logo for their enemies. Opposite the green I picked orange, its complementary colour, then straight lines and 90° angles rooted in the ground to answer the three circles taking flight.

The resulting motif, in the shape of a Y, then became the inspiration for the group's name, the Upsilons... And besides its underlying meaning (Y chromosome = male, bigger guns, physical strength, mercenaries...), it enabled me to develop a coherent, homogenous set of equipment for them, from weapons to vehicles and robots. This three-prong motif of the Y then started to sneak in many of the shapes and the details of the game, like in a tripod for a weapon, a joint on a drone, the suspenders in a certain outfit... Quite often it's a subtle presence, but it's there.

Upsilon Y2

Client :
Ubisoft Entertainment
2006

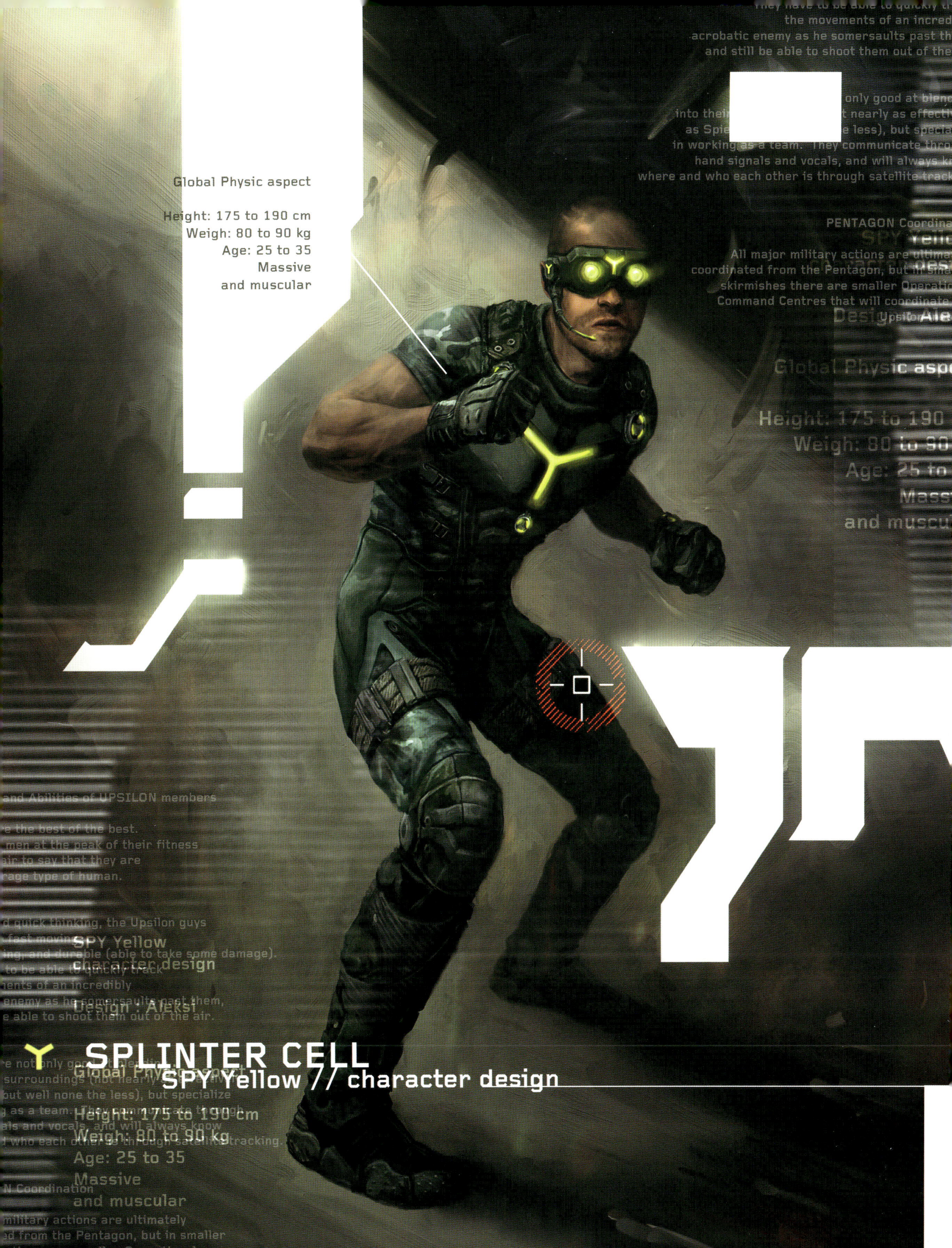
Global Physic aspect
Height: 175 to 190 cm
Weigh: 80 to 90 kg
Age: 25 to 35
Massive
and muscular
SPLINTER CELL
SPY Yellow // character design

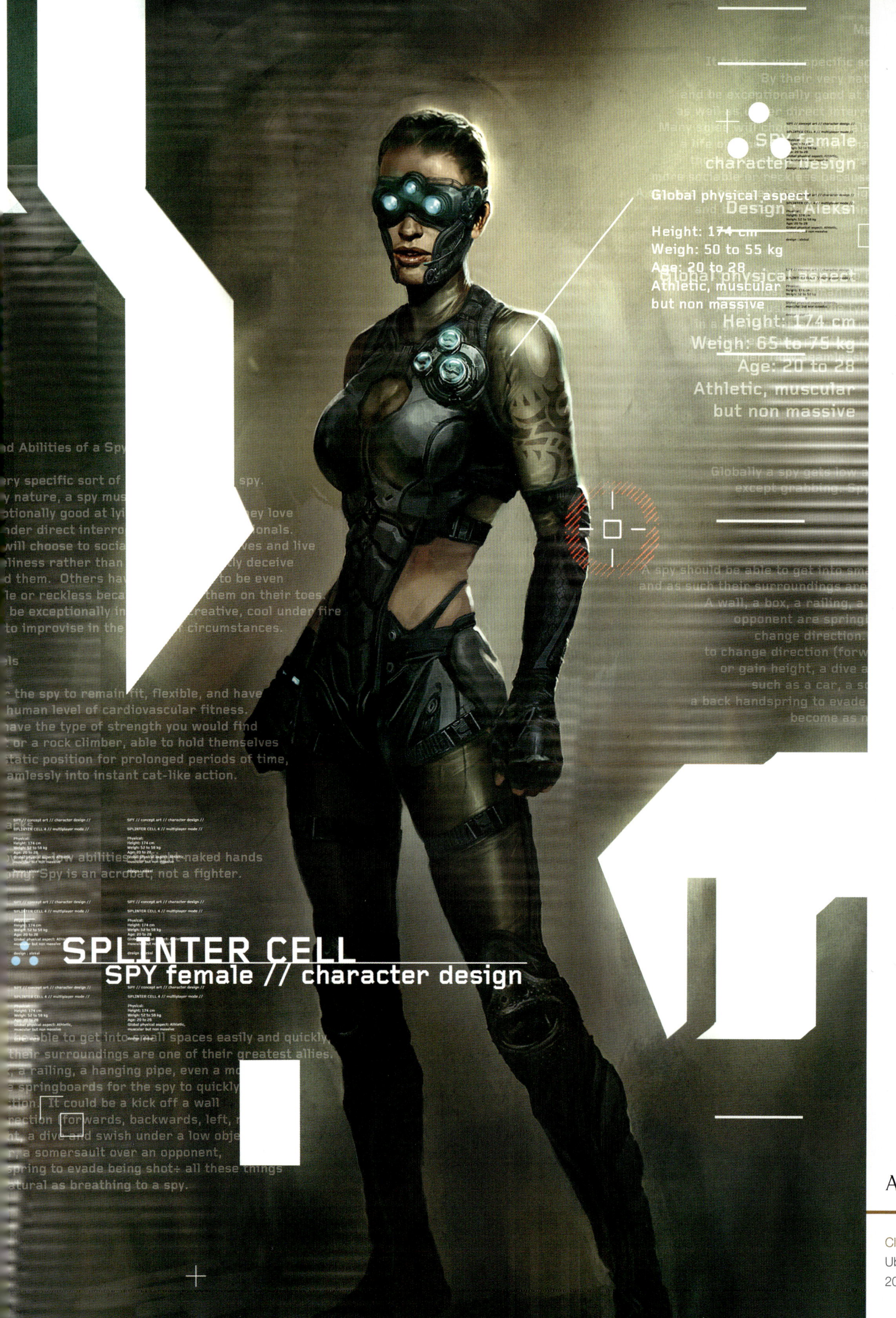

A New Player...

Client :
Ubisoft Entertainment
2006

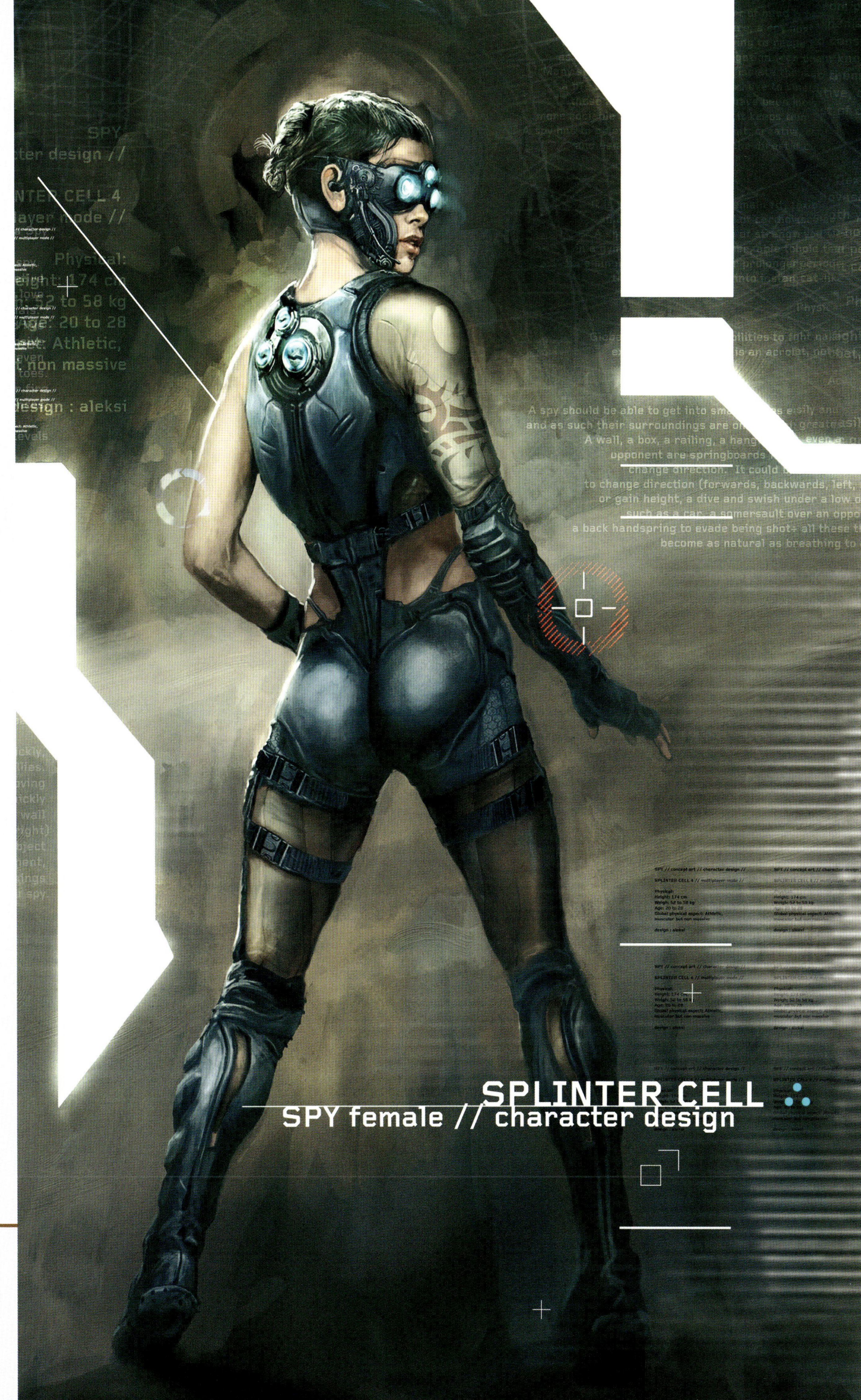

... Joined the Game

Client :
Ubisoft Entertainment
2006

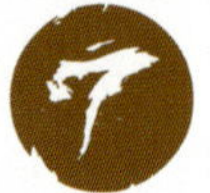

Jeux Vidéo / Video Games

Je suis rentré dans l'industrie du jeu vidéo quasiment à mes débuts professionnels et, au sein de plusieurs studios de développement, j'ai planché sur un grand nombre de projets variés, que ces derniers aient abouti ou non. Le ratio de projets avortés, et donc la frustration engendrée, m'a poussé à voler de mes propres ailes et m'a conforté quant à la nécessité de varier mes activités.

De toutes ces expériences, je ressors grandi. D'une part, force est de constater un perfectionnement certain de mes qualités picturales (je pense dessiner et peindre bien mieux qu'avant ! Mes vieilles images me piquent parfois les yeux !) et conceptuelles au sein d'un ensemble de contraintes spécifiques (production, modélisation 3D, animation et surtout gameplay). De l'autre, j'ai intégré l'apprentissage du travail en équipe et la compréhension de toutes les étapes nécessaires à la réalisation de ce type de projets (de l'idée séminale à la signature et la vente jusqu'à la mise en boîte du jeu et les retours du public).

La finalité en concept art ne consiste plus seulement en la réalisation d'une image et de ses seules qualités plastiques. L'objectif est de concevoir ce qui apparaîtra dans le jeu final en rendus 3D (personnages et décors). L'expérience de jeu qui sera offerte au joueur est le seul et unique but à garder en tête, malgré les dizaines, voire les centaines de visuels qui peuvent rester dans les cartons. Cela fait partie du processus.

Ainsi, le défi est de développer les idées les plus marquantes, d'allier sens et impact visuel, de véhiculer de l'émotion ou de fortes sensations, de raconter des histoires... Tout cela en respectant une fonctionnalité technique crédible.

Le leitmotiv « développer la meilleure idée conceptuelle » trouve ici tout son sens. (Un petit message à tout padawan apprenti concept artist : sache que tes journées ne seront pas toutes remplies de design de gigantesques créatures cornues, à pattes de boucs et crachant des flammes ! Et si tu te retrouves à plancher sur ce sujet, avant même de gribouiller un bout de sabot, demande-toi ce qui fera la différence entre ton démon cornu et tous ceux que tu as vus jusqu'à maintenant.)

I got into the video games industry very early in my career, and, employed over time by several development studios, I worked on a great many varied projects that did not all see the light of day. The ratio of abandoned projects, which was frustrating for me, led me to spread my wings to work solo, and confirmed my opinion that it is necessary to diversify one's activity.

I have grown a lot from multiplying work experiences. On one hand, I found out that working within a set of constraints (imposed by the type of production, 3D modelling, animation, and gameplay) greatly improved my concepting and painting skills – I really draw and paint much better now; some of my old images hurt my eyes when I look at them! On the other hand, I learned about teamwork and about all the necessary steps involved in such projects (from the seminal idea to signing contracts, then to packaging and selling the game and getting feedback from the public).

The goal with concept art is not to create one image; it's not about the pictorial qualities of the work. The goal is to conceive what will appear in fine in the game after 3D rendering (of the characters and the sets). The gaming experience offered to the gamer is the only objective you should keep in mind as you work, despite the dozens or hundreds of visuals developed that'll end up discarded. It's all part of the process.

So the challenge is that you need to develop the most striking ideas, to ally visual impact with meaning, to convey emotion or excitement, to spin a yarn... All this while abiding by a set of stable technical functionalities.

This is why the leitmotiv of this job is to «develop the best conceptual idea.» (Side note for any young padawan training as a concept artist: be warned that your days won't all be filled with designing gigantic fire-breathing creatures with goat feet and horns! And if you find yourself slaving over this very concept, ask yourself what the differences are between your demon and all the other demons you've seen around – before you put pen to paper to start scribbling a hoof.)

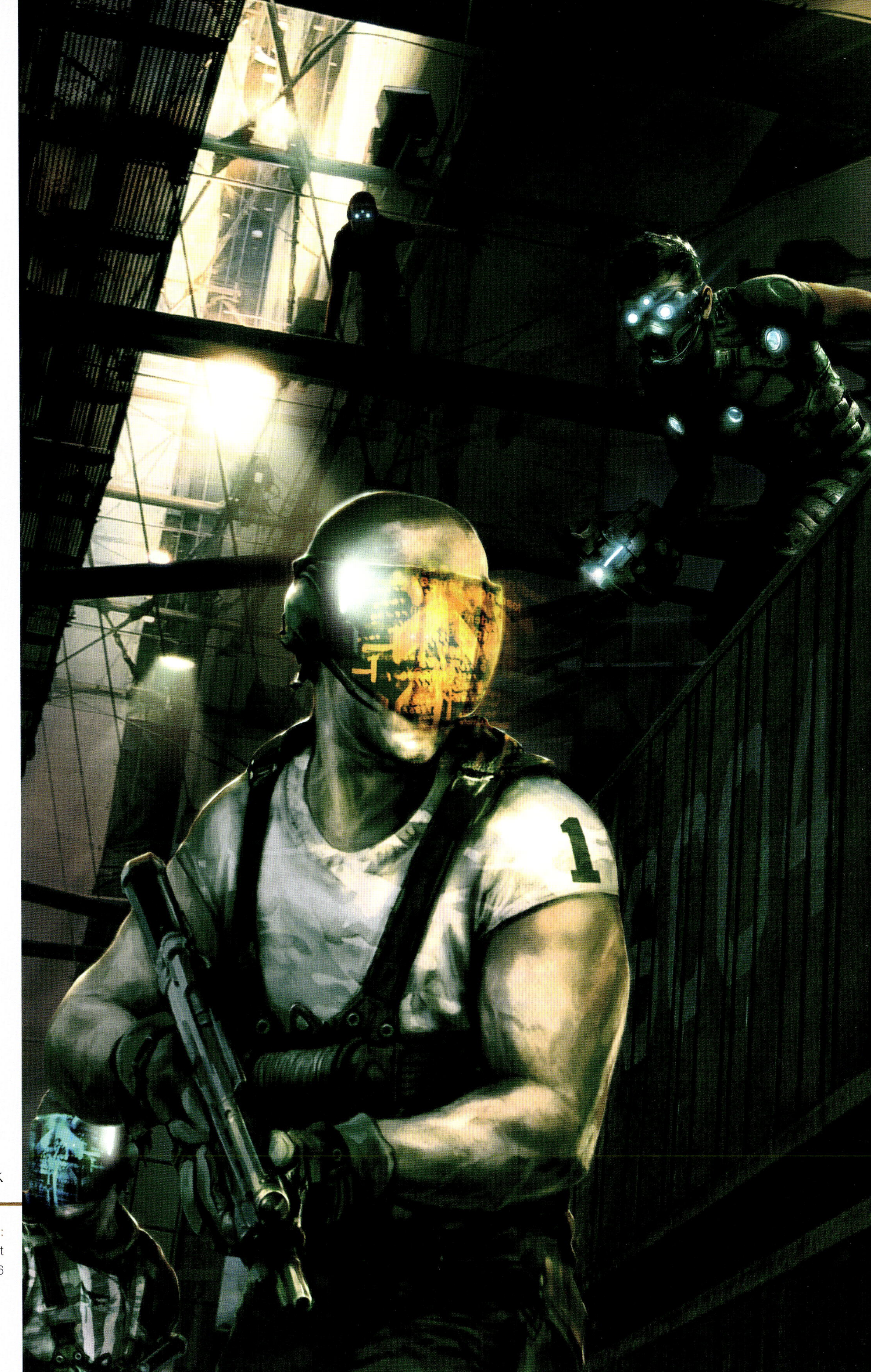

Hide and Seek

Client :
Ubisoft Entertainment
2006

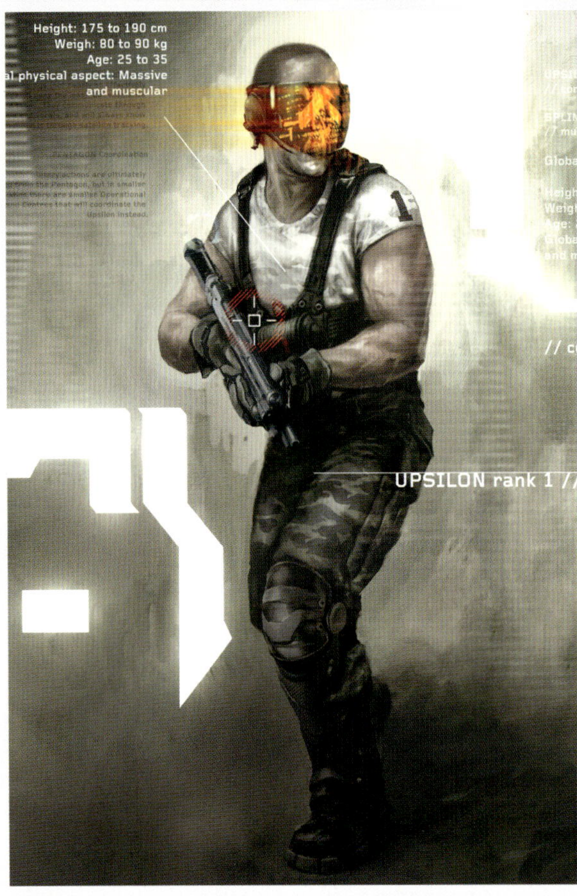

“Aleksi Briclot est sans aucun doute l'un des meilleurs concept artists au monde. (Bien sûr, ses autres œuvres bénéficient elles aussi de la même perfection). Sur une échelle de 1 à 10, on trouve beaucoup d'artistes à 5 ; quelques uns montent jusqu'à 8, mais il est vraiment très rare de tomber sur un 10. Le travail d'un tel artiste se passe d'explications.

Quiconque se retrouve devant le travail d'Aleksi est immédiatement frappé par sa puissance, la complexité des émotions, l'absence de clichés. Je pense sincèrement que nous avons une très grande chance l'avoir parmi nous, de pouvoir partager sa vision des choses et son esthétique. La première fois que je l'ai contacté c'était pour lui demander la permission d'utiliser une de ses images pour mon livre. J'étais un parfait étranger à ses yeux, et pourtant il n'aurait pas pu me répondre plus chaleureusement ou plus gracieusement ; nous avons immédiatement entamé une amitié que le fil du temps n'émousse en rien.

Aleksi est plein de talent, d'imagination et une grande humanité, une combinaison rare et précieuse.

Aleksi Briclot is certainly one of the best concept artists in the world. (Of course, he does other art besides concept work with equal perfection.) On a 1 to 10 scale, a lot of artists make it to 5; a few make it 8. But it's rare indeed when someone is a 10.

Such an artist's work doesn't need explaining. Anyone who looks at Aleksi's art is immediately struck by its power and emotional complexity, and its freedom from clichés. I am sincere when I say that we are all lucky indeed to have Aleksi among us, contributing his vision and aesthetics. The first time I contacted him was to request using a piece of his art in my book. To him, I was a total stranger. However, he couldn't have been warmer and more gracious, and we struck up an immediate friendship that time will not fade.

In Aleksi, one finds talent, vision, and humanity – a rare and valuable combination.”

David Freeman
Concepteur de récits interactifs /
Interactive narrative designer

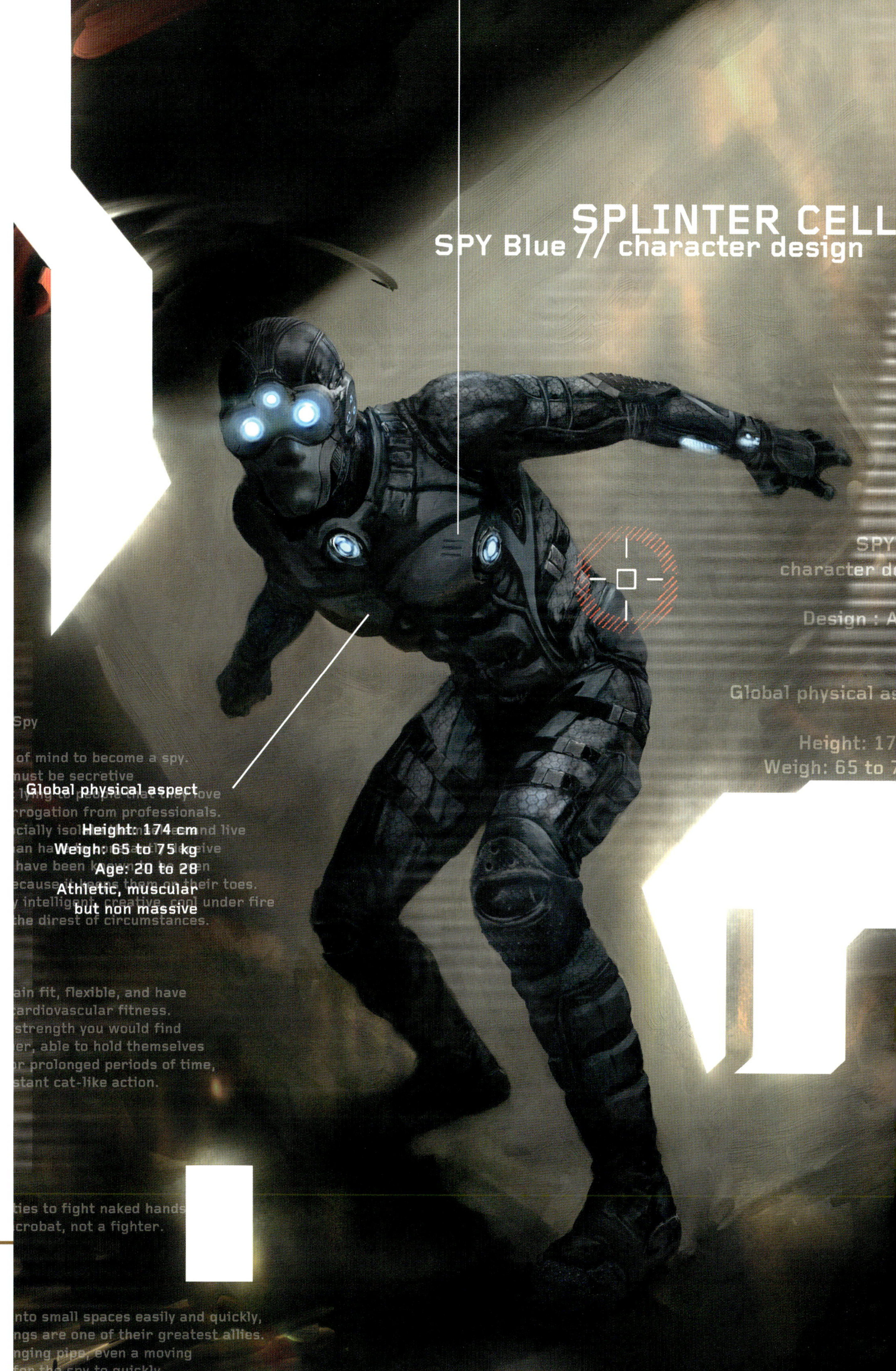

Triple points

Client :
Ubisoft Entertainment
2006

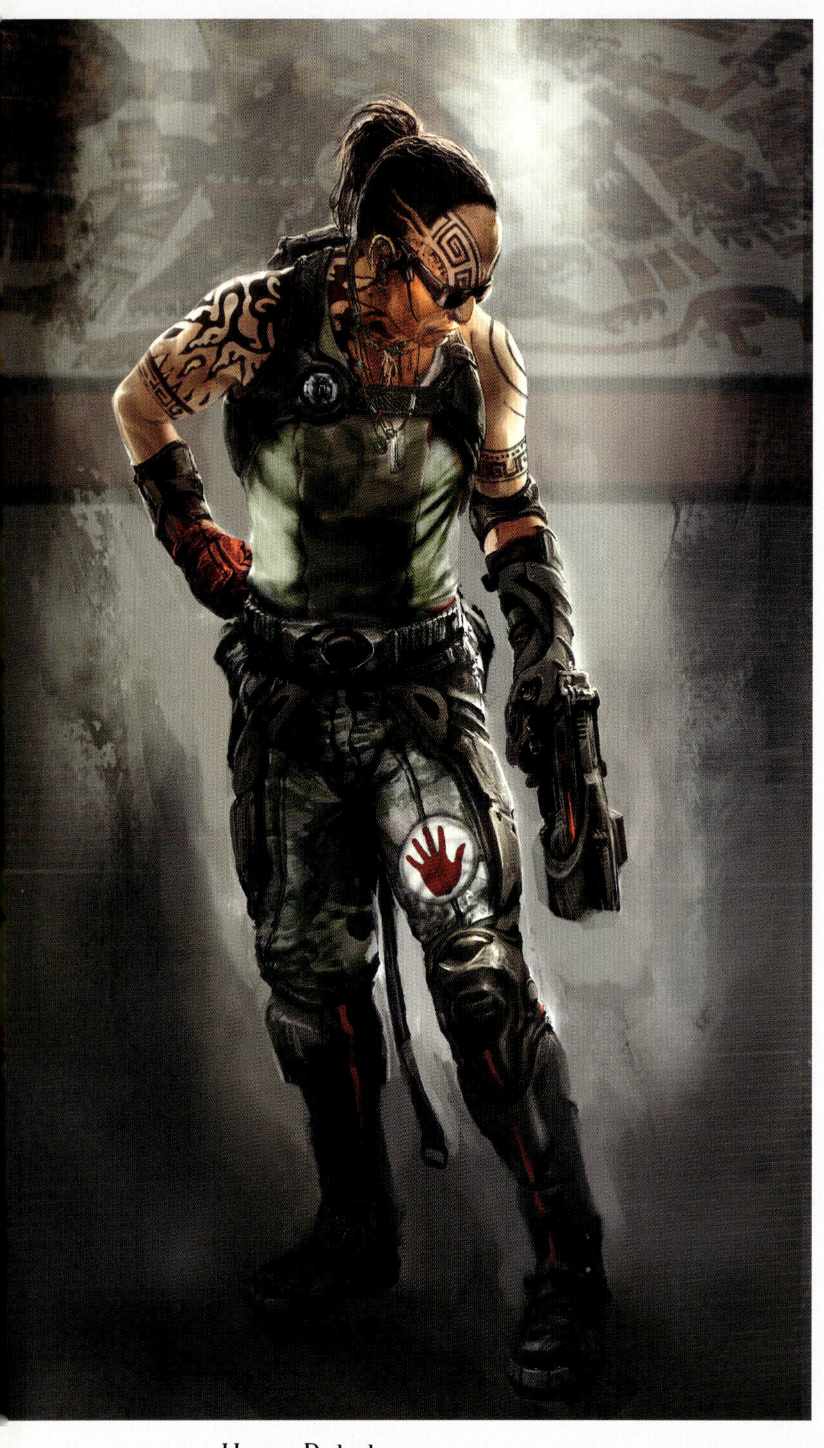

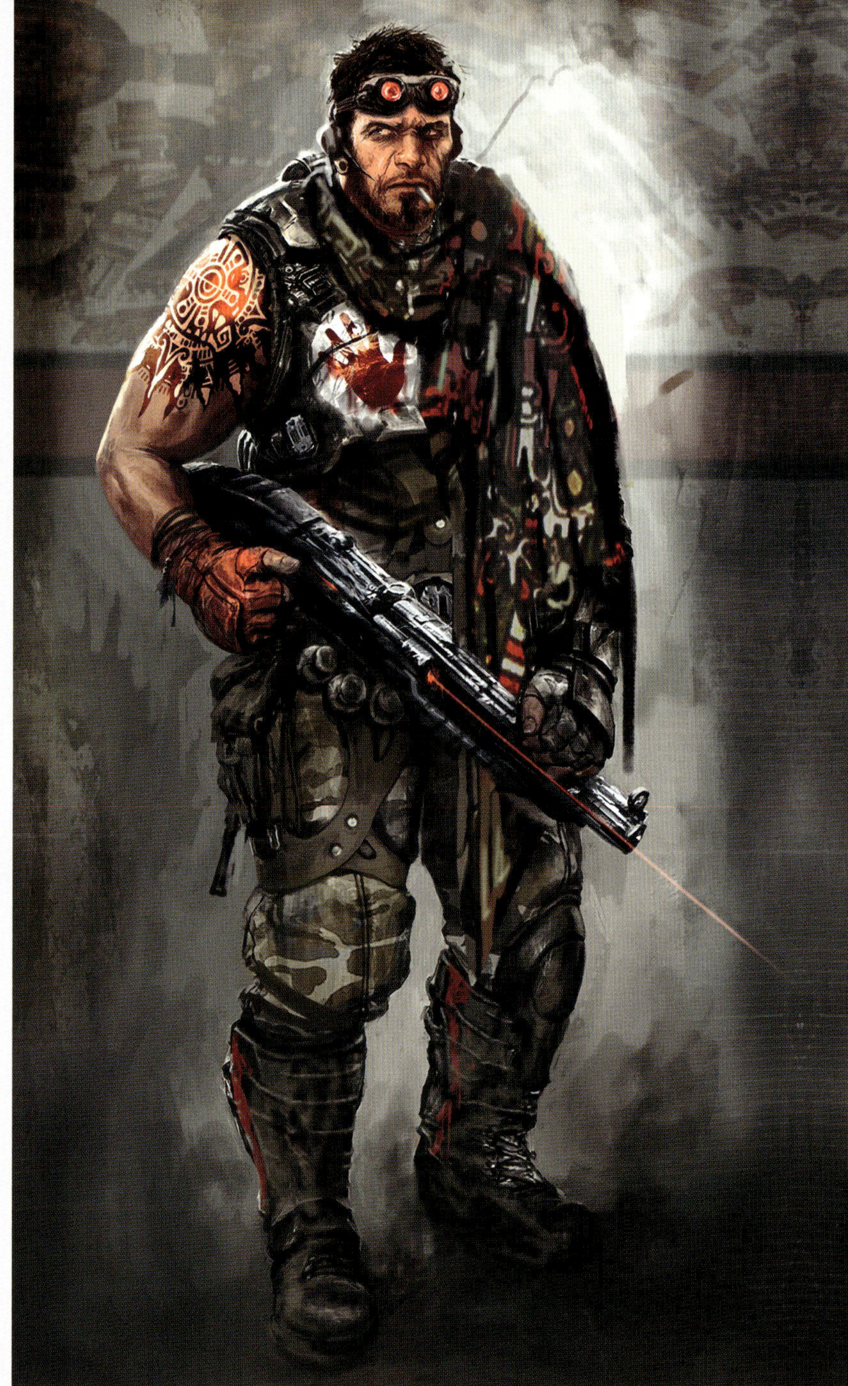

Haze : Rebels

Client :
Ubisoft Entertainment
2008

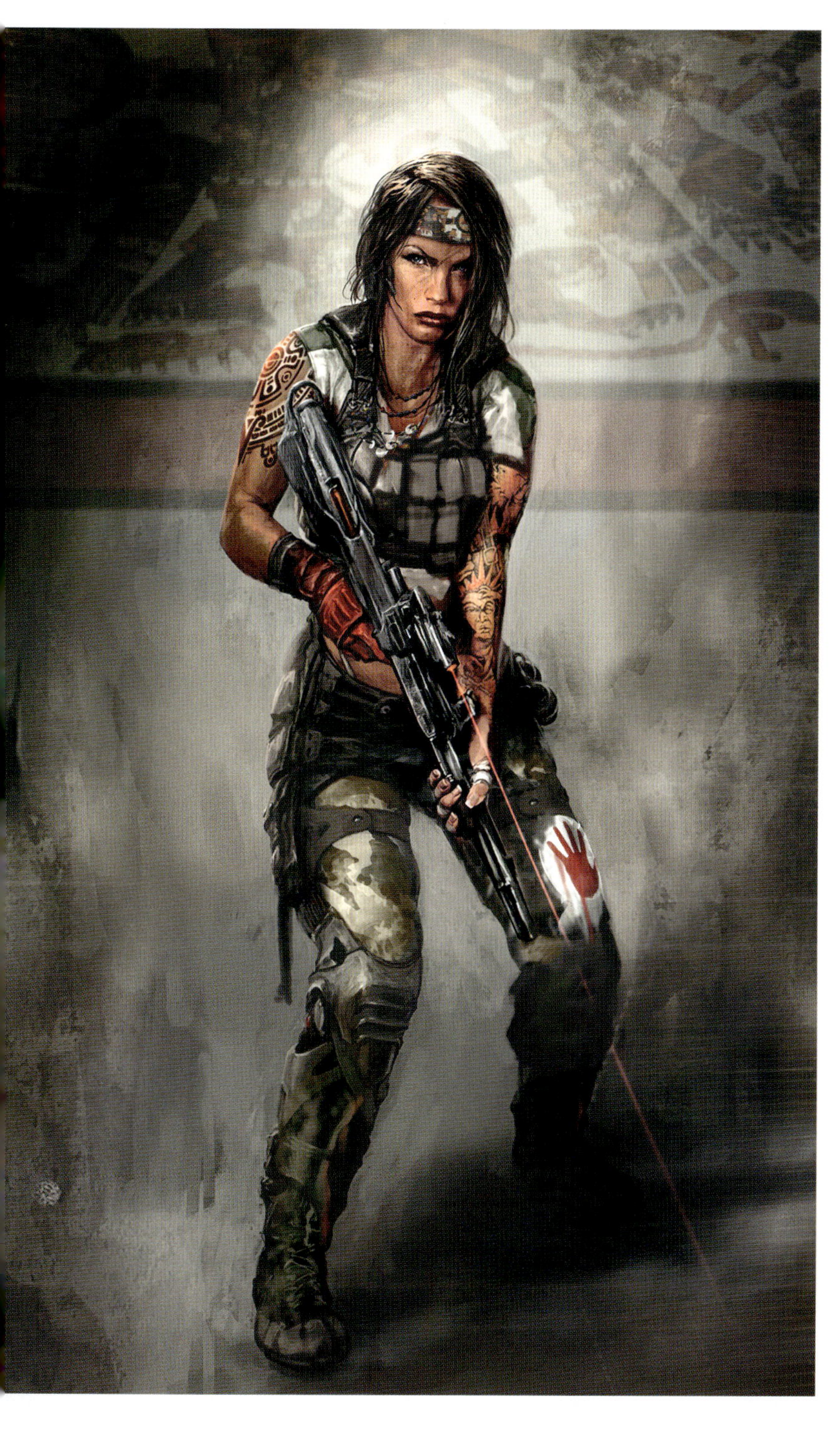

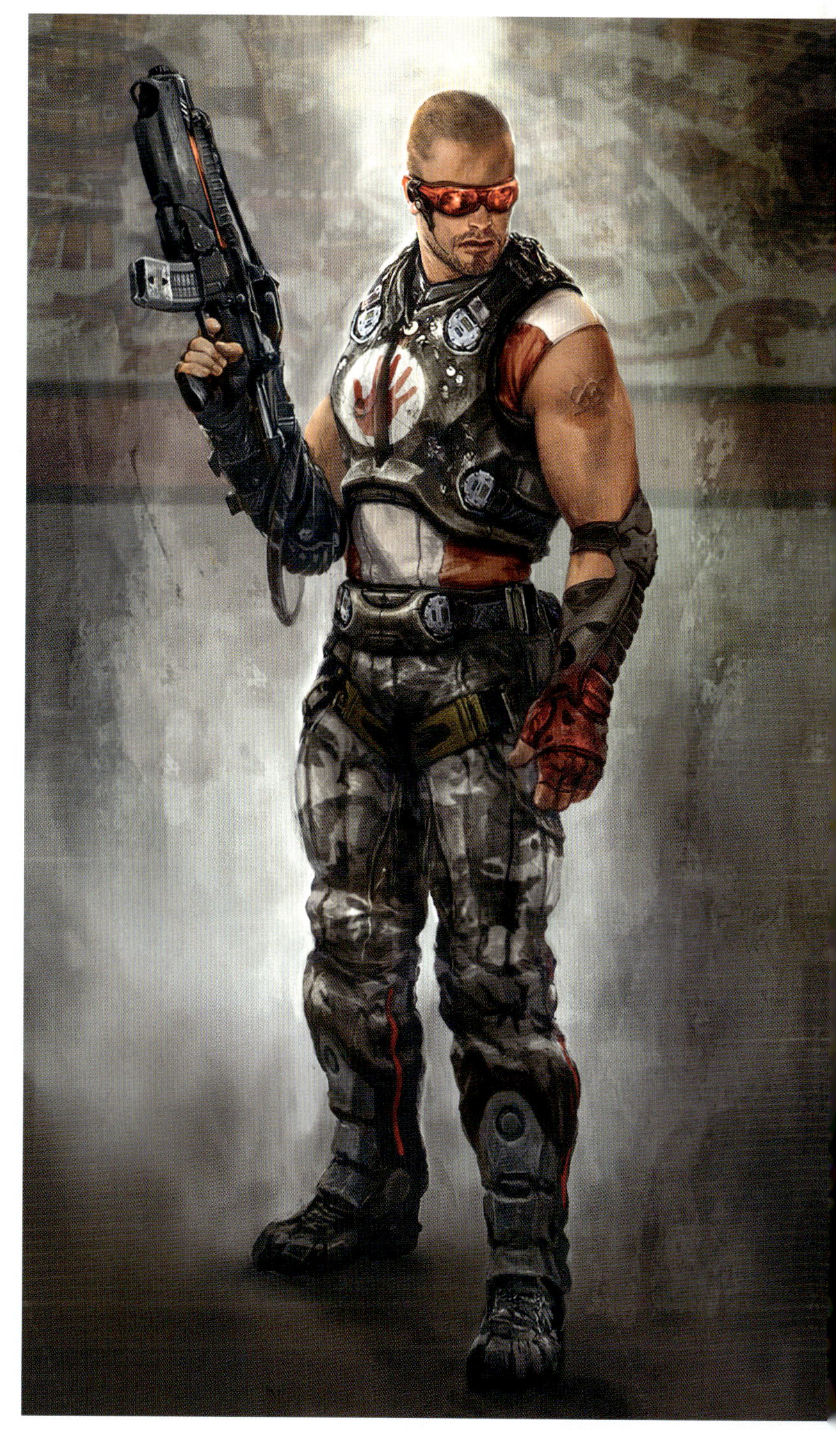

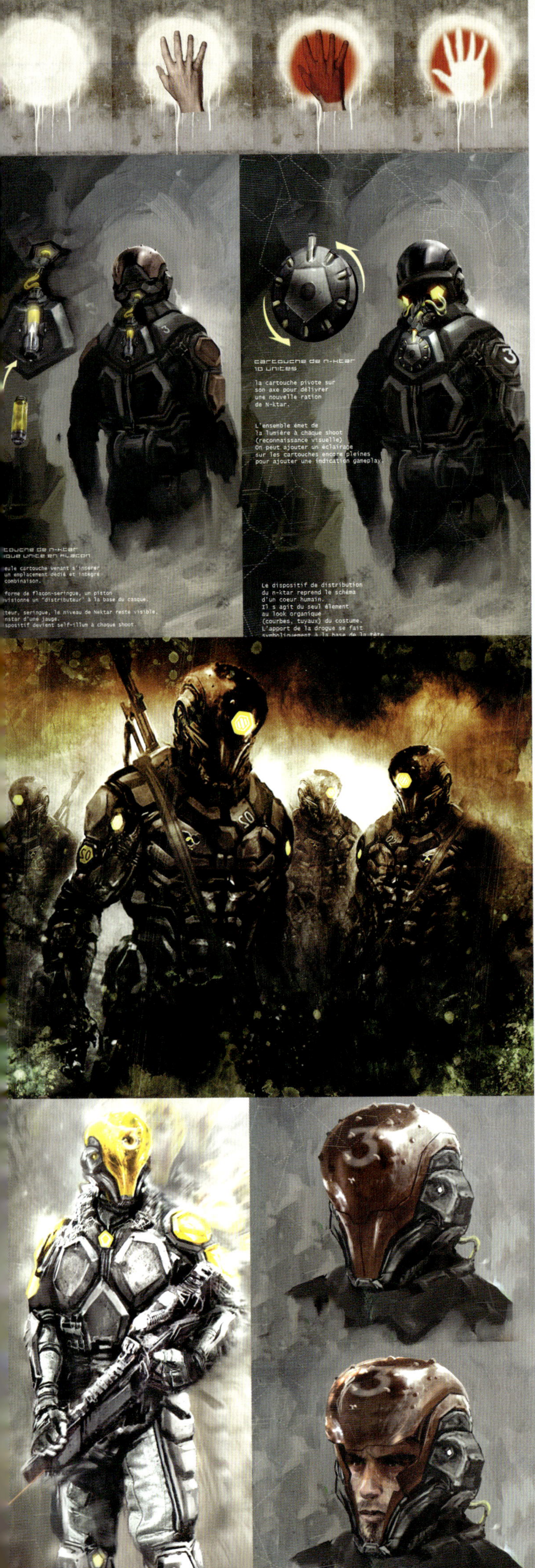

“ Ce que j'apprécie avant tout chez Aleksi ? Je pense que c'est tout simplement qu'il aime faire des images autant que moi. J'apprécie toute la réflexion qu'il va mettre dans une illustration ou un concept. Que ce soit à un niveau technique ou culturel, il sait où il va.

De l'intention originelle à la couleur de la couture du slip du protagoniste, rien n'est laissé au hasard. C'est aussi ça que j'apprécie avec lui, ces discussions au local et l'énergie qui s'en dégage. Et bien sûr sa franchise, Aleksi n'a pas sa langue dans la poche, il sait aller droit au but et c'est appréciable.
Et sa technique est à son image, honnête et directe, son efficacité est redoutable...

What I like most about Aleksi? I think it's simply that he enjoys creating images as much as I do. I appreciate all the thinking he always puts into an illustration or a piece of concept art. Culturally as well as technically, he knows where he's going.

From his original intention all the way up to the color of the seams on the briefs of the character, nothing is left unexamined, nothing is random. Something I also like about him is all our discussions at the office, the energy I get from them. And his sincerity, of course, his frankness: Aleksi doesn't beat around the bush, he gives it to you straight, which is great. His technique is just like him, too: honest, direct, and wickedly efficient. ”

Bruno Gore - Noxizmad
Senior Concept Artist
Concept Artist Sénior
Massive Black

Haze

Client :
Ubisoft Entertainment
2008

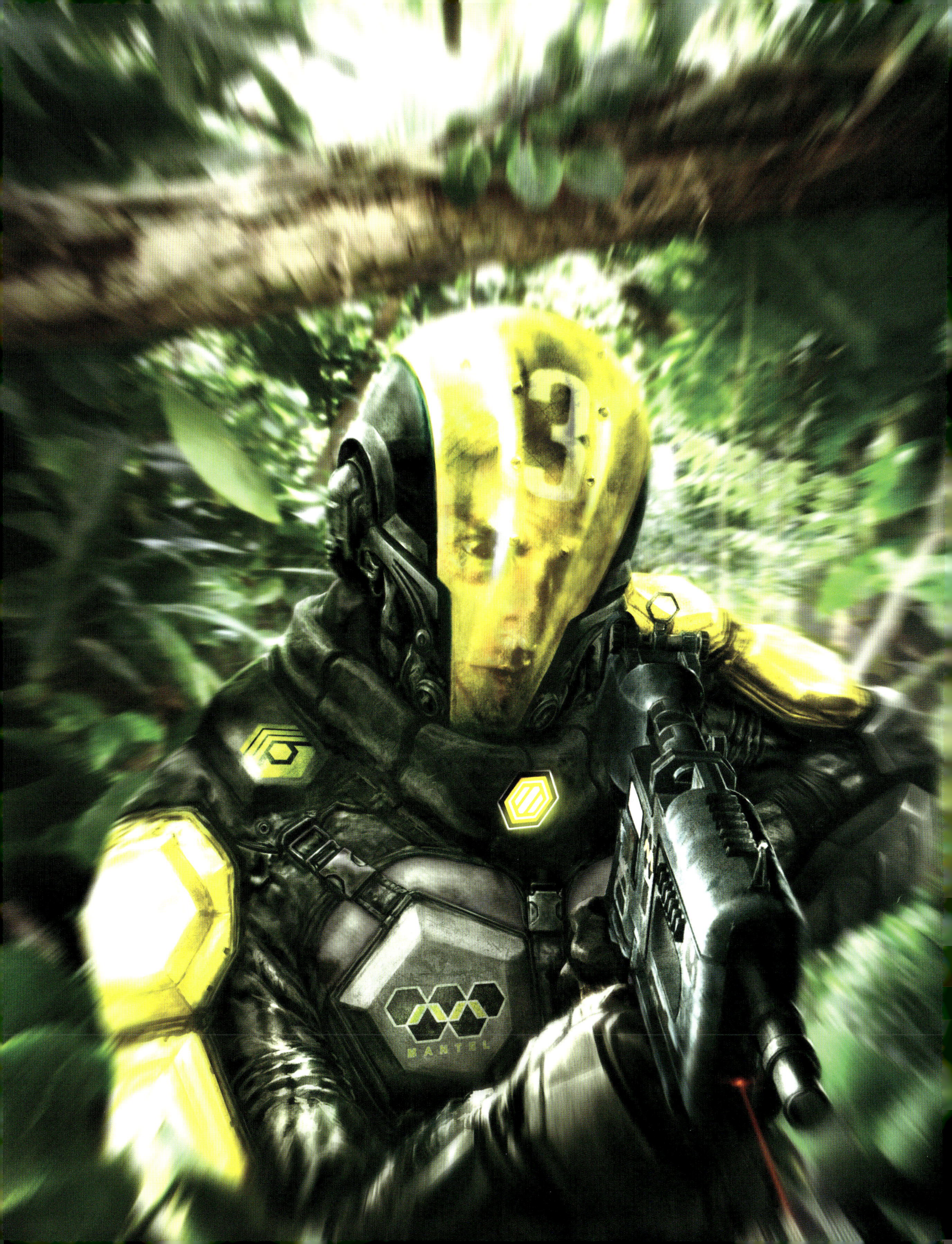
MANTEL

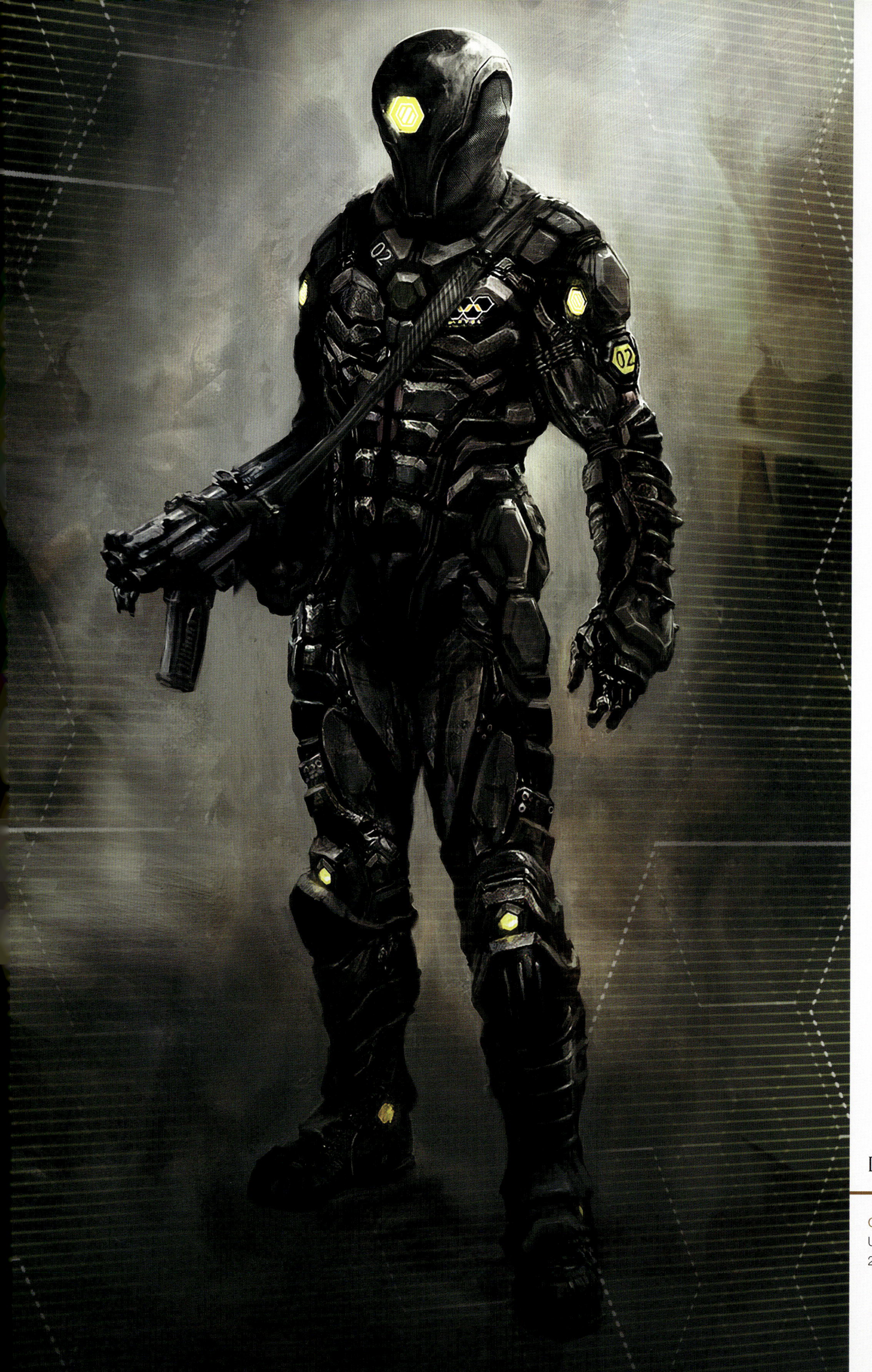

Dark.ops

Client :
Ubisoft Entertainment
2008

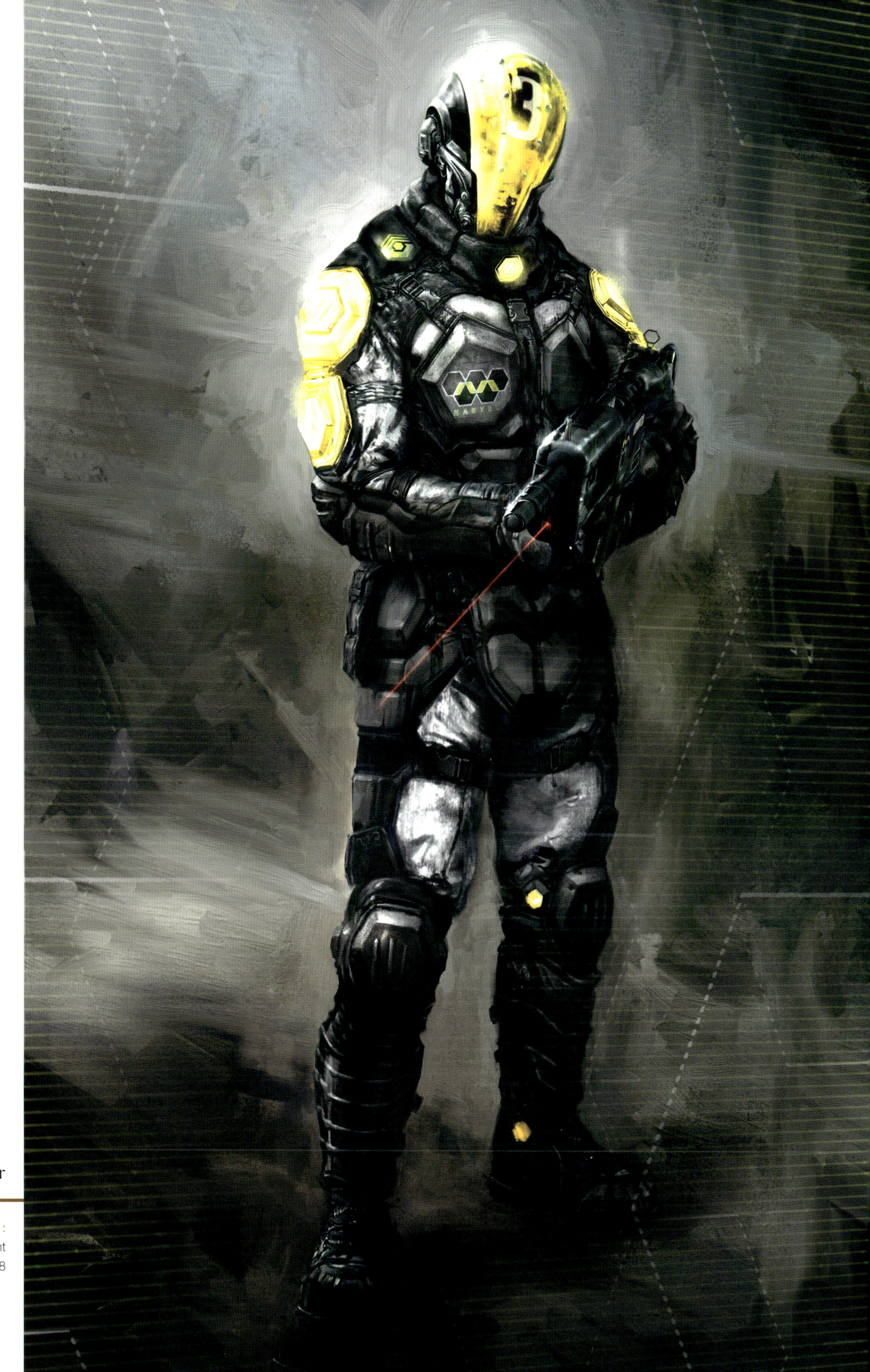

Mantel Trooper

Client :
Ubisoft Entertainment
2008

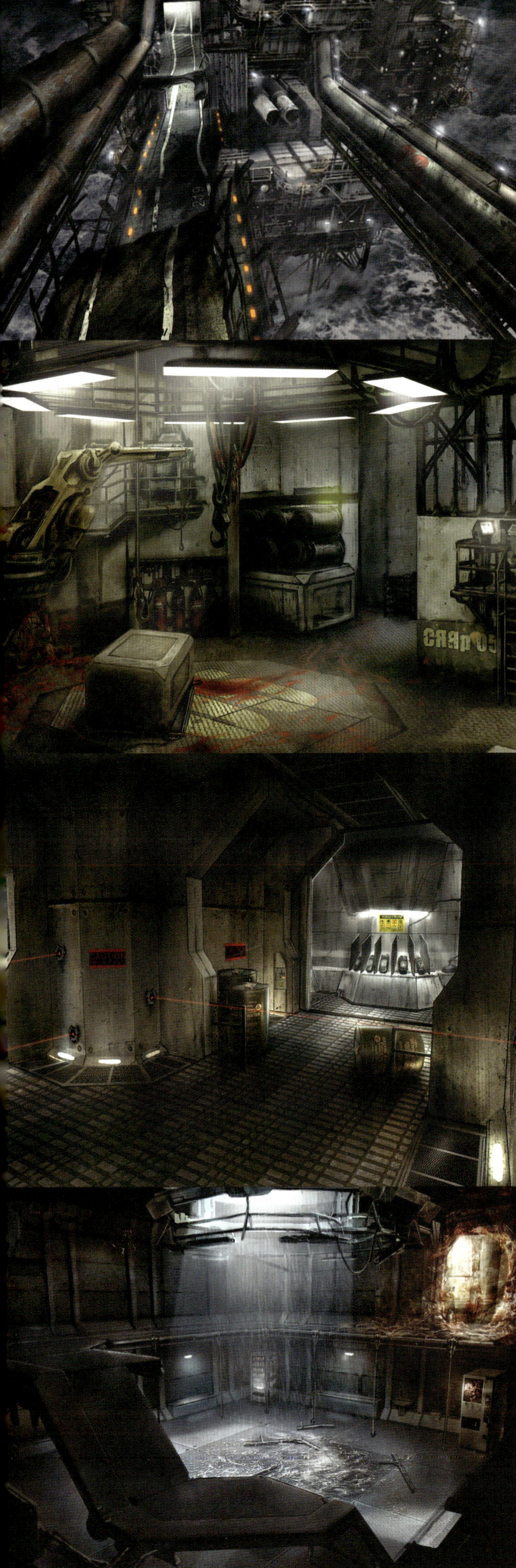

Beaucoup connaissent très bien les illustrations d'Aleksi, les images sont tellement fortes qu'elles parlent d'elles-mêmes. Je ne ressens pas la nécessité d'y mettre des mots. Et comme j'ai la chance d'être ami et collègue de l'artiste, c'est du bonhomme dont j'ai envie de parler. Le premier mot qui me vient est « contagieux ». Aleksi est une personne extrêmement contagieuse. C'est bien simple, prenez un atelier d'artiste, injectez-y un Aleksi et observez le résultat au bout de quelques semaines. Il arrive le matin tout joyeux : tout l'atelier devient joyeux, il arrive plus maussade et l'atelier change de ton. Il débarque un peu fou-fou...

Aleksi est souvent un peu fou-fou, une sorte de Jack Sparrow de la gribouille. Ce mélange totalement improbable de grand professionnalisme et de manque de sérieux est d'ailleurs assez incroyable... Je sais pertinemment que tous ceux qui le connaissent ont un sourire en lisant ces lignes : il faut tout simplement le voir pour mesurer l'ampleur du phénomène.

La contagion ne concerne pas seulement les sautes d'humeurs. Aleksi est un passionné et il est extrêmement généreux concernant le partage de ses passions. Que ce soit de façon intensive en atelier ou juste à la volée autour de la machine à café : quiconque croise son chemin en ressort enrichi. Personnellement, il m'a fait vivre les heures de bureau parmi les plus fun de ma carrière. Merci monsieur.

Aleksi's illustrations are very well known, and their power speaks for itself. I don't think it's necessary to add words to his work, and since I have the chance of being both a colleague and a friend, I would rather speak of the man himself. The first thing that comes to mind is the word "infectious". Aleksi is an extremely infectious person. There's a simple experiment you can do: take an artist studio, inject an Aleksi into it, come back in a few weeks to observe the results. He comes into the studio in the morning cheerful, the whole studio turns happy; he comes in gloomy and the studio's mood shifts completely. If he arrives in a wacky mood...

Aleksi often is a little wacky; he's a sort of scribbling Jack Sparrow. He's a completely incredible blend of utmost professionalism and total lack of seriousness... I am certain that anyone who knows him will smile with recognition while reading these lines: this phenomenon simply needs to be seen to be believed.

And he doesn't only infect people with his moods: Aleksi is a passionate man, and extremely generous when it comes to sharing his passion. Whether you cross his path briefly at the coffee machine or have a more intense exchange during a workshop, whoever you are, you'll always feel enriched after a chat with Aleksi. As for me, I owe him many of the most fun-filled working hours of my career. Thank you, sir.

Benjamin Carré
Illustrateur / Illustrator

Cold Fear

Client :
Darkworks /
Ubisoft Entertainment
2004

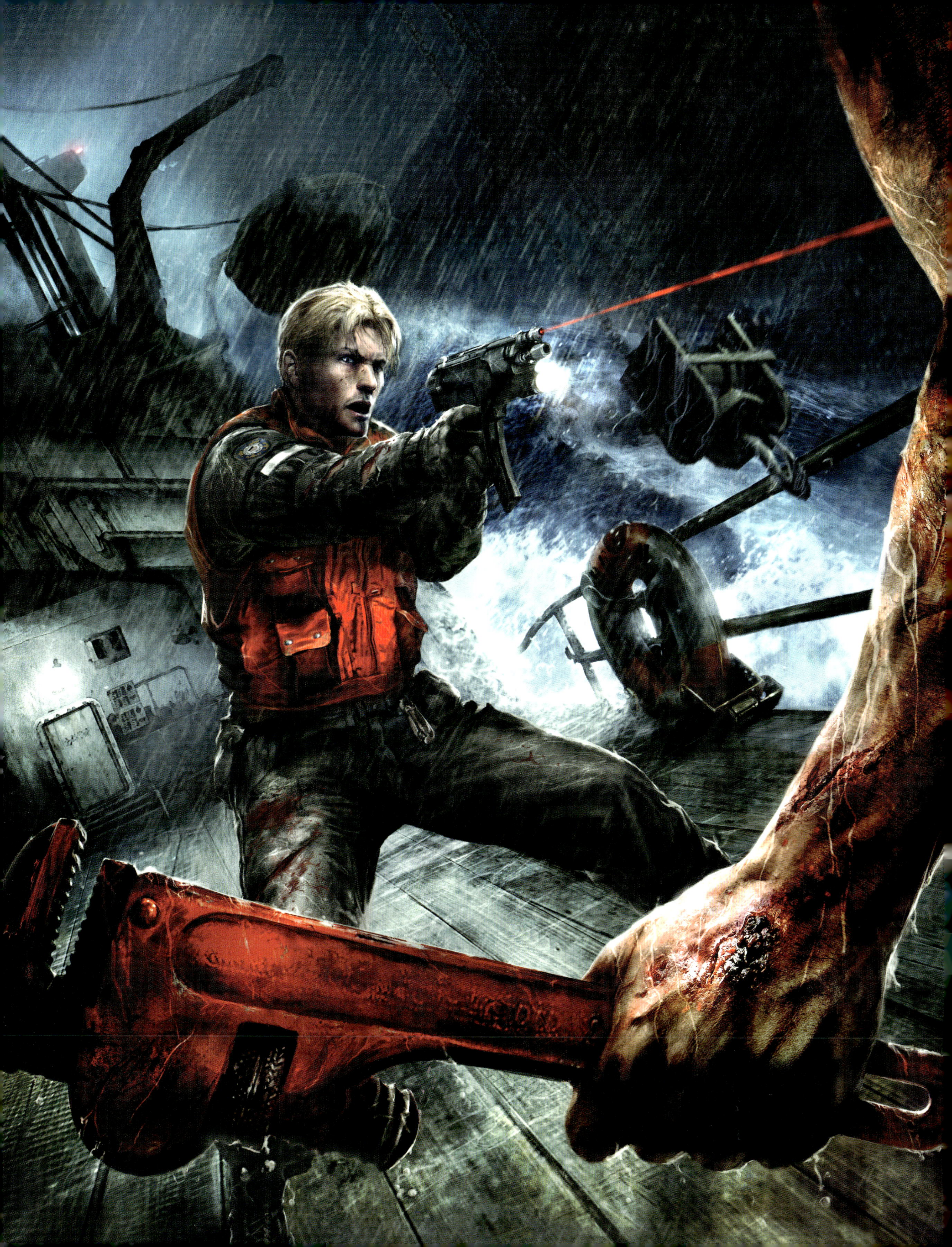

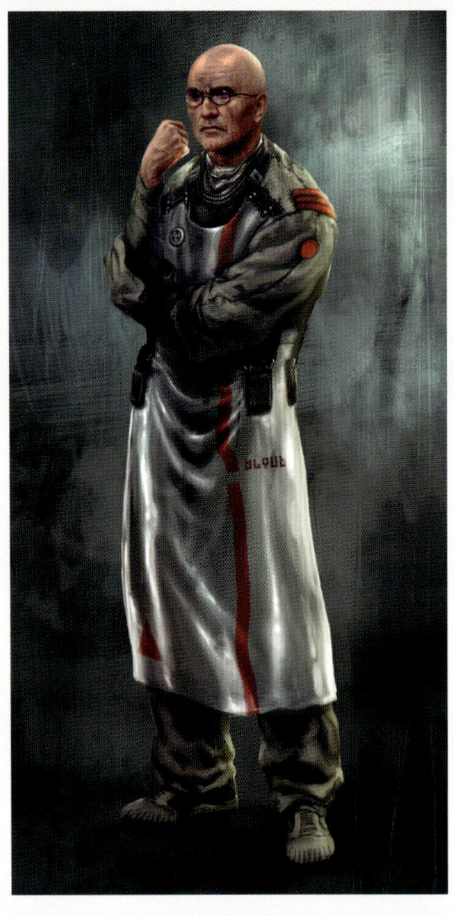

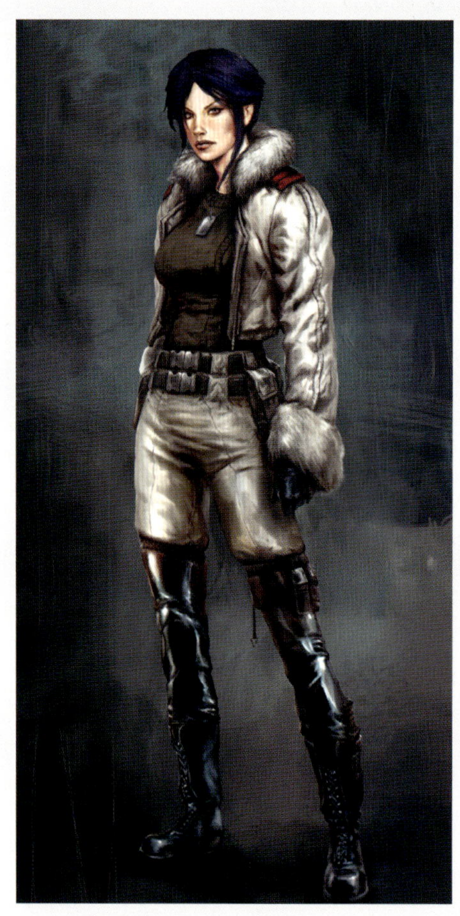

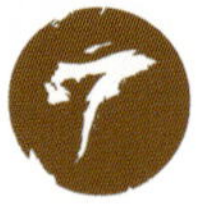

Concept Art

Le concept art est pour moi un exercice intellectuel passionnant. Mon processus habituel consiste à m'immerger dans le projet, à accumuler un maximum de données sur le sujet à développer : contexte, histoire, orientations du gameplay, choix déjà opérés…

Ensuite, je remplis généralement des pages de notes dans mes carnets. Premières réflexions, références qui me viennent en tête et croquis rapides viennent alimenter et structurer le début de mes recherches. À ce stade, le vernis plastique et les qualités de dessin n'ont aucune importance et seules les idées priment.

La seconde phase s'opère assez naturellement : les associations d'idées se font et les pistes les plus intéressantes émergent. Me reste alors à passer à l'outil digital : ordinateur et tablette, afin de creuser tout ça. Un gros travail itératif s'ensuit : mise en forme, recherches divergentes, retours en arrière, fusion de plusieurs idées, choix à opérer et, finalement, de nombreuses heures de réglages et d'affinage minutieux afin de rendre le visuel le plus séduisant possible.

To me, concept art is a fascinating intellectual workout. My usual process starts with total immersion into the project – I accumulate all the data I can find on the topic I'm supposed to develop: context, history, gameplay choices, decisions already made.

Then I generally spend some time filling page after page in my notebooks. Anything it makes me think of, any reference popping up in my head, quick sketches (the quality of those is really not a priority); everything comes in to nourish and structure this early stage of the research. At that stage, only the ideas count; the surface quality of the art doesn't matter.

Then the second stage comes in organically, as ideas connect on their own and the most interesting pathways emerge. What then remains is firing up the digital toolbox, booting up the computer and the tablet to start digging deeper. After that comes a lot of iterating: research forks into various strands and things shape up; then I go back and start again, merge several ideas, make choices… And finally comes the many, many hours of work necessary to refine things minutely and tune things up to deliver the most attractive, best possible visual.

Catwalk to Scientific Module

Client :
Darkworks /
Ubisoft Entertainment
2004

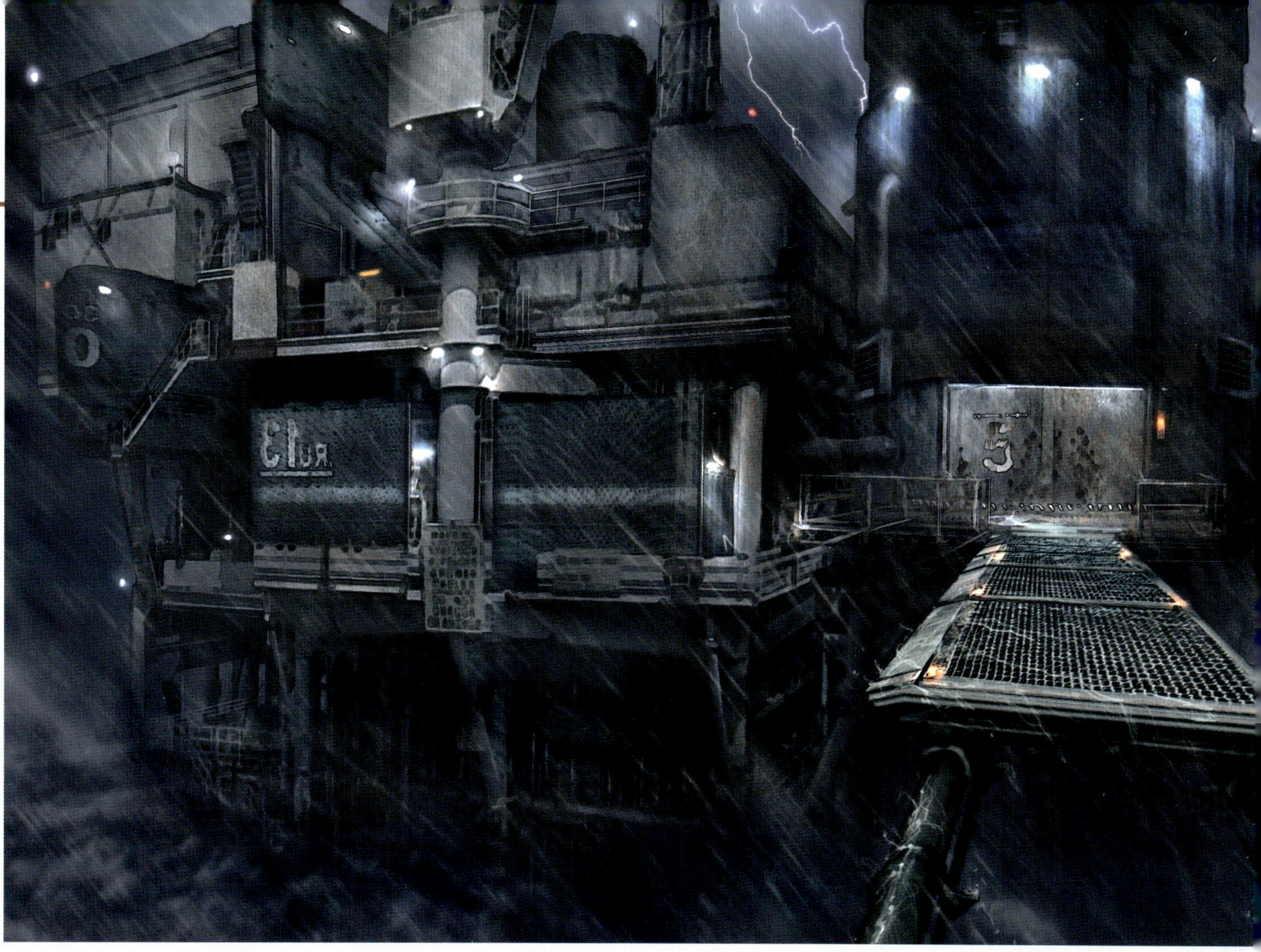

Heliport Access

Client :
Darkworks /
Ubisoft Entertainment
2004

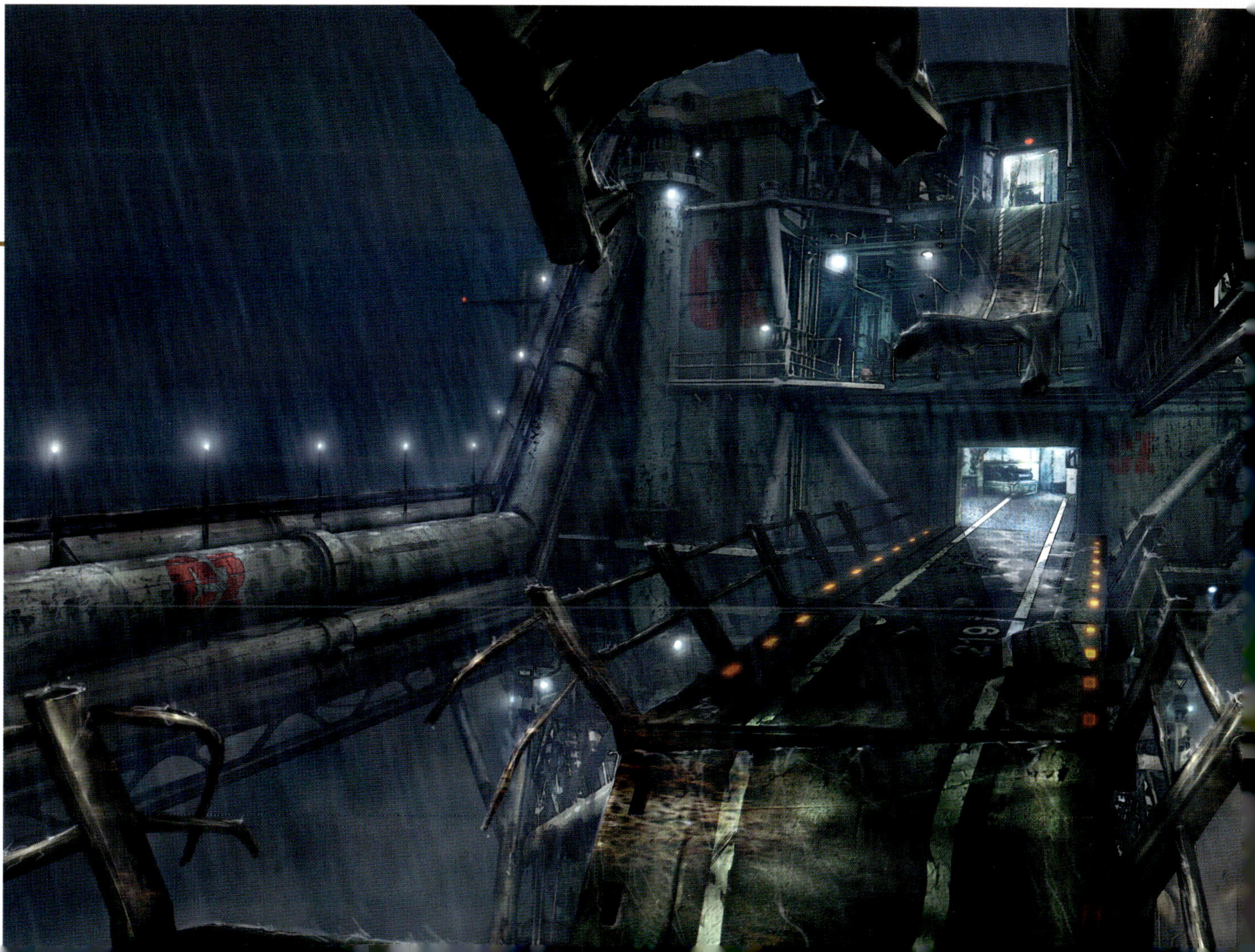

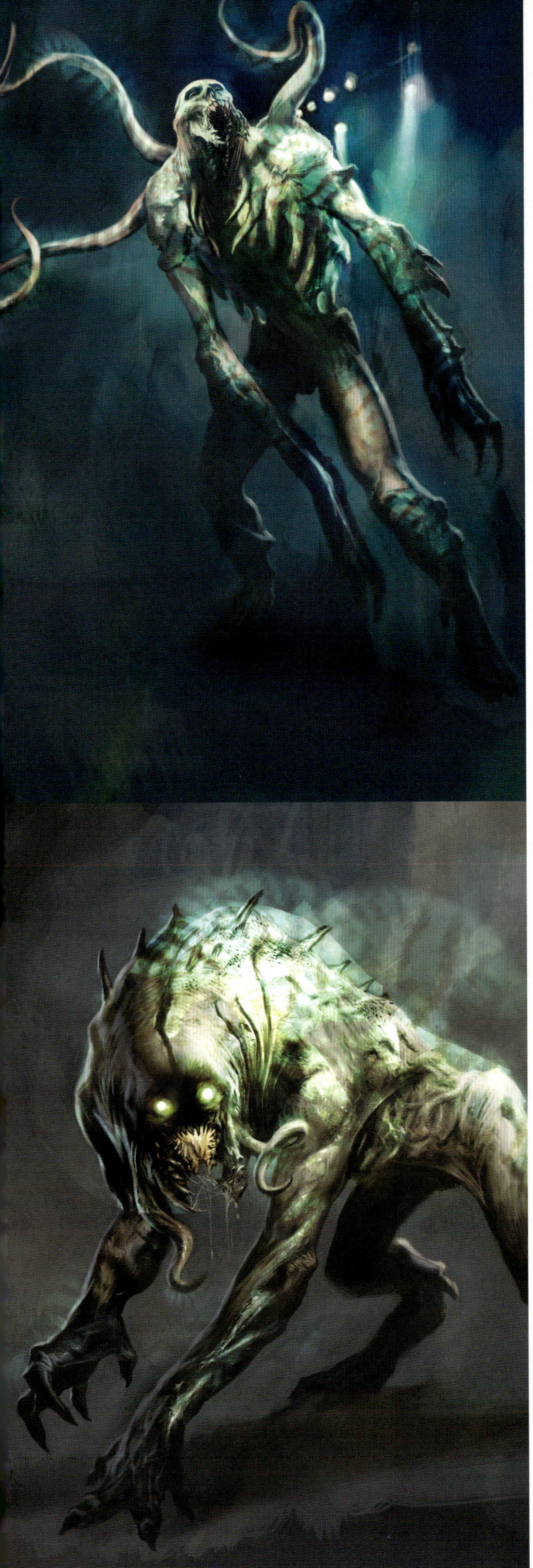

“J’ai rencontré le légendaire Aleksi à Amsterdam, au tout premier workshop conceptart.org. Au fil des années j’ai pu voir son talent exploser et grandir d’une façon exponentielle.

La seule conclusion logique que j’en tire est qu’il doit s’agir d’un cas où « la vie imite l’art » ; je ne peux m’empêcher d’imaginer que, comme le fameux Spawn dont il a illustré les aventures, Aleksi a conclu un pacte avec le Diable pour obtenir ce talent surnaturel. Bonne chance, M. Briclot, et à bientôt.

I first met the legendary Aleksi in Amsterdam during the original Conceptart.org workshop. I have observed his artistry exponentially explode over the years.

My only reasonable conclusion is that this must be a case of «life imitating art», and in the same fashion to the infamous Spawn character he illustrates I can only speculate that he has struck a similar deal with the Devil to acquire his supernatural talents. Good luck and God speed Mr. Briclot.”

Android Jones
Illustrateur / Illustrator

Exoshade's Attack

Client :
Darkworks /
Ubisoft Entertainment
2004

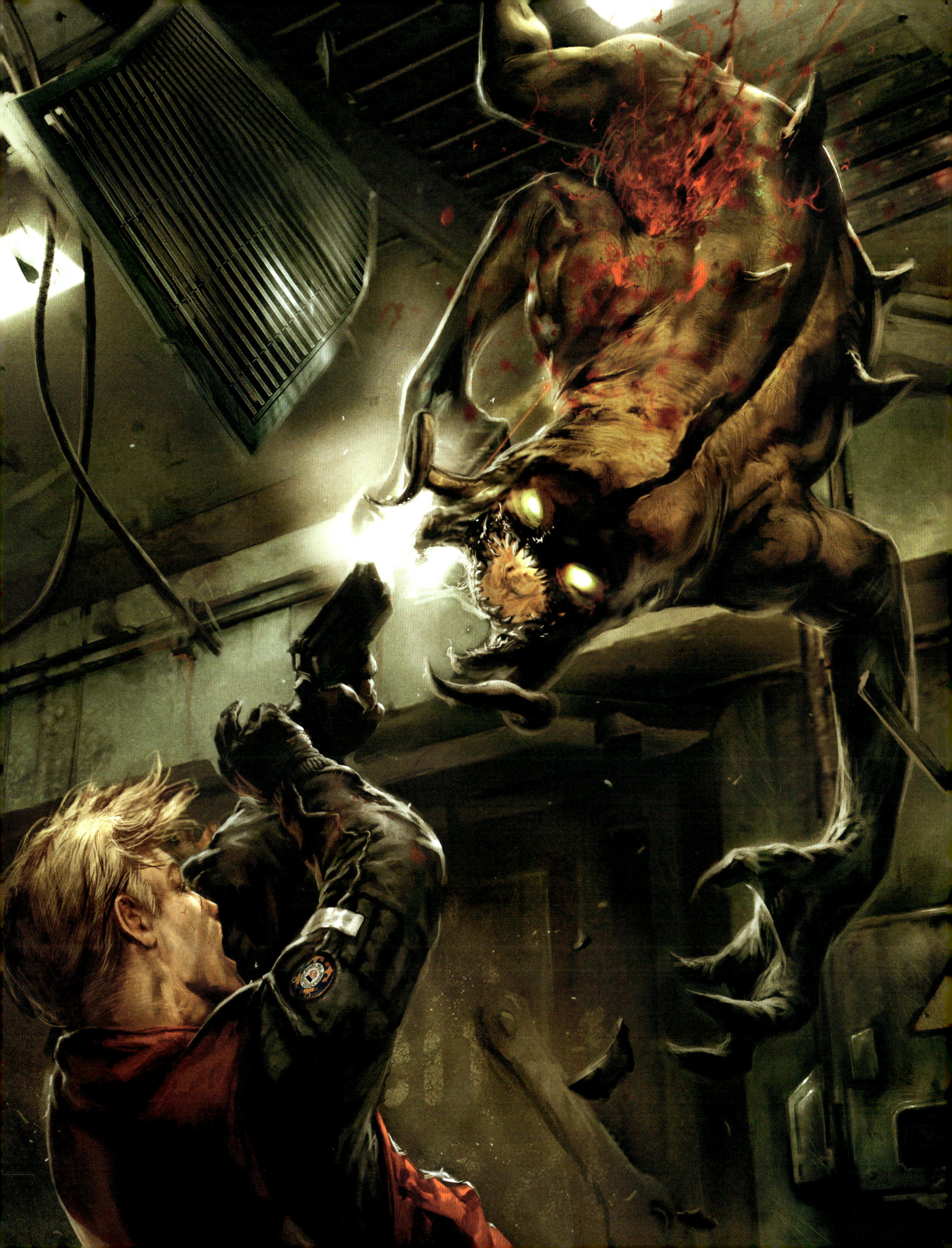

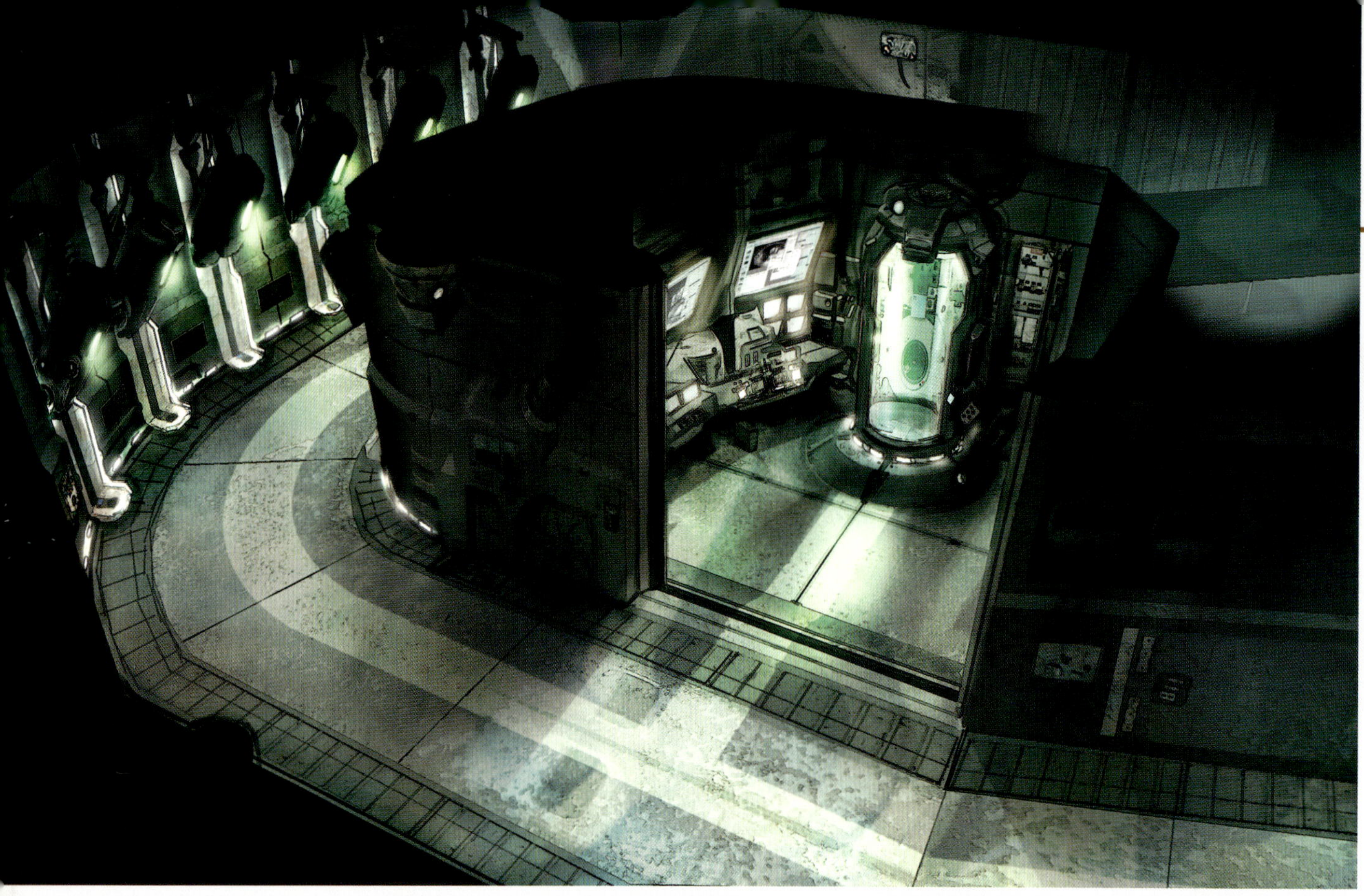

Experimentation Room

Client :
Darkworks /
Ubisoft Entertainment
2004

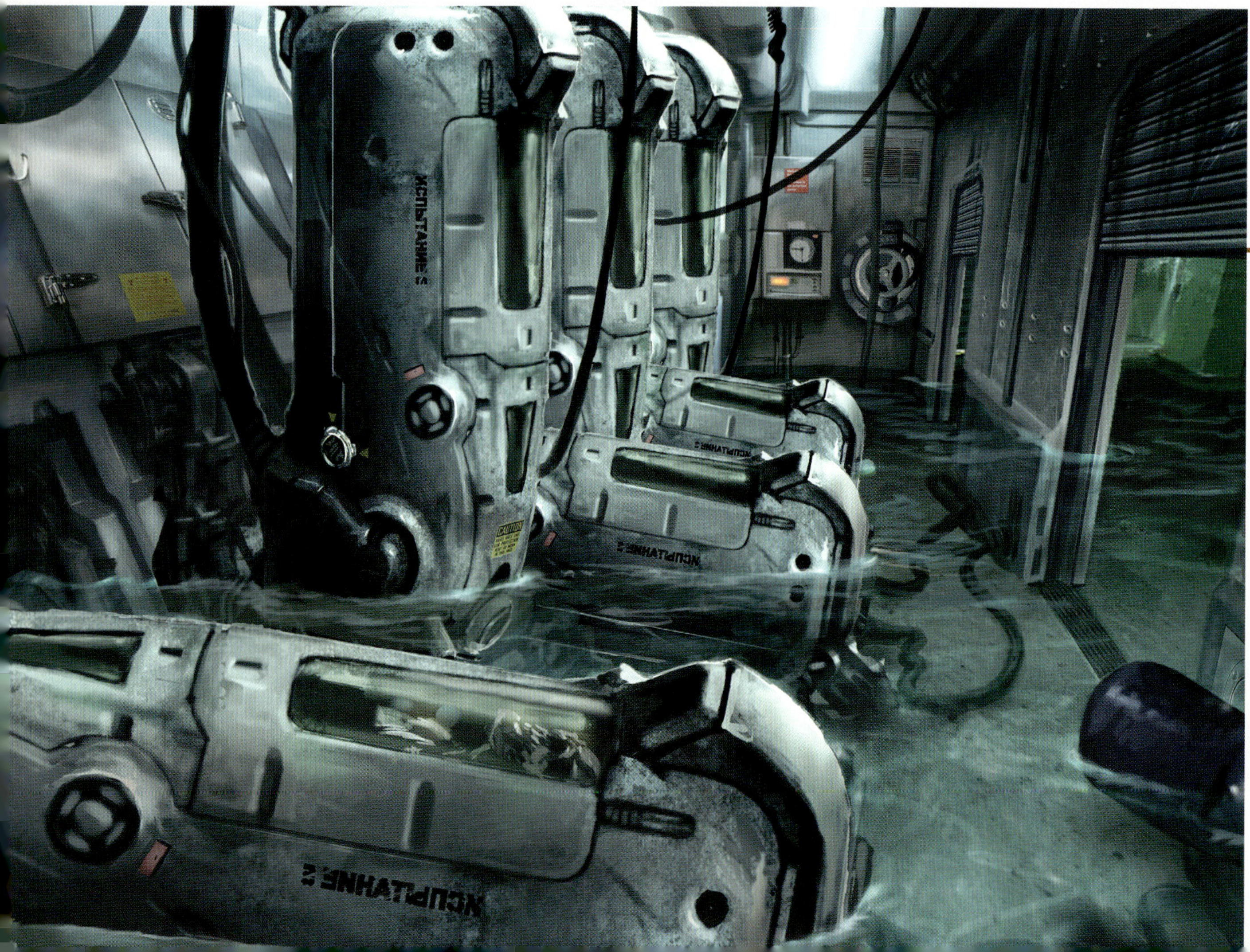

Frozen Chamber

Client :
Darkworks /
Ubisoft Entertainment
2004

Sub Room

Client :
Darkworks /
Ubisoft Entertainment
2004

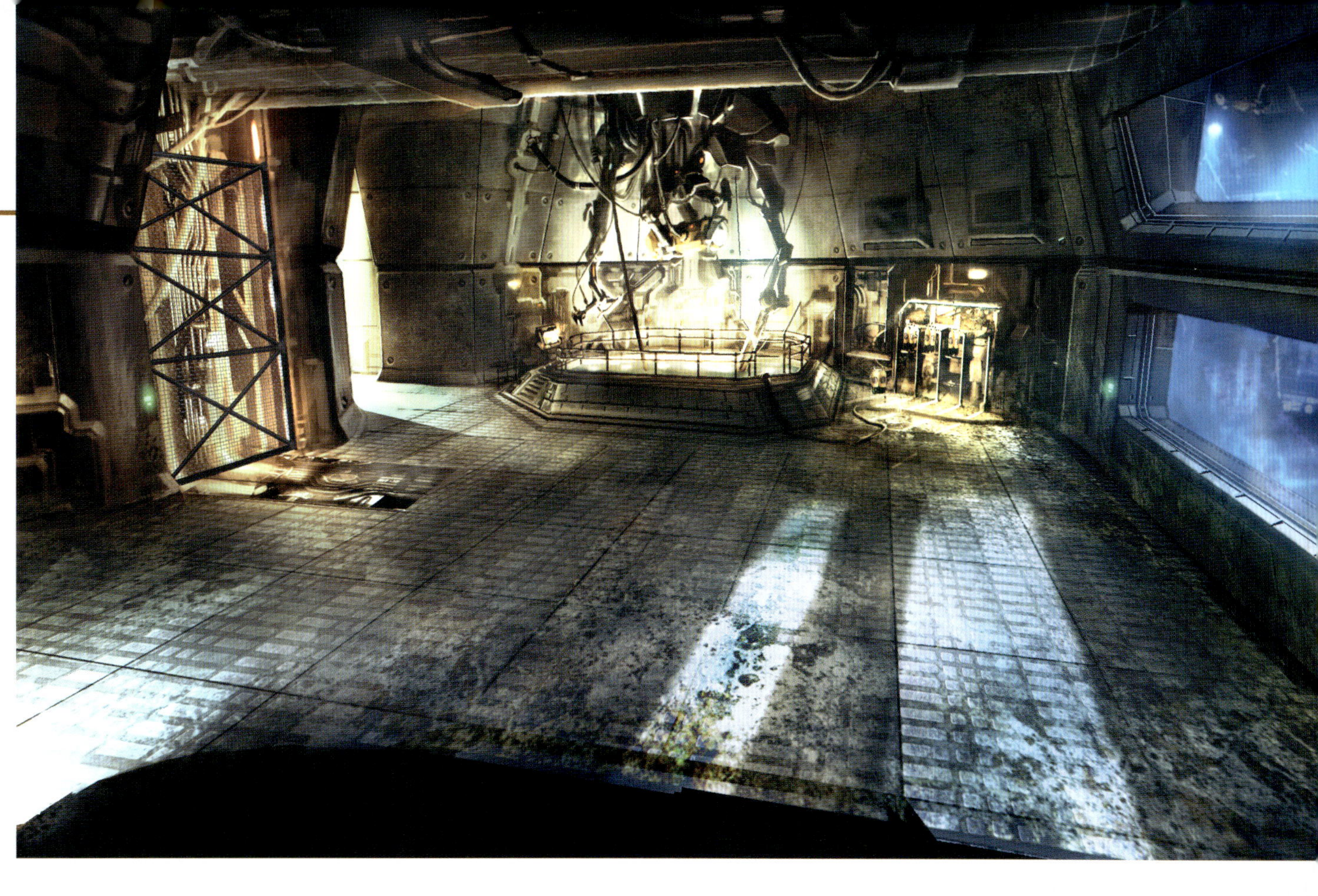

Main Corridor

Client :
Darkworks /
Ubisoft Entertainment
2004

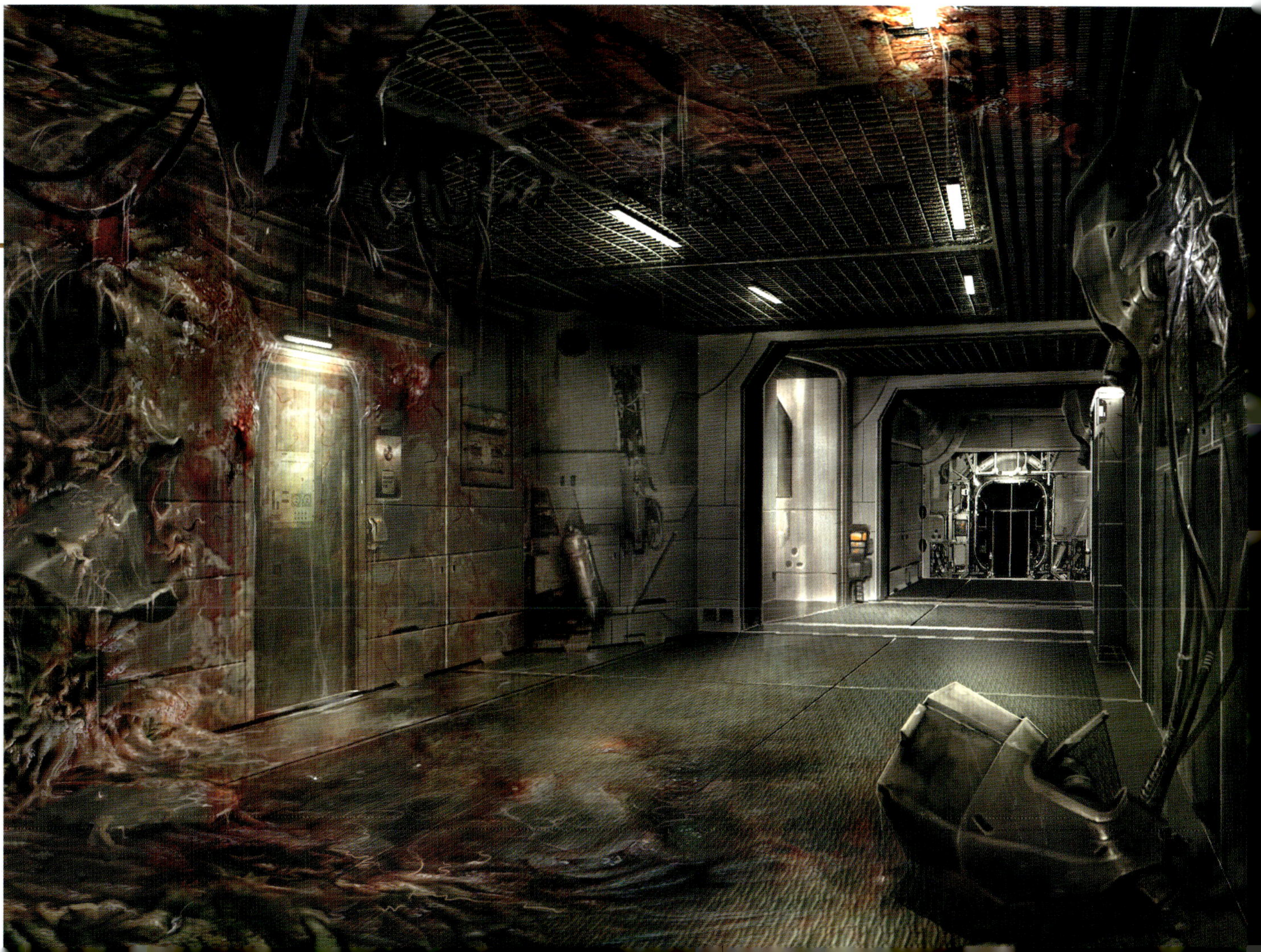

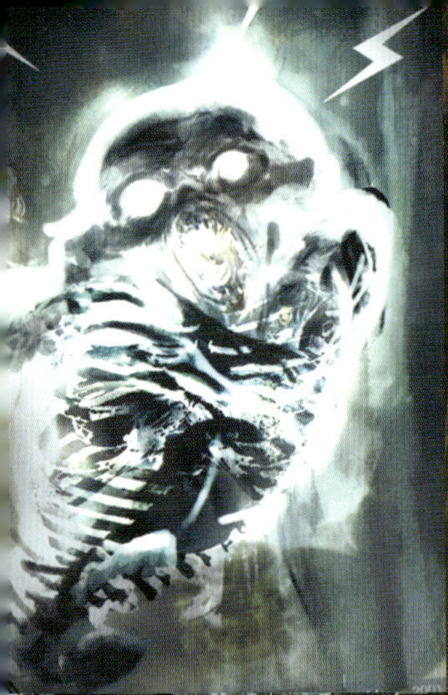

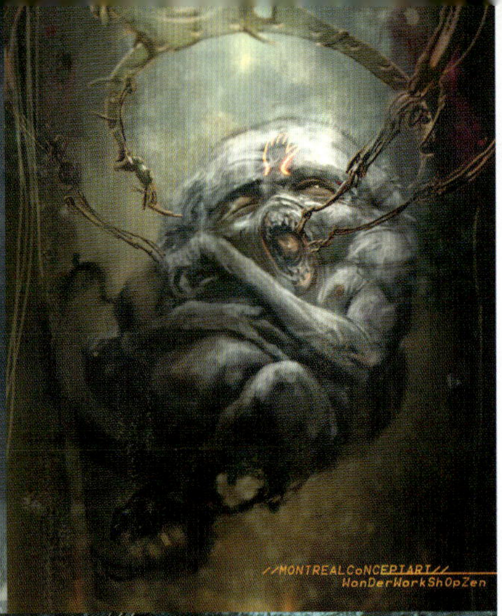

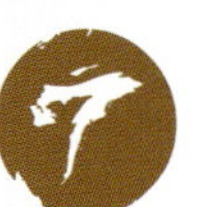

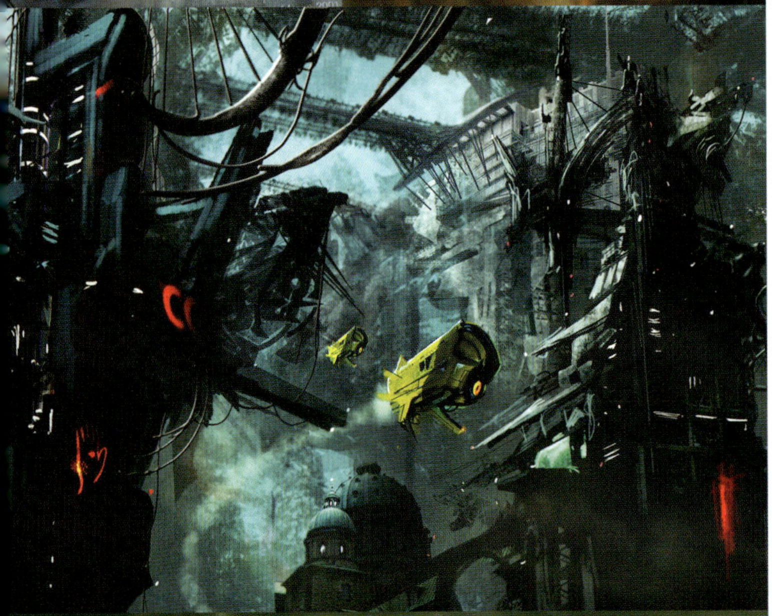

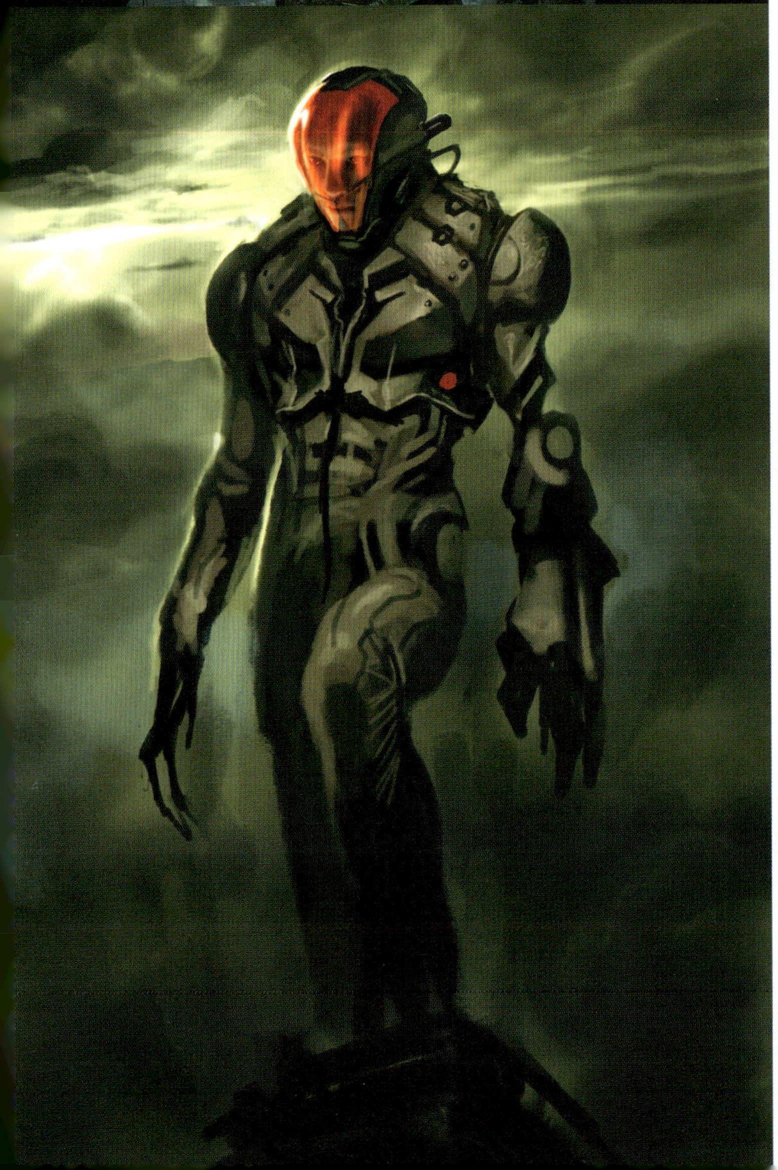

Speed Painting

À l'origine, je ne travaillais qu'en technique traditionnelle et j'ai découvert l'utilisation de l'ordinateur au cours de mes premières expériences professionnelles en jeu vidéo. Au tout début, je ne l'utilisais qu'en outil d'appoint, pour mettre en couleurs ou améliorer des dessins, crayonnés ou encrages scannés. Assez vite, je suis passé au tout digital, réalisant les croquis de base sur tablette et affinant ensuite. La vitesse d'exécution et les possibilités de réglages, de changements et de finition n'ont pas de prix et font de l'outil digital le standard professionnel actuel. C'est d'autant plus vrai quand il s'agit d'étayer une force de proposition, produire des déclinaisons et des recherches divergentes en un temps record.

Un terme est apparu ces dernières années : le « speedpainting », exercice qui consiste à réaliser une image poussée en un temps très limité (une heure en général). Une petite discipline en soit qui n'est autre que l'extension digitale d'un travail d'étude traditionnel. À ce sujet, la maîtrise classique des bases de dessin, peinture, volume, perspective reste exactement la même sur ordinateur. L'outil change mais tous les facteurs à prendre en compte pour produire une image restent identiques (chromie, saturation, composition, ligne de force, perspective, volume…). Il n'existe pas de pression d'un bouton magique qui permette d'emballer une image léchée en 5 minutes. Le débat opposant traditionnel et digital me paraît d'ailleurs complètement dépassé, les deux étant interdépendants avec leurs points forts propres.

I originally used traditional techniques alone, and I only started using computers as a professional in the video game industry. Very early on I only used them as supplementary tools: to colour in, to touch up a scanned drawing, either a raw sketch in pencil or an inked piece. But I quickly started doing everything digitally, starting with preliminary sketches with my tablet to touch up and refine after. The speed of execution, the kinds of settings and the amount of editing that can be done, the array of possible strokes – it's priceless. All of that makes the digital toolbox the contemporary professional standard. This is never more true than when you need to support a pitch, which means producing many variants on a theme as well as divergent possibilities, all in record time.

A new word emerged in the past few years: «speed painting», a type of exercise where one must produce the most detailed, most sophisticated image possible in a very short amount of time (generally within the hour). This new specialisation is nothing more than the digital mirror of the traditional «study». By the way, classical mastery of the basics of drawing, painting, volume and perspective is still just as necessary on the computer. The tool has changed, but the factors you need to look at if you want your image to work remain the same (colour range, saturation, composition, axes, volume, perspective…). There is no magic button you can push to wrap up a sophisticated image in five minutes. Anyway, I think the discussion of traditional versus digital is history now: both are interdependent, and they both have their own strong suits.

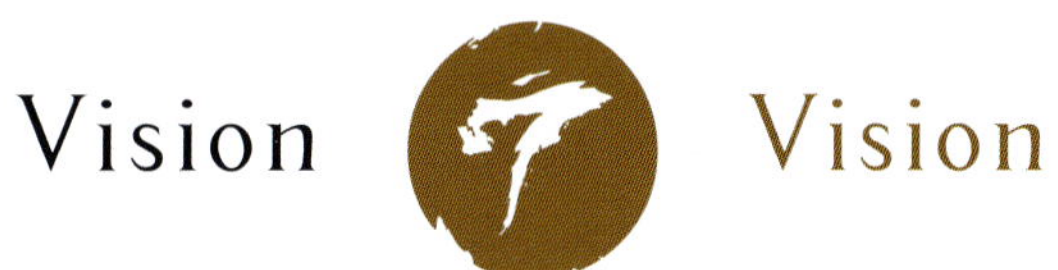
Vision
Vision

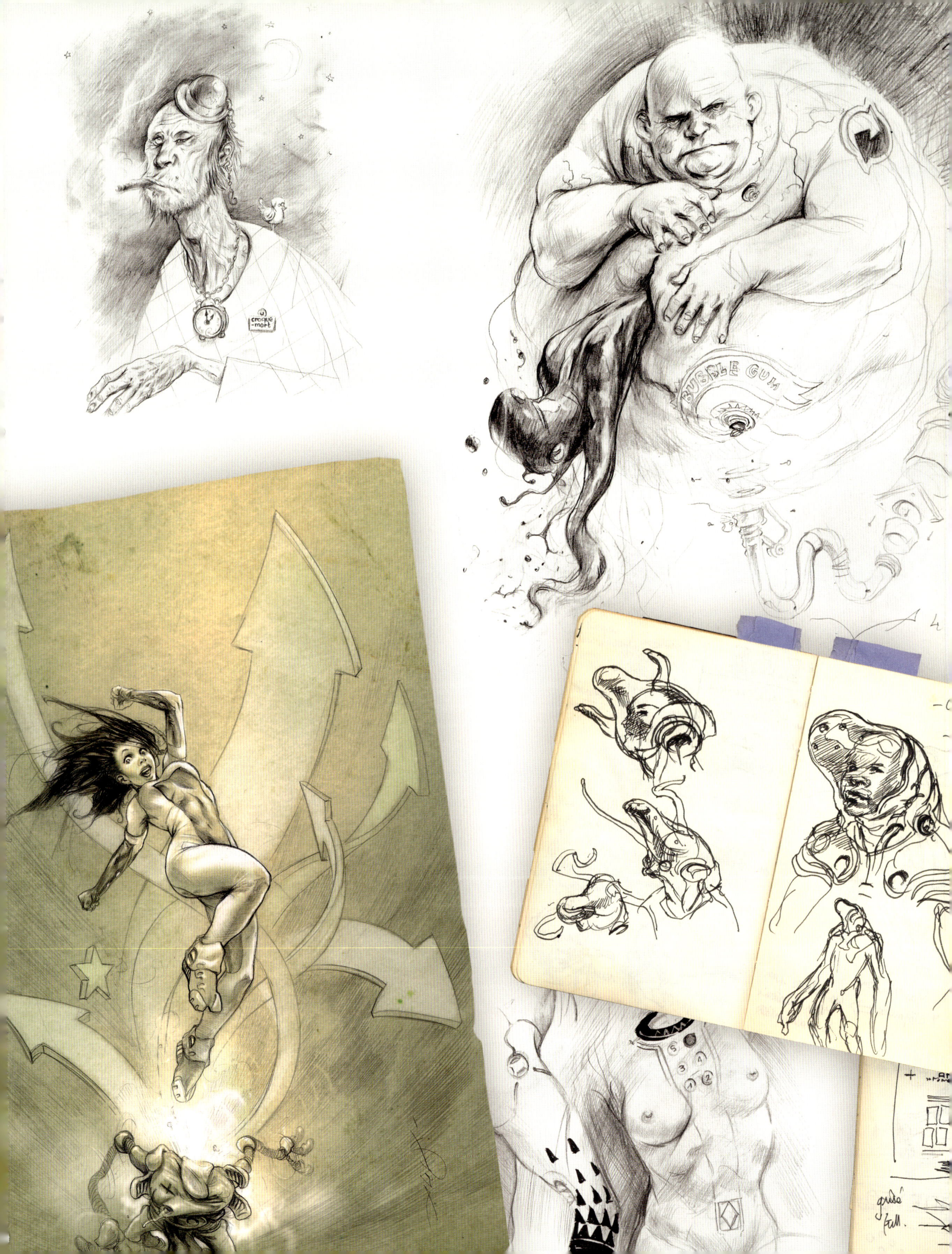
croque
-mort
BUBBLE GUM

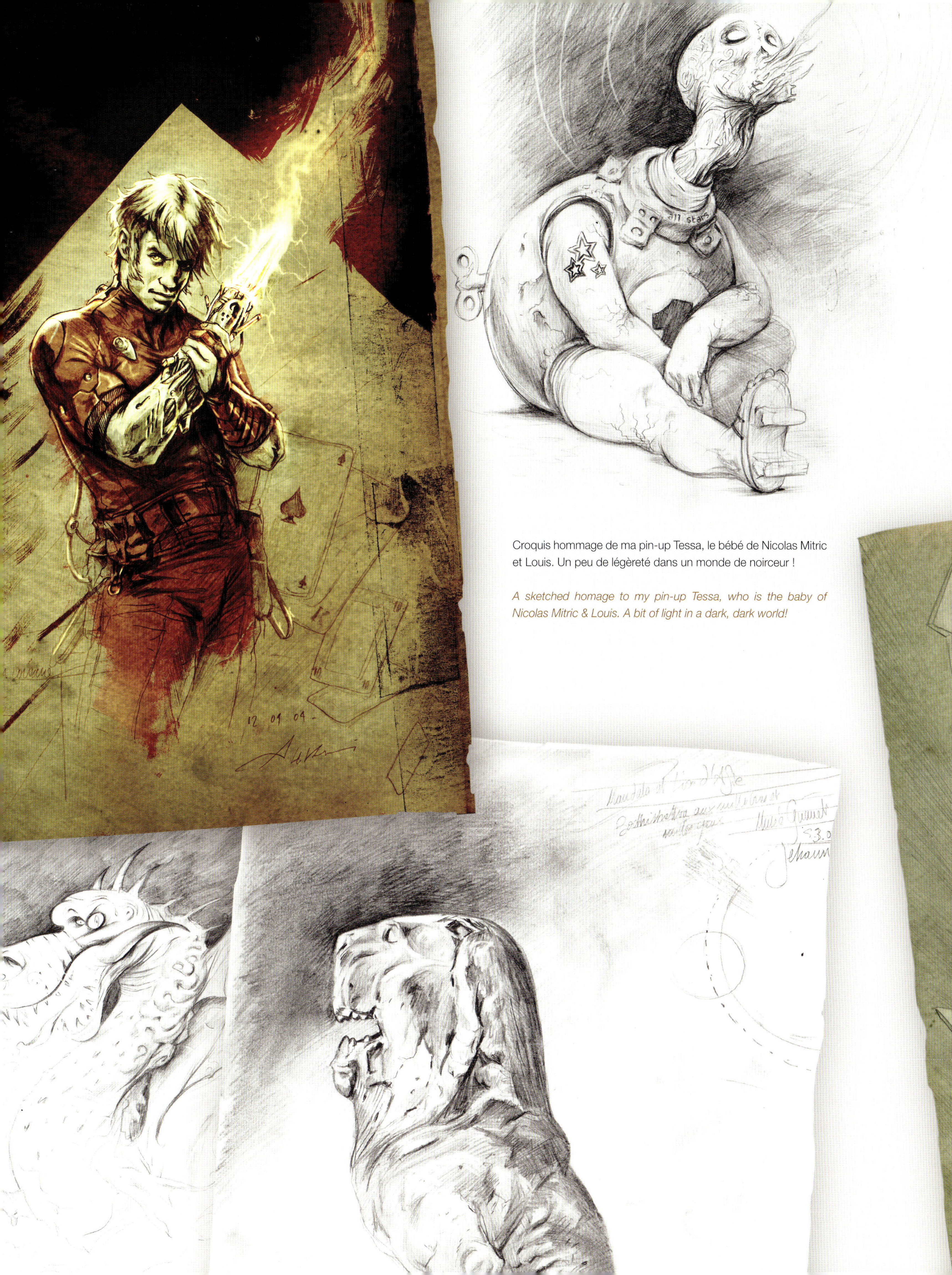

Croquis hommage de ma pin-up Tessa, le bébé de Nicolas Mitric et Louis. Un peu de légèreté dans un monde de noirceur !

A sketched homage to my pin-up Tessa, who is the baby of Nicolas Mitric & Louis. A bit of light in a dark, dark world!

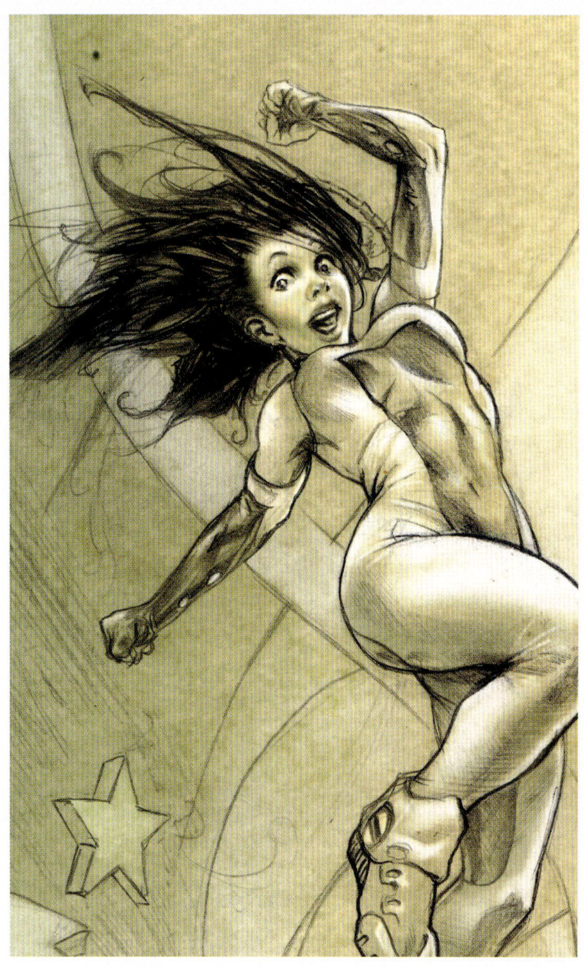

Dans mes carnets, l'intérêt principal réside dans les idées et les concepts plus que dans les qualités de dessin pur (une bonne excuse pour dessiner par-dessus la jambe !).

The most interesting parts of my sketchbooks are the ideas and the concepts rather the quality of the drawings themselves (…a good excuse to be sloppy!).

“ J'ai fait la connaissance d'Aleksi au début de sa carrière, à la fin des années 90. Il était très jeune mais il possédait déjà les qualités qui l'ont propulsé au zénith de la profession. À parler d'art ensemble, à visiter les musées parisiens pour étudier les maîtres et faire des croquis, nous sommes devenus amis.

À cette époque il avait déjà une folle détermination à s'améliorer, et sa capacité à assimiler de nouvelles techniques et à produire des images ébouriffantes. Ce qui encore aujourd'hui me surprend autant, c'est sa production si phénoménale, tant de médias et de styles différents, classique, numérique. Sa curiosité innée et son désir de comprendre ce qui fait une grande image l'entraînent à repousser les limites à chaque fois, à inventer image après image pour évoquer en profondeur toute la richesse du monde qu'il veut décrire, qu'il s'agisse d'héroic fantasy ou bien de SF.

Je me souviens d'une chose qu'il m'a dite il y a des années : « Quand j'ai découvert, dans mon enfance, les images des bandes dessinées et des livres illustrés, j'ai tout de suite voulu faire la même chose. » Je crois, Monsieur Briclot, que vous avez réalisé vos rêves d'enfants au-delà de toute espérance en créant cette riche panoplie d'images merveilleuses pour le plaisir de nos yeux.

J'anticipe avec joie la parution de ce livre, qui représente une superbe collection tangible du travail d'Aleksi à ce jour. Je sais qu'il est très attaché au livre imprimé, et qu'il sera très fier de voir son œuvre en un volume facile à partager avec tous ceux qui apprécient son travail.

I first met Aleksi at the beginning of his career, many years ago in the late nineties. He was very young, but already then he showed the qualities that would take him to the zenith of his career. We struck up a friendship chatting over art and visiting the museums of Paris to sketch and study the old masters.

His dedication and capacity to assimilate techniques and produce stunning imagery were already in place at that young age. What astounds me to this day is his phenomenal output, mastering diverse styles and media, both traditional and digital… His innate curiosity and desire to understand what makes great imagery drives Aleksi to push the limits each time, coming up with image upon image that evoke to such depths the richness of the world he wishes to convey, be it heroic fantasy or Science fiction.

What comes to my mind is something he said to me many years ago……"When I was little, I saw these images in comics and illustration books and wanted to do the same", well Monsieur , I think you've exceeded expectations in fulfilling childhood dreams to create your own rich and wonderful panoply of images for the pleasure of all.

I'm excited about this book, as it will be a great collection in print of all Aleksi' work to date, I know how he is very attached to the printed media, and to see it all here in one volume is something he can take pride in, and something all those who take pleasure at looking at his work can enjoy. ”

John McCambridge
Concept artist senior /
Senior concept artist

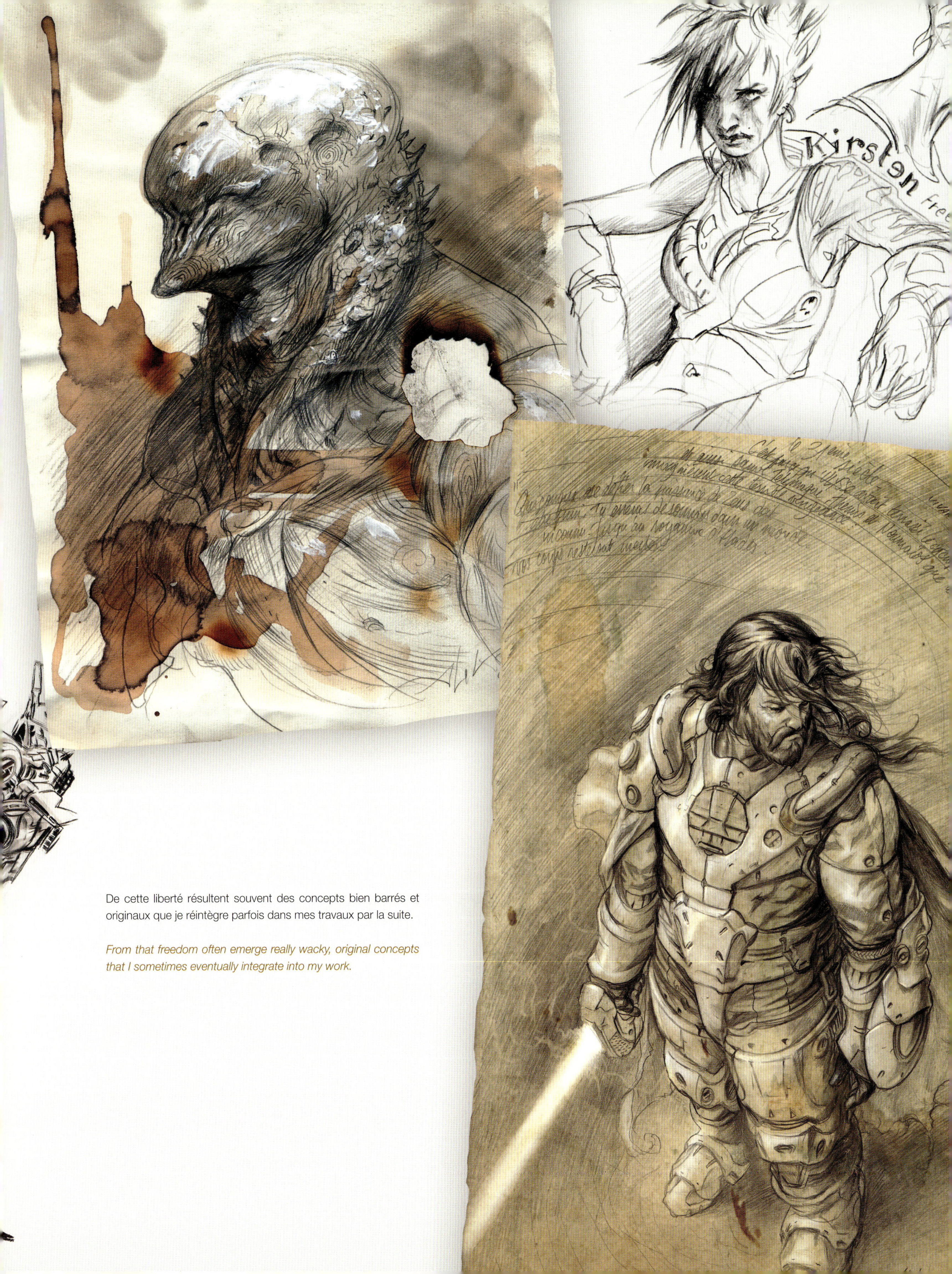

De cette liberté résultent souvent des concepts bien barrés et originaux que je réintègre parfois dans mes travaux par la suite.

From that freedom often emerge really wacky, original concepts that I sometimes eventually integrate into my work.

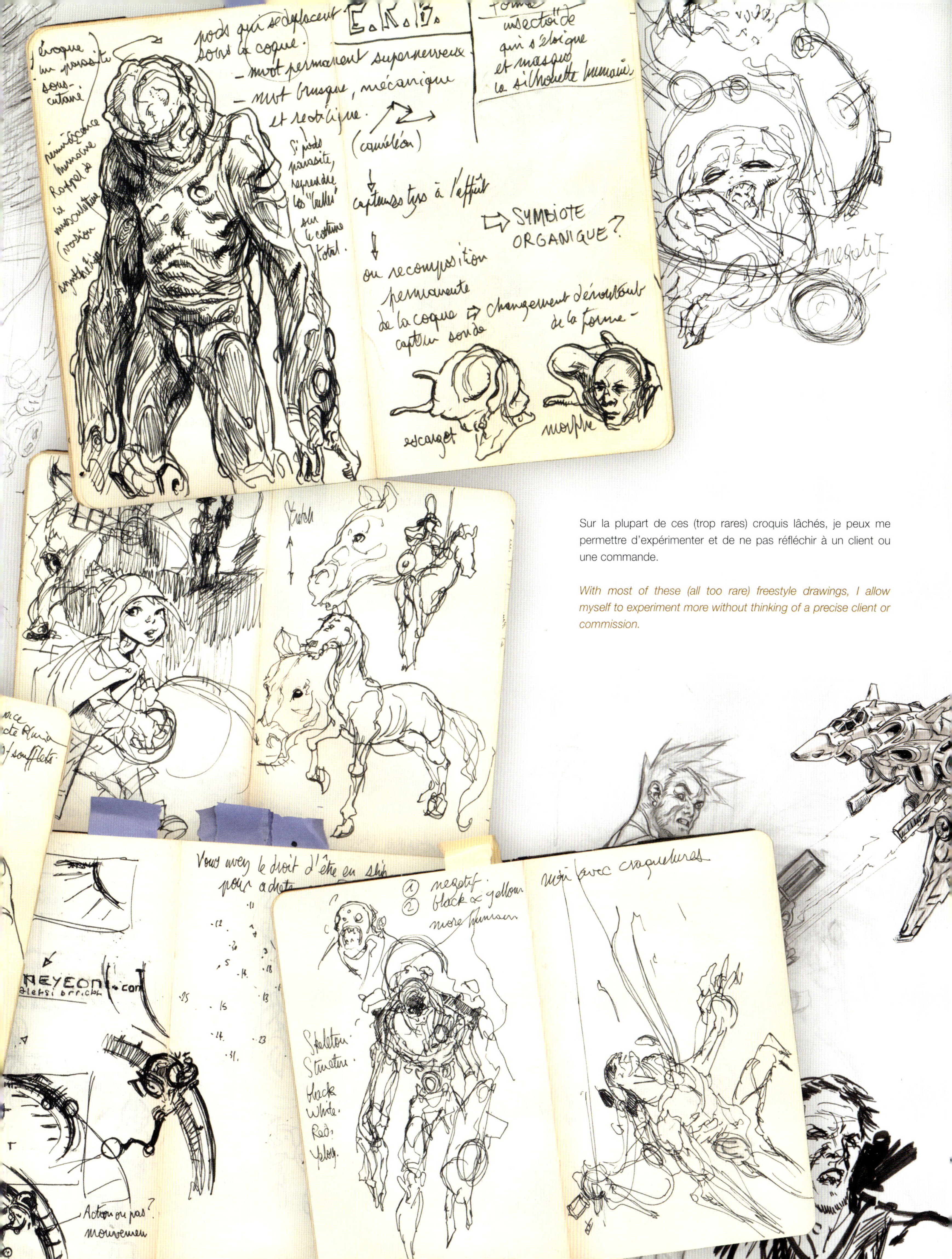

Sur la plupart de ces (trop rares) croquis lâchés, je peux me permettre d'expérimenter et de ne pas réfléchir à un client ou une commande.

With most of these (all too rare) freestyle drawings, I allow myself to experiment more without thinking of a precise client or commission.

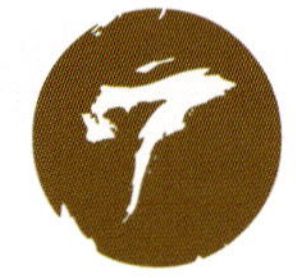

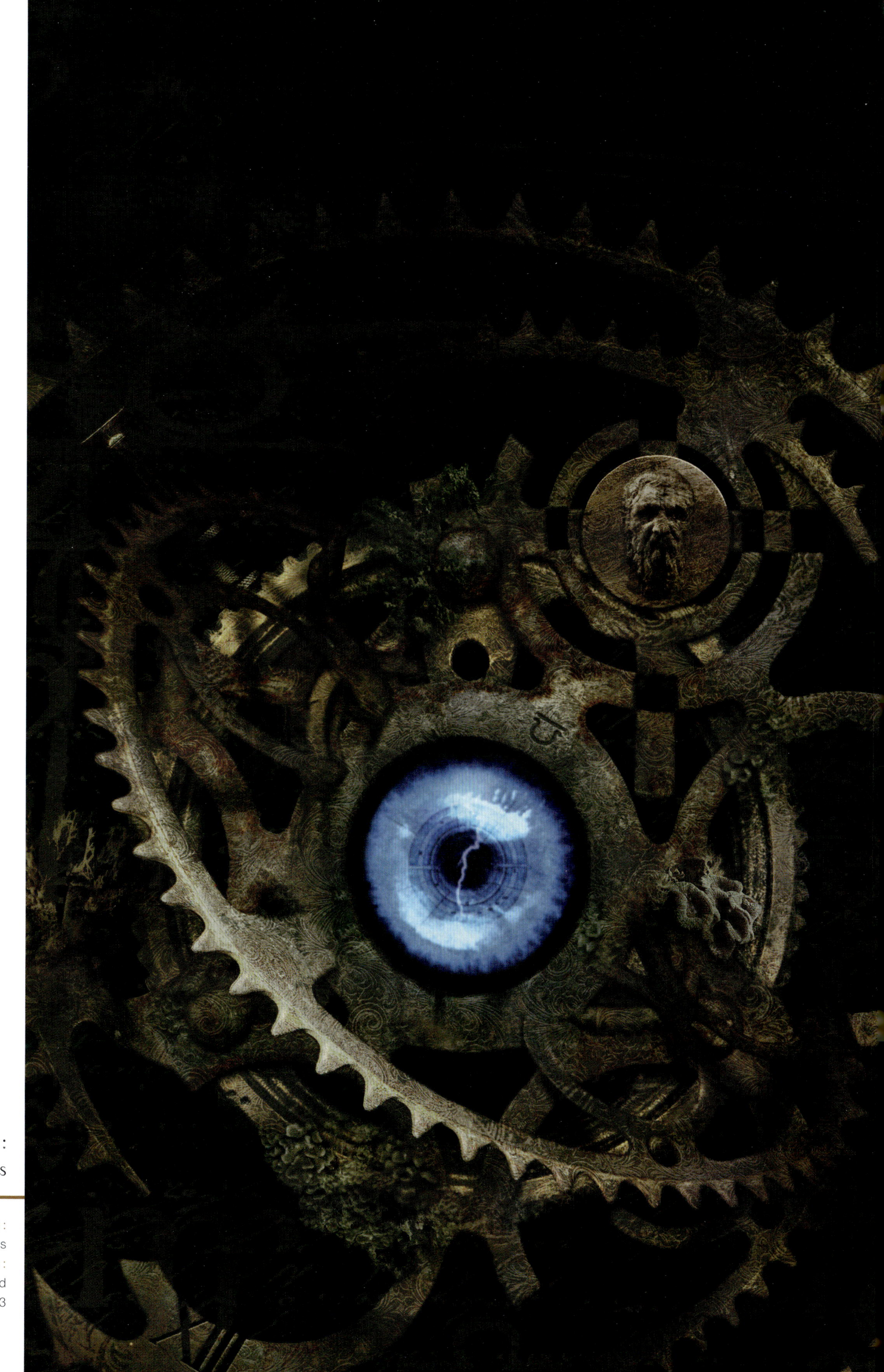

Nephilim :
Les Atlantéides

Client :
Multisim Éditions
Directeur artistique :
Franck Achard
2003

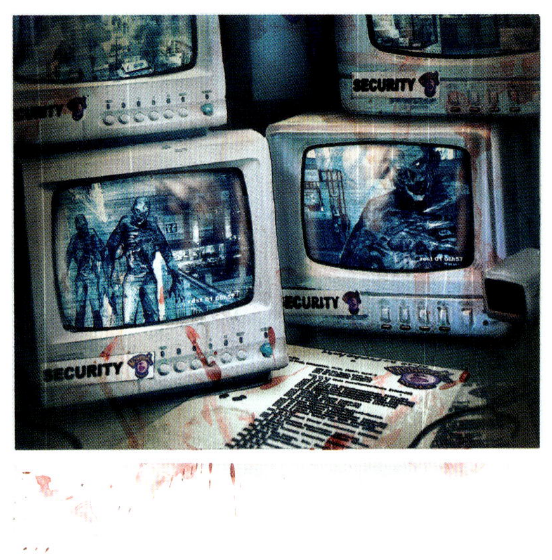

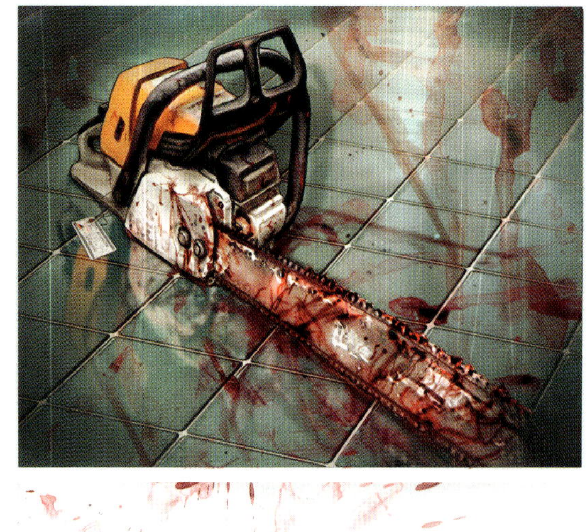

“Pourquoi Aleksi, il est mieux ?
Est-ce grâce à ses incroyables rastas capables de boire l'eau d'une piscine en quelques instants ? Font-elles sa force ? Aleksi est-il un Samson moderne ? Difficile à croire... Alors d'où vient son mojo ? Est-ce parce qu'il cache des produits hallucinogènes dans ses cigarettes ?
Non, son secret n'est pas physique...

Alors comment fait-il pour être si absofuckly impressionnant ? Est-ce qu'il s'entraîne en secret en écoutant la musique de Rocky ? Est-ce qu'il mange des céréales spéciales au petit-déjeuner ? Est-ce qu'il utilise des outils particuliers ? A-t-il profité de l'enseignement d'un grand maître jedi ignoré par l'histoire de l'art ? Non, non, non...

Il fait juste son truc et le résultat met toujours une claque à ceux qui le regardent. Un niveau au-dessus de la concurrence, un pas plus loin, un regard d'avance, un coup de pinceau en plus...
C'est peut-être ça, la magie. Faut pas chercher d'où ça vient, faut juste savourer.
Alors pourquoi Aleksi, il est mieux ?
C'est un magicien !

Why is Aleksi so much better ?
Is it thanks to his amazing dreads, the way they can soak up all the water of a pool in just a few minutes? Does he derive his strength from them? Is Aleksi a modern Samson? Hard to believe... So where does his mojo come from? Does he hide hallucinogenic substances in his cigarettes?
No, Aleksi's secret is not in his physique...

How is he, then, so absofuckinglutely amazing? Does he secretly train to the music of Rocky movies? Eat special cereal for breakfast? Use specific tools? Did he learn from a great jedi master whom art history somehow forgot? No, no, no and no...

He simply does his own thing, and somehow the result is always a punch in the gut of his audience. One level above the competition, one step further, one look ahead, one extra brushstroke...
Maybe it's more like magic: no need to seek where it comes from, just sit back and savor it.
So why is Aleksi so much better?
He's a wizard!”

Olivier Péru
Auteur / Writer

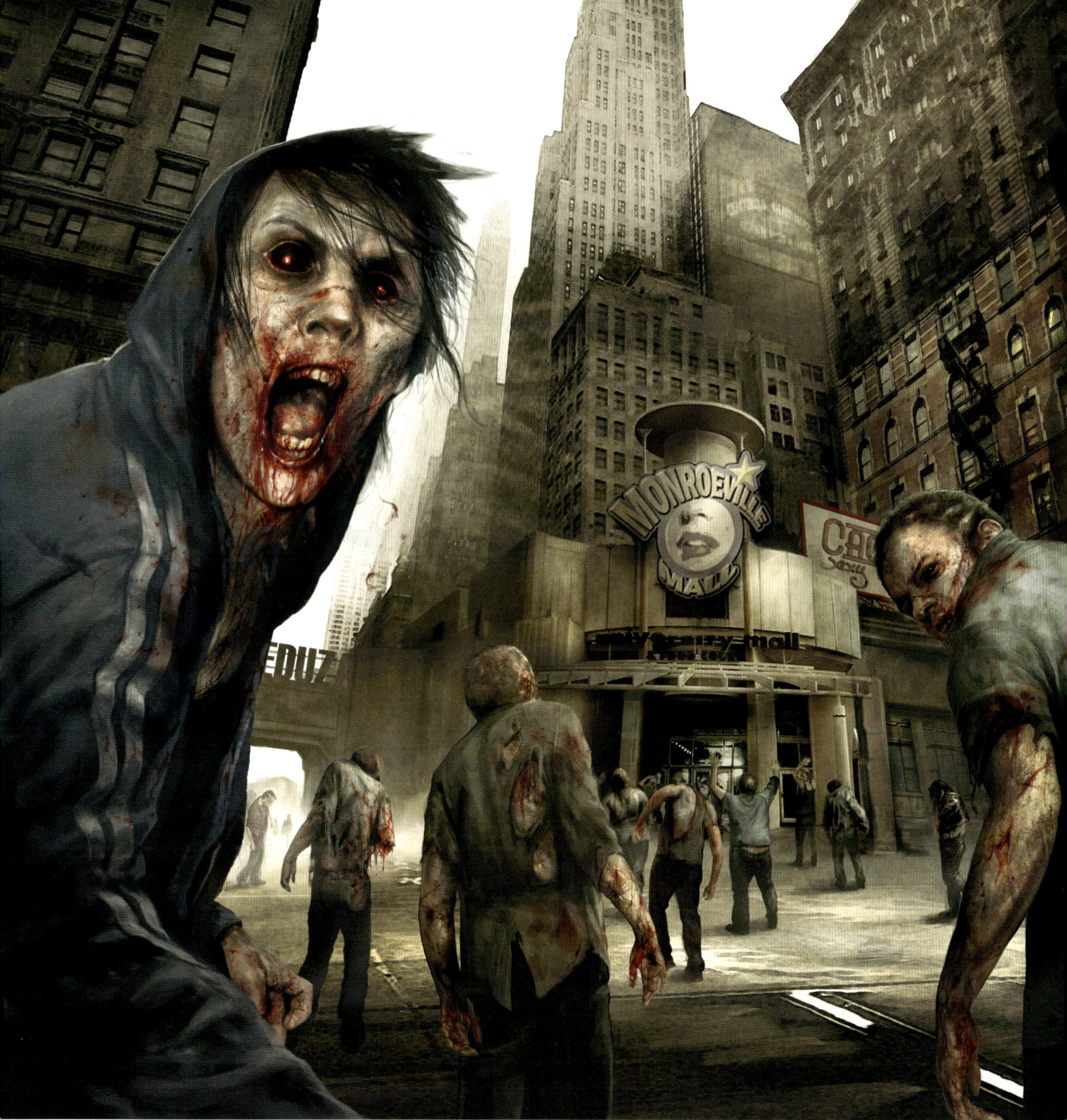

Zombies

Collaboration :
Benjamin Carré
Client :
Asmodée Éditions
Directeur artistique :
Philippe Mouret
2005

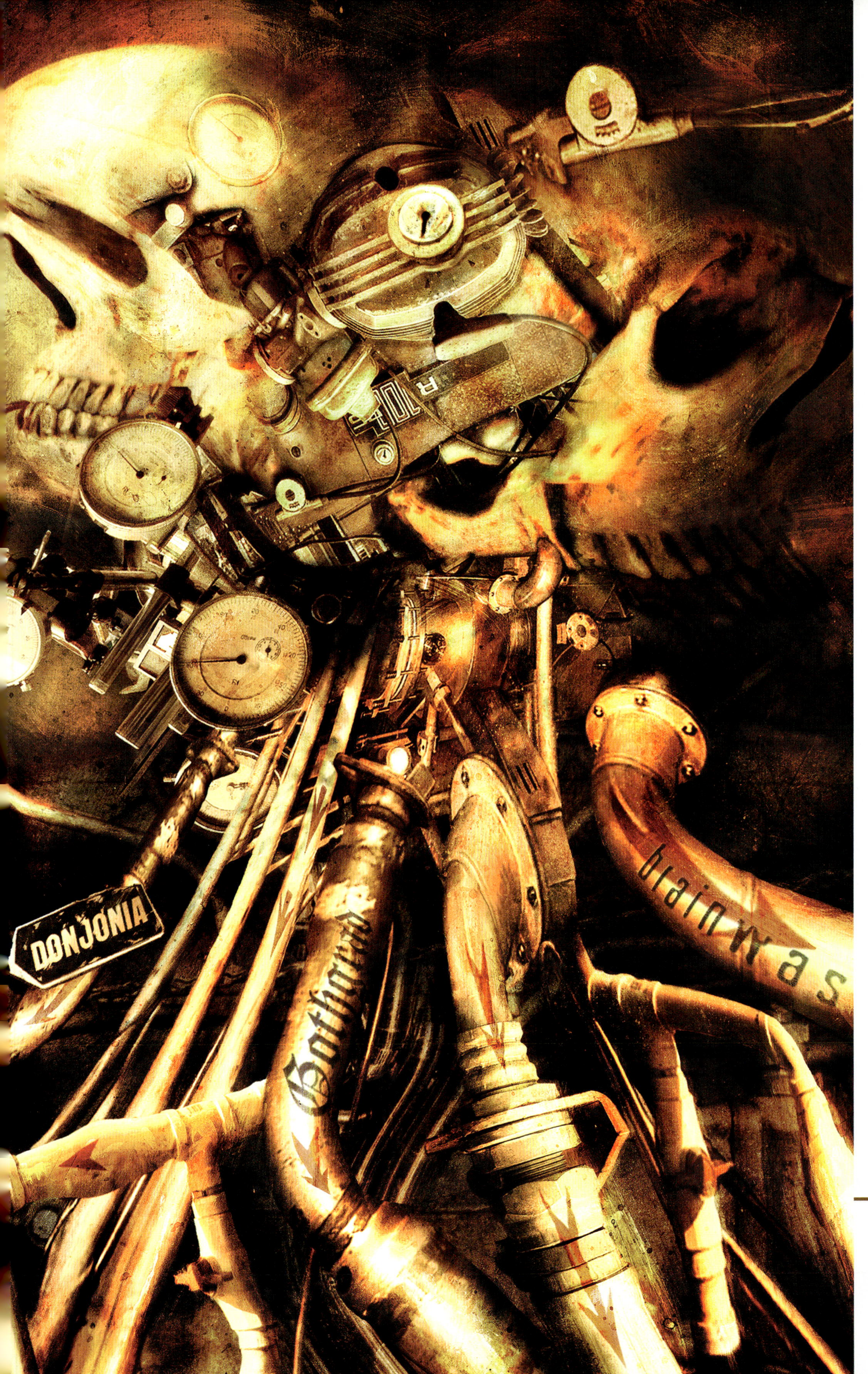

Post-Mortem

Client :
Oriflam
2003

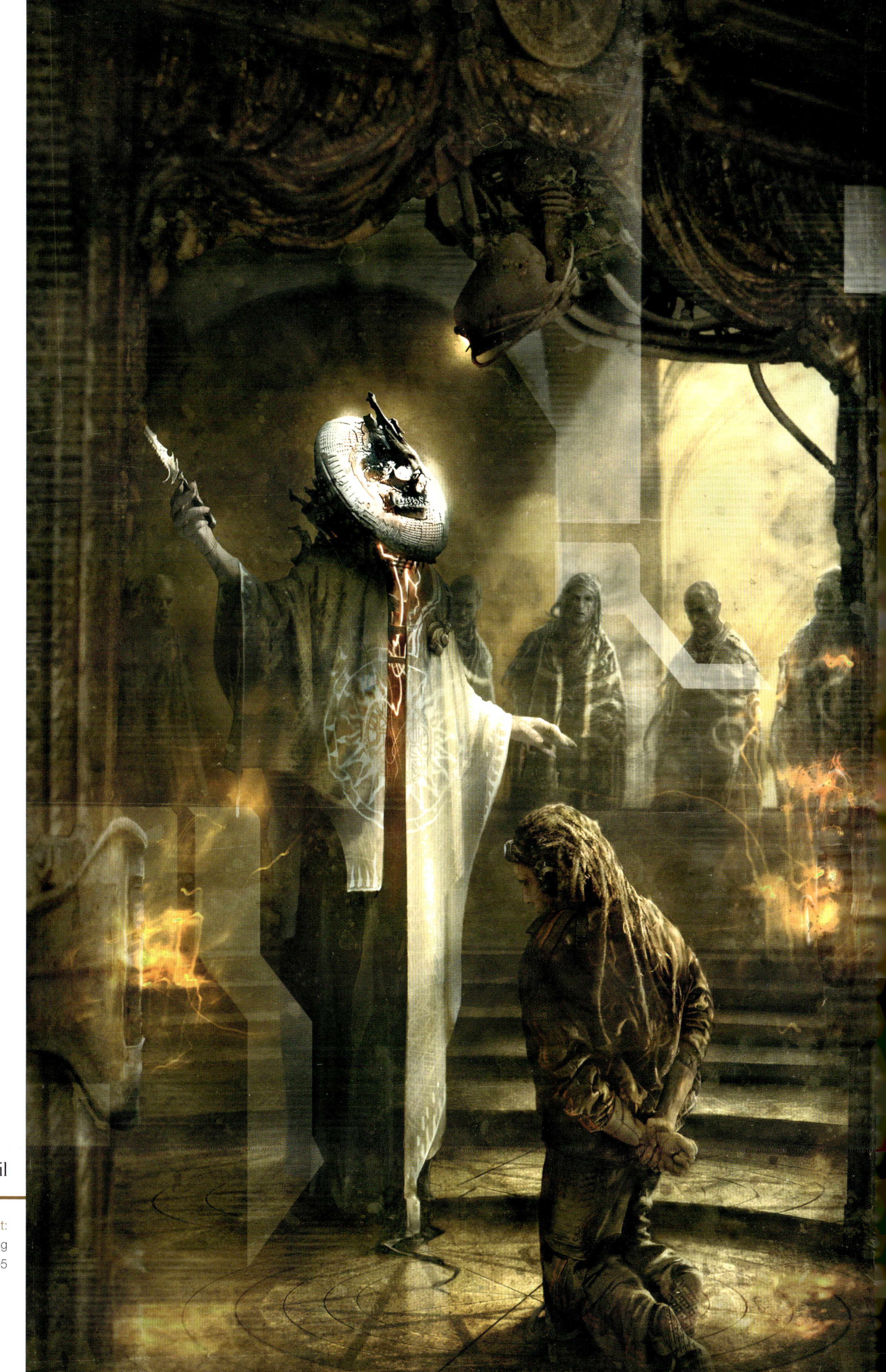

Mage: The Veil

Client:
White Wolf Publishing
2005

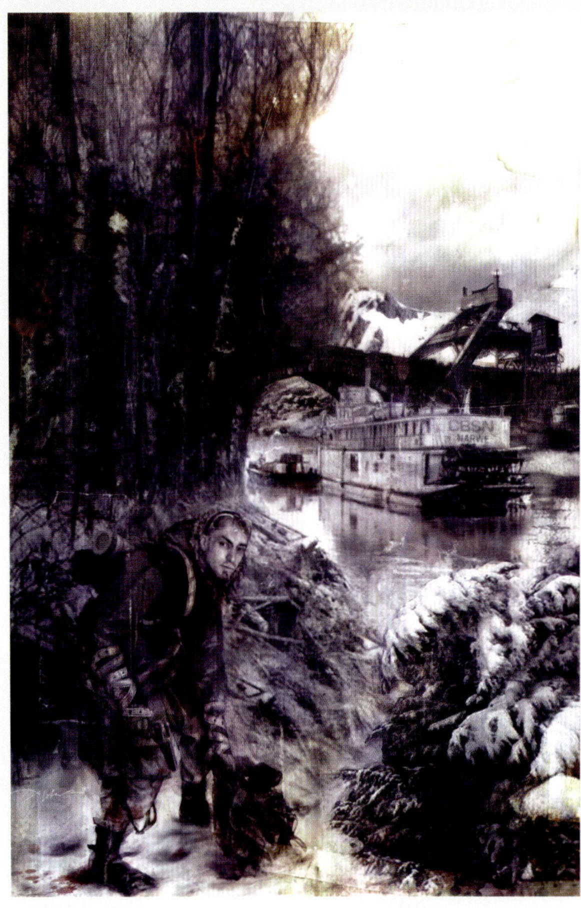

“Août 2003, vague de chaleur record en Europe. Il doit bien faire 40° C dans l'appart rikiki reconverti en studio photo pour l'occasion. Aleksi est derrière l'appareil... décontract' en caleçon dans mon souvenir... Moi devant, à suer sang et eau avec des bandages aux mains et tout un barda sur le dos, un pantalon rembourré, des chaussettes et une paire de rangers, un pull et au moins deux blousons dont une parka soviétique en polaire. La canicule fera 15 000 morts en France cet été-là.

August 2003, a record-breaking heat wave sweeps across Europe. It's at least 40°C in this minuscule flat, transformed for the day into a photo studio. Aleksi is behind the camera... As I remember it, cool and relaxed wearing only his boxers... I'm in front of the camera, sweating blood and tears, my hands bandaged, carrying a heavy field pack, wearing padded trousers, thick socks and big ranger shoes, a woolly sweater and at least two jackets, one of which is an authentic soviet polar fleece parka. That summer, the scorching heat claimed 15,000 victims in France alone.”

Erwan MABILAT
Body modification Artist

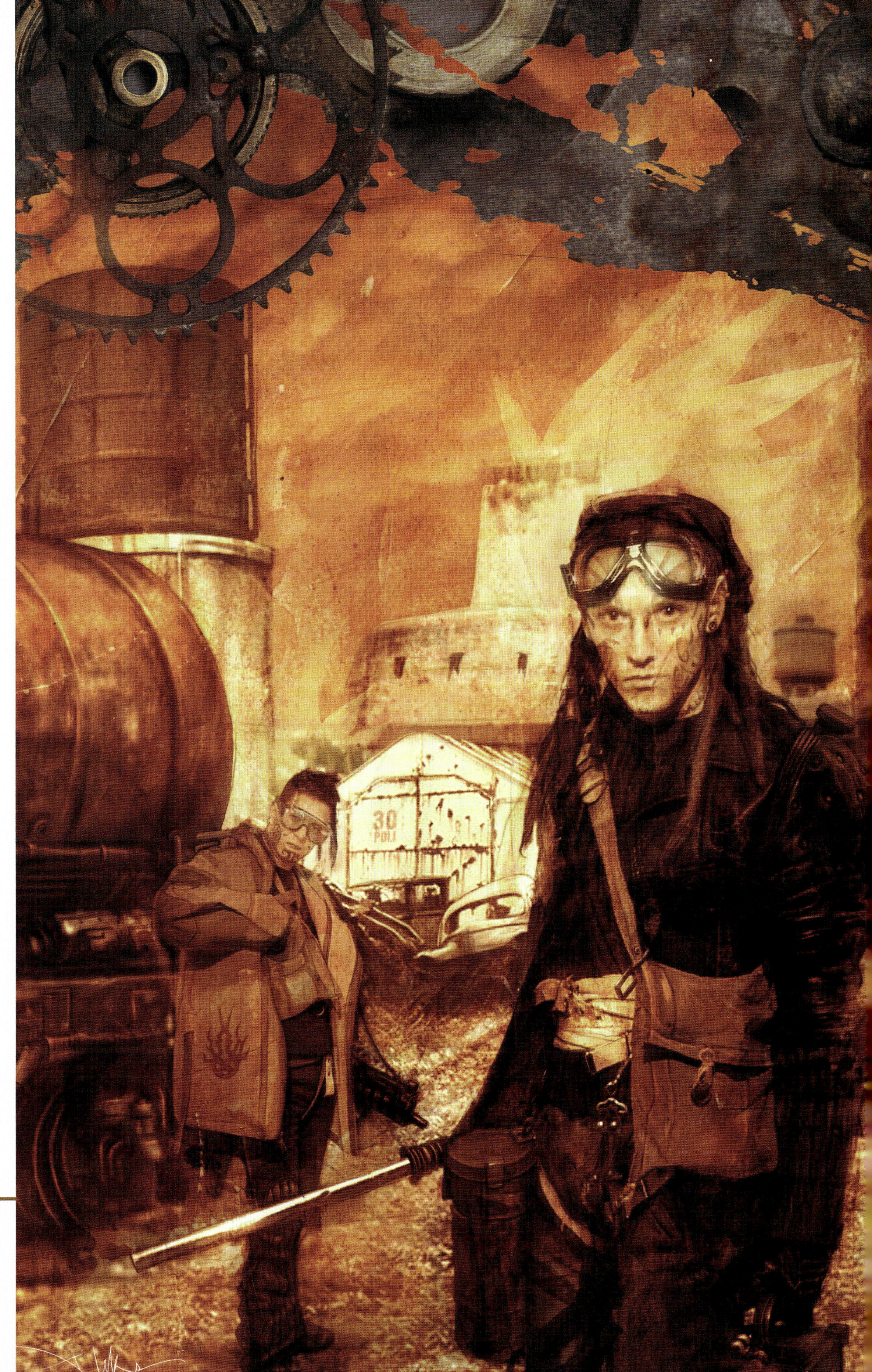

Cendres

Client :
Pandora Créations
2002

Daddy cool & Sister of Mercy

J'essaie souvent de me renouveler, de tenter des choses un peu différentes dans ma production, ce qui se traduit par des petits changements de style. À vrai dire, j'essaie aussi de réfléchir selon mes commandes et d'employer les codes visuels qui me semblent correspondre au mieux au sujet. L'utilisation de média mixtes, avec intégration de photos est une approche que j'aime beaucoup. Pour le rendu final tout autant que pour les sessions de prise de vue qui précèdent. J'invite des proches et des amis pour poser et en résultent des séances de travail très agréables et drôles. On joue aux acteurs, on cherche des postures et des attitudes en manipulant des accessoires bricolés. Je sais que je pourrai transformer un tuyau d'aspirateur en une arme à feu post-apocalyptique avec ma tablette, plus tard. Une partie très fun du travail.

Mon père est venu me prêter ses talents de modèle à l'occasion d'une image film noir. Je me souviens avoir mis presque une heure à l'empêcher de réparer les prises électriques de mon studio, d'arranger la stabilité d'une armoire pour enfin se focaliser sur son rôle d'enquêteur buriné, son pistolet à billes en plastique à la main. (J'ai d'ailleurs retrouvé des billes un peu partout pendant un mois, merci Papa !).

Je sais en général ce que je veux obtenir et un croquis m'aide à communiquer mes intentions de composition. Reste à trouver la bonne pose, le bon cadrage et pour cela, il faut mettre le modèle en situation. Pour mon père, une fois rentré dans le rôle, j'ai pu obtenir des clichés vraiment efficaces. La direction d'acteur demande beaucoup de psychologie...

Ma sœur m'a également beaucoup épaulé et outre son aide inestimable sur des séances photos de jeunesse à tenir mes vaisseaux spatiaux, elle s'est prêtée plusieurs fois au jeu du modèle pour des essais de maquillage. Pas des maquillages de beauté, mais ceux où l'on prend l'empreinte du visage en plâtre pour resculpter par-dessus et au final obtenir des prothèses en latex qu'on appliquera à nouveau sur le modèle. Faciès de monstres ou sorcières, avec ajout de chocolat sur les dents, faute de moyen, j'ai eu une grosse période « effets spéciaux ».

Audrey, je m'excuse pour m'être autant obstiné à te rendre moche. (Tu es une beauté !)

I try to often do new things, attempt different looks in what I do with other techniques and slightly alter my style. Of course, I also orient my thinking differently depending on the commission, and I do my best to adhere to whichever set of visual codes seem to best match the topic. Using mixed media and including photographs is an interesting approach and one I enjoy, both for the way the result looks and for the shooting sessions earlier on. I generally invite friends and family to come and pose for me, so we spend the shoots having a grand old time, very funny too. We pretend to be actors, look for interesting postures and attitudes, manipulate accessories hacked on the spot. I know I'll be able to transmute the hose of a vacuum cleaner into a post-apocalyptic firearm on my tablet, later.

A funny story: my dad came to serve as a model for a noir movie type of image. I remember I had to spend about an hour stopping him from fixing all the electrical outlets in my studio and improving the stability of a wardrobe before I could convince him to focus on his role as a craggy detective and keep a firm grip on his plastic toy revolver. (I spent the following month finding plastic bullets everywhere, too. Thanks Dad!)

Usually I know what I'm aiming for, and a sketch will help me communicate my intentions regarding the composition. Then we need to find the right pose as well as the right frame with the camera, and to get there the model has to start getting into the role and the situation. With my father, once he had slipped in role I got really amazing shots! You need a lot of psychological insight to direct actors...

My sister also assists me a lot; beyond her priceless help in our childhood (holding up my space ships) she was also game a few times for make-up experiments. Not beauty-enhancing make-up, you understand, more the type where you need to take a plaster cast of your model then sculpt a mask over it to finally make latex prosthetics you'll glue to her face. Monstrous mugs, witches' visages, sometimes with chocolate painted over teeth for cheap dental alterations... I had my (long) Special FX period.

Audrey, I apologize for putting so much work into uglifying you. (PS: you're gorgeous!)

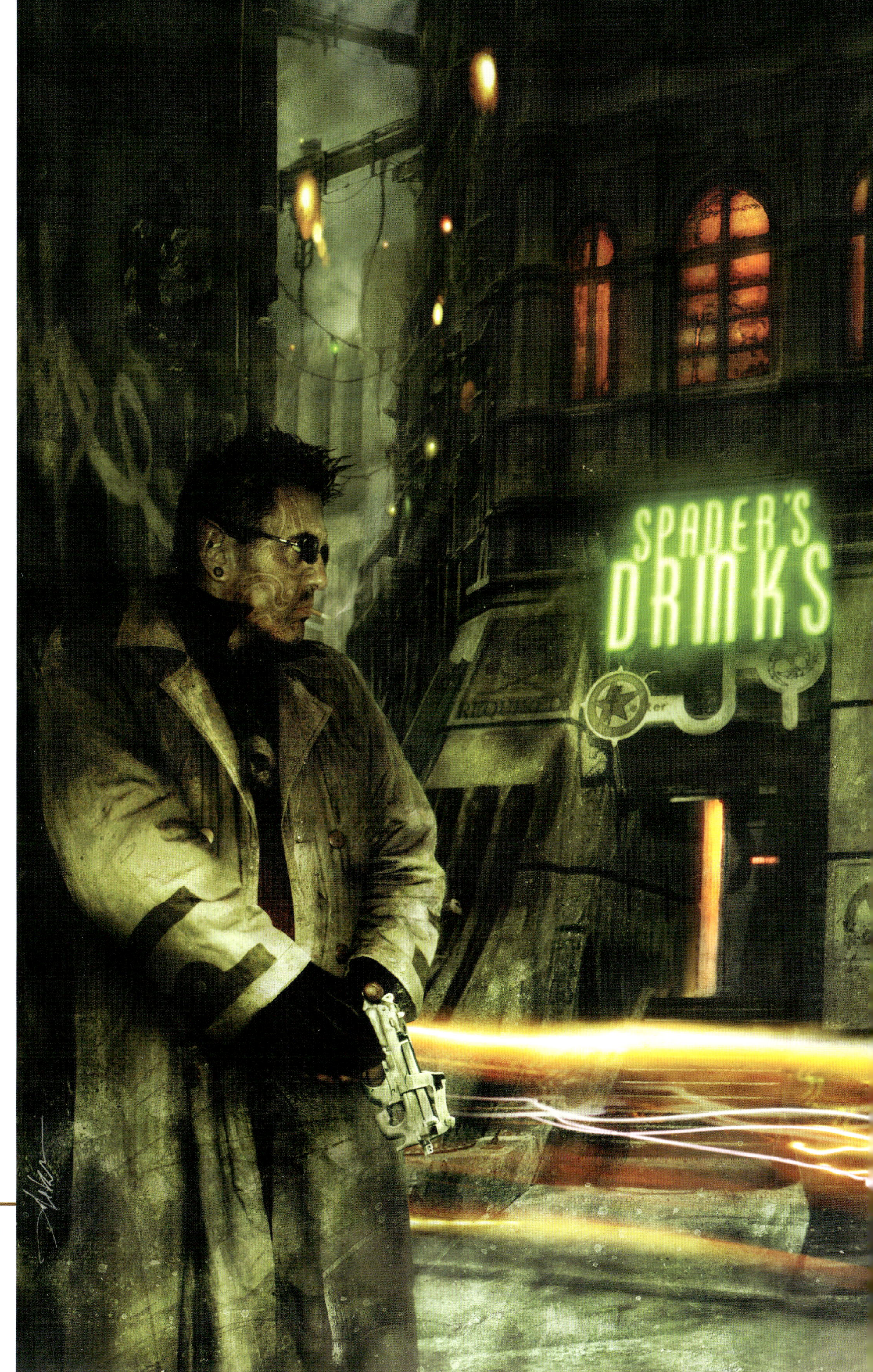

Film Noir

Travail Personnel
2004

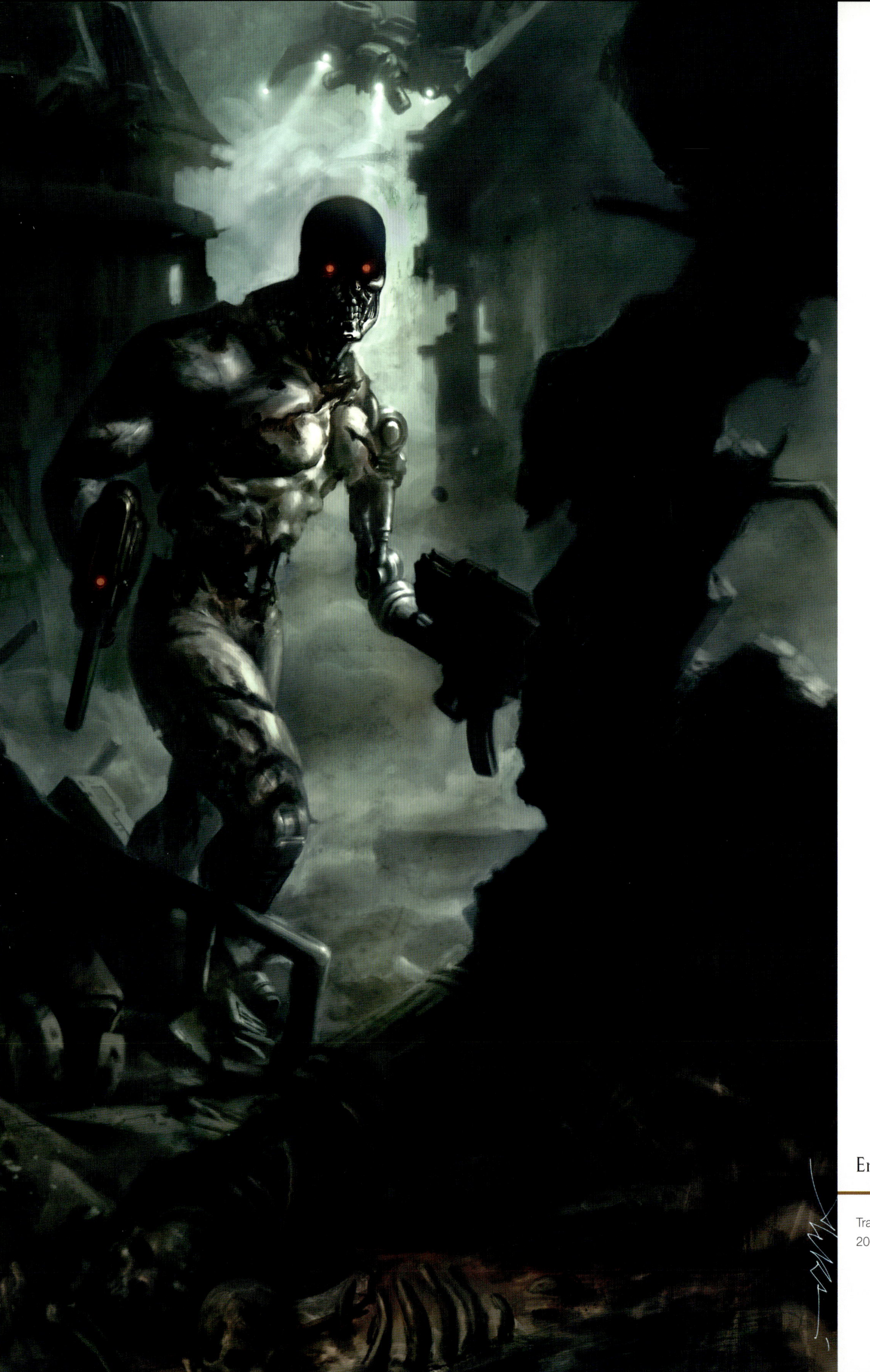

Endoskeleton

Travail personnel
2003

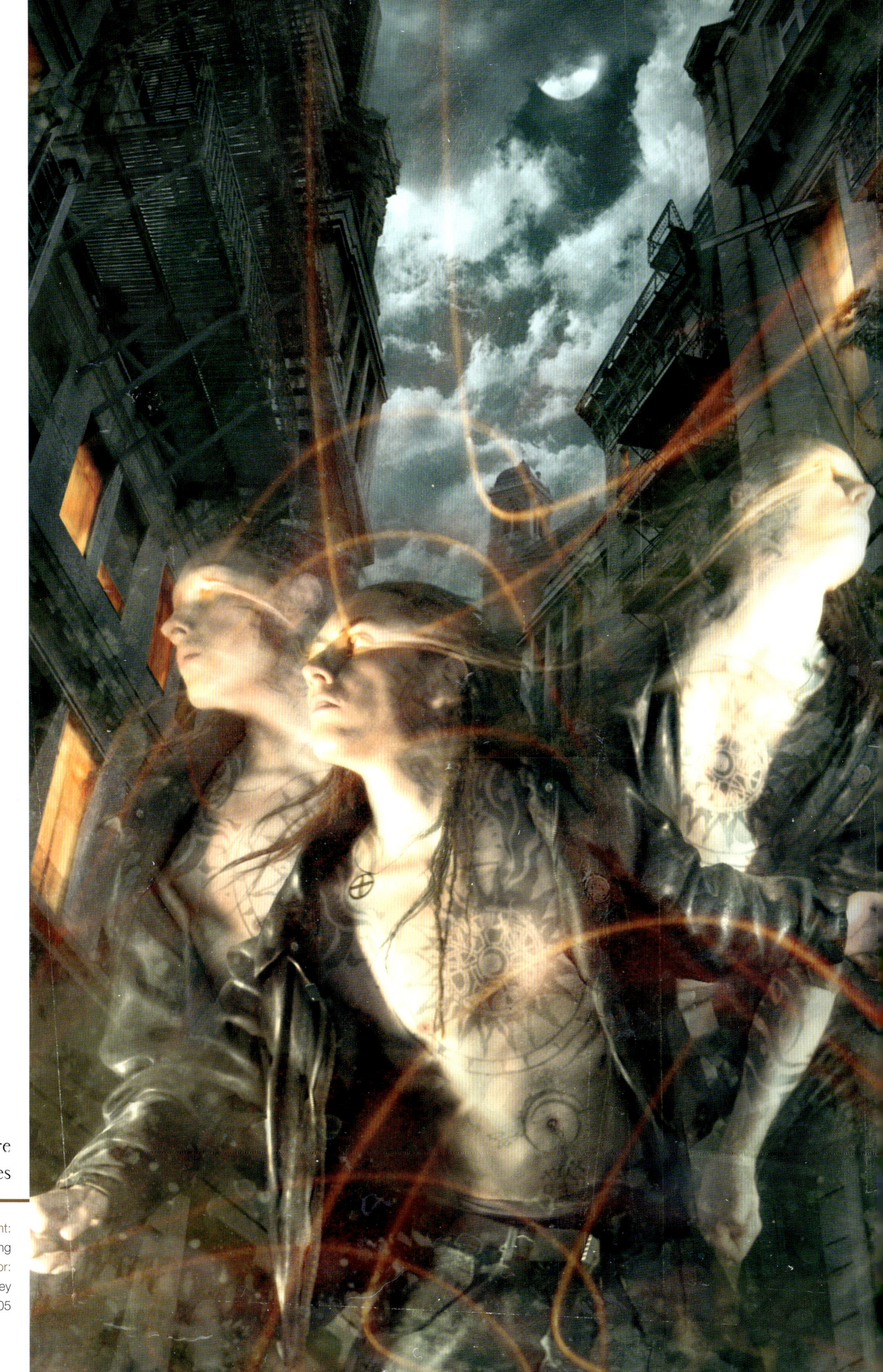

Vampire Chronicles

Client:
White Wolf Publishing
Art director:
Pauline Benney
2005

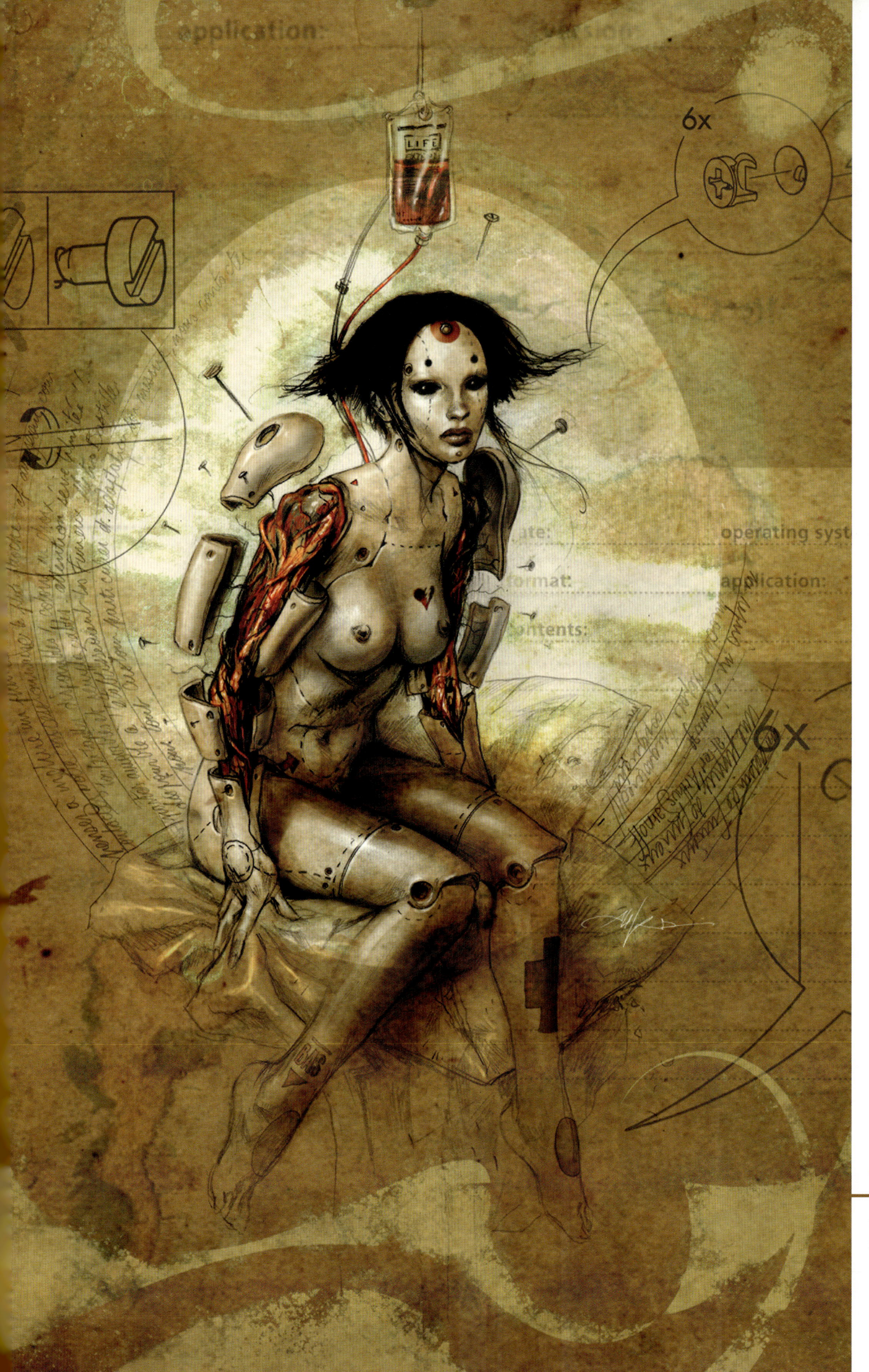

Zi Doll

Travail personnel
2004

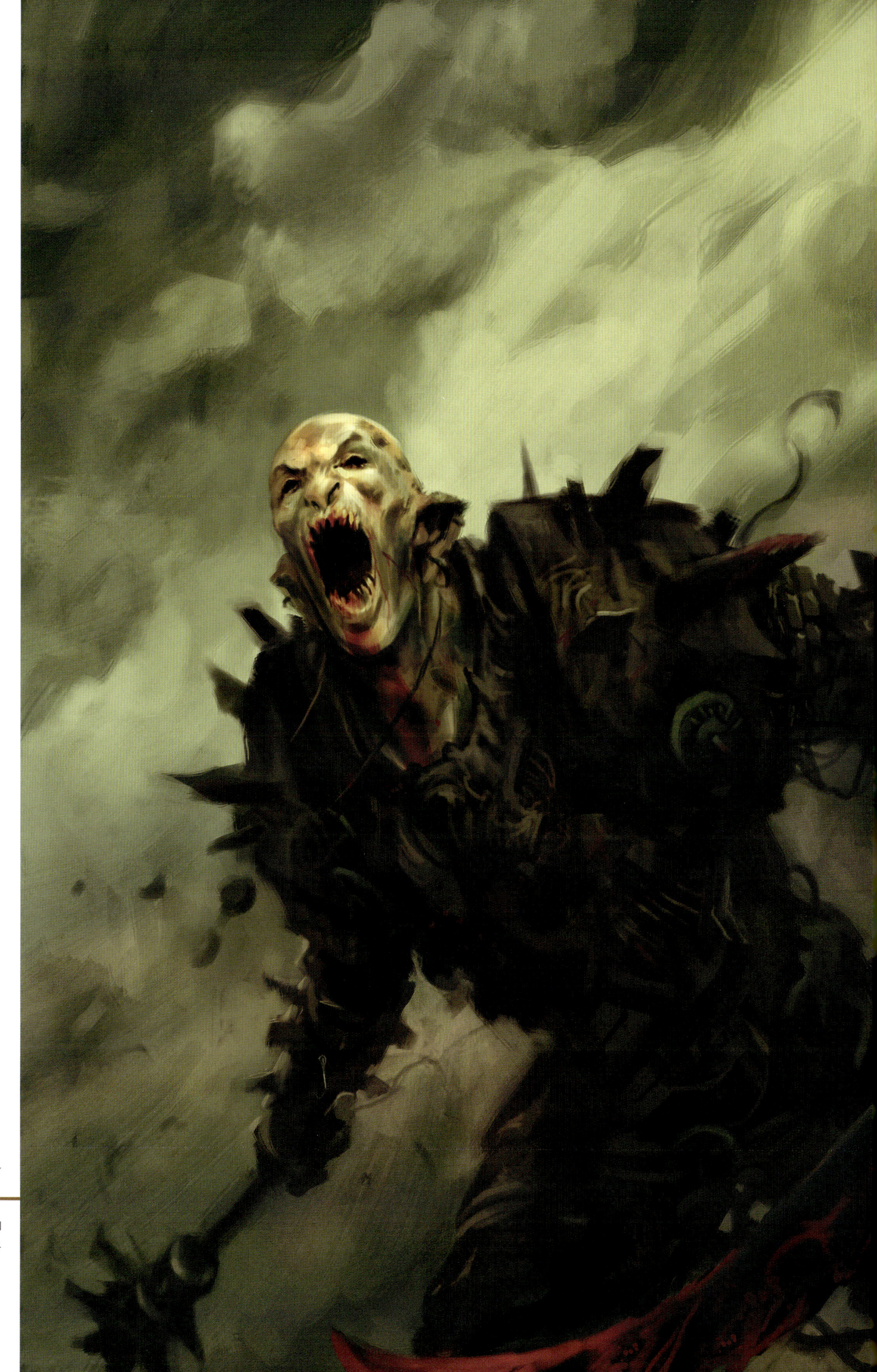

BloodyMary

Travail personnel
2004

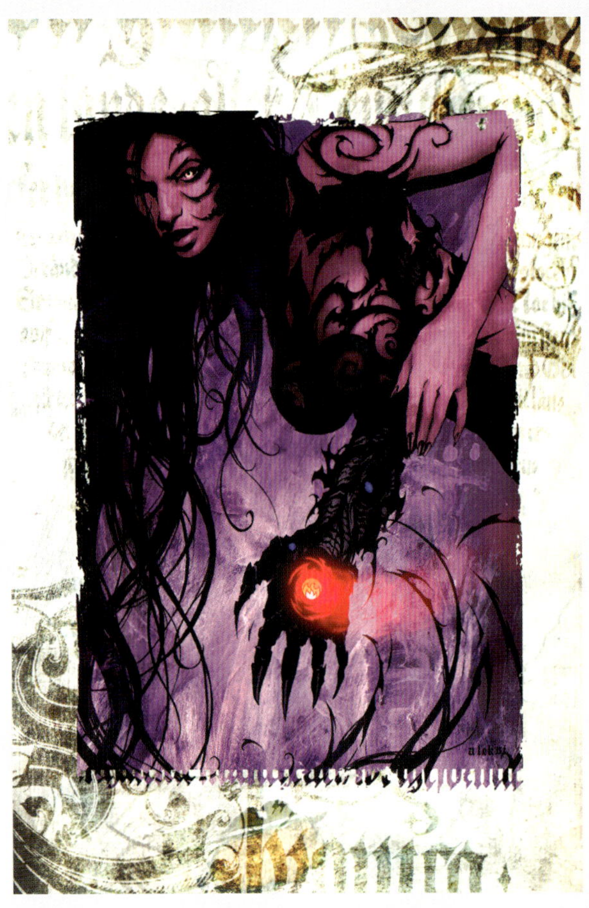

“ Que dire du travail d'Aleksi Briclot ? Qu'il est à l'image du bonhomme. Original, nerveux, speed, hyperactif, hypercréatif, et reconnaissable au premier coup d'œil. Je dis souvent au "p'tit poulpe métacréatif" que son style a fait école, depuis quelques années, et qu'il a influencé pas mal d'artistes. Ça le gêne, au mieux, et ça le gave, au pire, mais je lui dis et lui répète parce que oui, c'est ce que je pense.

À quoi je vois ça ? C'est que pas mal d'artistes ont digéré sa façon de travailler dans la gestion unique des complémentaires, des lumières, et des effets pyros et autres éclairs bleutés. Dans les compos et attitudes, aussi. Toujours naturelles, mais toujours au delà de la réalité, qui fait qu'on est, dès le premier regard embarqué "ailleurs", qu'on part en live, en sucette, dans la tête, qu'on se met à rêver, et à naviguer là où ses visuels nous portent. Aleksi Briclot est un des artistes CG majeurs qui a donné ses lettres de noblesse à ce support informatisé si décrié à ses débuts.

Aleksi, c'est de l'Art avec un grand A, brut, et sans concessions. Non content d'être paré de toutes ces qualités, c'est quelqu'un d'ultra sympathique, et qui a su rester simple, et accessible. La marque des grands. Et pour tout ça, je suis toujours fier, et un peu impressionné, de l'avoir dans mon entourage.

Voilà, cirage de pompes en règle, l'ami Briclot, mais ce petit texte est surtout un grand merci pour le carburant que tu nous files, à nous autres dessineux et illustrateurs en tous genres.

What's there to say about Aleksi's work? It fits the man. Original, vigorous, fast, hyperactive, über creative, and recognizable at a glance. I often tell this meta-creative octopus that his style has become an example to many of us in the past few years, that he has influenced a great many artists. Best scenario, he feels embarrassed, worst scenario he's annoyed, but yeah, I keep telling him about it because it's true, it's what I think.

Where do I see it? Well, many have now apprehended and adopted the way he works, for example his unique use of complementary colors, or light, his treatment of pyrotechnics and blue lightning. Also his compositions, his poses. They're always natural but also always beyond reality, and from the first glance you're already transported elsewhere, rapt, completely gone like – whoa, inside your head, daydreams, mental trips to wherever his visuals have carried you off.

Aleksi Briclot is one of the major CG artists who gave real legitimacy to an art form that was at first disparaged and belittled. Aleksi does capital A Art, and he does it uncompromisingly.
Not only does he have all these qualities, but he's also a super nice guy, a simple, accessible man, like all true great artists. This is one of the things that always make me proud and a little stunned to count him among my close friends.

There is it, Briclot my friend, unbridled flattery of a sort... these few words are above all meant as a thank you for all the ways in which you give us fuel, us lowly sketch artists and painters of all stripes. ”

Louis
Auteur-Illustrateur / Writer-Illustrator

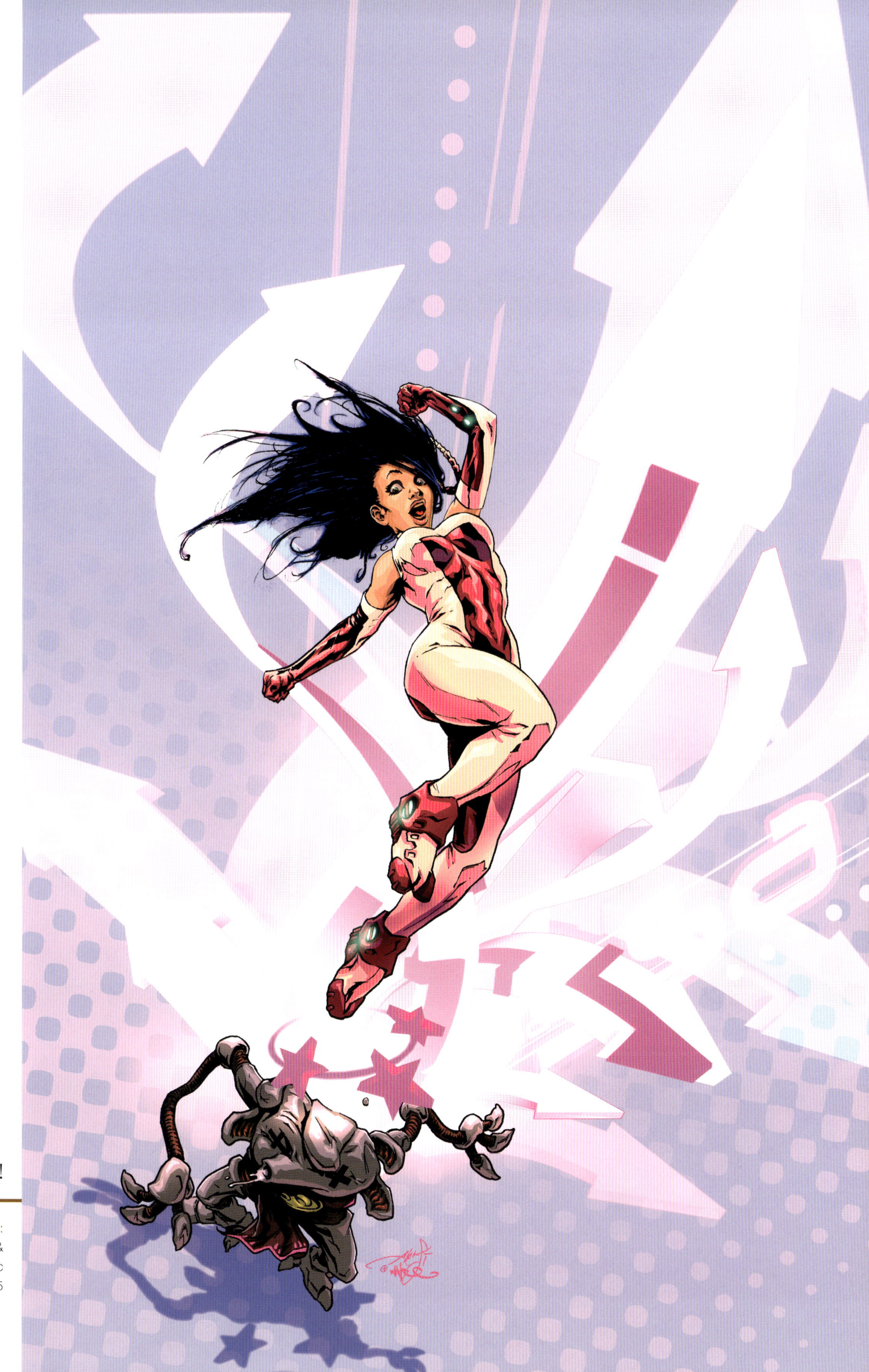

Tessa : Jump !

Directeur artistique :
Stéphane Louis &
Nicolas Mitric
2005

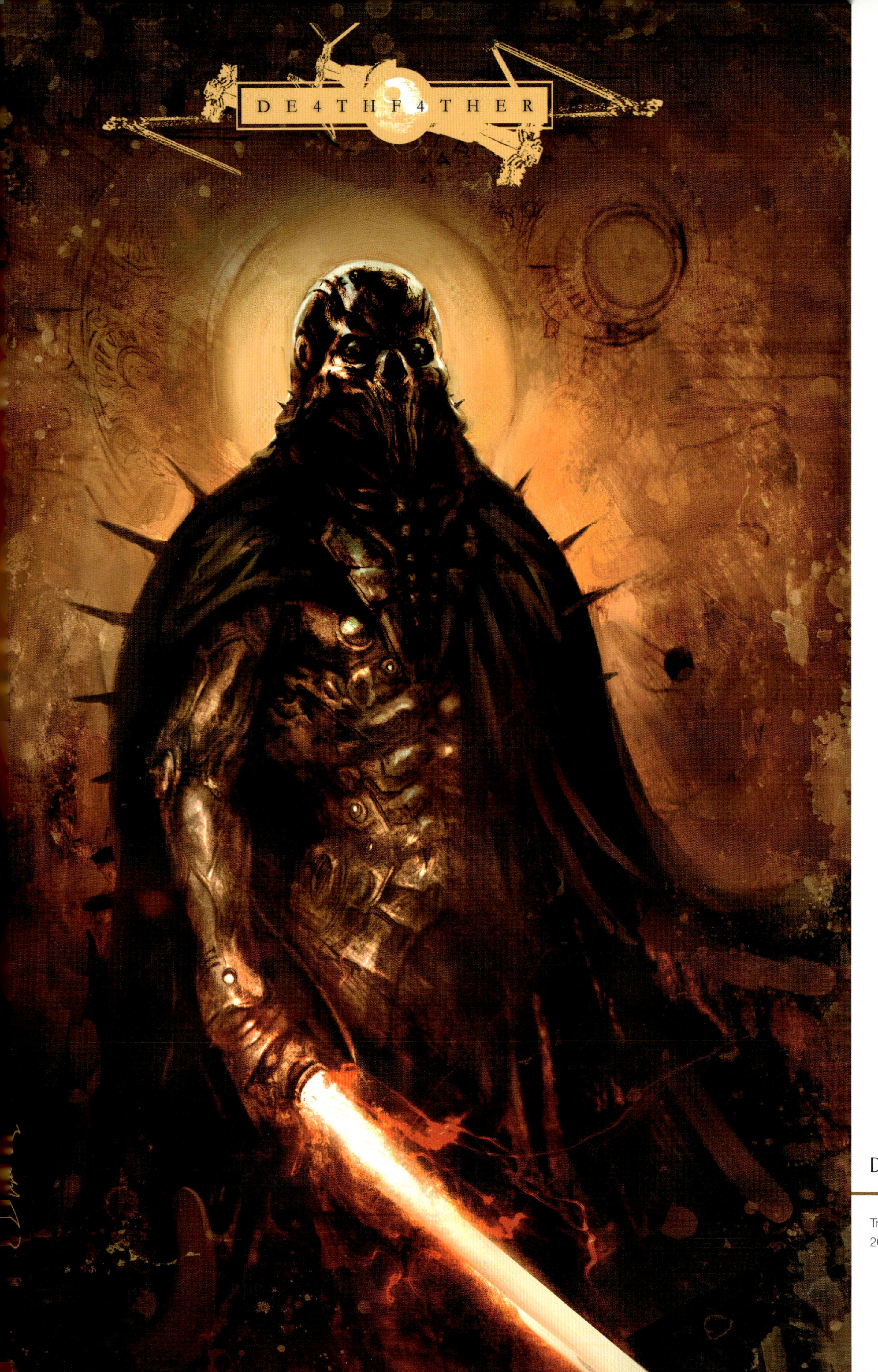

De4th F4ther

Travail personnel
2006

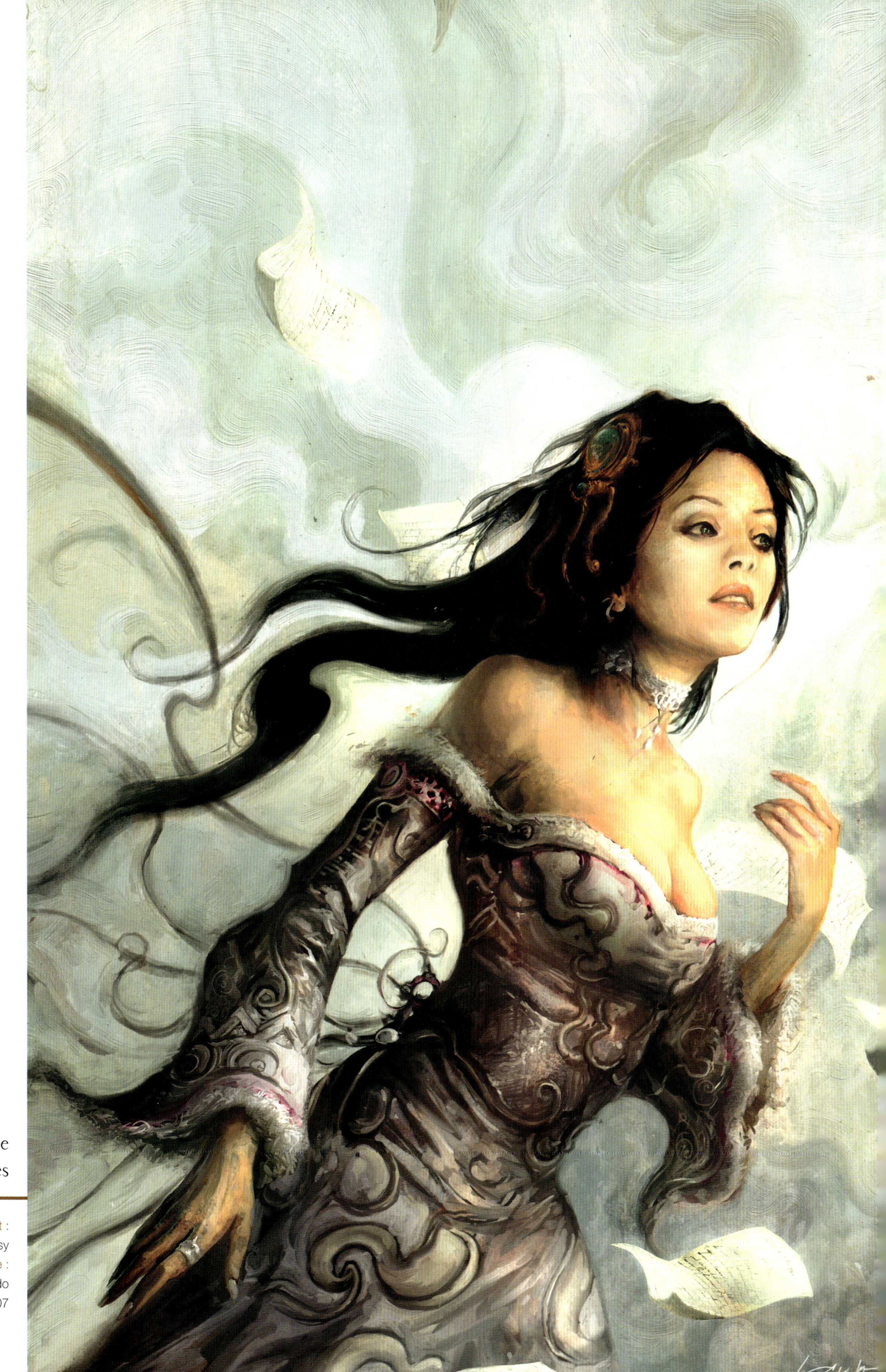

La Faille entre les Mondes

Client :
Pocket Fantasy
Directeur artistique :
Bénédicte Lombardo
2007

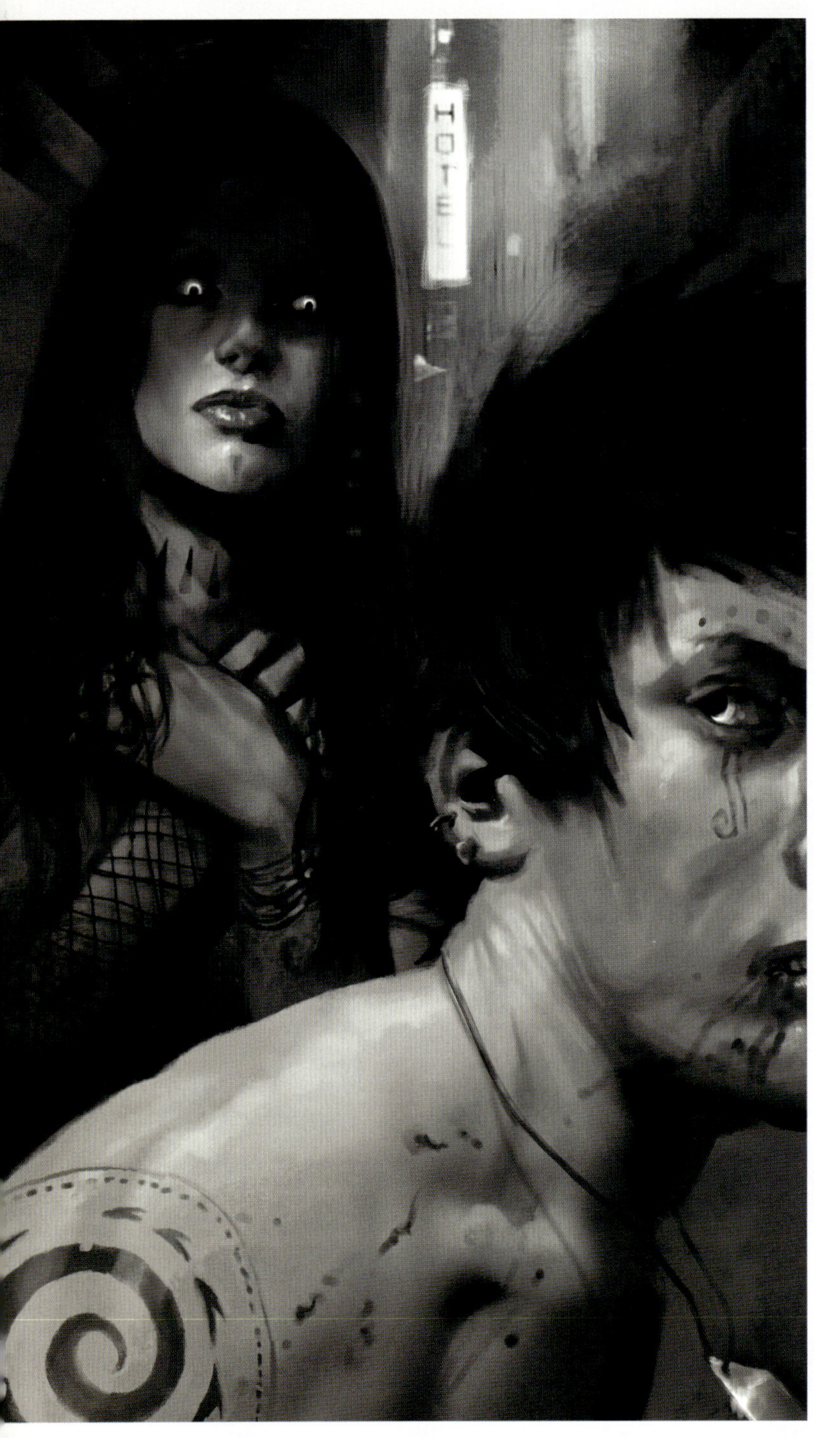

Vampire: The Requiem I

Client:
White Wolf Publishing
Art director:
Pauline Benney
2004

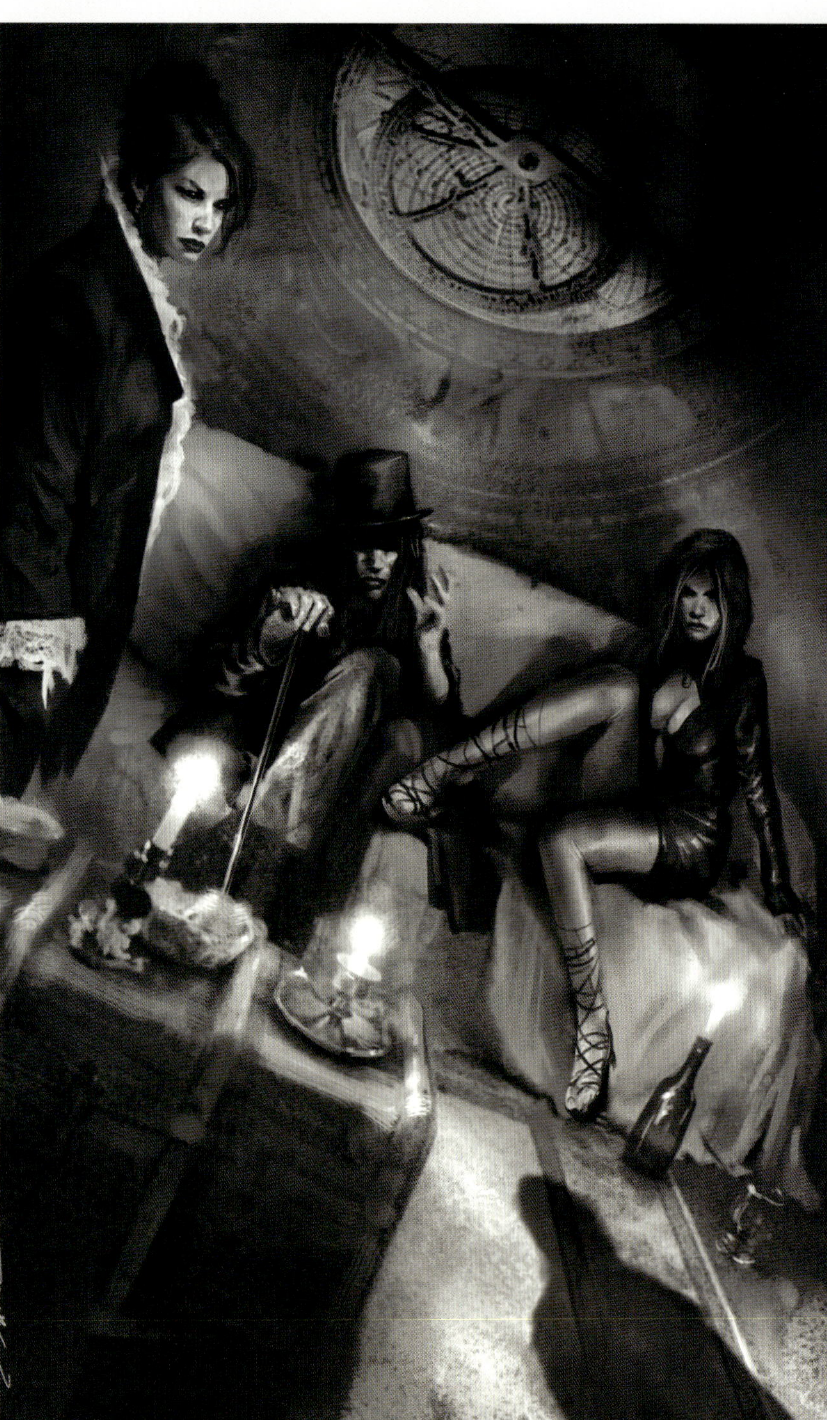

Vampire: The Requiem II

Client:
White Wolf Publishing
Art director:
Pauline Benney
2004

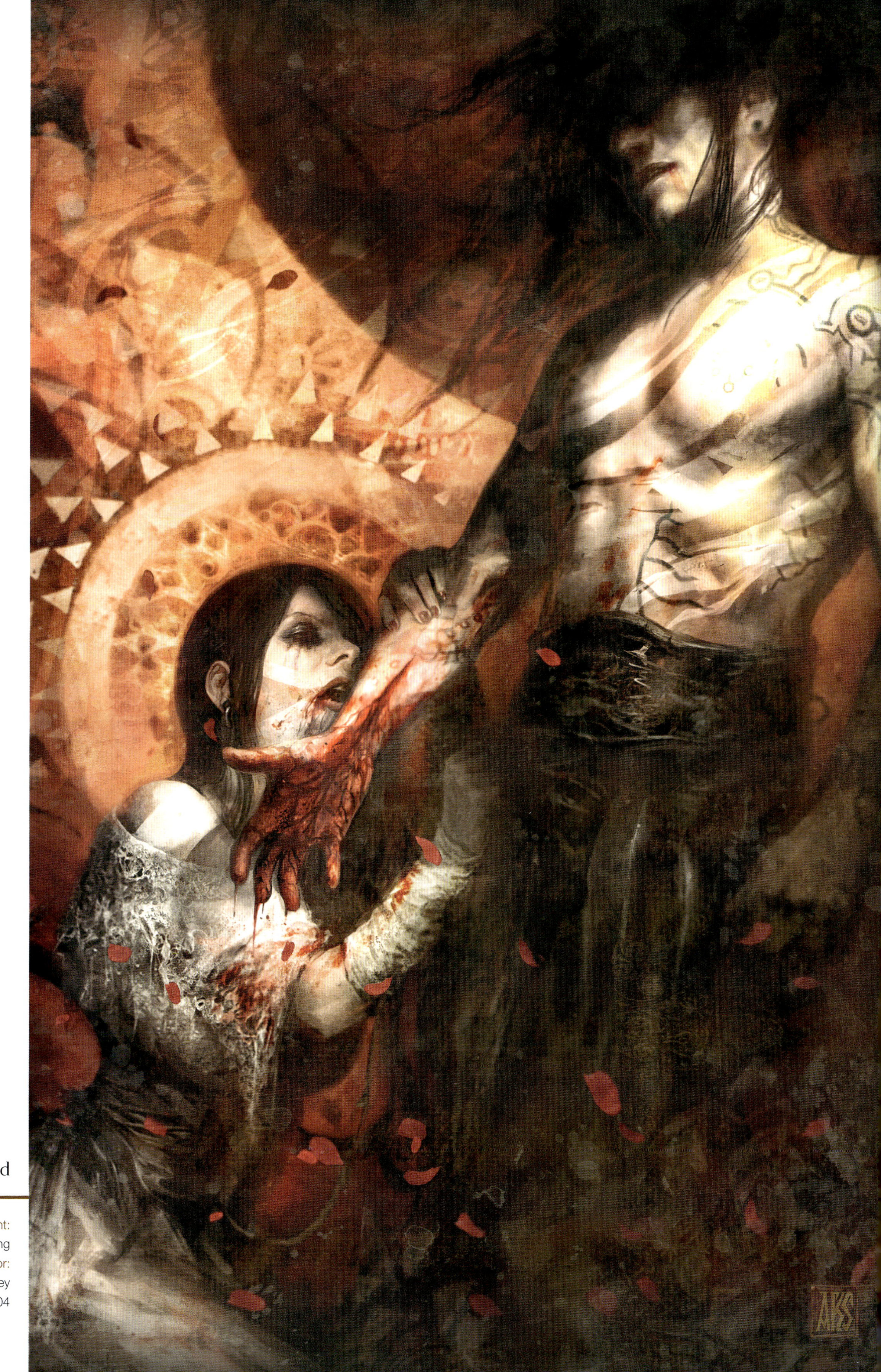

The Blood

Client:
White Wolf Publishing
Art director:
Pauline Benney
2004

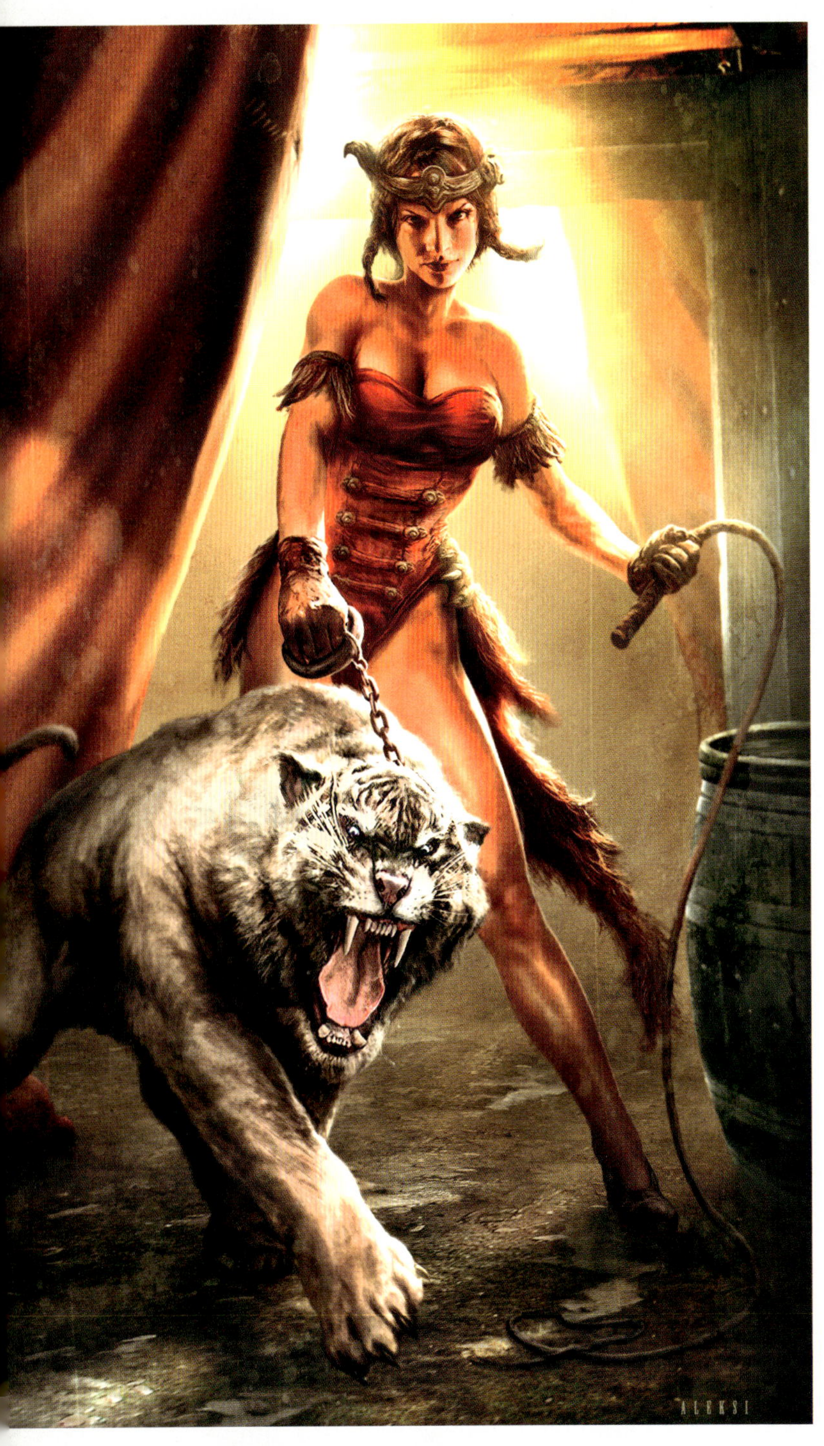

Freakshow I

Client:
Wizkids
Art director:
Shane Hartley
2006

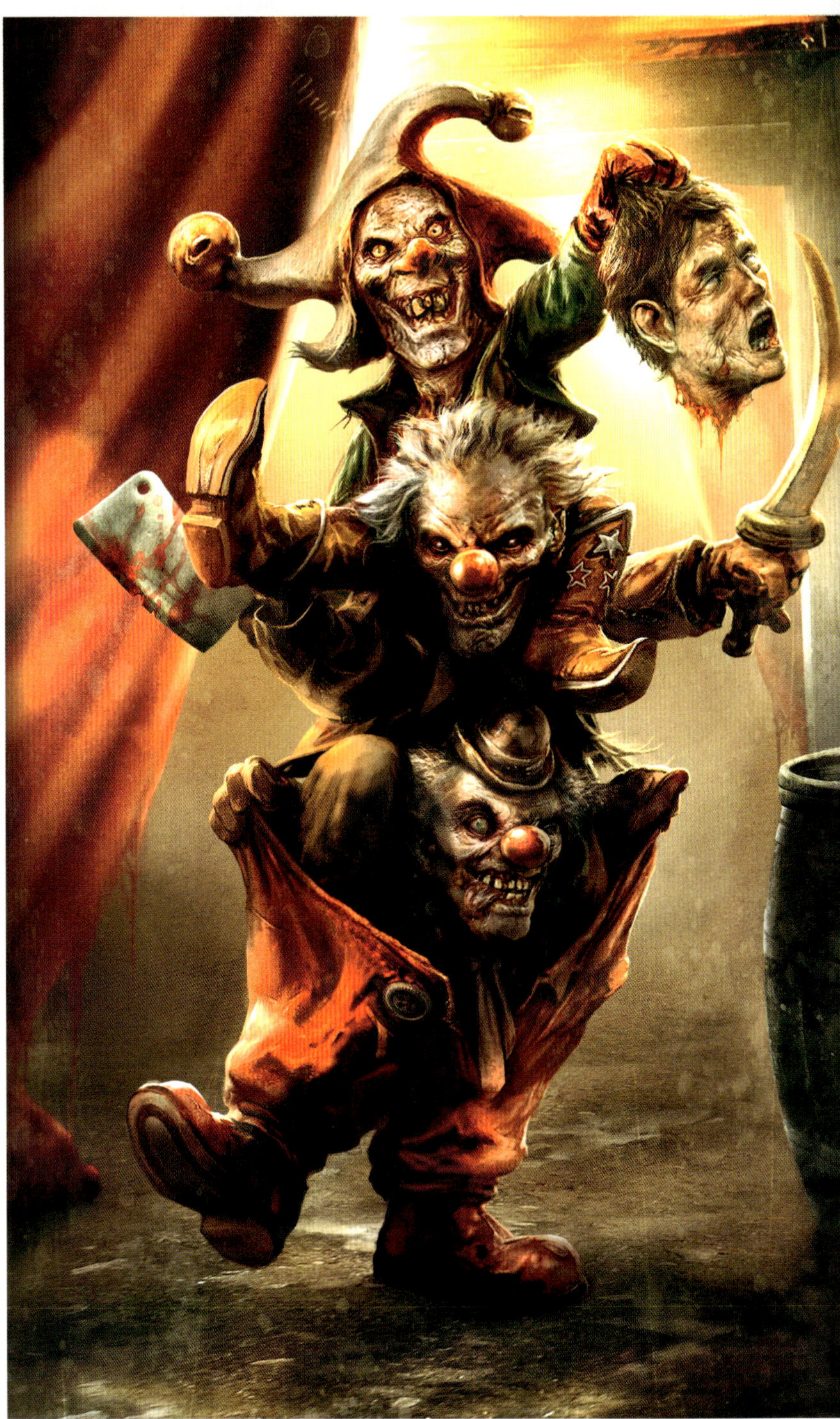

Freakshow II

Client:
Wizkids
Art director:
Shane Hartley
2006

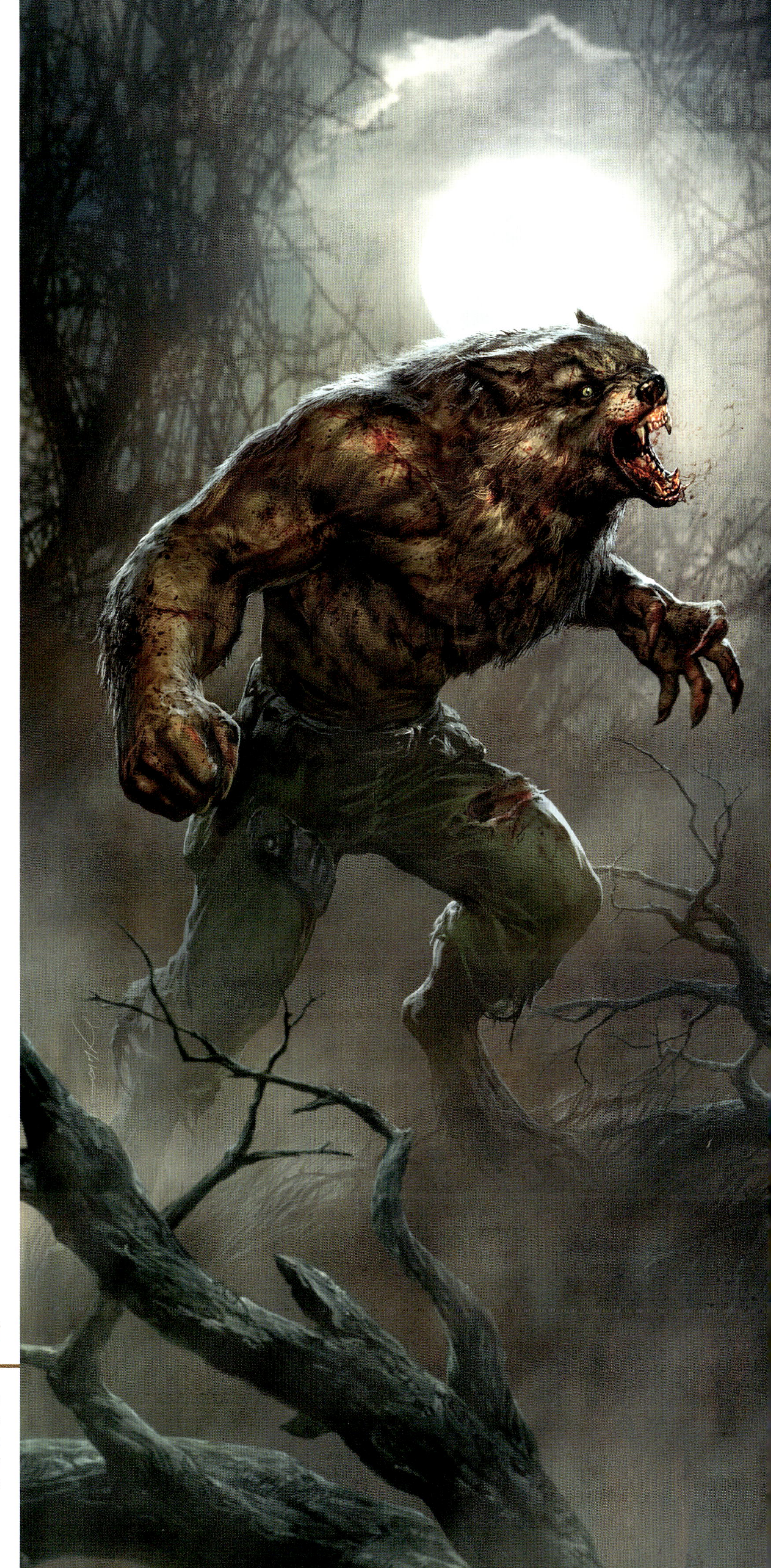

The Werewolf

Client:
Wizkids
Art director:
Shane Hartley
2006

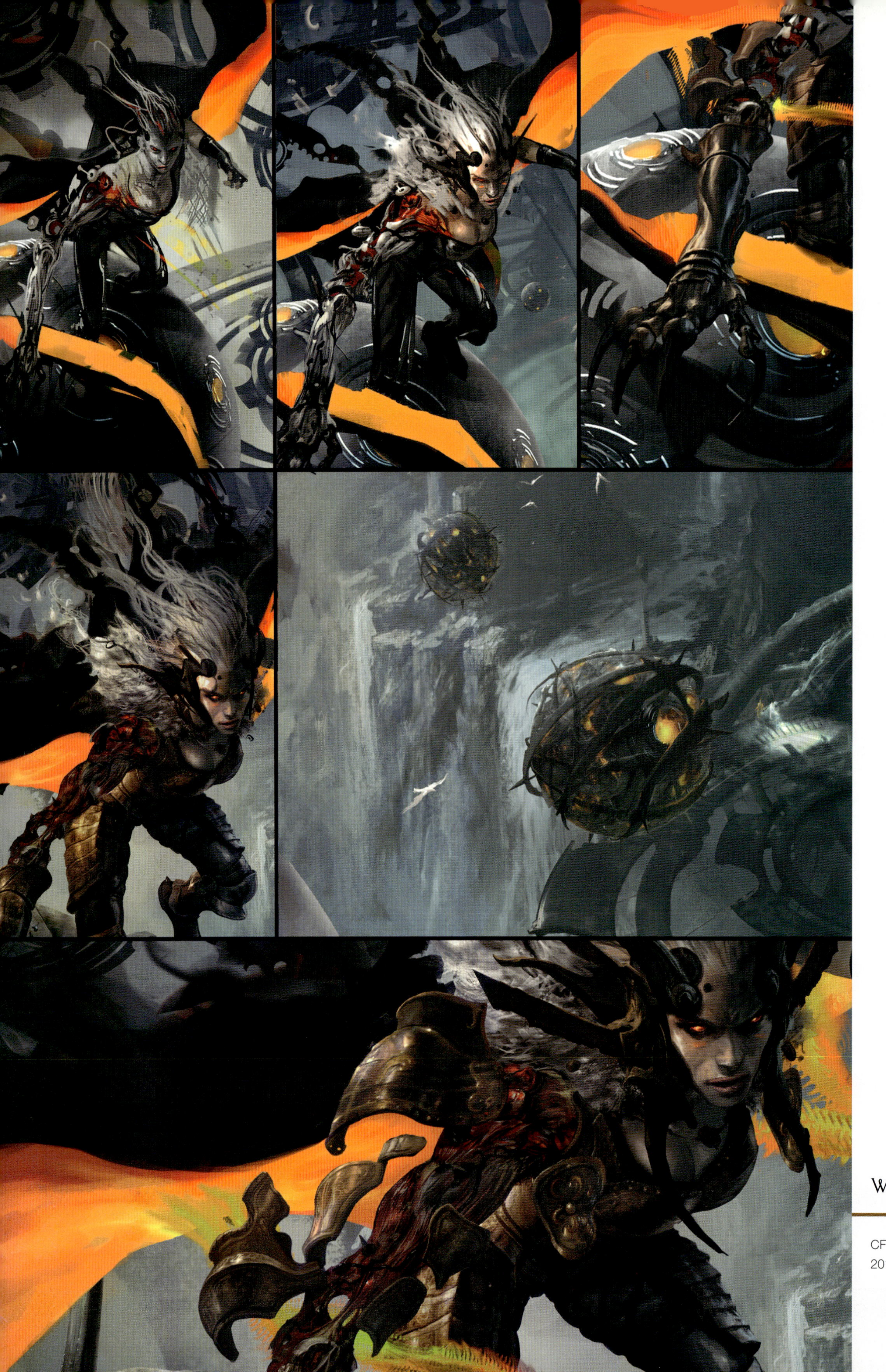

Worlds & Wonders

CFSL Ink
2010

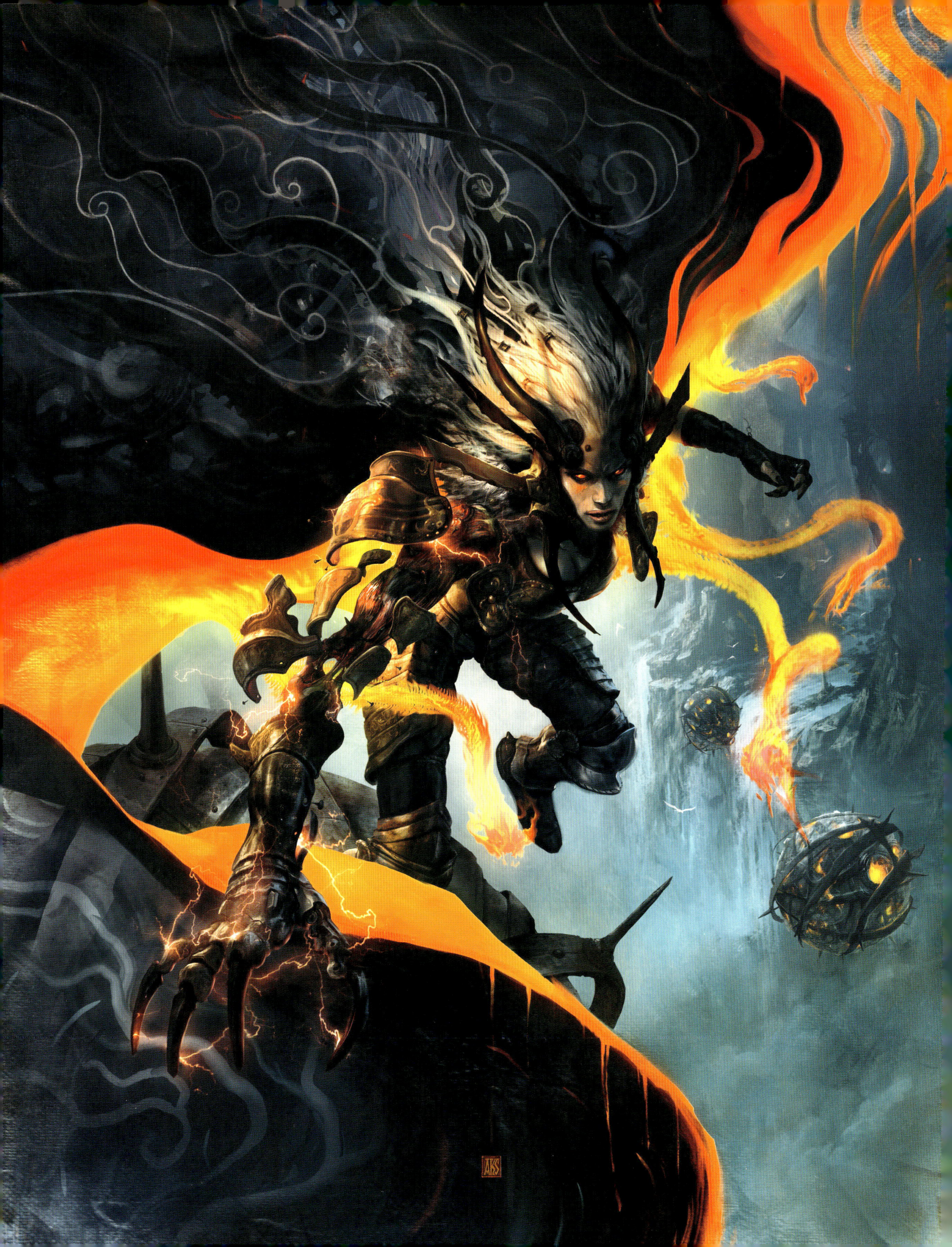

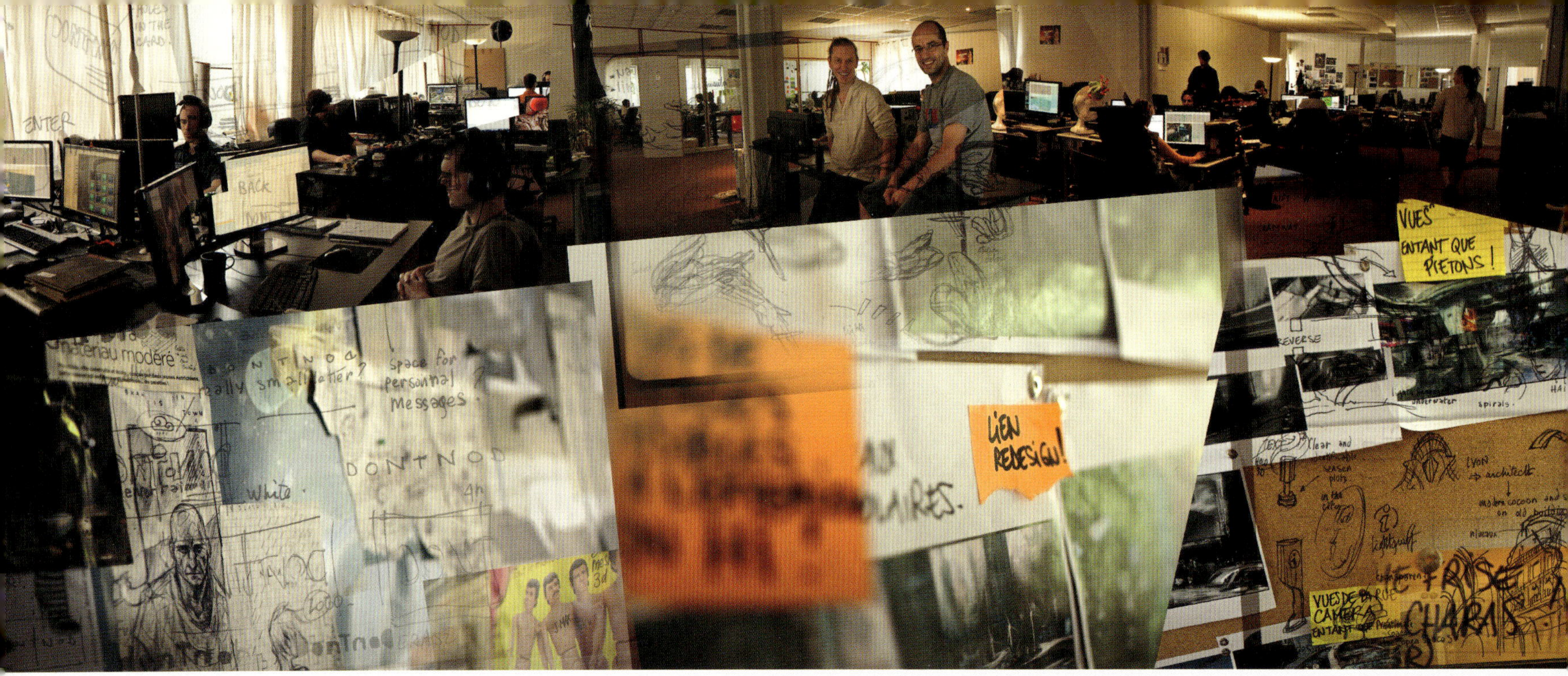

DONTNOD Entertainment

DONTNOD Entertainment représente pour moi une nouvelle et excitante étape. On pourrait parler avant tout ici d'une aventure exceptionnelle qui trouve ses racines dans l'envie (à l'origine juste un rêve distant) et la volonté commune de développer un jeu original et ambitieux avec quatre autres associés fondateurs. Littéralement partis de rien, ni fonds, ni équipe, ni ressources, à force de passion, d'échanges intensifs et constructifs, de connexions et convictions, de la rencontre avec deux anges gardiens et d'une somme de travail colossale (des tonnes de visuels de recherches plus ou moins poussés pour moi), et nous voici aux manettes d'un ambitieux projet de jeu vidéo AAA.

L'équivalent d'un petit blockbuster hollywoodien. Réseau de connaissances et recrutement intensif ont permis de construire une équipe extrêmement motivée et douée et des valeurs humaines partagées ont instauré un esprit assez unique dans le studio.

En ce qui me concerne, mon rôle de faiseur d'images a évolué : désormais, ma nouvelle tâche de directeur artistique consiste à donner les impulsions et les bonnes directions afin de créer l'univers original, riche, crédible et marquant dont nous rêvions. Créateur d'univers, à cette échelle, nécessite plus que de tomber des idées sur le papier : fédérer une équipe (c'est elle qui fait le jeu !) et transmettre toutes les intentions et la vision est alors au cœur des problématiques.

Cette expérience unique me permet également d'appréhender, comprendre et mieux maîtriser toutes les arcanes de la création d'un projet d'une telle ampleur. Créer et donner corps à une idée, regrouper une équipe, motiver, stimuler, fédérer, transmettre, donc, mais aussi gérer les contraintes, trouver des fonds, vendre son projet… Et puis je continue également à produire des concepts concrets, quel bonheur de les voir prendre vie, modélisés et animés !

DONTNOD Entertainment is, for me, a new and exciting step forward. To describe it I'd have to say it is an extraordinary adventure I launched into with my four founding associates, originally rooted in our desire (nothing more than a daydream at first) and common determination to develop an ambitious, original game. We literally started with nothing: no funding whatsoever, no team, no resources. Now, from our passion, our many many intense and constructive discussions, our certainty, our networks, from a meeting with two guardian angels and a colossal amount of work (that is, as far as I'm concerned, a ton of visuals at various stages of sophistication), we managed to build up and spearhead this ambitious AAA video game project.

Which is equivalent to a small Hollywood blockbuster project. Our networks and an intense recruitment effort enabled us to assemble a highly motivated team of talented individuals; putting the accent on shared values has resulted in a unique spirit and culture that permeates the studio.

As for me, I moved on from my function of image maker: in my new position as artistic director my role is to set the right directions and impulses to create this rich, original, credible, striking universe we dreamed of. Universe creator, at this scale, is a job that demands more than putting pen to paper to scribble ideas. It means federating your team (they're the ones making the game happen!) and conveying every intention - the overall vision becomes the heart of all of your issues.

This unique experience is also an opportunity for me to better apprehend and grasp, to better master, every arcane step and detail involved in the realisation of such a huge project. You need to find an idea and give it substance, bring a team together, motivate people, stimulate, federate, convey intentions... But also: manage all the constraints, secure funding, sell your project... Not to mention that I'm also still coming up with actual concept art. It makes me so happy to see my concepts come to life, to see their 3D models and the animations!

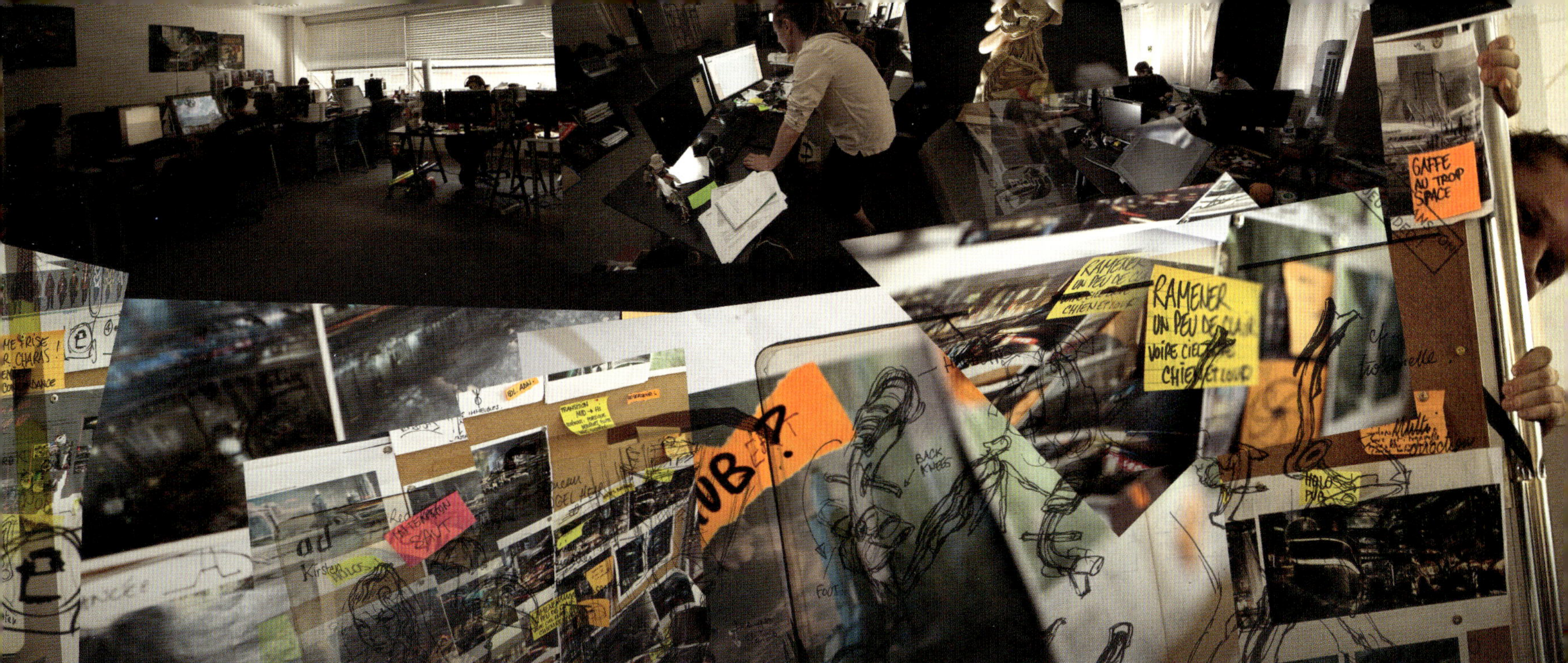

“Quand nous avons construit DONTNOD ensemble, j'ai tout de suite été bluffé par le talent d'Aleksi :

"Hop, je joins des croquis concernant des recherches sur la planche de wakeboard, inspirée d'un rond de frisbee et/ou d'une planche compacte rectangulaire qui pourrait aussi agir comme un bouclier, un couteau pelle à tarte, un frisbee mais aussi pour donner des coups. Si cette planche est structurée avec une partie physique (sur laquelle notre héros pose son premier pied) et une autre partie, à l'avant, formée d'un champ énergétique (de l'eau ? avec crépitements d'énergie ?), cette avancée pourrait également servir d'arme. En s'allongeant et en prenant d'autres formes".

Aleksi Briclot, novembre 2008

Mais Aleksi n'est pas seulement un grand artiste, c'est aussi un maître pour fédérer, motiver, transmettre de l'énergie aux équipes :

"Je vous propose de se retrouver demain soir, jeudi 13 après le taff pour prendre des verres dans une ambiance décontrastée pas très loin du studio. Il y a moyen de s'y rendre à pied, en vélo ou encore en métro pour les plus faignants. N'hésitez pas à ramener des gens, c'est cool quand y a de la vie et du mouvement !"

Aleksi Briclot, message aux salariés de DONTNOD le 12/11/2008 pour lancer le premier pot... qui en amènera d'autres...

Aleksi sait enfin, et cela a été une découverte, transposer sa furia créatrice en organisation de projet :

"Yep, on a les objectifs high level mais avant la répartition même des tâches, il faut maintenant plancher sur le contenu. Seconde phase. De là, seulement découleront les tâches... Il me semble..."

Aleksi Briclot, contribution pour la mise en place de SCRUM au sein de notre société, le 04/09/2008

Encore merci Aleksi !!!

When we built DONTNOD together I was immediately impressed by Aleksi's talent:

"Let's go! I'm attaching a few research sketches on the wakeboard, inspiration taken from the Frisbee's disk shape and/ or a compact rectangular board which could serve as a shield, a pie-cutting spatula, a Frisbee, and also be used to strike. If the board's structure includes a material part (on which our hero sets his first foot down) and another part, in the front, made out of some energy field (water maybe? With energy crackling around?), then this front part could also be used as a weapon. It could elongate, take various other shapes."

Aleksi Briclot, November 2008

But Aleksi is not only a great artist, he's also a master a federating people, communicating his energy to entire teams, motivating troups:

"I suggest we all meet up tomorrow evening, Thursday 13 after office hours, for a few relaxed drinks in this cool little establishment not far from the studio. Easy to reach on foot, on a bike or even with the metro for the laziest among us. Don't hesitate to bring people with you; more life and animation is always great!"

Aleksi Briclot in a message to all DONTNOD Entertainment employees on 12/11/2008 initiating the first 'do', only the first of many...

Finally, Aleksi knows, and this was a surprise to me, how to transmute his creative fury into project management:

"Yup, now we have our high level objectives, but before we start on labor division we have to work on content. That's the second stage. Once we'll have worked that out, the division of labor will become obvious... At least I think so."

Aleksi Briclot, contributing to the set up of SCRUM inside our company, on 04/09/2008.

Thanks again, Aleksi!!!”

Hervé Bonin
Directeur de production / Production director
DONTNOD Entertainment

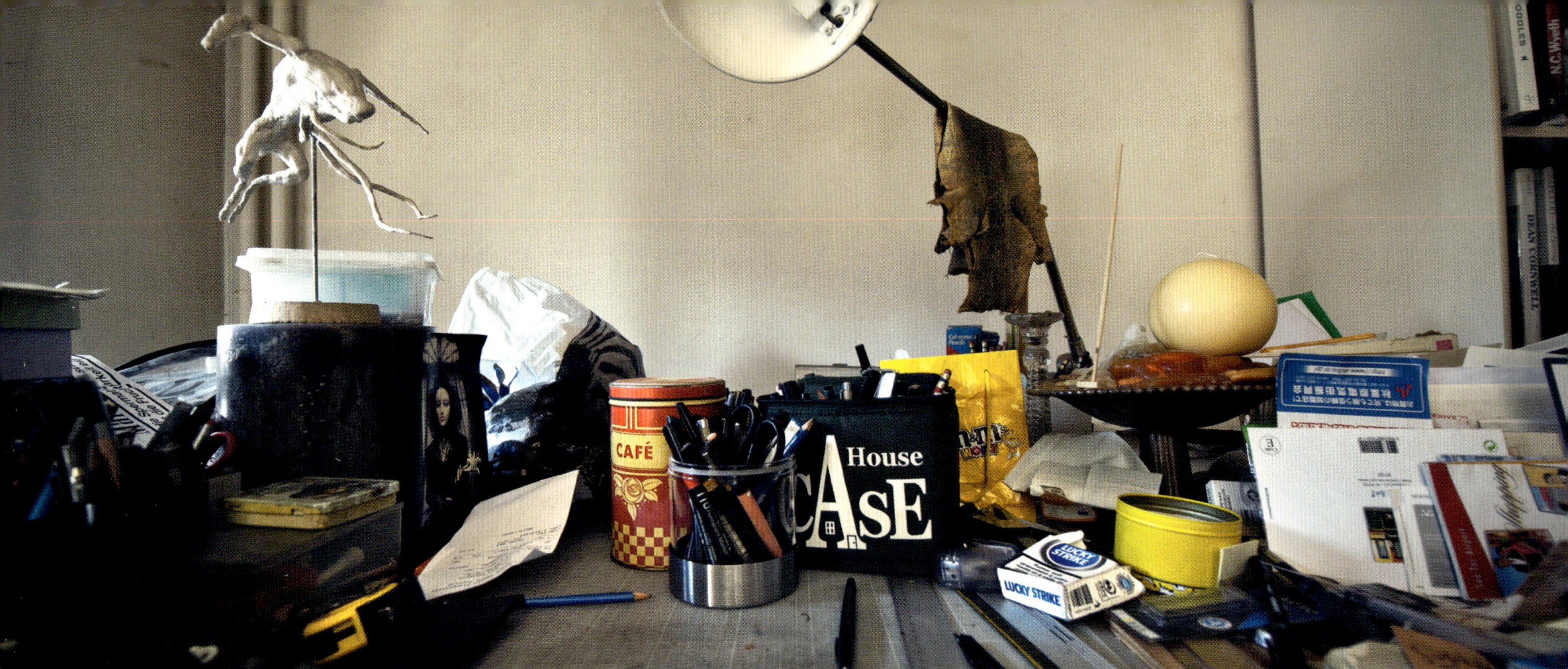

Postface

« Avec ce bruit, je suis obligé de crier pour t'entendre ».
Aleksi Briclot, Café Chérie, Paris, 2009

Un soir de mai 2007, les futurs fondateurs de DONTNOD Entertainment s'attablent à La Fourmi, restaurant bobo s'il en est du XVIIIe arrondissement de notre belle capitale.
Notre projet d'œuvre vidéoludique majeure, appelée irréversiblement à révolutionner l'industrie, entraînant le monde entier dans son sillon, se résume en cet instant à un paquet d'idées, plus ou moins judicieuses, issues de cerveaux méticuleusement irrigués aux saveurs d'un paquet de vignobles plus ou moins connus.

Nous sommes néanmoins décidés à aller convaincre les éditeurs sur leur terrain avec ces mêmes idées et... hmm... et bien... rien d'autre. Nous n'avons aucun prototype jouable à montrer et sommes des va-nu-pieds, à des années-lumière de ce qu'est devenu DONTNOD aujourd'hui. Gageons, espérons qu'à l'heure où j'écris ces lignes, nous sommes également à des années-lumière de ce que nous serons devenus dans trois ans.

Ce qu'il faut pour notre première présentation, dis-je à Aleksi, ce sont six visuels-clés illustrant les six étapes d'une démo fictive de notre concept, que je m'occuperai de raconter à notre auditoire. Je m'engage donc dans une description rapide de chaque visuel, entrecoupée seulement de grands gestes des bras et brèves lampées salvatrices. Quelques instants plus tard, je repose les pieds sur terre et demande à Aleksi ce qu'il en pense.
Ne levant même pas les yeux, il tourne prestement son carnet face à moi et dévoile le plus naturellement du monde six croquis avancés. Je viens à peine de m'interrompre, et lui a déjà rendu vivantes, cohérentes, ces intentions éparses quoique passionnées.
Mieux, à travers la composition et la dynamique de ses images, il les pousse plus loin, incarnation visuelle originelle de ce qui deviendra le premier projet de notre aventure, mobilisant plus de soixante personnes aujourd'hui.

Demandez à Aleksi ce qu'il en pense, il vous répondra ce qu'il en dessine.

Ceux qui, lecteurs, joueurs ou amateurs d'art, suivent son travail, connaissent l'excellence de son exécution et sa maîtrise de l'outil digital. Leurs rêves d'imaginaire prennent forme le temps d'un regard au fil des traits et couleurs jetés sur ses pages, cartes et personnages.

Ceux qui le côtoient louent sa remarquable capacité conceptuelle, son écoute attentive et son approche de la contrainte collective. Son perfectionnisme dément, sa curiosité insatiable et sa compréhension des détails du monde qui l'entoure.

Ceux qui le retrouvent au bar aiment son humour... particulier (oh, je ne plane pas moi-même à des altitudes défiant l'entendement), ses imitations d'imprésario cupide et ses récits amusés d'envolées artistiques juvéniles. Saviez-vous que sa toute première maquette maison de croiseur intergalactique s'écrasa, brisée lamentablement en deux, lorsque le papier toilette enflammé lui servant de réacteur brûla le fil qui la reliait à la corde à linge familiale ?

Nous rions des mots qu'il invente malgré lui. Du fait qu'il ne va pas toujours au bout de ses phrases. Mais vous qui tenez ce livre entre vos mains, vous savez qu'il va au bout de ses idées.

Quant à celui qui écrit ces lignes, il se fout pas mal de l'artiste et de son œuvre.

Car pour lui, Aleksi est beaucoup plus que cela.
Aksou. Son pote.

Paris, le 27 juillet 2010

Jean-Max Moris
Directeur Créatif / Creative Director
DONTNOD Entertainment

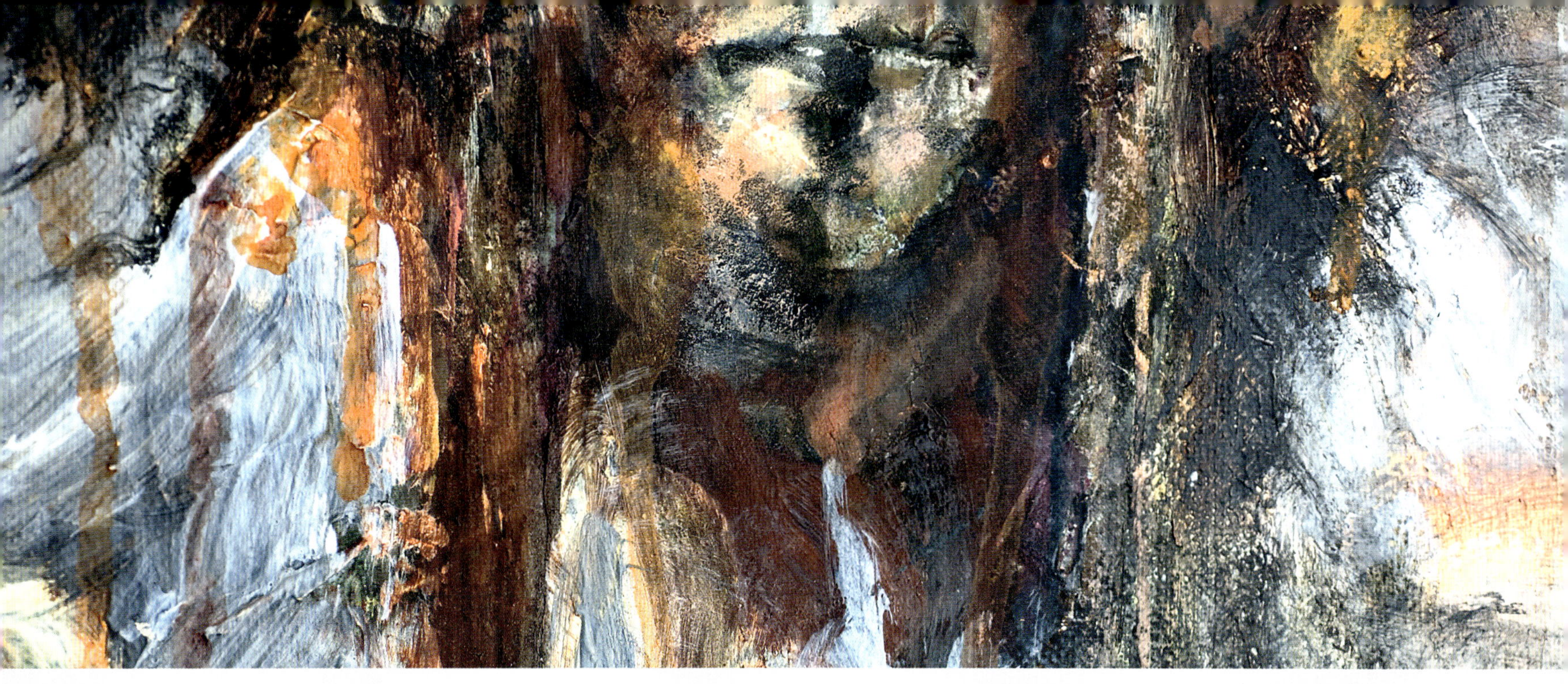

Afterwords

"What with all this noise, I have to shout if I want to hear you!"
Aleksi Briclot at the Café Chérie, Paris, 2009

On a certain evening of the year 2007, the future founders of DONTNOD Entertainment take place around a table at La Fourmi, hip among the hip restaurants of our capital city, at the heart of the XVIIIe arrondissement.
Our project, a major video game that will inevitably, irresistibly revolutionize the industry and pull the whole world in its wake, is nothing in that moment but an array of more or less elaborate ideas sprung forth from brains meticulously "watered" with the various flavors of lesser known vineyards.

Nevertheless, we are resolute: we will take these ideas and go convince publishers in their dens, and... um... well, that's it, really. We don't have a playable prototype to show them, and we're a bunch of penniless youngsters, light-years away from what DONTNOD has now become. Let's hope – or bet – that at the moment I'm writing these very lines, we are, again, light-years away from where we'll be three years in the future.

What we need for our first presentation, I tell Aleksi, are six key visuals to illustrate the six stages of a fictitious demo of our concept, which it will be my job to narrate to the audience. Therefore I launch into a quick description of each image, with no other support than sweeping arm gestures and a few fortifying swallows of wine. A moment later I land back on Earth and ask Aleksi what he thinks.
Without even lifting his eyes, he quickly rotates his sketchbook in my direction and smoothly reveals six detailed sketches. I barely just stopped talking, and he has already brought to life, and made coherent, my scattered (yet passionate) intentions. Even better, through the composition of his sketches, their movement, he has pushed the ideas further – and here's the original incarnation of what will then become our first project in this adventure; an adventure that more than sixty people work for today.

Ask Aleksi what he thinks of something, and he'll answer you with a drawing.

The readers, gamers, and art lovers who follow his career know how he excels at the execution, how well he masters his digital toolbox. Their dreams and imaginations take shape with a glance at the lines and colors Aleksi throws across the page, across the maps, onto his characters.

Those who work by him praise his ability to conceptualize, his way of always listening closely, his capacity for managing the constraints of collective work. His crazy perfectionism and his insatiable curiosity are impressive, as well as his detailed understanding of the world around him.

Those who meet up with him in bars and parties tend to like his... very special brand of humor (not a dig; mine isn't too high-minded either), his greedy agent impression, his good-natured tales of juvenile art endeavors. Did you know that his very first hand-crafted model of a galactic cruiser crashed and miserably broke in two when its reactor, made of toilet paper set ablaze, burned the thread that hung the ship from the family laundry line? We laugh at the words he makes up without meaning to, and at all the sentences he leaves unfinished. But you, holding this book in your hands, you know very well that his concepts are never left unfinished.

As for the writer of these words, he couldn't care less about the artist or his work.

To him, Aleksi is so much more than that:
he's Aksou, his friend.

Paris, July 27th, 2010

Jean-Max Moris
Directeur Créatif / Creative Director
DONTNOD Entertainment

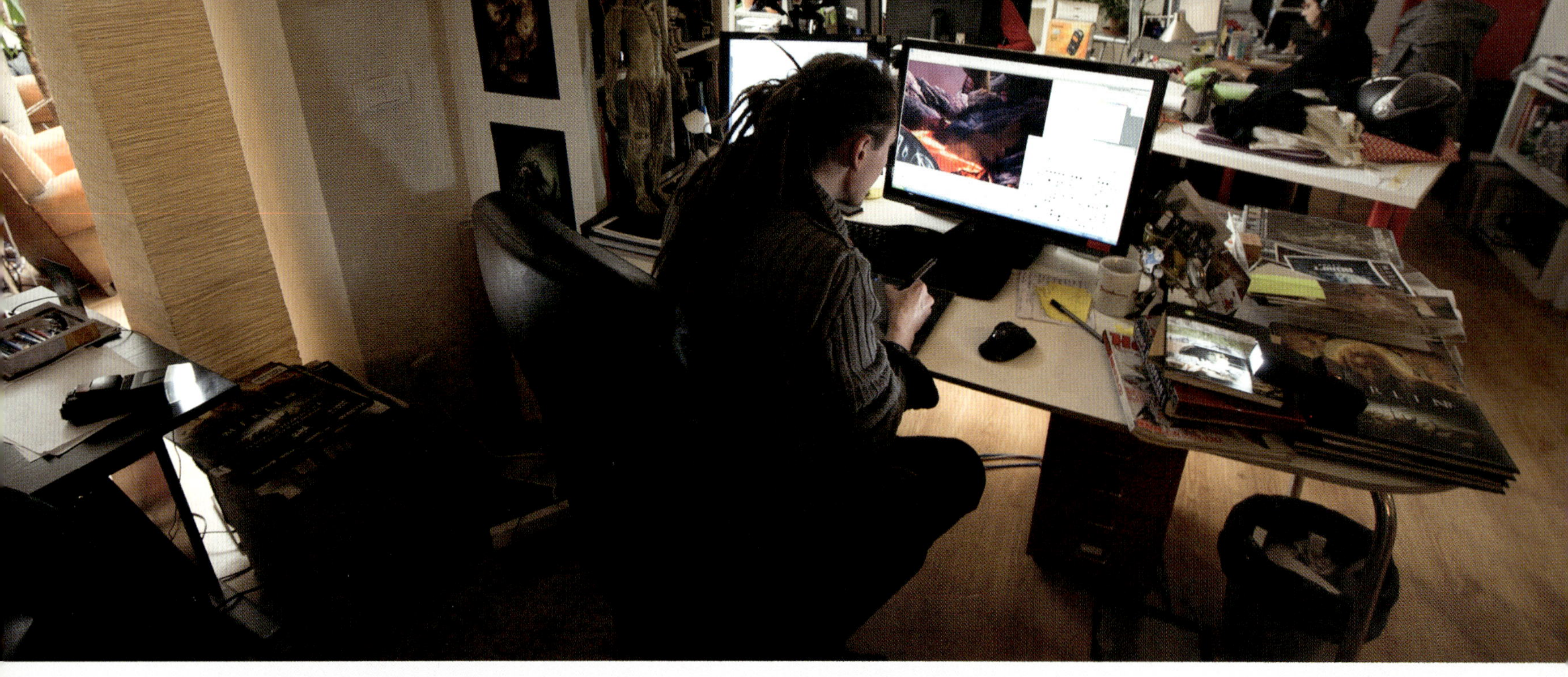

Travaux / Works

Clients / Clients

Marvel Characters, Inc.
Wizards of the Coast LLC
Blizzard Entertainment
The Upper Deck company
Todd McFarlane Productions
Namco Bandai / Flagship Studios
Dark Horse Comics
Dontnod Entertainment
NCSoft Corporation
Darkworks
Ubisoft Entertainment
Magic Lab
Duran Duboi
Cryo Interactive
Kalisto Entertainment
Soleil Éditions
Delcourt Éditions
White Wolf Publishing
Asmodée Éditions
Privateer Press
Calmann Lévy
Bragelonne
Pocket Fantasy
Univers Poche
Fleuve Noir
Réflexions Éditions
7ème Cercle
Oriflam
Semic / Infogrames
Darwin Project
Pandora Créations
Multisim Éditions

Projets / Projects

Magic : The Gathering
Spawn (Simony / Architects of Fear)
Merlin
Dreamblade
Hellgate : London
World of Warcraft CCG
Dungeon Runners
ColdFear
Splinter Cell : Double Agent
Haze
Mage : The Awakening
C.O.P.S.
Claustrophobia
The Incredible Hulk
Annihilation : Conquest
New Avengers
The Thanos imperative
Horrorclix, Vampire : The Requiem
Zombies, Légendes de la Table Ronde
Prophecy
Nephilim : Revelation
Backstab
Qin, Cendres
Alone in the Dark 4 (comic-book)
Deep Inside Punish Yourself

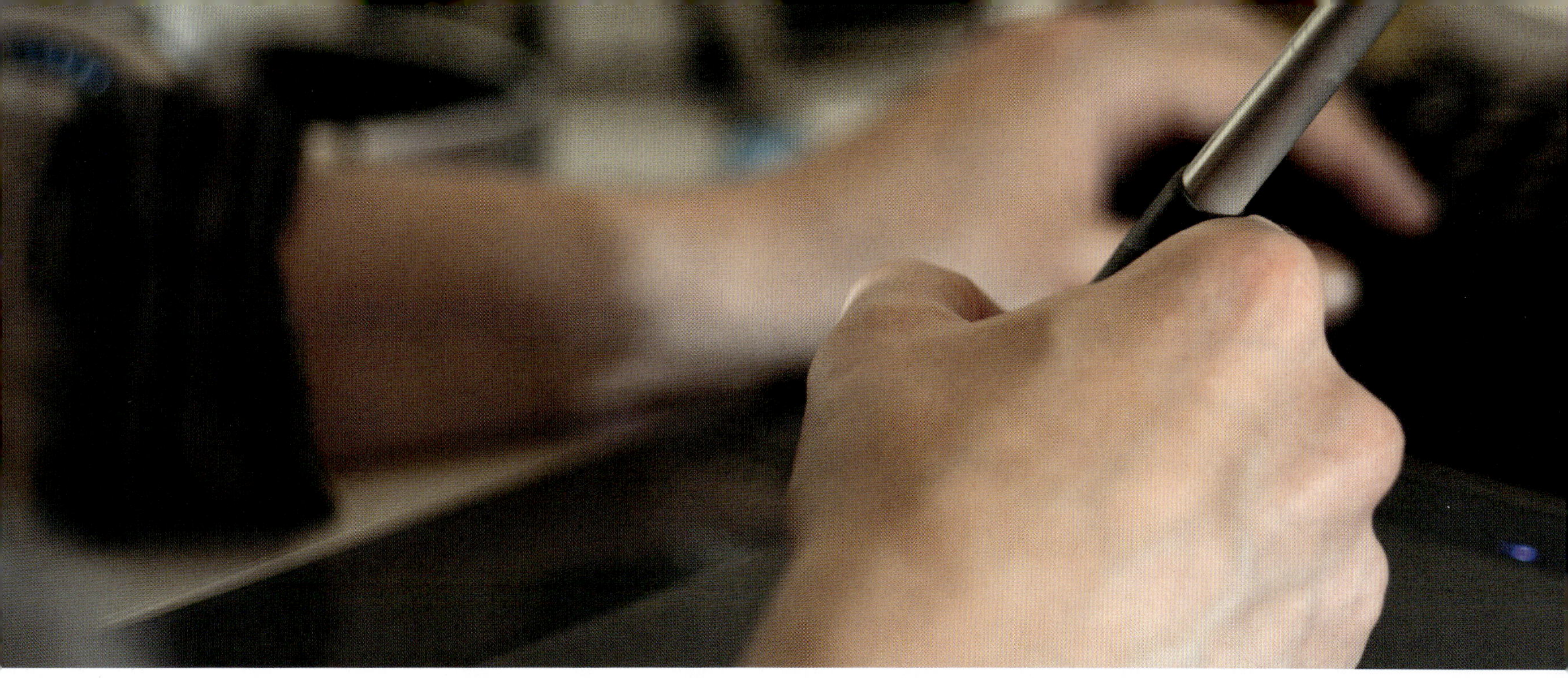

Remerciements / Thanks

Dédicaces / Dedications

A tous ceux qui m'ont permis d'arriver là et qui ont fait de moi ce que je suis. Les deux cents pages précédentes vous doivent énormément.

Merci pour les petits mots et plus... / Thanks for the kind words and more...

Marko Drudjevic, Todd McFarlane, Jean-Max Moris, Kevin Eastman, Jean-Luc Cano, John McCambridge, Benjamin Carré, Damien Lutz, Erwan Mabilat, Jean-Sébastien Rossbach, Mathias Verhasselt, John Banana, Arthur Clare, Nicolas Mitric, Noxizmad, Olivier Péru, Pascal HV, Stéphane Louis, Thierry Mornet, Hervé Bonin, Igor Alban-Chevalier, Nic Klein, Jean-Baptiste Monge, Mathieu Lauffray, Veronique Meignaud, Android Jones, Jason Chan, Jason Manley, Andy Lanning, Dan Abnett, Bill Rosemann, Brady Dommermuth, CB Cebulski, David Freeman, Greg Hildebrandt, Todd Lockwood.

Des remerciements tout particuliers à Carlos, Karine et Nicolas. Du fond du coeur.

Amis & collaborateus / Friends and Collaborators

Jehanne Rousseau, Galadrielle, Gérard Ollivier, Lionel Grosheny, Waldo Lee, Anne Rouvin, Jérémy Stréliski, Thomas Cheilan Romain Gaschet, Laurent Miny et Christelle Grandjean, Julien Blondel, Arnaud Boudoiron, Raphaël Lemaitre, Jérémy Stréliski, Roselyne Labrousse, Thomas Cheilan, Céline Cardot, Virginie Doaré, Olivia Papini Pronzato, Alyz Tale, Yannick Blay, Vincent Brunello, Marie-Claire Lagarde, Marie-France Péru, Marine, Olivier, Marie-Paule et Pierre Baroin, Aurélie et Jerôme Lagarde, Brigitte Jeandel, Yann Chair, Valérie Cottin, Chloé, Noémie, Thomas Vuillier, Sébastien Kohn, François Déon, Bart et Alexandra Petracchi, tous les gens du Passage de la Bonne Graine, Sire Cédric, Philippe Guyenne, Laetitia Hillion, Dontnod Entertainment, Oskar Guilbert, Alain Damasio, Kosta, Mariana, Viktor Kalvachev, Douglas, Jerôme Banal, Nicolas Simon, Michel Koch, Gary Jamroz-Palma, Paul Chadeisson, Grégory Szucs, Jean-Luc Istin, Shawn Barber, Jeremy Jarvis, Jelena Kevic Drudjevic, Jason Felix, Wesley Burt, Coro, Melissa Lee, Marc Da Cunha Lopes, Denis Grrr, Patrice Garcia, Gilles Francescano, Thierry Pichon, Yves Brunschwig, Stan et Vince, Tony Larivière, Manuel Bichebois, Didier Poli, L'équipe pédagogique du Lycée Alain Colas de Nevers, Frédéric Morin, Gérald Jay, Yohann Gozard, Sébastien Guillot, Yoann Boisseau, Serge Rajevic, Nicolas Bouvier, Michael Hussar, Kemp Remillard, Chris Hatala, John Avon.

David Land, Philippe Mouret, Geoffery Picard, Croc, Witney Williams, Hélène Bergeot, Ron Foster, Dieter Schoeters, Jeremy Cranford, Stacy Longstreet, Matt Adelsperger, Alex Alonso, Tom Breevort, Jean Wacquet, Olivier Jalabert, Mourrad Boudjellal, Audrey Dauphin, Michel Dufranne, Franck Achard, Olivier Afonso, Frédéric Lainé, James Davis, Shane Hartley, Coralie Trin-Thi, Jon Jones, Alex Alonso Brian Haberlin, Tyler Jeffers, Jen Cassidy, Antoine Villette, Guillaume Gouraud, Arthur Gordon, Pauline Benney, Shane Hartley, Cyril Masquillière, Bénédicte Lombardo, Nicole Lhote.

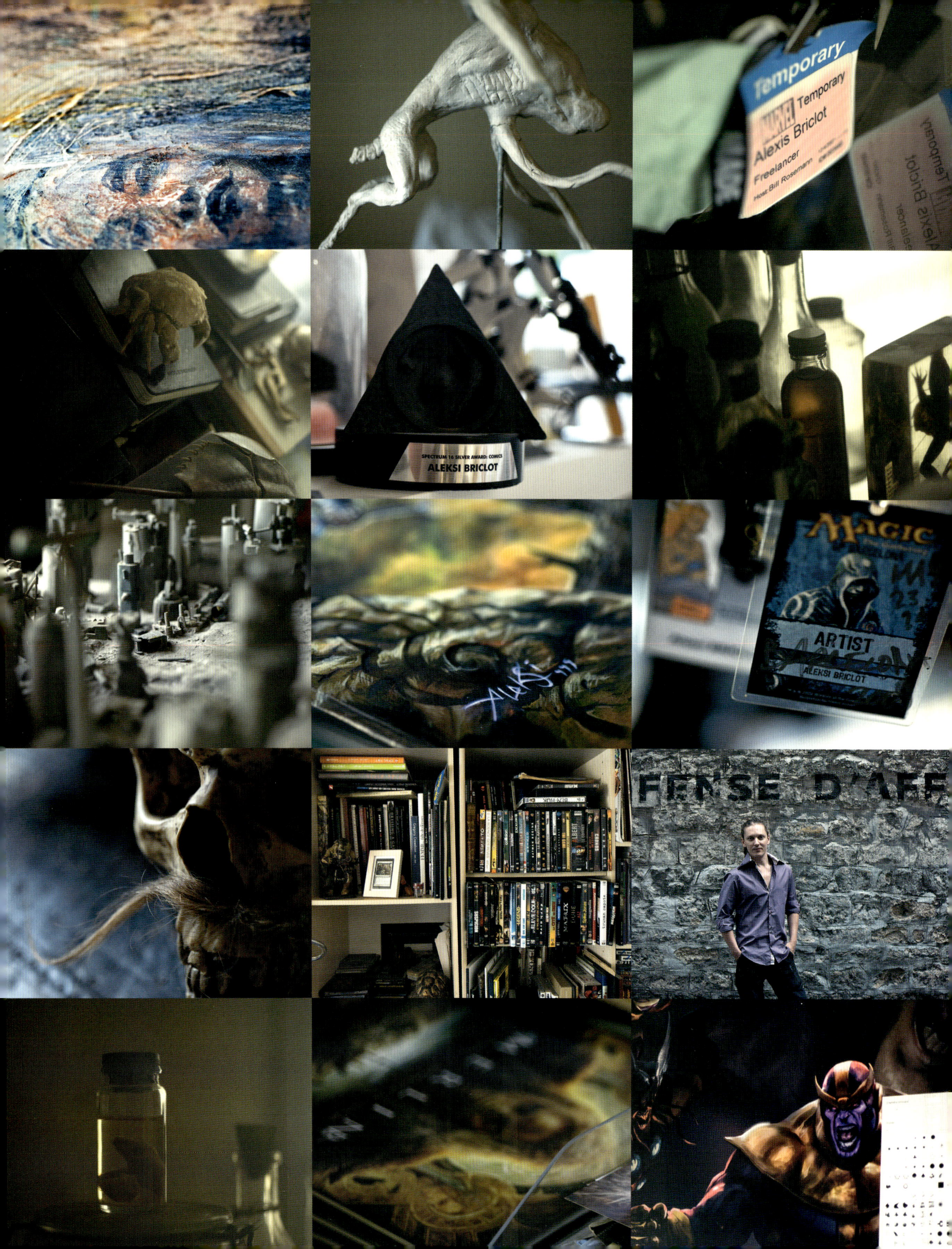
Temporary
Temporary
Alexis Briclot
Freelancer
Host: Bill Rosemann
SPECTRUM 16 SILVER AWARD: COMICS
ALEKSI BRICLOT
MAGIC
ARTIST
ALEKSI BRICLOT
FENSE D'AFF

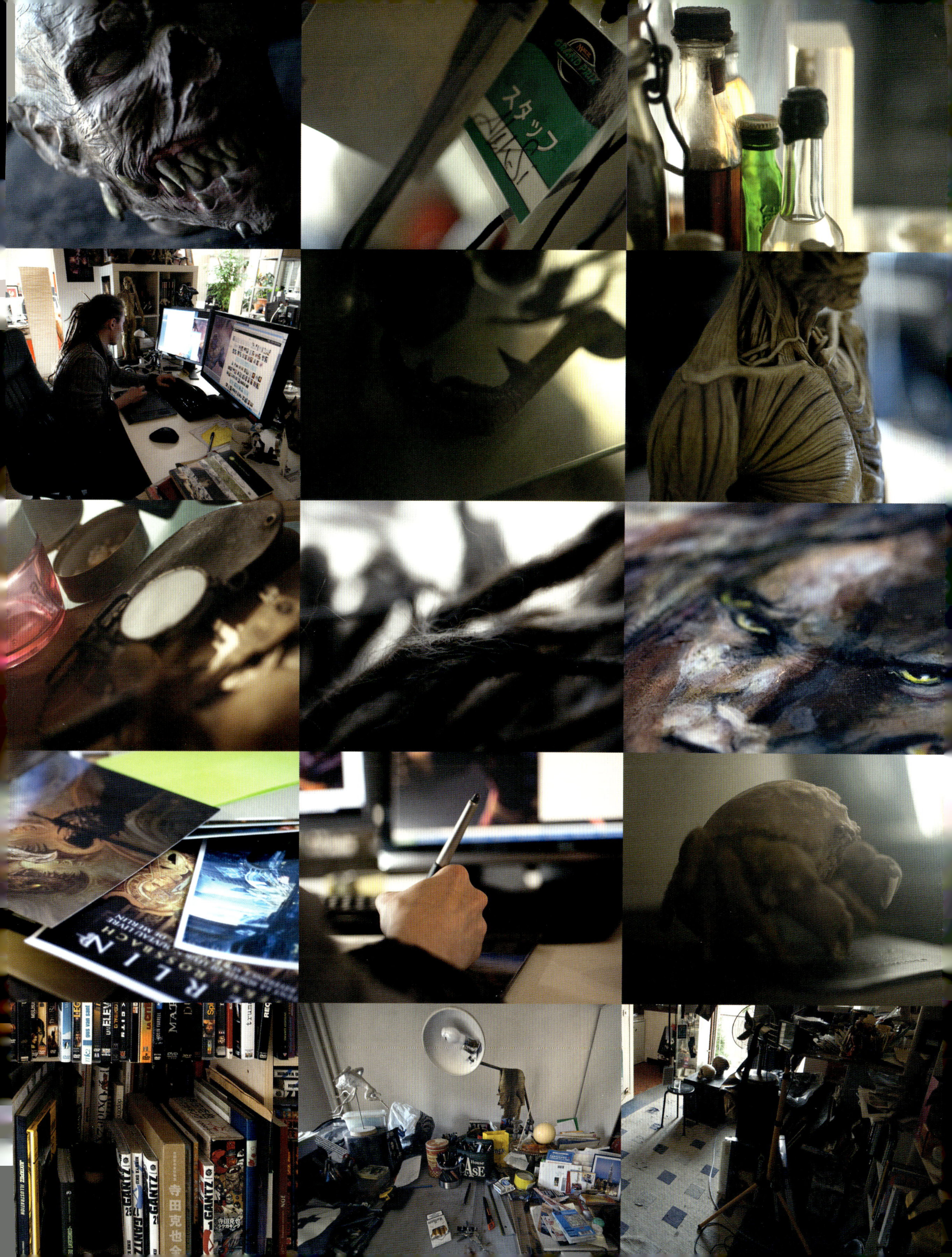
スタッフ
GANTZ
寺田克也

Le travail de Aleksi Briclot est consultable en ligne sur www.aneyeoni.com / The Aleksi Briclot's artworks are exposed online at www.aneyeoni.com
Découvrez la réalisation de la couverture en vidéo sur www.cfsl-ink.com / Cover artwork creation process is available on www.cfsl-ink.com

Directrice éditoriale : Kness
Direction artistique et charte : Made
Maquettiste : Nicolab
Traduction : Judith Strauser
Relecture : David Brami, Audrey Briclot, Renaud Forestié et Andrew Richards
Communication : Marie Fabbri et Olivier Moreira
Fabrication et Production : Céline Antoine

L'équipe CFSL INK tient à remercier / CFSL Team wants to thank : Tot, Manu, Camille, Marine, Nerval et toute la communauté CFSL pour leur soutien permanent.

CFSL Ink est une filiale d'Ankama Éditions

Dépôt légal : Octobre 2010
ISBN : 978-2-35947-009-3
Imprimé par PROOST-TURNHOUT en Belgique
www.cfsl-ink.com

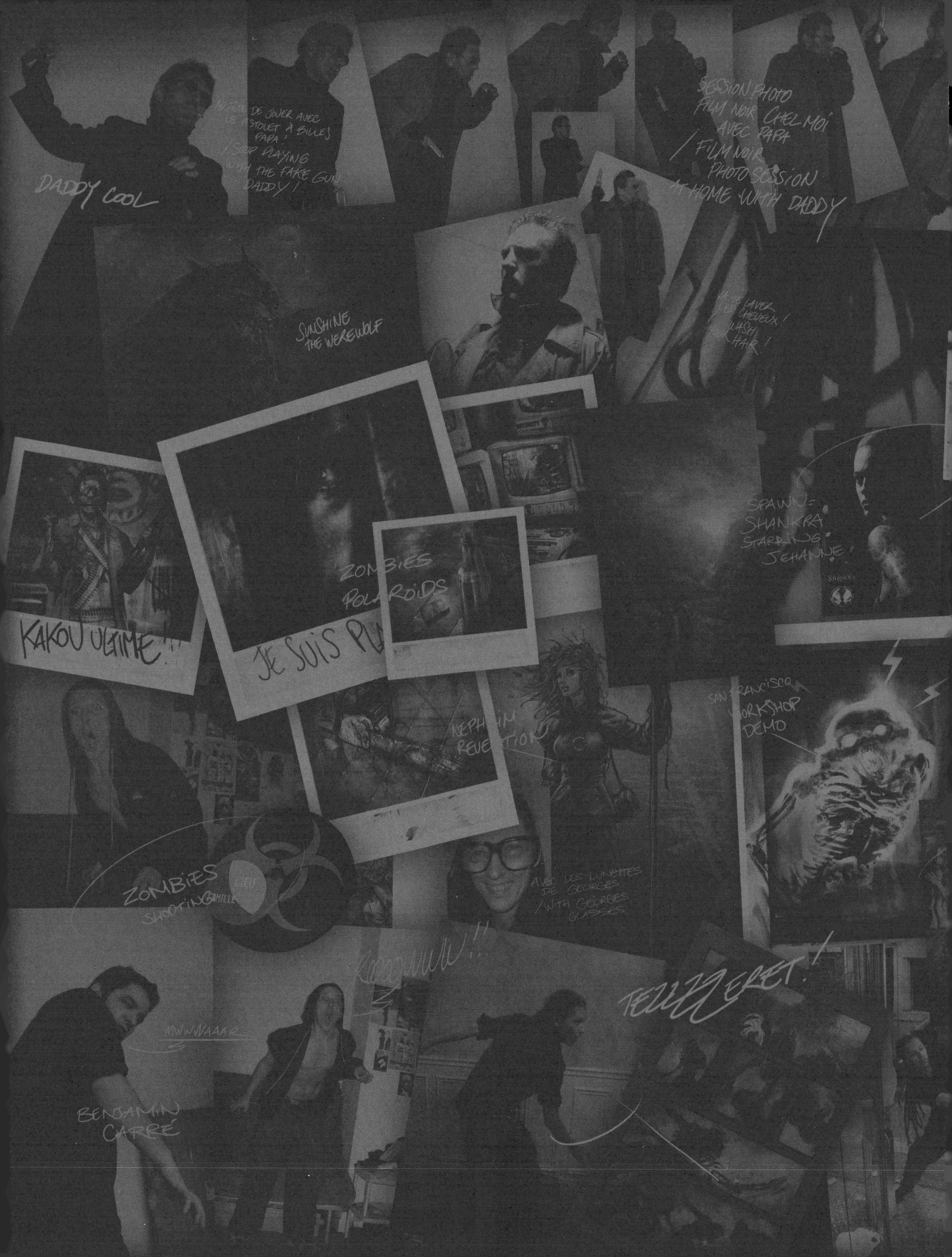

DADDY COOL
DE JOUER AVEC
À BILLES
PAPA !
PLAYING
THE FAKE GUN
DADDY !
SESSION PHOTO
FILM NOIR CHEZ MOI
AVEC PAPA
/ FILM NOIR
PHOTO SESSION
AT HOME WITH DADDY
SUNSHINE THE WEREWOLF
CHEVEUX !
WASH
HAIR !
ZOMBIES POLAROIDS
KAKOU ULTIME !!!
JE SUIS PL
SPAWN = SHANKRA STARRING JEHANNE
NEPHILIM REVELATION
SAN FRANCISCO WORKSHOP DEMO
ZOMBIES SHOOTING
DE GEORGES
/ WITH GEORGES GLASSES
BENJAMIN CARRÉ